Marketing
Genius

남과 다른 생각을 인큐베이팅하는 | **마케팅 지니어스**

Marketing Genius

피터 피스크 지음 | 홍석윤 옮김

빅북

최근 지구촌은 기존 '무역'의 개념이 무색해질 만큼 시간과 공간을 초월하여 무한경쟁시대에 돌입하였으며, 상품의 개발부터 생산, 판매, 공급에 이르기까지 일사불란하게 움직여지고 있다. 그 뿐만이 아니다. 디지털 혁명을 기반으로 인간의 활동이 로봇에 의해 대체되고 있으며, 빅데이터, 인공지능(AI), 프로그래밍, 증강현실 등을 중심으로 전개되고 있는 4차 산업혁명이 주도하는 사회가 본격적으로 도래하여 우리가 적응하고 대응하기 어려울 만큼 산업의 핵심축이 이동하고 있다.

요즘 국경을 뛰어넘는 글로벌 기업이 탄생하다보니 상품을 개발하거나 판매하는 영업 행위에 중점을 두기보다는 중·장기적 관점에서의 기업 마케팅 전략이 더욱 중요한 이슈로 떠오르고 있다.

가상의 잠재적 고객에게 상품을 출시하기 이전에서부터 홍보하는 일련의 행위를 '마케팅의 시작'이라고 할 수 있는데, 마케팅은 단순히 상품 판매의 모든 단계에 걸쳐 행해지는 것이지만 사후의 지속적인 고객 관리와 상품 계발까지 연계될 때 비로소 마케팅의 효과를 극대화할 수 있을 것이다.

다시 말하면 상품의 가치를 차별화하는 전략을 수립하여 고객(소비자)의 욕구와 심리 등을 분석해 내고, 나아가 소비 행위를 적극적으로 자극하여 상품 구매력을 최대한 이끌어내는 전략적인 모색까지도 포괄하는 개념이다.

최근 뛰어난 초일류 기업들은 소비자 행동에 대한 이해와 분석이 마케팅 활동의 출발점으로 인식하고 있으며, 또한 영리한 소비자들은 기업들이 고객 만족을 위해 무한한 서비스를 제공하게 함으로써 기업과 끊임없는 상호작용을 유지하려고 노력하는 중이다.

오늘날은 컴퓨터에 의한 디지털 혁명으로 인하여 경제, 정보, 통신 분야에서 새로운 질서가 재편되었으며, 인터넷으로 대표되는 웹사이트를 통한 지구촌 글로벌 사회가 네트워크를 통해 서로 하나로 연결됨으로써 예전의 시간적이고 공간적 의미는 이미 초월한 상황에 놓이게 되었다. 특히 최근에는 정보통신기술의 융합으로 시작된 4차 산업혁명은 인공지능, 사물인터넷, 로봇, 드론, 자율주행, 빅데이터, 가상현실 등의 분야에서 새로운 산업의 축을 형성하기에 이르렀다.

만약 독자여러분들이 마케팅에 관한 특별한 아이디어와 전략을 가지고 있다면 얼마든지 글로벌 사회에서 마케팅 활동을 성공적으로 수행할 수 있게 될 것이며, 또한 소비자인 고객중심의 마케팅 전략을 혁신적으로 이끌어 나갈 수 있으리라 확신해 마지 않는 바이다.

2022년 1월

일러두기

1. 이 책은 경영학과나 마케팅 관련 학과를 전공한 분들이 간과할 수 있는 지구촌의 글로벌 마케팅 현장의 실전 경험을 거시적으로 체크해 보는 기회를 제공하게 될 것이다.

2. 꼭 필요한 용어는 비전공자를 고려함과 동시에 마케팅 분야에서 활용되고 있는 점을 감안하여 '역주'와 '영문표기'를 병기하였다.

3. 이 책에 제시된 통계자료는 기업 경영 성공사례를 보여주기 위해 과거의 초인류 기업들의 활약상을 원용한 것이므로 오늘날 현 시점에서 기업의 가치나 성공 여부와는 별도로 의미를 부여하지 않길 바란다.

4. 인류는 창의적인 천재가 먹여 살리고, 지구촌 글로벌 경제는 다국적 네트워크를 기반으로 확장될 수 있음을 감안할 때 세계 경제의 흐름과 소비자의 니즈를 파악하는데 주력하지 않으면 경쟁에서 도태되고 말 것이다.

5. 본서에 제시된 각종 통계자료 출처는 google.com / cocacola.com / jetblue.com / sky.com / virgin.com / jnj.com / pg.com / tesco.com / agentprovocateur.com / dell.com / panerabread.com / diageo.com / thetravelinsider.com / nikebiz.com 등에서 발췌하였음을 밝혀둔다.

Contents

PART 1
독창성: 마케팅 지니어스가 되는 비결

PART 2
사고력: 마케팅 지니어스의 사고방식

PART 3

경쟁력: 마케팅 지니어스의 감각

PART 4

시장 선도: 마케팅 지니어스의 영향력

PART 5

지니: 진짜 마케팅 지니어스되기

본서는 마케팅 개론이나 원론에서 알 수 없는 그야말로 글로벌 지구촌 마케팅 현장에서 자신만의 혁신적인 마케팅 기법으로 성공한 기업가들의 마케팅 사례를 소개한 책이지만 기업 경영 관련 오늘날 펼쳐지고 있는 마케팅의 현주소를 들여다볼 수 있도록 저자의 정성이 담겨 있는 기획서이다. 현대 사회에서 벌어지고 있는 무한경쟁에서 살아남고, 또 상대 기업이나 상품과의 경쟁우위를 통하여 성공적인 기업 활동을 펼치려고 한다면 피터 피스크의 탁월한 안목에 주목해야 할 것이다.

좌뇌와 우뇌를 모두 재충전하려는 마케터들에게 《마케팅 지니어스》를 읽는 것보다 더 좋은 방법은 없을 것이다. 마케팅의 개념, 도구, 마케팅으로 성공한 기업들, 그리고 영감을 받은 마케터들의 이야기들이 책에 다 들어있다.

—필립 코틀러(Philip Kotler), 켈로그 경영대학원 교수이자 《마케팅 관리론(Marketing Management, 석정, 2006)》의 저자

반드시 배워야 할 내용으로 가득 찬 환상적인 책이다. 일반 대중적인 전통시장은 이제 거의 다 죽었다. 소비자가 왕이다.
상상력, 직관, 영감이 지배하는 시대다. 천재들은 바로 그런 걸 원한다.

—케빈 로버츠(Kevin Roberts), 글로벌 광고 회사 사치 & 사치의 CEO이자 《브랜드의 미래(Lovemarks, 서돌, 2005)》의 저자

이 책은 매우 영리한 책이다. 고객의 돈을 벌기 위해 당신이 생각해야 하고, 알아야 하고, 행동해야 할 모든 것을 말해준다. 사람들은 이 책을 읽은 당신을 기꺼이 천재라고 불러줄 것이다.

　−해미쉬 프링글(Hamish Pringle), 광고대행사협회(IPA) 회장이자 《유명 연예인을 통한 마케팅(Celebrity Sells)》의 저자

이 책은 정말 대단한 책이다. 피터 피스크는 최고의 마케터가 갖춰야 할 경험, 기술, 창의력 등 모든 속성을 제시한다. 이 책의 모든 사례는 영감을 줄 뿐 아니라 그의 문체는 매력적이면서도 핵심을 놓치지 않는다. 이 책은 마케팅 장서 중에서도 특별한 자리를 차지할 만하다.

　−말콤 맥도널드(Malcolm McDonald), 크랜필드 경영대학원 교수이자 《마케팅 플랜(Marketing Plans, 유비온, 2016)》의 저자

고객, 브랜드, 마케팅은 오늘날 모든 기업의 전략과 성과의 핵심이다. 《마케팅 지니어스》는 왜 그것이 그 어느 때보다도 중요한지, 그리고 기업과 개인의 성공을 위해 어떻게 그것을 성취할 수 있는지 설명해 준다.

　−존 퀠치(John Quelch), 하버드 경영대학원 교수이자 《새로운 글로벌 브랜드(New Global Brands)》의 저자

《마케팅 지니어스》는 마케터들에게 1%의 땀을 요구하지만 99%의 영감을 주게 될 것이다.

　−휴 버킷(Hugh Burkitt), 마케팅 협회 CEO

피터 피스크(Peter Fisk)

피터 피스크는 경험이 풍부한 전략가이자 마케터로서 코카콜라, 마이크로소프트, 영국의 이동통신회사 보다폰 등 세계 유수의 기업들과 함께 일해 왔다.

그는 초기에 핵물리학이라는 생소한 분야에 종사하다가 당시 명실공히 '세계에서 가장 사랑 받는 항공사'였던 영국항공에 합류했다. 그는 영국항공에서 채널 개발, 관계 마케팅, 브랜드 관리 등 영업 및 마케팅 전반에 걸쳐 일했으며, 세계화와 발맞춰 저가 항공사와의 경쟁 과제를 다루는 전략팀에서도 활동했다.

이후 PA컨설팅그룹에서 글로벌 마케팅 컨설팅팀을 이끌며 실리콘밸리의 기업에서부터 싱가포르의 기업들에 이르기까지 여러 기업들과 함께 고객중심 사업 전략을 개발했다. 아메리칸 익스프레스의 혁신, 쉘의 시장 형성 전략, 브리티시 텔레콤(BT)의 용기와 리더십 개발을 강조한 브랜드 리포지셔닝을 주도했으며, 필립스의 고객지향기업 프로젝트, 마이크로소프트의 가치기반 마케팅 수용을 돕는 등 다양한 분야에서 활약을 펼쳐왔다.

피터 피스크는 또 세계 최대 마케팅 조직인 영국 왕립마케팅연구소의 CEO를 역임하면서 마케터로서 전문가의 기준과 명예를 지킬 것을 주창하였고, 기업 경영자들이 고객과 브랜드를 장기적 주주 가치의 가장 중요한 자원으로 인식하도록 독려했다. 그의 이러한 활동은 온라인 지식공유 학습 플랫폼 〈지식 허브〉, 마케터를 위한 새로운 잡지 〈마케터〉, 어젠다 형성 사고 리더십 프로그램의 출범으로 이어졌다.

현재는 전략혁신기업 설립을 공동으로 이끌며 외부 기업의 의뢰를 받아 그들의 성장을 돕는 데 열정을 쏟고 있다. 그는 기업 경영자들이 세상 모두를 고객으로 인식하게 함으로써 사물을 다르게 보고, 통찰력과 전략, 믿음과 능력을 개발하여 탁월한 성과를 내도록 돕는다. 의류 및 신발 유통회사인 마크스 & 스펜서가 소매업에 다시 집중할 것을 제안한 일이나 폭스바겐의 고객 프로세스 리엔지니어링은 그 대표적인 사례다.

피터 피스크는 마케팅 분야의 세계적 전문가이자 평론가다. 그는 고객과 브랜드, 전략과 혁신에 대해 영감을 주는 명강사다. 그의 강의는 사려 깊고 배려심이 많으면서도 한편으로는 도발적이고 흥미롭다. 그는《파이낸셜타임스 경영 핸드북》과《더 컴플리트 CEO》의 공동저자다. 기업 전문지〈비즈니스 스트래티지 리뷰〉는 2006년 1월, 새로운 비즈니스 사상가 중 한 명으로 그를 선정했다.

그는 그동안 쌓아온 다양한 실제 경험에 의해 얻은 젊음의 에너지와 영감을 결합시킨다. 영국 북부 시골인 노섬브리아에서 성장한 그는 결혼하여 두 딸을 두었으며, 현재 런던 교외에서 살고 있다. 그는 열성적인 장거리 달리기 애호가이며 프리미어리그 뉴캐슬 유나이티드 축구팀을 응원한다. 블랙베리 전화기와 아이팟을 늘 몸에 달고 산다고 해도 과언이 아니다.

이 책의 5분 다이제스트

이 책을 읽어보기 전에 독자들에게 책의 내용을 미리 대충이라도 훑어보게 하는 것은 저자가 주창하는 마케팅의 핵심코드를 제대로 파악하게 하여 기획 의도를 정확히 전달하기 위함이다.

　모든 마케터는 누구라도 '천재'가 될 능력을 갖추고 있다. 그들의 지능과 상상력을 보다 전략적이고 혁신적이며 효과적인 방법으로 결합할 수만 있다면 말이다. 부디 이 책이 당신에게 불가능하다고 생각했던 것을 극복하여 재도약할 수 있는 계기로 삼고, 또 한편으로는 그것을 행동으로 옮길 수 있도록 영감을 얻길 바란다. 오늘날의 모든 기업의 성패는 어떤 상품을 만들어내느냐?보다 상품을 소비자에게 어떻게 홍보하고 판매를 할 것인가? 에 달려 있다고 해도 과언이 아니다.

　독자여러분들이 이 책을 통하여 천재 마케터들의 독창성, 사고력, 감각뿐만 아니라 그들의 영향력까지도 세심하게 고찰하여 회사가 글로벌기업으로 성장하는데 일꾼으로서의 역할을 제대로 수행하길 바란다.

　마케팅과 관련하여 가시적인 성과를 거두려면 먼저 시대흐름을 파악한 다음, 혁신적인 사고방식과 전략을 통하여 수시로 변화되고 있는 시장의 추이와 고객의 성향에 능동적으로 대책을 수립하는 것이 급선무이다.

PART 1. 독창성(ingenuity): 마케팅의 천재가 되는 비결

고객과 주주들의 요구는 끊임없이 늘어나고 전통적인 마케팅 방식으로는 더 이상 효과를 내지 못할 때, 놀라울 정도로 복잡하고 불확실하며 경쟁이 치열하고 빠르게 변화하는 시장에서 어떻게 성공할 것인가?

핵심코드 1 복잡성(complexity)
- 시장 공간과 속도, 그리고 힘의 근본적 변화라는 새로운 과제를 탐구한다.
- 구글의 비전과 애플이 집중하고 있는 것, 스타벅스의 부상과 이베이의 개혁을 살펴본다.
- 신흥 시장에 진출하는 길을 찾고, 우위를 선점하는 리듬을 창출하며, 고객의 힘을 활용하는 방법을 배운다.

핵심코드 2 기대치(expectations)
- 고객과 주주의 요구 사항과 그들을 위해 더 높은 경제적 가치를 창출할 수 있는 방법을 이해한다.
- 마이크로소프트와 도요타의 가치 특성화 교육과 코카콜라의 전략적 초점을 배운다.
- 이해관계자를 일일이 파악하면서 이 문제를 다루고, 경제적 및 주주 가치를 높일 수 있는 요인들을 분석하는 방법을 배운다.

핵심코드 3 천재(genius)
- 천재가 된다는 것이 무슨 의미인지, 그리고 그것이 마케팅과 마케터의 세계에 어떻게 적용되는지 탐구한다.
- 스티브 잡스의 지능, 세계적인 산업 디자이너 필립 스타크의 상상력, 나이키 회장 필 나이트의 놀라운 성과에서 천재들의 특성을 배운다.
- 천재성의 특성을 요약하고, 그 특성을 비즈니스 및 마케팅의 모든 측면에 어떻게 적용할 수 있는지 생각한다.

PART 2. 사고력(thinking): 마케팅 지니어스의 사고방식

엄밀한 분석과 파격적인 창의성을 결합해 더욱 전략적이고 혁신적으로 사고함으로써 시장에서 최고의 기회를 포착한다. 아인슈타인의 놀라운 발견과 스티브 잡스의 시장 개혁도 이러한 사고에서 나온 것이다.

핵심코드 4 전략(strategy)

- 지속적으로 경쟁 우위를 확보할 수 있는 관점과 초점을 제공하는 시장 전략을 도입한다.
- 미국의 저가항공사 제트 블루와 영국의 위성방송사 스카이 TV의 시장 점유 전략과 미국의 엔터프라이즈 렌터카의 과감한 차별화 전략을 배운다.
- 더 나은 시장 전략과 선택, 포트폴리오 분석 및 경쟁 포지셔닝을 통해 그런 아이디어를 회사에 적용한다.

핵심코드 5 브랜드(brands)

- 훌륭한 브랜드를 만드는 것이 무엇인지, 그것이 어떻게 지속되고 진화하며, 어떻게 하면 그 힘을 극대화할 수 있는지 탐구한다.
- 버진 미디어의 브랜드 사고방식, 레스토랑과 일반 패스트푸드점의 장점만 따온 신개념 패스트푸드점 프레 타 망제의 열정, 그리고 BMW의 끊임없는 집중력을 배운다.
- 명확한 구성을 갖춘 자신만의 브랜드 전략을 개발하고 내외적으로 그 브랜드에 생명력을 불어넣어 장기적인 브랜드 가치를 구축한다.

핵심코드 6 고객(customers)

- 고객에게 실제로 중요한 것이 무엇인지, 회사 전체를 고객 지향 기반으로 구축할 수 있는 방법이 무엇인지 생각한다.
- 글로벌 패션회사 자라(Zara)의 통찰력, 국제 구호단체 옥스팜이 설립한 대안 무역회사 카페 다이렉트의 윤리적 접근법, 프록터 & 갬블의 방향 전환을 고찰한다.
- 진정한 고객 통찰력과 예지력을 바탕으로 구축된 비즈니스를 수행하는 방법을 배운다. 그것이 윤리적이고 진정한 책임을 지는 길이다.

핵심코드 7 혁신(innovation)

- 파괴와 창의성에 기반한 혁신을 수용하고, 제품에서부터 사업 모델에 이르기까지 모든 분야에 적용한다.
- 블랙베리와 3M의 혁신, 태양의 서커스와 이케아의 성공적인 시장 재정립 사례를 배운다.
- 혁신적이고 창의적인 촉매 활동을 통해, 그리고 부분적이 아닌 전체적인 방식을 통해 혁신을 관리하여 이를 회사에 정착시킨다.

PART 3. 경쟁력(competing): 마케팅 지니어스의 감각

현대에 전설이 된 몇 안 되는 예술가 중 한 명인 파블로 피카소와 프랑스의 호텔 및 시계 디자이너 필립 스타크가 부러워할 정도로 독특하고 매력적인 마케팅을 수행한다.

핵심코드 8 제안(propositions)
- 오늘날의 고객에게 진정한 가치를 창출하는 것이 무엇인지, 어떻게 차별화되고 매력적인 방식으로 당신의 제품을 명확하게 표현할 수 있는지를 탐구한다.
- 테스코의 브랜드 제안, 영국항공의 서브 브랜드 클럽 월드, 미니 자동차의 재등장을 살펴본다.
- 설득력 있는 대본과 유행을 부르는 메시지를 통해 다른 기업보다 앞서 나가는 고객가치 제안을 개발하는 방법을 배운다.

핵심코드 9 경험(experiences)
- 멋진 디자인, 맞춤 서비스, 극적 효과 등을 모두 아우르는 훌륭한 고객 경험을 창출하는 요인이 무엇인지 생각해 본다.
- 미국 음료회사 존스 소다의 파격, 영국 의류회사 폴 스미스의 기능과 디자인, 그리고 란제리 브랜드 아장 프로보카퇴르의 섹시미를 배운다.
- 표적 고객의 추적, 지능형 디자인, 보다 직관적이고 극적인 표현을 통해 고객 경험을 향상시킨다.

핵심코드 10 연결(connections)
- 통합 커뮤니케이션, 반전 채널, 새로운 유형의 네트워크가 고객과의 연결에 왜 필수적인지를 살펴본다.
- 델의 직접적인 접근 방식, 아마존의 디지털 혁명, 미국 음악 전문 케이블TV MTV의 다양성 추구, 미국 도넛 회사 크리스피 크림의 입소문 마케팅을 고찰한다.
- 미디어와 채널 통합, 네트워크 마케팅을 통해 고객과의 연결을 개선하는 방법을 배운다.

핵심코드 11 관계성(relationships)
- 오늘날의 복잡다단한 시장에서 고객 친밀감, 충성심, 파트너십을 구축하는 문제를 생각해 본다.
- 미국 베이커리 프랜차이즈 파네라 브레드의 전염성 높은 고객 충성도와 영국 에너지 기업 센트리카와 독일 자동차 메르세데스의 고객관계 구축을 탐구한다.
- 친밀감 있는 브랜드, 고객 충성심 사다리, 파트너 개발 등을 통해 더 나은 고객 관계를 구축하는 방법을 배운다.

PART 4. 시장 선도(leading): 마케팅 지니어스의 영향력

당신의 브랜드와 마케팅의 진정한 가치를 발견한다. 세계 최고의 금융 투자자 워렌 버핏과 나이키 회장 필 나이트의 성과와 이익에 대한 열정을 배워 뛰어난 비즈니스 성과를 창출하기 위한 멋진 마케팅을 펼쳐본다.

핵심코드 12 성과(performance)

- 마케팅 효과를 보다 엄격하게 측정하고 최적화할 방법을 도입하여 내부와 외부 모든 통계자료와 정보를 놓치지 않는 방법을 모색한다.
- 영국의 제과 및 음료 회사 캐드베리 슈웹스와 영국의 세계 최대 주류회사 디아지오의 가치기반 접근방식, 그리고 벨기에의 맥주회사 스텔라 아르투아의 브랜드 구축을 배운다.
- 가치 기반 마케팅 스코어카드와 측정 기준, 그리고 '고객 자본'의 개념을 도입해 성과를 향상시킨다.

핵심코드 13 마케터(marketers)

- 마케터가 고객, 혁신 및 성장에 관해 최고가 되어야 하는 이유를 생각해 본다.
- 네슬레의 마케팅 리더십, 영국항공의 목표 지향, 디즈니의 지속 성장을 배운다.
- 시장과 브랜드, 회사의 혁신과 성장을 관리하기 위한 더 나은 접근 방식을 도입한다.

핵심코드 14 리더십(readership)

- 해당 부서 차원을 넘어 전사적 차원에서 마케터의 리더십의 역할을 탐구하고, 마케터가 어떻게 CEO를 더욱 빛나게 만들어 주는지 살펴본다.
- 괴짜 기업인으로 알려진 버진그룹 리처드 브랜슨 회장의 열정, P&G의 전 마케팅최고책임자 짐 스텐겔과 테스코의 회장을 역임한 테리 리히의 교육훈련, 그리고 휴렛팩커드의 맥 휘트먼 CEO의 리더십에서 영감을 받는다.
- 보다 효과적인 마케팅 리더 및 경영자가 되는 방법, 그리고 광범위한 조직에 영향을 미치며 그 조직을 이끄는 방법을 배운다.

핵심코드 15 미래(futures)

- 지능형 시장, 통찰력 있는 브랜드, 영감을 주는 마케터들을 중심으로 구축된 미래 비즈니스 세계를 살펴본다.
- 나이키의 비전, 노키아의 통찰력, 다이슨의 혁신성, 영국의 과일음료 브랜드 이노센트의 순수성을 배운다.
- 시장과 사업의 미래를 예측하고 블로그, 브랜드, 5개의 공이 어떤 도움이 될 수 있는지 고찰한다.

PART 5. 지니(Genie): 진짜 마케팅 지니어스되기

당신은 더 지능적이고 상상력이 풍부한 방식으로 오늘날 시장의 도전과 기회를 포착하는 마케팅 지니어스가 될 잠재력을 가지고 있다. 하지만 어디서부터 시작해야 할까? 당신과 당신의 마케팅팀은 어떻게 비범한 성과를 창출할 수 있을까?

마케팅 지니어스 연구소

당신과 당신의 팀이 어떻게 '천재'가 될 수 있는지를 이해하기 위한 간단한 진단과 그 접근법이다. 마케팅 방식과 개인적인 장 · 단점을 평가하고, 어떻게 해야 천재적인 마케팅을 수행하고 천재 마케터가 될 수 있는지 평가한다.

프로필1 : 천재 마케팅
프로필2 : 천재 마케터
진단1 : 높은 성과를 내는 마케팅 맵
진단2 : 높은 성과를 내는 마케터 맵

마케팅 지니어스가 되기 위한 촉매

오늘날 모든 마케터가 시장을 이해하고 다른 사람들보다 앞서 나가며 회사에서 당신의 영향력과 명성을 향상시키고, 뛰어난 비즈니스 성과를 올리기 위한 50가지에 주목하길 바란다.

왜, 당신이 이 책을 읽어야 하는가?

그럼, 왜 마케팅 지니어스가 되고 싶은가?

당신이 마케팅의 천재가 될 수 있느냐?는 외부와 내부, 시장과 기업, 고객과 주주, 창의성과 분석, 고객과의 약속과 현실을 서로 연결할 능력이 있느냐?의 여부에 달려 있다. 천재 마케터들은 최고의 기회를 포착할 수 있는 지성과 상상력(통찰력)을 모두 겸비하고 있으며, 비범한 성과를 창출할 능력을 갖추고 있다.

본서《마케팅 지니어스》는 변화를 만들어내고 싶어 하는 혁신적인 마케터들을 위한 책이다.

많은 사람들이 글로벌 브랜드를 만들고 우리 삶에 영향을 미치려고 시도해 왔지만 그 목표를 이룬 사람은 극소수에 불과하다. 왜, 좋은 마케팅이 그 어느 때보다 중요한지, 그것이 우리의 경제적 부의 창출에 얼마나 기여하는지, 그리고 마케팅이 왜 오늘날 가장 흥미진진한 일거리인지 생각해 본 사람도 거의 없는 것 같다. 그러나 오늘날 시장은 변했다. 따라서 마케팅도 변하고 있고, 마케터들이 높은 성과를 달성하려면 더 큰 변화와 혁신이 요구된다.

《마케팅 지니어스》는 마케팅에 대한 완전히 새로운 접근방식을 제공한다.

급변하고 있는 경쟁적인 시장에서는 중·단기적으로 어디에 투자를 집중해야 할지, 고객과 주주들을 위해 어떻게 높은 가치를 창출하고 유지해야 할지가 명확하지 않다. 이럴 때일수록 기업들은 그 어느 때보다 제대로 된 효과적인 마케팅과 혁신적인 마케터가 필요하다. 이 책은 진정으로 차별화된 브랜드를 구축하고, 보다 혁신적인 솔루션을 개발하며, 고객을 보다 깊이 사로잡기 위한 아이디어, 통찰력, 영감을 줄 것이다.

《마케팅 지니어스》는 오늘날 기업에 종사하고 있으며, 사업과 관련된 모든 사람들을 위한 것이다. 당신이 커뮤니케이션 전문가든, 시장조사원이든, 브랜드 매니저든, 제품 개발자든, 마케팅 리더든, CEO든, 이 책은 마케팅에 관심을 둔 당신을 위한 책이다. 만약 당신이 전략팀이나 금융, 판매 또는 고객 서비스 분야에서 일한다 해도 이 책은 당신에게 매우 유용할 것이다. 이 책은 대기업, 중소기업, 광고 대행사들에게도 유효적절한 책이다.

이 책을 쓴 이유와 기획 동기

나는 당신이 다르게 생각하고, 마케팅을 잘할 수 있도록 영감을 주고 싶다.

최근 몇 년 동안 필자는 아주 평범한 마케팅과 아주 뛰어난 마케팅을 모두 경험했다. 의욕에 불타고 야심에 찬 마케터들도 많이 만났지만, 현상에 도전하거나 훌륭한 아이디어를 실현하거나 조직을 이끌 기회를 장악할 자신감이 부족한 마케터들도 많이 만났다.

나는 마케팅이 성공해서 기업 성장의 원동력이 되며, 직업으로서도 기업에 영향력을 미치고 존중받도록 도움을 주고 싶다.

마케팅은 다른 어떤 활동보다 기업을 위해 더 많은 경제적 가치를 창출하지만, 중요하지 않은 활동이라거나 지원 업무라거나 전략적 효율성이나 따지는 업무로 간주되는 경우가 너무 많다. 마케팅은 시장을 이해하고, 고객을 위해 일하고, 혁신을 주도하고, 브랜드를 구축하고, 수익성 있는 성장을 이끎으로써 기업 성장을 주도하는 절대적 힘의 기반이고 원천이다.

마케팅에는 더 전략적이고 상업적이며 혁신적이고 매력적인 접근방식이 요구된다. 마케터들은 자신의 열정을 회사의 이익과 연결시키기 위해 냉철한 분석을 받아들여야 함과 동시에 새로운 것과 특별한 것을 찾기 위한 창조적인 불꽃을 잃어서는 안 된다. 그러나 안타깝게도 많은 기업들과 마케터들은 업무처리와 숫자의 편협한 노예가 되었고, 홀로 외떨어져 점점 더 상품화되거나 아웃소싱의 탈출구를 찾아 헤매고 있다.

놀라우리만큼 복잡한 오늘날의 세계에서, 모든 기업은 엄청난 변화와 불확실성, 그리고 잠재된 기회에 직면해 있다. 이런 상황에서 최고의 아이디어는 기업을 위대하게 만들어 줄 것이다. 지금은 자본보다 고객이 점점 더 희소한 자원으로 여겨지는 시대다. 앞으로는 지식 관리보다는 관념이 더 중요해질 것이다.

나는 마케터들이야말로 이러한 도전과 다음과 같은 다른 도전들을 다룰 수 있는 가장 좋은 위치에 있다고 생각한다.

- 사람들은 이전과 달라졌다. 예를 들어, 아이들은 대개 한 번에 5.4가지의 일을 동시에 할 수 있지만, 어른들은 기껏해야 1.7가지의 일을 할 수 있을 뿐이다. (어른 남성은 더 적다.)
- 이제 전통적인 마케팅 접근 방식으로는 사람들의 관심을 끌지 못한다. – 미국 소비자의 54%는 텔레마케팅을 금기시하고 있다.
- 구매 결정은 순식간에 이루어진다. – 어떤 브랜드를 살 것인지에 대한 결정은 평균 2.6초 안에 이루어진다.
- 시장은 그 어느 때보다도 경쟁이 더 심하다. – 지난 10년 동안 경쟁은 평균 3배 높아졌다.
- 금방 모방 제품이 나오고 너무 빨리 구식이 되어버린다. – 동시에 제품의 라이프 사이클은 평균 70% 빨라졌다.

- 고객들은 홍보의 홍수에 시달리고 있다. - 사람들은 매일 평균 약 300개의 메시지를 접한다.
- 기술력이 우리의 구매 행위의 중심이 되었다. - 소비자의 42%가 새 차를 사기 전에 인터넷을 사용한다.
- 그럼에도 불구하고 사람들은 그 어느 때보다도 사람들에게 의존하고 있다. - 소비자의 75%는 개인적인 추천을 가장 신뢰한다고 말한다.
- 마케팅의 가치 입증 기능 때문에 우리는 측정치에 몰두한다. - 그러나 브랜드 투자의 60%는 올해가 아니라 미래에 영향을 미친다.
- 기업들은 여전히 믿을 수 없을 정도로 수명이 짧다. - 그러나 주요 투자자들은 향후 4년 이상의 기업 잠재력을 본다.
- 현재 기업 가치의 대부분은 무형자산에 근거한다. - 포춘 500대 기업의 시장 가치의 78%는 무형자산이 차지한다.
- 마케팅 관련 인재는 비즈니스 리더십에 필수적이다. - FTSE지수(영국 파이낸셜타임스와 런던증권거래소가 공동으로 설립한 FTSE인터내셔널에서 발표하는 글로벌 지수)에 포함된 회사 CEO의 21%가 마케터 출신으로 다른 기업보다 총주주수익률(TSR, 주주들이 일정 기간 얻을 수 있는 총수익률)이 5.9% 더 높다.

오늘날의 마케터들은 똑똑하고 까다로운 고객들을 다루어야 하고, 회사의 방향과 초점을 설정하고, 회사의 지속적 성공을 위한 미래 이익을 창출하는 특별한 재능을 가지고 있다.

마케팅에 대해 알아두어야 할 모든 것

마케터로서, 나는 세계에서 가장 멋진 회사 여러 곳에서 일한 적이 있다.

직장 생활 초기에는 영국항공에서 비즈니스 클래스 객실에 침대를 장착하고도 이익을 낼 수 있는 방법을 강구하느라 많은 시간을 보냈다. 또 코카콜라에서는 동유럽 신흥 시장에 진출하기 위해 브랜드와 물류 문제들로 씨름했는데, 모두 혁신적인 해결책이 필요한 일이었다.

아메리칸 익스프레스에서는 브랜드가 단순한 플라스틱 친구 이상이 되도록 하기 위해서는 회사가 안일한 사고를 타파해야 한다고 회사 경영진들을 설득해야 했다. 다음으로는 최고의 기술 회사인 마이크로소프트를 고객 지향적 기업으로 만드는 데 있어 상당한 문화적인 도전을 극복해야 했다.

하지만 가장 훌륭한 학습 경험을 한 것은 대개 작은 회사들과 일할 때였다. 네덜란드의 정부기관에서 작은 빵집까지, 그리고 공유오피스 기업이었던 리저스의 화려한 등장에서 몰락까지 등. 작은 기업들은 더 큰 경쟁자들을 이기고, 그들의 장점을 최대한 활용하고, 더 적은 것으로 더 많은 것을 얻기 위해서는 남들과 다르게 생각할 수밖에 없었다.

전 세계 131개국에 6만 명의 회원을 두고 있는 세계 최대 마케팅 조직인 영국 왕립마케팅연구소의 CEO로서 나는 세계 각지의 훌륭한 마케터들을 만나는 특권을 누렸다. 나는 마케터들을 움직이게 하는 엄청난 에너지와 아이디어, 결과적으로 회사의 가치 창출에 기여하는 브랜드와 고객에 대한 그들의 열정, 그리고 전문 직업인으로서 성공하고자 하는 그들의 열망에서 많은 동기를 부여받았다.

무엇이 내게 영감을 주었는가?

그러나 내게 영감을 준 것은 직장 경험만이 아니다. 당신도 마찬가지일 것이다. 우리의 인식과 야망, 우리가 생각하는 방식, 그리고 남들과 다르게 행동할 수 있다는 자신감은 직장 밖의 경험에서 더 많이 나온다. 그런 크고 작은 온갖 개인적인 경험들이 내게 영감을 주었다.

시장에 대한 나의 첫 번째 실제 경험은 내가 자란 로스베리라는 작은 마을에서였다. 나는 매주 수요일마다 농장 호송 트럭이 그들의 소와 양을 사고팔기 위해 사방에서 도착하고 하루가 끝날 무렵 다시 출발하는 것을 지켜보았다.

부모님은 항상 내게 새로운 것을 시도하라고 격려해주셨고, 덕분에 나는 열정을 키울 수 있었다. 심지어 내가 지역 달리기 클럽에 참가하기 위해 음악 레슨을 빼먹었을 때에도 어머니는 나를 격려해주셨고, 아버지는 나를 경기장까지 태워다 주셨다. 그들의 지지와 격려가 없었다면 나는 많은 것을 해내지 못했을 것이다.

나는 또 뭘 하든 이기는 것을 좋아했다. 사람은 일단 성공을 맛보면 더 많은 것을 원하기 마련이다. 나는 11살 때 지역 학교의 1500m 달리기 대회에서 처음 우승했던 순간을 절대 잊지 못할 것이다. 나는 그날 이후로 그 누구보다도 빨리 달려서 먼저 결승 테이프를 향하는 순수한 기쁨을 쫓는 데 내 모든 것을 걸었고, 그런 두려움은 결코 없었다.

대학 시절에는 과학적인 호기심이 강했다. 물리학, 특히 섭씨 −200도까지 냉각되었을 때의 원자 입자의 초전도성에 대해 공부했다. 그러나 아직 규명되지 않은 자연의 많은 특성에는 매료되면서도 길고 반복적인 대수 방정식을 푸는 것에는 금방 싫증이 났다.

미래의 파트너를 만나는 것은 매우 흥분되는 순간이다. 세월이 흐르면서 나의 가장 친한 친구가 되어주고, 불가능하다고 생각했던 일을 하도록 동기를 부여해 주고, 현실과 나를 이어주는 연결고리가 된 아내 앨리슨을 알게 된 순간의 그 설렘은 결코 잊지 못할 것이다.

물론 내게도 다른 모든 사람들처럼 스포츠 영웅들이 존재한다. 세바스찬 코가 부상과 질병에 맞서 싸우며 두 번째 올림픽 금메달을 따는 것을 보았고, 스티브 크램이 매주 세계 신기록을 갈아치우는 것을 보았으며, 조나단 에드워즈가 그 자신도 믿을 수 없는 거리를 뛰는 것을 보았다. 나는 아직도 그 날짜와 시간, 거리를 기억할 수 있다.

사회에 진출하고 나서는 혁신의 기회가 나의 관심을 끌었다. 특히 영국항공에서 동료들과 광고회사와 함께 일하면서 과거의 사고방식과 금기시 했던 조항들을 버리고, 여행 산업을 재정의하는 획기적 아이디어를 만들어내는 과정에서 나의 태도와 야망이 형성되었다.

때로는 그냥 그곳에 있는 것 자체만으로도 좋았다. 많은 일을 관찰하고 분위기를 본받을 수 있었기 때문이다. 나는 또 운이 좋게도 90년대 후반에 실리콘밸리에서 일하면서 자신들이 갖고 있는 기술로 큰 성공을 거두기 위해 애쓰는 기업가들과 투자자들의 에너지와 야망을 느낄 수 있었다.

천재에 대해 연구하면서 아마도 가장 기억에 남는 것은 세계의 몇몇 위대한 브랜드 회사에서 성공한 사람들을 만난 것이었을 것이다. 밖에서 보기에 그들은 내가 경외하는 이름들이었다. 그러나 실제 안에 들어가 만나 보니 그들도 다른 회사로부터 배우고 자신이 하는 일을 개선하고자 노력하는 평범한 사람들이었다.

그러나 나로 하여금 현실에 눈을 뜨게 해준 숨은 공로자는 우리 두 아이였다. 그들은 노래하며 춤추고 재잘거리고 웃으며 놀면서 천진난만한 기쁨으로 가득하다. 그들에게는 세상에 그보다 중요한 것은 없었다.

나를 자극시킨 것은 바로 이런 사소한 것들이었다. 나는 당신에게도 당신의 신념과 관점에 영향을 주고 판단과 야망을 이끌어준 당신만의 경험들이 있다고 확신한다.

우리 두 아이들은 내가 브랜드와 마케팅을 보는 방식, 많은 마케팅 책을 읽는 방식, 주변의 회사와 사람들로부터 배우는 방식을 훈련시켜 주었다. 물론 책은 단지 관점을 제공해 줄 뿐이고, 결과를 내기 위한 유일한 방법은 최고의 연습뿐이다. 중요한 것은 최고의 아이디어와 통찰력을 선택하여 당신의 회사에 올바른 방식으로 적용하는 것이다.

무엇을 배울 것인가?

당신이 애플의 스티브 잡스처럼 시장에서 떠오르는 기회를 포착할 수 있고, 제프 베조스가 품은 아마존의 비전, 이베이 CEO 맥 휘트먼(맥 휘트먼은 1998~2008년 이베이의 CEO를 지냈고 2011년부터는 HP의 CEO를 맡고 있음)의 탁월한 리더십, 나이키 창업자 필 나이트가 이룬 상업적 성공으로 그 기회를 얻을 수 있다고 생각해보라.

당신이 델 컴퓨터의 창업자 마이클 델의 통찰력, 무선청소기 회사 다이슨의 창업자 제임스 다이슨의 혁신, 저가 항공사의 황제 마이클 오리어리의 끈기 있는 노력으로 당신의 사업을 변화시킬 수 있다고 상상해 보라. 당신이 마케팅 전문가 스콧 베드베리가 스타벅스와 나이키를 위해 일했던 것처럼, 음료회사 존스소다의 창업자 피터 반 스톨크의 도전정신과 광고계의 앙팡 테리블 트레버 비티의 창의력으로 강력한 브랜드를 만들 수 있다고 상상해 보라.

아이팟 디자이너 조나단 아이브의 미학적 경험, 샌드위치 전문점 프레 타 망제의 창업자 줄리안 멧칼프의 열정적인 경험, P&G의 최고 마케터 짐 스텐겔의 탁월한 효율성의 경험을 제공해줄 수 있다고 상상해 보라.

본서 《마케팅 지니어스》는 당신이 이 모든 것을 어떻게 수행할 수 있는가?에 대해 설명해 줄 것이다.

- 오늘날의 복잡하고 변화하는 시장을 이해하고, 어느 곳이 경쟁이 치열한 핫스팟이고 어떤 분야가 아직 진입의 여지가 있는 화이트 스페이스이며, 어디가 블랙홀인지 구분한다.
- 당신 자신이 비즈니스 전략의 원동력이 되어 경쟁 우위의 새로운 원천을 찾는다.
- 회사 전체를 밖에서 들여다보는 접근 방식을 활용해 고객과 주주의 기대치에 맞춘다.
- 고객이 정말로 중요하게 생각하는 것에 대한 새로운 통찰력을 키움으로써 현재 제공하고 있는 가치와 미래에 창출해야 할 가치의 균형을 유지한다.
- 사람들의 관심을 끌고 영감을 주며, 동시에 새로운 차원의 윤리적, 사회적 책임을 수용하는 강력한 브랜드를 구축한다.
- 창의적이고 특별한 방식으로 기술과 디자인을 활용해 제품, 시장 및 사업 모델을 보다 과감하게 혁신한다.
- 독특하고 설득력 있는 고객 제안을 제시하여 고객과의 의사소통이 널리 확산되고 쉽게 잊혀지지 않도록 한다.
- 고객이 원하는 시기, 장소 및 방법에 따라 보다 이해하기 쉽고 통합된 방식으로 고객의 조건에 따라 고객과 연결한다.
- 보다 개인적(맞춤형), 공감적, 인간적인 방식으로 고객에게 서비스를 제공함으로써 설득력 있고 실현 가능한 경험을 제공한다.
- 정확하고 실행 가능한 척도로 마케팅 활동을 측정함으로써, 예산과 자원을 최적화해 이익을 높인다.
- 마케팅의 진정한 경제적 가치를 구현하고, 마케터로서 자신의 잠재력을 실현한다.

모든 마케터들은 '천재'가 될 능력을 가지고 있다. 그들은 지능과 상상력을 결합해 보다 전략적으로 생각하고 보다 효과적으로 행동하며, 불가능하다고 생각했던 일을 이루어낼 능력이 얼마든지 있다.

이 책이 독자들에게 어떤 도움이 될까?

본서 《마케팅 지니어스》가 당신에게 보다 더 전략적이고 혁신적이고 상업적인 마케팅을 할 수 있는 자신감을 주길 기대해본다.

이 책에는 개념, 사례 연구, 당신을 돕기 위한 도구들을 많이 들어있지만 그런 것들이 마케팅 지침의 전부는 아니며 모든 훌륭한 이론들을 대체하는 것도 아니다.

그보다는 당신의 생각을 자극하고, 연결고리를 설명하며, 딜레마를 강조하고, 대안을 제시하며, 보다 사려 깊되 과감한 행동을 독려함으로써 사업성과를 개선해 줄 수 있도록 초점을 맞췄다.

이 책이 당신의 시장과 사업을 좀 더 총체적으로 보고, 대내외의 전통적 관습에 도전하고, 행여라도 잘 이해하지 못하는 사업 영역에 대한 두려움을 없애주는 데 도움이 되기를 바란다.

지난 수년 동안, 특히 이 책을 집필하면서 나는 다음과 같이 확신하게 되었다.

- 복잡하고 빠르게 변화하며, 보다 경쟁이 치열해지고 전통적이던 블록이나 경계마저 사라진 오늘날의 시장은 가장 좋은 사업 기회를 제공하기도 한다. 그러한 기회가 기업의 목적과 방향, 우선순위, 사업 조정의 자극과 추진력이 되고 있다.

- 마케팅은 기업에서 가장 중요하고 박진감 넘치는 활동이다. 마케팅은 우리 모두에게, 특히 회사의 리더들에게 중요한 사고방식을 제공하며, 전략과 브랜드, 경험과 고

객 관계, 혁신과 성장의 동력이고 엔진이다.

- 오늘날 마케터들은 그 어느 때보다 회사에 소중한 존재다. 그들은 창의적이고 분석적이며, 전략적이고 실제적이며, 창의적이고 상업적으로 생각할 수 있는 능력을 가지고 외부적 관점을 제시한다.

실질적인 행동과 결과를 통해 이런 능력을 인정받을 수 있다면 마케팅은 우리 모두가 자랑스러워할 수 있는 직업, 즉 마케팅 동료들로부터 존경을 받고, 우리 사회가 소중하게 여기고, 최고의 젊은 인재들이 열망하고, 미래의 CEO들을 육성하는 토대가 될 수 있을 것이다.

마케팅은 탁월한 사업성과를 내는 데 중요한 역할을 한다.

당신에게는 아인슈타인의 지성과 피카소의 상상력을 적용할 수 있는 재능과 기회가 있고, 시장을 남과 다르게 이해할 수 있는 능력이 있다. 워렌 버핏도 자랑스럽게 여길 결과를 창출할 수 있다.

당신이 원한다면 얼마든지 마케팅 지니어스가 될 수 있다.

나는 마케팅 초창기 시절 내게 영감을 준 말을 잊지 못할 것이다. 바로 '할 수 있는 일은 물론, 할 수 있다고 생각하는 일이라면 무엇이든 시작하라'라는 말이다. 대담함에는 힘이 있다. 그 안에 천재성과 마법이 들어있다.

혁신적이 되어라.

남과 다르게 생각하라.

끊임없이 영감을 얻으라.

1

INGENUITY

독창성:
마케팅 지니어스가 되는 비결

"비범한 사람들은 가능하거나 가능성이 있는 일뿐만 아니라 불가능한 일을 마음에 품는다. 그리고 그런 불가능한 일을 마음에 품으면서 그것을 가능한 일로 바라보기 시작한다."

-셰리 카터 - 스캇(Cheri Carter -Scott)

"자신의 미래는 통제할 수 없다는 것을 명심하라. 당신의 운명은 당신에게 달려 있는 것이 아니라 비이성적인 고객과 사회에 달려 있다. 그들의 필요, 욕망, 요구의 변화에 따라 당신이 가야 할 길이 결정될 것이다. … 이는 기업의 관리자들은 매일 끊임없이 고객과 사회에서 일어나는 변화의 파동을 직접 감지해야 한다는 의미다. … 관리자들은 호기심이 강해야 하고, 무슨 일이 일어나는지 늘 관찰해야 하며, 흐름을 분석해 변화의 단서를 찾고 그 단서를 기회로 삼을 수 있어야 한다."

-마이클 카미(Michael Kami)

P	R	E	V	I	E	W

- 고객과 주주들의 요구는 끊임없이 늘어나고 전통적인 마케팅 방식으로는 더 이상 효과를 내지 못할 때, 놀라울 정도로 복잡하고 불확실하며 경쟁이 치열하고 빠르게 변화하는 시장에서 어떻게 성공할 것인가?

- 오늘날의 시장을 어떻게 이해할 것인가? 성장을 위한 최고의 기회는 어떻게 찾을 것인가? 날로 치열해지는 경쟁과 거세지는 고객의 힘을 어떻게 다룰 것인가?

- 고객, 종업원, 주주들의 높은 기대치는 어떻게 충족시킬 것인가? 사회적 책임은 어떻게 수행할 것인가? 각기 다른 이들의 요구를 어떻게 조화시킬 것인가? 이들 모두를 만족시킬 수 있는 '획기적 가치'를 어떻게 창출할 것인가?

- 천재가 된다는 의미는 뭘까? 천재는 어떻게 다른가? 그들은 지능과 상상력을 어떻게 적절하고 조화롭게 활용하는가? 마케팅 지니어스가 된다는 것은 무엇이며 그들은 어떻게 더 좋은 성과를 창출하는가?

불확실한 시장
이해하기

"소중한 무엇인가를 포기할 준비가 되어 있지 않다면, 결코 진정으로 변화할 수 없다. 중요한 것을 포기해야만 포기할 수 없는 것을 영원히 통제할 수 있기 때문이다."

-앤디 로(Andy Lae)

"그들은 게임을 한다. 그런데 전혀 규칙을 지키지 않는다. 내가 그들이 규칙을 지키지 않고 있다는 것을 보여주려면 내가 규칙을 깨야 하고 그러면 그들은 나를 책망할 것이다. 그래서 나는 그들이 게임하고 있는 것을 보지 못한 것처럼 행동해야 한다."

-케빈 켈리(Kevin Kelly)

복잡한 시장, 치열한 경쟁, 기대 수준이 높아진 고객, 쉽게 만족하지 않는 주주들은 보다 똑똑한 마케팅을 요구한다. 시장이 어떻게 변하고 있는지 새로운 모습을 관찰하고, 다른 사람들보다 먼저 최고의 기회를 포착하며, 단순한 가격 할인보다는 좀 더 현명한 방식으로 경쟁자들을 이기고, 새로운 방향으로 과감하게 혁신하며, 다른 회사와는 다른 브랜드를 구축하고, 고객이 가능하다고 생각하지 못했던 방식으로 소통하며, 애널리스트들이 놀랄 정도의 수익을 주주들에게 가져다주기 위해서는 새롭고 남과 다른 접근 방법이 필요하다.

내부적 관점(Inside out)	외부적 관점(Outside in)
치열함: 경쟁은 시장의 원근을 막론하고 사방에서 온다. 순식간에 모조품이 나와서 온통 비슷한 것 투성이다.	**복잡성:** 시장은 놀라울 정도로 복잡하고 불명확하며 세분화되고, 갈수록 경계도 없으며 예측하기도 어렵다.
가능성: 지금은 그 어느 때보다 다양한 기회가 있는 시대다. 기업들은 무엇이든 할 수 있고 어디서든 경쟁할 수 있게 되었다.	**속도:** 시장의 변화는 계속 빨라지고 있다. 따라서 새로운 도전과 기회도 빨리 생긴다.
방향: 기업들은 항상 해왔던 방식을 개선하려고 노력하면서 재정 문제는 생각하지도 않고 끊임없이 외부 확장을 추구한다.	**고객의 힘:** 오늘날 고객은 기업에게 자신들이 원하는 것, 원하는 장소, 원하는 방식, 원하는 시기에 따라 외부적 관점에서 사업을 행할 것을 요구하며 모든 것을 좌지우지한다.

점점 글로벌 기업들은 경계도 사라지고 규칙도 지켜지지 않으며 빠르게 변화하는 시장에서의 경쟁으로 과거의 업종 구분조차도 혼란스러워졌다. 예를 들어 오늘날 통신업계에는 기존의 통신회사, 보다 광범위한 정보통신 시장에 종사하는 회사, IT나 네트워크 구축 회사들이 한데 어우러져 있다. 따라서 관점을 어디 두느냐에 따라 경쟁자, 솔루션, 고객, 성공 가능성이 다 달라진다.

이게 무슨 차이가 있느냐고? 좁은 의미로 살펴보면 기존의 통신회사들은 기존 고객들이 다 어디로 없어졌는지 궁금해하기 시작할 것이다. 반면 보다 광범위한 의미로 접근해보면 정보통신 회사들은 특정 통신 방법(인터넷, 무선 전화 등)을 요구하는 사람들을 고객으로 확보하려고 노력할 것이다. IT 업계 회사들은 틈새시장에 비해 더 많은 통신 요금을 내는 계층으로 인식되는 IT세대들에게 적합한 요금 체계를 들고 나올 것이다. 그러나 대상 고객이 IT 사고방식에 익숙한 계층이라면 무려 네 배의 마진을 볼 수 있을 것이다. 이게 분명한 차이다.

이런 복잡성을 이해하려면 지능이 좀 필요하다. 산업용 세탁기 회사 젠센그룹의 빌 젠

센은 저서《단순성(Simplicity)》에서 오늘날의 세계를 우리가 손에 넣을 수 있을 정도로 좁게 해석했다. 그러나 양자 물리학자들의 말처럼, 복잡한 문제에는 복잡한 해결책이 필요하다. 단순한 해결책이 결과는 멋지게 보일지 몰라도 실상 복잡한 문제에서 해결책을 찾아내는 것은 쉽지 않다. 확실한 것은 아무것도 없다. 모든 것에는 어느 정도의 모호함이 내포되어 있다. 그리고 모든 것은 어떤 식으로든 다른 모든 것과 연결되어 있다.

우리는 오늘날의 세계가 상대적이면서도 불확실하다는 것을 명심해야 한다. 단지 옛날 방식이 더 이상 효과가 없다는 것뿐 아니라, 올바른 사고방식을 가지고 있다면 복잡성이 오히려 새로운 기회를 더 많이 가져다준다는 것을 알아야 한다. 그러니 이사회에 앉아서 "우리 때는 이런 건 문제도 아니었지."라는 말만 늘어놓는 높은 양반들은 요점을 제대로 파악하지 못하고 있는 것이다. 단순하고 전통적인 모델을 복잡한 문제에 적용하려고 애쓰는 마케터들도 마찬가지다.

고객을 예로 들어보자. 고객은 비슷한 모양과 똑같은 크기의 물건을 좋아하는 사람들끼리 분류할 수 있다. 우리는 이것을 '세그먼트(segment)', 즉 세분화라고 부른다. 사회 인구학적 배경이 비슷한 사람들은 행동도 비슷하고 좋아하는 물건도 비슷하다는 것을 예측할 수 있다. 하지만 오늘날은 그렇지 않다. 사람들의 행동과 좋아하는 성향 등이 모두 달라지면서 결과적으로 훨씬 더 세분화되었을 뿐 아니라, 활동하는 시간과 방식도 제각각이고 처한 상황과 여건에 따라 다른 성향을 보이기 때문에 예측하기도 어렵다.

마케터들이 이러한 복잡성 속에서 성공하기 위해서는 보다 깊은 논리의식과 더 높은 창의력이 필요하다.

기업들은 이러한 새로운 시장의 역동성 안에서 경쟁하기 위해서는 기존의 방향을 바꿔야 한다. 그러기 위한 첫 단계는 이 새로운 세상에서 어떻게 경쟁할 것인지를 선택하는 것이다. 그래야만 회사의 업종을 결정할 수 있고, 어떤 형태의 고객에 초점을 맞추어야 할지 알 수 있고, 어떤 가치를 제공해야 할지를 이해할 수 있다. 그럼으로써 당신 자신의 미래의 비전을 재정의할 기회를 가질 수 있으며, 당신이 그 비전의 일부가 되고 그 안에서 리더가 될 수 있는 것이다.

가상세계와 현실세계 간의 경계의 모호함, 그리고 이전에는 관련이 없다고 생각했던 산업과의 융합은 적지 않은 도전이지만 동시에 훌륭한 기회이기도 하다. 오늘날처럼 서로 연결된 세상에서 창조적 가능성은 무한하다. 거의 모든 기업들이 이전에는 관련이 없었던 시장의 다른 기업들과 협력하기도 하고 경쟁하는 시대가 되었다. 잡지, 영화, 네트워크 같은 전혀 다른 세상을 하나로 통합한 타임워너나 서로 관련이 없어 보이는 전화, TV, 인터넷 서비스를 하나의 브랜드로 제공하는 버진 미디어를 보면, 꿈을 가지고 그것을 실현시킬 머리, 자신감, 인내심을 가지고 있는 사람들의 잠재력은 그야말로 엄청나다.

영감 1. 구글

원래 '구글(googol)'이란 단어는 1 다음에 0이 100개 붙는 숫자를 지칭하는 수학 용어다. 아마도 구글의 야망이 그만큼 크다는 것과 시장과 마케팅의 전체 역동성에 미치는 영향력을 그만큼 키울 것이라는 의미를 상징하는 것이다.

1995년 래리 페이지와 세르게이 브린은 스탠퍼드대학교 기숙사 방에서 불과 5년 후에 매일 1억 건의 인터넷 검색을 처리하고 10년도 채 안 돼 그들 자신을 억만장자로 만들어준 회사를 창업했다.

구글은 매우 단순한 비전을 가지고 있다. 페이지의 말대로 '당신이 의미하는 바를 정확히 이해하고 당신이 원하는 것을 정확히 찾아주는' 완벽한 검색 엔진이 되는 것이다. 현재 8,000만 명 이상의 사용자가 80억 개의 웹 페이지를 검색하고 있는 구글은 명실공히 세계 최고 검색 엔진의 자리를 잘 지키고 있다. (현재 구글 맵, 유튜브, 크롬, 지메일, 구글페이의 가입자가 10억 명, 월간 적극적인 활동자는 20억 명, 매일 69억 건의 검색, 연간 2조 5,000억 건의 검색을 처리하고 있음)

사실, 오늘날 대부분의 마케팅은 '구글'로 시작한다. 물론 아직 교과서에서 구글을 의사소통 흐름 이론에 포함시키지 않고 있고 그것을 공개적으로 인정하는 광고 회사도 거의 없지만, 구글은 실제로 오늘날의 복잡한 세계에서 고객이 통제권을 장악하고 있고, 거래를 주도하고 있으며, 막강한 힘을 가지고 있다는 것을 대변해주고 있다.

오늘날 브랜드 인지도는 입소문과 함께 수많은 사이트에서 이뤄지는 링크 클릭의 파급적 영향을 통해 달성되고 있고, 광고주들은 고도로 정교하고 효율적인 방법으로 온라인 사용자들을 공략함으로써 수익을 창출한다.

구글은 이것이 광고를 게재하는 광고주뿐만 아니라 고객들에게도 유익하다고 주장한다. 구글은 고객이 누가 돈을 지불하고 그런 광고를 게재하는지 알아야 한다고 생각하기 때문에 광고를 검색 결과 또는 페이지의 다른 내용과 확실하게 구분시킨다. 실제로 구글은 검색 결과의 배치 순위를 판매하거나 광고주들이 돈을 내고 더 높은 순위를 차지하는 것을 허용하지 않는다.

수천 개의 광고주들이 구글 애드워즈를 사용해 자사 제품과 서비스를 웹상에서 표적 광고의 형태로 홍보하고 있는데, 이는 이런 종류로는 가장 큰 프로그램이다. 또한, 수천 명의 웹사이트 관리자들이 구글 애드센스 프로그램을 이용해 그들의 사이트에 콘텐츠와 관련된 광고를 전달함으로써 수익을 창출하는 능력을 제고하고 사용자들의 경험을 향상시킨다.

구글의 검색 순위를 결정하는 기본 체계는 고객 민주주의의 모델이다. 구글의 검색 순위는 오직 가장 인기 있는 사이트들이 결정하며, 서로 연결되어 있어 네트워크를 더욱 개방적으로 만들어주는 사이트들의 도움을 받는다.

구글은 '10가지 기본 원칙'에 입각한 철학을 고수함으로써 이 복잡한 세계에서 여전히 강한 위상을 유지하고 있다. 그들의 자기신념은 종종 관습에 도전해 왔을 뿐만 아니라 시장을 혁신시켰다. 예를 들어 2004년 나스닥 상장 당시, 그들은 투자자들이 자신들을 '일반적인' 회사처럼 취급해서는 안 된다고 주장하였고, 그들의 자기신념이야말로 그들이 유연함을 유지하면서도 올바른 방향으로 나아가게 해주는 강력한 지침이라고 역설했다.

구글의 10가지 기본 원칙

1 고객에게 초점을 맞추면 다른 모든 것은 저절로 따라온다. 많은 기업들이 고객을 우선시한다고 주장하지만, 대부분의 기업들은 주주 가치를 높이기 위해서라면 작은 것도 희생하지 않는다.

2 한 가지 일을 정말로 아주 잘하는 것이 최선이다. 구글은 검색 회사다. 구글은 운세를 알려주거나 투자 조언을 하거나 채팅을 제공하지 않는다. (그러나 구글에도 행아웃(Hangouts)이라는 메시징 플랫폼이 있다.) 전 직원은 오직 완벽한 검색 엔진을 만드는 데 전념하고 있다.

3 느린 것보다 빠른 것이 낫다. 구글은 즉각적인 만족감을 믿는다. 우리는 답을 원한다. 그것도 즉각적으로. 여기에 누가 이의를 제기하겠는가?

4 민주주의는 인터넷상에서도 지켜져야 한다. 구글이 작동하는 이유는 수백만 명의 개인들이 웹사이트에 올린 것을 바탕으로 어느 사이트가 가치 있는 콘텐츠를 제공하고 있는지를 결정하기 때문이다.

5 답을 얻기 위해 꼭 책상에 앉아 있을 필요는 없다. 세계는 점점 더 이동성이 강해지고 있다. PDA, 휴대폰 또는 자동차 안에서도 정보를 얻을 수 있으며 반드시 고정된 장소에 한정되어 있지 않다.

6 악한 행동을 하지 않아도 돈을 벌 수 있다. 구글은 기업이다. 우리의 수익은 기업들에게 검색 기술을 제공하고 광고를 판매하는 것에서부터 나온다.

7 세상에는 끊임없이 더 많은 정보가 생긴다. 다른 검색 서비스보다 더 많은 페이지를 색인에 추가하는 일을 완료한 후에는 이미지나 PDF 파일 같이 쉽게 접근할 수 없는 정보 검색에 초점을 맞춘다.

8 정보의 필요성은 모든 국경을 초월한다. 구글은 전 세계에 걸쳐 정보에 대한 접근을 용이하게 해준다. 구글 인터페이스는 약 100개의 언어로 맞춤화될 수 있다.

9 정장을 입지 않아도 진지하게 일할 수 있다. 구글의 설립자들은 검색 외에는 어떤 것에도 얽매이지 않는 회사를 만들기 원했다. 일은 도전적이고 재미있어야 한다.

10 '그 정도면 됐다'로는 충분하지 않다. 항상 예상보다 더 많은 것을 제공하라. 혁신과 반복을 통해, 우리는 '잘하고 있는 것'을 예상치 못한 방식으로 개선한다.

사진 필름 시장의 리더였던 코닥은 자신이 어디에 서 있는지 늘 알고 있었다. 이 시장과 경쟁자들, 고객들과 제품들을 모두 예측할 수 있었다. 카메라 필름은 수십 년 동안 다양한 형태와 크기로 시장에 나와 있었지만, 사람들은 코닥 필름이 후지필름이나 아그파보다 더 좋다는 것을 알고 있었다.

그러나 10년 후, 코닥은 자신이 어떤 시장에 속해 있는지, 경쟁자가 누구인지, 고객이 무엇을 원하는지, 어떤 제품에 초점을 맞춰야 할 것인지 모든 것에 대해 위상을 점점 잃어갔다. 디지털 혁신은 전통적인 필름을 대체했고, 이전에는 분리되어 있던 하드웨어 기기, 소프트웨어와 사진 현상, 이미징 처리와 인화 시장이 모두 합쳐졌다.

소니나 델에서 디지털 카메라가 나오기 시작했고, 이미지는 하드 드라이브에 저장하거

나 이메일로 공유할 수 있게 되었다. 만약 당신이 여전히 실제 이미지를 원한다면, 현상은 스냅피쉬나 제숍스에서 할 수 있고 출력은 HP나 엡손의 프린터로 할 수 있다. 코닥은 사방팔방으로 대응하려 했다. 코닥 디지털 카메라, 코닥 온라인 지갑, 코닥 프린터, 코닥 즉석 간이 현상소 등. 그러면서 코닥은 스스로를 이미징 기업이라고 표현했지만 초점도 미래도 명확하지 않았다. (코닥은 제약바이오 기업으로 변신하면서 지난 7월 트럼프 미국 정부로부터 7억 6500만 달러라는 거액을 투자 받아 화제가 됨)

개념 시장의 변화

시장과 기술 융합, 물리적 경계의 붕괴, 소비자와 소매업체의 변화하는 요구, 그리고 이전에는 관계가 없었던 시장에서 생겨난 경쟁자들은 모든 분야에서 복잡성을 야기했다.

오늘날, 자신의 회사를 어떤 종류의 사업체라고 부를 것인지, 경쟁자와 협력자를 어떻게 구별할 것인지, 그리고 미래를 어디에 걸어야 하는지 알 수 없는 세상이 되었다. 시장은 달라졌으며 계속해서 변화하고 있다.

그렇다면 그런 변화를 야기하는 것은 무엇일까?

변화는 주로 기술, 사회학적, 경제적 요인에 의해 발생되는데, 대체로 다음과 같다.

- 컴퓨팅 능력, 상호 작용, 가상 네트워크의 부상
- 거리와 시간의 압축과 변화의 속도
- 지역, 국경 및 계층 구분의 붕괴
- 진입 장벽 없는 경제와 기업의 투명성

- 신제품의 신속한 모방과 제품 수명 주기 단축
- 종교적 차이의 퇴색과 문화의 세계화

닷컴 붐 시기에 무어의 법칙(Moore's Law)이 생겨났는데, 이 법칙이 원래 적용된 많은 회사들이 사라진 것과는 달리 여전히 유효하다. 인텔의 설립자 고든 무어는 경험적으로 볼 때 마이크로칩의 성능이 매 2년마다 두 배로 증가한다고 주장했다. 이와 같은 끊임없는 발전이 오늘날 제품의 수명 주기를 단축시켜 퇴출 시기를 앞당기는 것이다.

그러나 인터넷의 힘은 인터넷에 접속하는 기기의 발전을 훨씬 뛰어넘는다. 무어의 법칙보다 더 중요한 것이 그와 관련된 멧칼프의 법칙(Metcalfe's Law)인데, 이 법칙은 네트워크의 힘, 즉 네트워크가 새로운 형태의 상호작용을 추진하며, 강력한 공동체를 신속하게 구축해 대규모로 빠르게 확산되는 것을 말한다. 컴퓨터 네트워크 제품 회사인 쓰리콤의 창업자 로버트 멧칼프는 네트워크의 힘은 노드(nord, 접속자 수)의 제곱과 관련이 있다고 주장했다. 따라서 특정 사이트의 회원 증가가 파격적 영향을 미친다는 것이다. 예를 들어, 사용자들의 네트워크와 상품의 다양성으로 사업을 구축한 이베이를 생각해보자.

| 기술의 영향력 = | **힘**
무어의 법칙에 따르면 컴퓨팅 파워는 18개월마다 두 배로 늘어난다. (1.3배) | x | **브랜드폭**
길더의 법칙 (Gilder's Law)에 따르면 통신 대역폭은 12개월마다 3배씩 증가한다. (3배) | x | **네트워크**
멧칼프의 법칙에 따르면 네트워크의 가치는 노드의 제곱이다. (제곱) | x | **다양성**
카오의 법칙 (Kao's Law)에 따르면 기업의 다양성이 창조력을 기하급수적으로 상승시킨다. (무한대) |

변화하는 환경에는 기업과 마케팅에 새로운 도전을 제시하는 새로운 관행, 이슈, 규제가 수반된다. 시도 때도 없이 '경품에 당첨됐다'고 당신을 유혹하는 공격적 텔레마케팅이 넘쳐나면서 많은 미국 가정들은 두낫콜닷컴(donotcall.com)에 가입해 그런 무차별 홍보 전화를 금지시켰다.

이에 대해서는 다음과 같은 광범위한 사례들이 있다.

- 고객의 개인정보보호 요구 및 개인 정보 소유권 주장
- 무차별 직접 마케팅(텔레마케팅)에 대한 고객의 반발
- 환경에서부터 투명성에 이르기까지 모든 것에서 사회적 및 윤리 문제 부상
- 고객 신뢰 결여와 무차별 경쟁 행위 확산에 대한 반발
- 브랜드의 세계화로 문화적 동일성과 계급주의 반대 확산
- 지적 재산과 무형 자산 가치의 중요성 인식

고객들은 더 지능적이 되었고 요구는 더욱 다양해졌으며, 기대치는 더 높아졌고 그들의 힘은 그 어느 때보다도 강력해졌다. 예를 들어, 브랜드 미래학자로 불리는 마틴 린드스트롬은 저서 《브랜드 차일드(BrandChild)》에서 아이들이 어른들보다 복잡성에 훨씬 더 잘 대처할 수 있다는 것을 보여준다. 아이들은 동시에 5.4가지 일을 할 수 있지만 성인들은 1.7가지밖에 (어른 남성은 더 적다) 할 수 없다.

이 외에 그는 소비자 변화에 대해 더 많은 예를 제시한다.

- 서구에 사는 사람들은 경제적으로 더 여유가 있지만 즐기는 시간이 적다.
- 나이 든 사람들이 더 부유하고, 시간이 많으며, 세계를 여행하고 싶어한다.
- 아이들은 빠르게 성장해 아기 장난감조차도 디자이너 패션 제품으로 대체한다.
- 온라인 커뮤니티, 구매자 그룹, 심지어 정치적 로비까지 늘어났다.

- 건강과 비만에 대한 우려가 높아졌고 운동량이 급격히 하락했다.
- 대부분 필요로 하는 모든 것을 가지고 있으면서도 여전히 더 많은 것을 원한다.

소비자들의 이같이 구조적이고 행동적인 변화들은 시장을 근본적으로 재편하고, 과거에 수익을 내던 시장을 어느 날 수익이 나지 않는 시장으로 만들며, 기존 시장에 접근하는 새로운 방법을 요구하고, 완전히 새로운 경쟁 공간을 열어준다. 실제로 비즈니스 역량과 고객 적용이라는 측면 모두에서, 기존 시장에서 인접 시장으로 확장된 '시장 공간'을 미리 그려보는 것도 유용하다.

그러면 이 확장된 공간에서 현재와 미래에 최고의 기회가 될 수 있는 지점을 찾을 수 있을 것이다. 그럼으로써 현재의 경쟁은 어디에 있고, 미래의 경쟁은 어디에서 할지 판단할 수 있을 것이다.

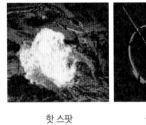   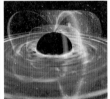

핫 스팟	쿨 플레이스	화이트 스페이스	블랙홀
(Hot Spot)	(Cool Place)	(White Space)	(Black Hole)
새로운 경쟁이 치열한 곳	최신 유행이 시작되는 곳	아직 아무도 모험하지 않은 곳	기존 브랜드가 죽는 곳

- **핫 스팟**: 수요가 융합되고 모든 브랜드가 참여하고 싶은 곳. 멀티미디어 전화, 통합 컴퓨터, TV 등.
- **쿨 플레이스**: 사용자들을 새로움과 차별성으로 이끌며 틈새시장의 창출과 다음의 큰

기회를 보는 곳. 한국 음식, 스마트 자동차 등.

- **화이트 스페이스**: 융합을 통해 새로운 기회가 떠오르는 곳. 아직 개척되지 않은 곳. iTV 소매업, 현금이 필요 없는 지갑 등.
- **블랙홀**: 전통적 시장이 사라지고 시장의 선도 기업들도 허를 찔리며 기습당하고 소외되는 곳. 음악 산업, 자동차 제조업체 등.

당신의 시장과는 관련이 없다고 생각하면 비현실적으로 들릴지 모르지만 이것이 오늘날 모든 시장이 직면하는 현실이다. 양 농장에서부터 거리의 구멍가게에 이르기까지, 산업 제품의 제조업에서 식당에 이르기까지, 오늘날 시장은 그 어느 때보다 연결되어 있고, 외부 변화의 영향을 받고 있다.

미래의 시장을 그려보는 것은 변화하는 시장을 이해하고, 도전과 기회를 먼저 포착할 수 있도록 도와주는 전략적 툴이다.

휴대폰과 카메라의 빠른 융합은 카메라가 없는 휴대폰 제조사가 걱정해야 할 일일 뿐만 아니라 카메라 제조사도 걱정해야 할 일이다. 많은 사람들이 거의 매년 휴대폰을 업그레이드한다. 소비자들의 새로운 제품 채택과 기존 제품의 퇴출은 믿을 수 없을 정도로 빨라졌다.

어떤 시장에도 절대적인 지도가 있을 수 없다. 시장이 어떻게 진화할 것인지 확실하지 않기 때문이다. 그러므로 시장 지도는 어느 정도 예측가능하며 시장의 미래를 보는 당신 자신의 관점일 뿐이다. 다른 사람들은 출발점도 다르고 관점도 다르다. 그러나 미래에도 경쟁 우위를 지킬 것인지는 적어도 당신이 다른 사람들과 비교해 시장 지도를 얼마나 잘 그릴 수 있는지에 달려 있다.

시장 지도는 기능과 적용, 제품과 사용 장소, 또는 제품과 고객 유형 같은 모든 특성을 어떻게 조합하느냐에 따라 달라질 수 있다. 변화의 수준은 시장과 그런 여러 다른 요소들에 따라 달라질 것이기 때문이다.

따라서 시장의 지도를 그리기 위한 보다 정교한 접근방식에는 경제, 경쟁력, 고객, 기술, 사회 및 정치 변화 등 모든 측면에서 시장의 진화를 고려하는 마켓 레이더(Market Radar) 같은 기법을 필요로 한다. 각각의 지도는 확실한 것도 있고, 유망한 것도 있고, 가능성이 있는 것도 있을 것이다.

서로 다른 가능성을 미래 시장 시나리오에 결합한 다음 각각의 장단점을 평가하고 전체적인 가능성을 추정하는 시나리오 개발 기법도 사용될 수 있다. 많은 시나리오가 특정 측면을 더 자주 예측한다면 그 가능성은 높아질 것이다.

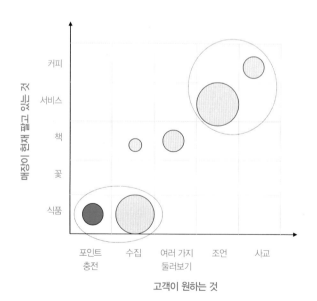

그런 예측 결과가 직관적이거나 정교하다면 오늘날의 '실제' 시장은 물론, 전통적인 관점에서 잘 보이지 않을 수도 있는 도전과 기회를 더 잘 이해할 수 있을 것이다. 다음 장에서 설명하겠지만, 최고의 기회는 위험과 보상의 관점에서 평가되어야 한다.

예를 들어, 동네 편의점을 생각해 보자. 한 축에는 편의점이 판매하는 상품의 범위를 표시하고 다른 축에는 고객이 편의점을 사용하는 이유를 표시할 수 있을 것이다.

현재 이 매장은 음식과 음료를 판매하고 있다. 하지만, 꽃과 신문, 심지어 책과 음악, 심지어 지역의 공공 서비스까지도 쉽게 팔 수 있다. 고객은 포인트 충전 외에도 편의점에서 선물, 주간 가족 쇼핑, 때로는 큰 가구 같은 물건을 살 수도 있고, 새로운 서비스에 대한 조언을 구할 수 있다.

이런 예측을 통해 수요가 많은 곳이 어디인지, 주 고객이 누구인지, 경쟁자는 누구인지, 그리고 고객에게 새로운 제안을 어떻게 혁신적으로 제공할 수 있는지를 파악할 수 있다.

영감 2. 애플

애플은 오랫동안 '남과 다르게 생각하기'라는 사고방식으로 유명했다. 개인용 컴퓨터의 개척기인 1979년에 설립된 애플이 내 놓은 매킨토시는 업계 최고의 반란군이었고, 첨단 기술로 무장한 깐깐한 그래픽 디자이너들의 사랑을 받았으나, 이 반란군은 날로 커져가는 마이크로소프트 윈도우의 힘에 굴복하는 것을 끝내 거부했다.

기술 혁명의 초기 개척 시대에 애플은 스스로를 시장 혁신가라기보다는 제품 발명가로 여김으로써 목표를 상실하였음을 처음으로 인정하기도 했다. 맥은 기술적으로는 앞선 제품이었지만 틈새에서 벗어나지 못했다.

몇 년 후 애플은 다시 그 아이맥으로 시장에 돌아와 미학적으로나 기능적으로 뛰어난 디자인을 선보이며 PC가 그저 단조로운 회색일 필요가 없다는 것을 증명했다. 아이맥은 큰 성공을 거두었지만 여전히 수익성이 높은 대중보다는 소수자의 사용에 머물렀다.

애플은 케빈 로버츠가《러브마크 이펙트(Lovemarks, 서돌, 2007)》에서 강조하는 대표적인 브랜드 중 하나다. 이 책의 관련 웹사이트에서 사람들은 자신의 '러브마크'에 대해 순위를 매기고 이야기를 나눌 수 있는데, 놀랍게도 애플은 이 사이트에서 매우 자주 거론된다. 다음은 그중 하나다.

"애플 컴퓨터는 내가 매일 아침 처음으로 켜는 것이고 매일 밤 마지막으로 끄는 것입니다. 컴퓨터는 내 삶을 향상시키고, 다른 메이커의 비슷한 제품들이 결코 할 수 없는 방식으로 내가 하는 일을 가능하게 해 주지요. 애플의 이야기, 그들의 신화, 그들의 미스터리는 누구도 넘볼 수 없을 겁니다. 나는 애플에 매료되는 것을 결코 멈출 수 없어요."

사탕 색깔의 아이맥 다음으로 혁명적인 아이팟이 등장했다.

그것은 새로운 밀레니엄 세대들은 새로운 규칙을 따라 산다는 것을 완벽하게 인식한 제품이었다. 당시 디지털 음악 포맷은 CD와 소매업 유통을 뛰어넘기 위해 분투 중이었다. 음악파일(mp3)을 인터넷을 통해 공유할 수 있게 해주는 프로그램인 냅스터(Napster)는 불법 다운로드 웹사이트였다. 모든 사람들은 시장의 변화를 볼 수 있었지만 앞으로 어떻게 될지는 불확실했다. 음반 회사들은 물리적 포맷을 포기할 것인가? 가수들은 음반회사를 포기해도 좋을 것인가? 과연 네트워크 제공자나 전화 회사가 그 공간을 점유할 것인가?

애플은 그 기회를 보고 재빨리 아이팟을 문화적 현상으로 만들었다. 아이팟을 보완하

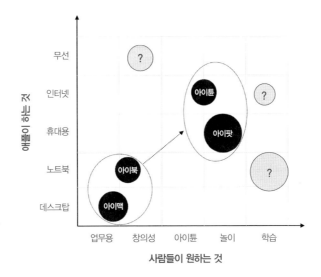

는 아이튠즈 다운로드 사이트는 금세 다운로드 음악의 글로벌 리더가 되어 첫 해에 7천만 곡이 넘는 음악을 팔면서 오랫동안 군림하던 물리적 음악 시장에 심각한 위협적 존재로 부상했다.

애플의 변화는 시장 지도로 간단히 설명할 수 있다. 애플은 유선 데스크톱에서 무선 휴대용으로 기술의 급속한 진화를 보여주고 있지만, 그런 기기에 대한 소비자의 수용력은 이제 업무용 차원을 훨씬 뛰어넘었다. 애플은 시장의 전통과 고객의 기대치를 끊임없이 파괴하고 있다. 예를 들어, 기능이 축소된 저가 제품 아이팟 셔플(iPod Shuffle)의 출시는 아이팟의 저가 모방자들을 막기 위한 기민한 움직임이었다.

아마도 스티브 잡스의 머릿속에는 다음 진화도 들어 있었겠지만, 우리는 지도의 축을 확장하거나 다른 차원에 대한 고려를 통해 그 가능성을 엿볼 수 있다.

경계가 흐려져서 실제로 어느 시장에 속해 있는지가 더 이상 분명하지 않은 복잡한 시장을 어떻게 이해할 것인가? 브랜드 확장을 위한 핫 스팟이나 쿨 스페이스는 어디인가? 또 블랙홀은 어디 있을까?

1. **고객 기반 탐색** – 기존 및 잠재 고객, 기존 및 '인접 시장'의 필요와 욕구를 규명한다.

2. **회사의 역량 조사** – 기존 및 잠재적 능력, 기존 및 인접 시장에 대한 적용 가능성을 규명한다.

3. **새로운 시장 차원 정의** – 시장을 그려볼 수 있는 가장 적절한 차원(축)을 선택한다. (애플의 예 참조)

4. **기존 시장 그리기** – 선택한 차원에 대해 기존 시장의 카테고리 및 주요 참여자를 그린다.

5. **새로운 기회 탐색** – 핫 스팟과 화이트 스페이스를 포함해 새롭게 초점을 맞추거나 확장하고자 하는 새로운 잠재 영역을 탐색한다.

6. **시장 옵션 평가** – 시장 개발 및 전략적 포지셔닝을 위한 가장 가치 있는 옵션을 고려한다.

개념 시장 변화 속도

GE의 전설 잭 웰치는 '기업 내부의 변화 속도가 회사 밖의 변화 속도에 뒤처질 때 종말이 가까워진다'고 말했다.

오늘날의 시장은 믿을 수 없을 정도로 빠르게 진화하고 있다. 새로운 아이디어와 구조, 표준과 기대가 마치 유행처럼 빠르게 확산되고 있다. 그러한 속도는 기술을 통해 사람들의 연결, 지역 차원을 넘어선 커뮤니티의 증가, 최신의, 최고의, 가장 세련되고, 가장 작고, 가장 빠른 기기를 갖기 원하는 소비자들의 끊임없는 욕구에 의해 더욱 빨라진다.

최신 다기능 휴대전화든, 새로운 퓨마 신발이든, 최신 쌍방향 게임이든, 요즘에는 한 시장에 진출하면 눈 깜짝 할 사이에 모든 시장으로 확산된다. 예전에는 북미에서 유럽보다 최대 6개월 먼저 새 영화가 상영됐다. 그러나 요즘은 LA에서 개봉한 지 불과 몇 주 만에 방콕의 매장에서 해적판이 판매되고 온라인에서 누구나 볼 수 있는 시대다.

제품과 마찬가지로 데이터 저장 시장의 신속하고 반복적인 혁신은 큰 플로피 디스크를 작은 디스크로, 다시 CD-ROM으로, 그리고 다시 USB로 계속적으로 대체해 왔다. 새로운 기기가 나올 때마다 스토리지 용량은 확장되었고 기기의 크기는 더 작아졌으며 가격은 더 싸졌고 더 편리해졌다. 새로운 기기가 일단 시장에 출시되면 모든 사람들이 어디서든 그것을 원한다. 게다가 아마존닷컴은 한 번의 클릭으로 며칠 내에 물건을 배달해 준다.

한번 네트워크를 통하면 의사소통이 일시에 퍼지고 새로운 아이디어는 전염병처럼 무섭게 확산된다. 마이크로소프트가 무료 온라인 이메일 서비스로 출시한 핫메일(hotmail)은 출시 며칠 만에 시장을 석권했다. 그 과정에서 어떤 전통적인 마케팅의 개입도 없었다. 다만 핫메일 계정 소유자가 보낸 모든 이메일의 하단에는 수신자에게 무료 계정을 설정하라는 초대장이 붙어 있었다. 바로 그것이다. 그들이 공을 처음 굴리기 위해서는 얼리어답터(early adopter, 최첨단 제품을 먼저 구입해 사용해보지 않고는 못 견디는 사람들)들이 필요했지만, 불과 며칠 후에 그 공은 엄청나게 커졌다. 핫메일의 경우 출시 며칠 만에 사용자가 1억 명이 넘었다.

그런 효과는 다른 시장에서도 얼마든지 일어난다. 진화의 속도를 가속화하는 또 다른 요인은 새로운 것에 대한 기대감과 오래된 것에 대한 불관용이다. 치열한 경쟁과 새로운 제품을 이전보다 더 빨리 시장에 출시할 수 있는 능력은 진화의 속도를 더욱 가속화시킨다. 자동차 제조사들은 매년 새 모델을 출시하고, 심지어는 분기마다 업그레이드 버전을 내놓는다. 과거 헨리 포드 시절에는 새 모델이 나오는 주기가 거의 수십 년이나 되었다.

의류 소매업자들은 적어도 매 시즌마다 한 번씩 새로운 제품 라인을 출시한다. 이제 그것은 관례처럼 돼버렸지만, 유행을 선도하기 위해서는 몇 주마다 새로운 제품 라인을 내놓아야 한다. 자라 매장을 매주 방문하다가 몇 주 만에 가보면 그들이 같은 옷을 재고로 갖고 가지 않는다는 것을 알게 될 것이다.

지금 결심하지 않으면 너무 늦을 것이다. 다른 사람들보다 먼저 그곳에 가기 위해 자라의 디자이너들은 패션쇼 장에서 무엇이 최신 유행인지 볼 때까지 기다리지 않고 밀라노의 방직 공장으로 곧장 가서 요즘 떠오르는 것이 무엇인지 알아낸다. 오늘날 당신은 모델들이 새로운 디자이너 제품의 옷을 입고 패션쇼 장을 걷는 바로 그날 시내 중심가에서 모방품을 살 수 있다.

제품 회전 주기는 훨씬 더 빠르고 짧아지고 예측하기가 어려워졌지만 더 강력해졌다. 지금은 새롭다는 것 자체도 끊임없이 진화하는 시대다. 새 노트북을 사기 위한 최적의 시기는 언제일까? 그런 때는 없다. 당신이 그것을 살 때마다, 필연적으로 몇 달 안에 더 나은 무언가에 의해 대체될 것이고, 당신이 산 모델은 사용하기에 전혀 부족함이 없지만 사람들이 가장 최신 제품을 원하면서 당신이 산 모델의 가격은 떨어질 것이기 때문이다. 이로 인해 재고 품목들에 대한 완전한 2차 유통 시장이 동시에 창출된다. 의류 시장에서 출시된 지 불과 몇 달밖에 되지 않은 디자이너 옷을 할인 가격으로 대량으로 판매하는 TK맥스 같은 매장이 부상해 정가대로 판매하는 브랜드 불명 제품들을 위협한다.

속도는 종종 시장 내에서 '소용돌이'를 일으키는 형태로 목격되는데 이는 마치 우리의 기상 시스템을 움직이는 고기압과 저기압이 만나는 것과 비슷하다. 다른 점은 이 소용돌이가 고의적인 행동에 대한 경쟁과 고객들의 반응을 통해서 만들어진다는 것이다. 모든 소용돌이는 변화의 결과물이며 주변 환경에 상당한 영향을 미친다. 새로운 아이디어가 발전하면서 그 소용돌이는 모멘텀을 형성하고, 원심력을 발생시켜 주변의 경쟁자들과 인접 시장들을 그 안으로 끌어들인다.

자체의 비전과 강점으로 시장을 정의하려는 시장 주도형 회사는 종종 그런 소용돌이를 만들어낼 필요가 있지만, 자신의 행동으로 인한 더 넓은 결과를 인식해야 한다. 초기 단계에서는 고립된 상황에서 꽤 멀리 떨어진 곳에서 새로운 기회를 창출하지만 경쟁자들이

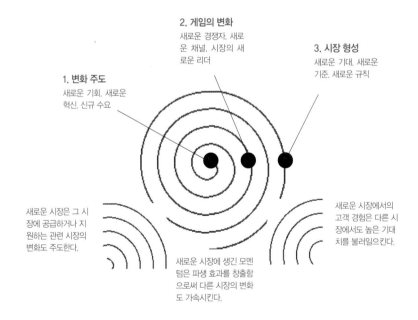

2. 게임의 변화
새로운 경쟁자, 새로운 채널, 시장의 새로운 리더

1. 변화 주도
새로운 기회, 새로운 혁신, 신규 수요

3. 시장 형성
새로운 기대, 새로운 기준, 새로운 규칙

새로운 시장은 그 시장에 공급하거나 지원하는 관련 시장의 변화도 주도한다.

새로운 시장에 생긴 모멘텀은 파생 효과를 창출함으로써 다른 시장의 변화도 가속시킨다.

새로운 시장에서의 고객 경험은 다른 시장에서도 높은 기대치를 불러일으킨다.

반응함에 따라 다른 사람들에게 영향을 미치기 시작하고, 그때가 되면 회사는 '게임의 변화'를 주도할 채비를 해야 한다. 궁극으로 새로운 시장 상황이 형성되기 시작하고, 회사는 새로운 구조를 적극적으로 세워나간다.

그렇다면 시장의 빠른 속도에 어떻게 보조를 맞출 것인가? 어떻게 하면 변화에 뒤처지지 않고 앞서 갈 수 있을까?

금메달을 딸 가능성이 가장 높은 선수들이 그렇듯이, 강한 회사는 속도를 조절하는 법을 알기 때문에 언제 속도를 높이고 언제 늦추며 언제 시류에 따를지를 선택한다. 중요한 것은 사업 리듬을 시장 속도에 맞추는 것이다. 모든 기업들은 대개 내부의 계획 주기에 의해 추진되는 자체의 리듬을 이미 가지고 있는데, 일반적으로 3년에서 5년 앞을 내다보고 연간 계획을 수립한다. 제품 개발 주기는 시장조사의 빈도와 제품 개발 및 시장 진입 프로세스의 복잡성에 따라 내부적으로 추진된다. 대외적 요인으로는 업계의 행사, 즉 항공사 일정을 조정하는 국제항공운송협회 회의, 의류 디자인에서의 주요 패션쇼, 휴대전화의 경우 통신장비 업체들의 연합기구인 GSM협회가 주관하는 모바일 월드 콩그레스 등이 있을 수 있다.

그러나 기업들은 기존의 자연스러운 리듬을 깨고 새로운 리듬을 만들 수 있다. 계획 주기를 연간보다는 분기마다로 단축하고, 제품 개발 프로세스를 가속화하면 시장 출시 시기를 획기적으로 단축할 수 있고, 보다 모듈화된 비즈니스 설계를 통해 새로운 역량과 시장 기회에 재빠르게 대응할 수 있다.

금메달을 딸 가능성이 가장 높은 선수가 그렇듯이, 가장 성공적인 기업들은 속도를 자신들에게 유리하게 설정한다. 빠르든 느리든, 그들은 다른 사람들이 행동하는 방식에 영향력을 행사할 수 있다. 예를 들어 이탈리아의 명품 회사 아르마니는 패션쇼 기획자들에게 영향을 미칠 수 있고, 삼성은 공급망 전체에 영향을 미칠 수 있으며, 규제 당국은 경제를 이끄는 리더들의 영향을 강하게 받고 있으며, 소매업체들은 그들의 진열대에 P&G나 유니레버 제품을 항상 채워 놓으려고 한다.

실제로, 리더는 단순히 회사를 시장에 동기화시키기는 것이 아니라, 시장보다 약간 더 빠른 리듬을 만들어 뒤처지기 보다는 앞서 가는 것을 추구한다. 그들은 모방자들이라기 보다는 혁신자들이기 때문이다. 이것은 패션 시장에서 시장 주기를 12주에서 10주로 당기거나, 독일 스포츠 브랜드 퓨마처럼 트렌드를 포착하는 속도가 빠르거나, 애플처럼 얼리어답터들을 이끌어 내는 형식으로 나타난다. 그들이 그렇게 선구적인 시장 진입에 성공하면, 대중 시장이 따라오기 전에 자신의 프리미엄을 마음껏 누릴 수 있다.

영감 3. 스타벅스

소설 백경의 등장인물 이름인 스타벅(에이햄 선장이 이끄는 포경선의 선원 이름으로 늘 커피를 마셨다는 인물)은 1971년에 처음 생겼다. 그 이전까지 스타벅은 시애틀 항구에 있는 한 어선의 이름이었다. 그러나 1971년부터 그 이름은 어선이 아니라 파이크 플레이스 마켓(Pike Place Market, 시애틀의 재래시장)에 있는 커피 판매점의 이름이 되었다.

10년 후 스타벅스의 마케팅 이사로 부임한 하워드 슐츠는 회사의 초점을 단순히 커피를 가는 커피 판매점에서 탈피해 '세계에서 가장 좋은 커피의 프리미엄 공급원'으로 알려진 이탈리아식 에스프레소 바로 변신시켰다. 1983년의 밀라노 여행은 커피 바가 이탈리아 밖에서도 상당한 잠재력을 가지고 있다는 사실을 확신하게 해주었고, 마침내 1985년 이탈리아 신문 이름을 따 일 지오날레 카페라는 자신의 커피 매장을 차렸다. 2년 후 원래의 스타벅스를 인수하고 그 이름을 채택했다.

그때부터 '스타벅스 커피'라는 이름의 회사가 본격적으로 시작됐다. 커피가 값싼 인스턴트 음료에서 고급 커피숍 문화로 문화적으로 발전한 속도는 경이롭다. 제3의 장소를 표방하는 스타벅스는 '집과 회사, 그리고 스타벅스가 있다'는 슬로건을 내세웠다. 매장은 편안한 소파와 음악이 있는 분위기를 갖추며 사람들이 원하는 만큼 오래 머물도록 장려한다.

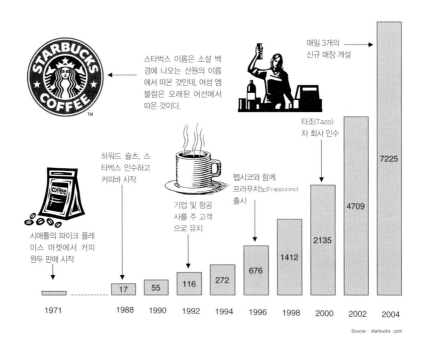

스타벅스 이름은 소설 백경에 나오는 선원의 이름에서 따온 것인데, 여성 엠블럼은 오래된 어선에서 따온 것이다.

매일 3개의 신규 매장 개설

타조(Tazo) 차 회사 인수

하워드 슐츠, 스타벅스 인수하고 커피바 시작

펩시코와 함께 프라푸치노(Frappucino) 출시

기업 및 항공사를 주 고객으로 유치

시애틀의 파이크 플레이스 마켓에서 커피원두 판매 시작

1971	1988	1990	1992	1994	1996	1998	2000	2002	2004
	17	55	116	272	676	1412	2135	4709	7225

Source : starbucks .com

슐츠는 항공사, 소매업체, 기업들과 거래해 그들이 자기 회사 시설에서 스타벅스 커피를 제공하도록 하는 이른바 법인 영업이 성장의 지름길이라고 인식했다. 실제로 항공사, 소매업체, 기업들이 사내에서 직접 커피를 제공하자 소비자들 사이에서 커피바에 대한 가치와 인식이 높아졌다.

커피 브랜드도 중요했다. '크리스마스 블렌드' 커피는 축제용 종이컵과 함께 첫 해부터 큰 인기를 끌었고, 1994년에는 커피와 크림을 섞은 얼음 냉커피 '프라푸치노'가 가장 잘 팔리는 상품이 되었는데, 이 커피는 병에 담겨 많은 소매상들에게 판매되었다.

슐츠는 자신의 성공에 숨겨진 비밀은 없다고 말한다.

"우리가 하는 모든 일은 어떤 특허가 있는 것도 아니고 누구나 따라할 수 있는 일이었습니다. 그러나 우리의 뜨거운 가슴과 영혼은 따라할 수 없지요. 그게 바로 우리가 일궈낸 것이지요. 우리는 우리가 무엇을 하고 있는지, 왜 모든 고객을 위해 특별한 경험을 제공해 주어야 하는지, 어떻게 하면 제3의 장소로 만들 수 있는지를 알고 있었으니까요."

주당 20시간 이상 일하는 모든 직원에게는 대부분 스톡옵션을 제공했기 때문에, 직원들은 더 투철한 사명감을 가지고 성공을 공유할 수 있었다. 실제로 스타벅스는 성장 과정에서 많은 백만장자 직원을 배출했다.

스타벅스가 성숙해지면서 고객들도 진화했다. 이제 스타벅스에는 커피 자체와 커피숍의 분위기에 매료된 젊은 고객과 나이 든 고객들이 다양하게 섞여 있다. 그에 따라 커피를 고객의 취향에 맞게 제공하는 능력도 중요해졌다. 더블 그란데 스키니 라떼라든가 바닐라 톨 노편 카푸치노처럼 커피의 이름과 고객의 선호도 함께 진화했다.

슐츠는 전 세계의 스타벅스 매장과 경쟁업체들의 매장을 자주 방문한다. 스타벅스 매장에 방문할 때에는 보통 하루에 다섯 잔의 커피를 마신다. 하지만 경쟁업체 매장에서는 결코 커피를 마시지 않는다. 그는 다소 오만한 투로 이렇게 말한다.

"안 먹어봐도 어떤 맛인지 알고 있으니까."

물론 스타벅스에 대한 비판자들이 없는 것은 아니다. 유명 칼럼니스트인 나오미 클라인은 그녀의 책《슈퍼 브랜드의 불편한 진실(No Logo, 살림Biz, 2010)》에서 마케팅과 글로벌 브랜드들의 긍정적 측면을 평가하면서도 문화적 오만과 시장 지배력에 대해 경계했다. 실제로 스타벅스는 공정무역 커피(다국적 기업이나 중간 상인을 거치지 않고 가난한 제3세계 커피 농가에 합리적인 가격을 직접 지불하고 커피를 수입하는 것)를 신중하게 수용했고, 전 세계 직원들이 지역의 자선 활동에 참여하도록 장려하면서, 지역적 차원으로나 글로벌 차원의 책임감을 강조해 왔다.

스타벅스는 회사의 목적을 '사람들의 일상을 풍요롭게 하고 희망을 주는 경험을 제공하는 것'이라고 정의한다. 그러면서 '원칙을 철저하게 지키며 성장하는 세계 최고의 커피 공급자'로서의 위상을 확고히 함으로써 목적 달성을 추구한다.

적용 시장의 소용돌이

급변하는 시장에서 어떻게 리더십을 발휘할 수 있을까? 시장 변화의 물결에 뒤처지지 않고 어떻게 앞서 나갈 수 있을까? 다른 사람을 뒤쫓아 가기보다는 어떻게 당신의 비전속에서 변화의 소용돌이를 일으킬 수 있을까?

1. 미래 시장 구상 – 신규 진입자, 규제 완화 같은, 지난 10년간 시장에서 가장 중요한 산업 변화를 그려본다.

2. **변화의 주요 요인 파악** – 기존 또는 인접 시장에서 가장 일반적인 변화의 요인을 평가해 본다.

3. **그런 요인들이 어떤 영향을 미칠 것인가?** – 발생 가능성이 가장 높은 혁신 사건이 무엇인지, 그리고 그 사건이 얼마나 자주 일어나는지, 경쟁업체는 어떻게 대응하는지 알아본다.

4. **개입해야 할 시점** – 예상되는 변화를 평가하고, 수익성 있는 시장 동력이 되기 위해 가장 효과적으로 영향을 미칠 수 있는 곳을 평가한다.

5. **새로운 변화의 소용돌이 창조** – 시장 변화의 소용돌이를 만듦으로써 새로운 접근 방식과 표준으로 시장을 재정의한다.

6. **비즈니스 리듬 변경** – 시장 변화에 맞춰 비즈니스 사이클의 리듬을 어떻게 변경해야 하는지 생각해 본다.

개념 시장 지배력

새로운 시장은 새로운 마케팅을 필요로 한다. 새로운 마케팅은 단지 복잡성을 관리한다거나 남들이 하기 전에 먼저 시장을 차지한다는 차원에서뿐 아니라 고객과의 근본적인 역학관계가 변했다는 것을 인식해야 한다.

이제 고객이 모든 것을 지배한다. 시장은 초과 수요의 시장에서 초과 공급의 시장으로 바뀌었다. 우리 주위에는 고객이 필요로 하는 것보다 훨씬 많은 물건들이 있다. 그리고 고객들은 원하는 모든 것을 거의 가지고 있다. 이런 상황에서 어떻게 하면 그들에게 더 많은 물건을 팔 수 있을까?

공급업체 중심에서…

초과 수요 시기에는 기업이 시장을 주도했다

표준화된 제품과 광고가 넘치는 대량 시장

초과 공급 시기에서 소비자가 모든 것을 지배한다

개별 구매자 경험, 맞춤형 제품 및 쌍방향 마케팅

…소비자 중심으로

창조적 지능은 단순한 제품 기능 개발보다는 고객의 요구를 넘어 더 많은 것을 제공하는 솔루션을 개발해야 한다.

오늘날처럼 바쁜 삶 속에서는 전통적 방식으로 욕구를 충족하거나 공동체에 연결할 시간이 거의 없다. 더 많은 물건을 사면서 공간은 제한되고 고객의 오류 허용률이 낮아지면서 지원에 대한 기대치도 높아졌다. 기업들은 고객들을 교육하고 만족시키고 영감을 주기 위해 더 많은 노력을 해야 한다.

이런 상황에서 마케터들은 어떻게 그들의 삶을 향상시키는 제안, 상호작용, 솔루션을 개발할 수 있을까? 경쟁업체와 차별화를 기하거나 부가가치를 더하는 것? 시간, 공간, 교육 같은 요소들이 사업을 하는 데 있어서 돈보다 더 중요한 상호작용이 될 수 있다.

그러나 고객 조건에 맞춰 사업을 전개한다는 것은 기업들이 고객들과의 관계를 다르게 설정해야 한다는 것을 의미한다.

고객들에게 다가가기도 어렵고, 그들의 관심을 끌기도 어려운 시대가 되었다. 고객들의 기대치가 높아지면서 그 기대치를 유지하기가 더 어려워졌다. 이제 그들이 기업에 다가오게 하기보다는 기업이 그들에게 다가가야 한다. 그들은 우리가 만드는 제품의 고객이 아니라 우리 자신을 사는 사람들이다. 우리는 그들이 원하는 장소에서 그들이 원하는 때에 그들이 원하는 방식으로 사업을 해야 한다.

이전의 광고나 판촉 행위들은 더 이상 통하지 않는다.

마케팅 부서의 광고 계획에 맞춰 새 차를 팔 수 있다는 생각은 더 이상 통하지 않는다. 광고가 효과를 내려면 필연적으로 대중 시장이 있어야 하지만, 다양하고 고객이 지배력을 갖고 있는 세계에서는 통하지 않는다. 이제는 브랜드 인지도를 유지하면서도 고객이 일부 주도권을 갖는 새로운 형태의 광고 전략이 필요하다.

유통 채널도 반전되었다.

유통 채널도 과거에는 고객이 아닌 공급자의 확장 형태로 형성되었다. 여행사는 고객이 아닌 항공사의 대리점이었다. 공급자들이 가격을 정하면 고객들은 돈을 지불해야 했다. 대리점들은 공급자들 편에서 물건을 판매했다.

그러나 이베이에서 5분만 머물러 보면 가격이 더 이상 그렇게 작동하지 않는다는 것을 알게 될 것이다.

이런 많은 문제들을 하나의 공급업체가 해결할 수 있을 것 같지는 않다. 실제로 자신들이 원하는 것이 무엇인지, 어디서 그것을 사야 하는지 정확히 아는 구매자는 거의 없다. 하지만 고객의 요구가 있다면 그것은 당장 가서 도울 수 있는 기회다. 고객이 가장 잘 이해하고, 그들의 불확실성을 가장 잘 해소해 줄 것이라고 믿는 브랜드, 고객이 요구하는 것은 무엇이든지 공급할 수 있고 그것을 가장 편리한 방식으로 구매자에게 맞춤 제공해 줄 수 있는 브랜드가 앞으로 성공할 것이다.

시장 지배력이 공급자에서 고객으로 근본적으로 이동했다.

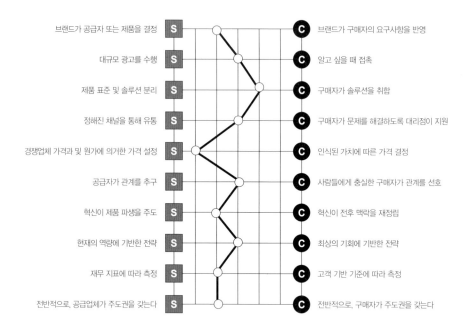

브랜드가 공급자 또는 제품을 결정	브랜드가 구매자의 요구사항을 반영
대규모 광고를 수행	알고 싶을 때 접촉
제품 표준 및 솔루션 분리	구매자가 솔루션을 취합
정해진 채널을 통해 유통	구매자가 문제를 해결하도록 대리점이 지원
경쟁업체 가격과 및 원가에 의거한 가격 설정	인식된 가치에 따른 가격 결정
공급자가 관계를 추구	사람들에게 충실한 구매자가 관계를 선호
혁신이 제품 파생을 주도	혁신이 전후 맥락을 재정립
현재의 역량에 기반한 전략	최상의 기회에 기반한 전략
재무 지표에 따라 측정	고객 기반 기준에 따라 측정
전반적으로, 공급업체가 주도권을 갖는다	전반적으로, 구매자가 주도권을 갖는다

영감 4. 이베이(e-Bay)

1995년에 설립된 이베이는 '열정적인 개인 및 기업 커뮤니티가 상품과 서비스를 판매할 수 있는 세계의 온라인 장터'로 스스로를 지칭했다. 오늘날 이베이에서는 1억 3500만 명의 등록 회원들이 초당 1000달러가 넘는 상품을 사고팔면서 350억 달러 이상의 거래가 이루어지고 있다.

그 모든 것은 이상주의자인 프랑스계 이란인 컴퓨터 프로그래머 피에르 오미다이어가 실리콘밸리의 자기 방에서 웹사이트를 만들어 망가진 레이저 펜을 14달러에 경매에 부치면서 시작되었다.

그는 옥션웹(AuctionWeb, 이베이의 처음 이름)이 '사람들이 함께 모이는 장소'가 되어, 실제로 판매되는 상품을 취급하지는 않지만 구매자와 판매자들이 공정한 시장 가격을 결정할 수 있는 거래소가 될 것이라는 생각을 품었다. 그는 경험이 풍부한 마케터 맥 휘트먼에게 도움을 요청했고 휘트먼은 이베이의 CEO를 맡으며 펩시에서 디즈니에 이르기까지 유명 브랜드에서 경험을 쌓은 경영진들을 영입했다.

이베이는 자신들이 쓰던 물건이나 수집품을 경매하는 개인 사용자들에게 먼저 알려지기 시작했지만, 곧 많은 기업 사용자들도 갖게 되었다. IBM에서부터 자동차, 컴퓨터, 가전제품 및 서비스를 파는 개인 거래자들에 이르기까지, 그들은 유통, 매장, 재고, 할인 등의 물리적 부담이 있는 제한된 시장에서 거래할 때보다 이베이에서 거래하는 것이 대개 이익을 더 낼 수 있다는 것을 알게 되었다.

판매자들이 경매 물건을 검색하거나 입찰하는 것은 무료지만, 그들이 이베이에서 상품을 팔 수 있는 권리에 대해서는 거래 수수료를 내야 한다. 내놓은 제품을 공개 입찰에 부치기 위해 환불되지 않는 등록 수수료를 내야 하고, 경매가 완료되면 최종 낙찰가격의 1.25%에서 5%에 이르는 수수료가 부과된다. 판매자가 다양한 방법으로 자신의 품목을 강조하고자 할 경우 추가 수수료를 내면 된다. 경매가 끝나면 거래 이행은 판매자와 구매자 간에 이루어지고 이베이는 수수료를 챙긴다.

페이팔(PayPal)은 이메일 주소가 있는 모든 개인이나 기업이 온라인에서 안전하고 쉽고 빠르게 돈을 보내고 받을 수 있는 온라인 결제 시스템이다. 이 시스템은 은행과 신용카드 등 기존 금융 인프라를 기반으로 하며 세계 최첨단 불법 방지 시스템을 구축했다. 45개국, 5개 통화로 이용이 가능하다.

2002년 이베이가 인수한 페이팔은 전 세계적으로 2000만 개가 넘는 등록계좌를 보유한 세계 1위의 온라인 결제시스템으로 현재는 이베이뿐만 아니라 많은 온 · 오프라인 유통업체들이 사용하고 있다.

구매자와 판매자들을 끌어들이기 위해 이베이는 단순한 거래소 이상의 의미를 지닌다. 구매자와 판매자가 서로 원하는 것을 찾고, 공정한 가격에 도달하도록 돕는 등 공동체 정신도 강하다. 커뮤니티 허브를 통해 회원들은 토론 게시판, 채팅방, 온라인 워크숍, 사용자 그룹, 답변 센터(Answer Center) 등에 참여함으로써 만나고 소통한다. 이런 공동체 유대감이 사람들에게 신뢰감을 주면서 보다 더 자주 이베이를 방문하게 만들며 이베이의 세계로 끌어들인다.

이베이는 꾸준히 수익을 내는 몇 안 되는 순수 인터넷 기업 중 하나다. 실제로 이베이는 이베이를 모방하려 했던 아마존과 야후 같은 회사들의 도전을 물리쳤다.

적용 누가 힘을 가지고 있는가?

시장에서 벌어지고 있는 힘의 균형 변화를 어떻게 다룰 것인가? 그 어느 때보다 높아진 고객, 주주들의 기대치를 어떻게 충족시킬 것인가? 어떻게 하면 현재의 사업을 유지할 뿐 아니라 내일을 위한 시간, 공간 및 자원을 확보할 수 있을까?

1. **모든 마케팅 활동을 검토한다.** - 브랜드, 광고, 가격 설정, 고객 관계 등 가동할 수 있는 주요 마케팅 활동이 무엇인지 확인한다.

2. 누가 각 활동을 주도하는가? – 누가 각 활동을 시작하고 구상하느냐를 기준으로 현재의 각 활동이 기업 주도 인지 고객 주도인지 평가한다.

3. 누가 가장 강한 힘을 갖고 있는가? – 각 활동에서 기업의 영향력이 고객의 영향력에 비해 어느 정도인지 평가 한다. 즉 누가 가격을 결정하는가?

4. 힘의 편향을 검토한다. – 각 주요 마케팅 활동에 걸쳐 이러한 검토 결과를 적용한다.

5. 경쟁업체와 비교 – 마케팅 활동이 경쟁업체 모델과 얼마나 유사한지 검토한다. 당신의 회사가 경쟁사보다 더 강한가, 약한가?

6. 고객의 힘을 활용한다. – 고객의 힘을 활용하거나 그에 보다 효과적으로 대응하기 위해 사업 모델을 어떻게 적 응시킬 것인가?

개념 역발상 마케팅

마케팅을 어떻게 재고할 것인가? 이것은 고객의 힘이 증가하는 시대에 비즈니스를 수행 하는 모든 방법과 관련이 있다. 고객이 원하는 장소에서 그들이 원하는 때에 그들이 원하 는 방식으로 사업을 한다는 것은 무엇을 의미하는가? 광고, 유통, 가격 책정 및 판매 등 기존의 프로세스는 어떻게 변화할 것인가? 전략, 브랜드, 혁신 및 관계에 미치는 영향은 무엇인가?

1. 모든 마케팅 활동을 검토한다. – 브랜드, 유통, 광고, 가격 설정, 혁신 등 가동할 수 있는 주요 마케팅 활동이 무 엇인지 확인한다.

2. **각 마케팅 프로세스를 계획한다.** - 각 프로세스와 관련된 일반적인 프로세스 단계를 계획하고 별도의 스티커 메모에 기록한다.

3. **고객에서부터 거꾸로 시작한다.** - 단계의 순서를 바꿔 고객(또는 더 정확히 말하면 구매자)으로 시작하는 프로세스를 재정립한다.

4. **가장 중요한 것을 추가한다.** - 고객이 무엇을, 언제, 어디서, 어떻게 선택할 수 있는지 고려하고 적절한 프로세스를 재작성한다.

5. **프로세스를 보다 유연하게 진행하라.** - 고객의 관점에서 각 고객마다 다른 방식으로 사업을 하려면 프로세스를 어떻게 유연하게 만들 것인가?

6. **고객 맞춤형 접근방식의 추가** - 보다 나은 고객 지식, 맞춤형 접근 방식, 서비스 제공을 통해 어떻게 프로세스를 개인화할 수 있는가?

오늘 사업을 유지하며
내일을 창조하기

"정보화 시대가 도래했다고 해서 생산이나 판매가 중단되는 것은 아니다. 우리는 여전히 제품과 서비스가 필요하다. 하지만 그것은 어제 판매자들의 브랜드를 강하게 만들었던 사업과 마케팅 전략이 내일도 반드시 통하지는 않을 것이라는 것을 의미한다. 양쪽 모두에게 윈-윈이 되지 않는다면 어느 한쪽은 그 관계를 추구할 이유가 없을 것이다."

-앨런 미첼(Alan Mitchell)

"웹 덕분에 오늘날 투명한 시대가 되었다. 관련 정보에 접근할 수 있는 사람들은 어떤 형태의 권위에도 도전을 마다하지 않는다. 어리석고 충성스럽고 겸손한 고객, 직원, 환자, 시민은 더 이상 없다."

-크헬 노드스트롬(Kjell Nordstrom)과 요나스 리더스트레일(Jonas Ridderstrale)

시장이 점점 더 기업을 주도하고 있지만, 마케터들은 아직 이에 제대로 대처하지 못하고 있다. 마케팅은 여전히 잡다한 직무, 전문가 집단, 돈만 쓰는 곳, 영업팀에 대한 지원 기능으로만 여겨지고 있는 것이다.

그러나 마케팅은 이보다 훨씬 중요한 일이다. 비록 전문 실무자들을 필요로 하지만 마케팅은 회사 전체를 위한 과정이다. 마케팅은 장단기적으로 수요를 견인하고, 오늘과 내일의 이익을 내게 하는 동력이다. 미래를 창조할 뿐 아니라 오늘의 사업을 유지 가능하게 하며, 판매와 고객 경험의 전달을 주도하는 한편, 새로운 시장과 제품을 개발하고, 브랜드

오늘의 사업 유지	내일의 창조
단기적: 분기별 결과를 내놓아야 한다는 압박으로 매출 촉진을 위한 판매 프로모션에 초점을 맞춤.	**장기적**: 전략과 혁신, 강력한 브랜드와 관계를 통해 미래의 성과를 이끌어내야 한다는 압박감이 작용.
이익 추구: 회사들은 현재나 미래에 어떤 시장, 제품, 고객이 가장 수익성이 높은지 거의 알지 못한다.	**가치 추구**: 진정한 경제적 가치는 지금 당장보다는 수익을 내는 성장과 리스크에 의해 움직이는 미래 이익의 합이다.
내부적 관점: 장기적 가치 창출이 투자자들에게 가장 중요하며 사업성과의 핵심 척도다.	**외부적 관점**: 가장 충성스러운 고객을 위해 더 많은 가치를 창출하는 것이 장기적인 주주 가치를 높일 수 있는 유일한 지속 가능한 경로다.

와 관계를 구축해 그 안에서 성공을 끌어낸다. 마케팅은 또 회사의 다른 어떤 부서보다도 투자수익율 개선에 기여한다.

이제는 마케터들이 시장 변화의 모멘텀과 고객의 힘을 등에 업고 의사결정의 중심에 나서서 내부적 관점으로보다는 외부적 관점으로 전략과 사업 우선순위를 구체화해야 한다.

그동안 기업들은 너무 오랫동안 내부적 관점에 치우쳐 있었다. 회계사들과 운영 관리자들은 시장의 최고 기회를 탐구하고 그에 대응하기보다는 항상 해오던 대로 개선을 추구해 왔다. 이런 점진주의의 위험은 시장의 실제 기회를 다루기보다는 시장의 변화와는 상관 없이 회사가 흘러갈 수 있다는 점이다.

그러나 마케터들이 중심에 서길 원한다면, 그리고 정말로 살아남기를 원한다면 바뀌어야 한다.

오늘날 기업들에게 가장 큰 기회는 과거에 집착했던 일의 효율성을 향상시키는 데서 나오는 것이 아니라 외부 세계의 변화를 수용하는 데에 있다. 이것은 마케팅의 가장 기본적인 과제이고 도전이다.

기업은 그 어느 때보다도 지금 당장 마케터를 필요로 한다.

마케터들은 이러한 변화에 대한 반응을 명확히 보여야 한다. 시장에서 새로운 게임 법칙이 생기고 있음을 간파하고 이전 세기에 생겼던 관습에서 벗어나야 한다. 현장과 주식 시장의 기대치를 뛰어 넘어 고객과 주주들을 위해 새로운 방식으로 특별한 가치를 창출할 수 있어야 한다.

오늘날 모든 면에서 고객의 기대치가 믿을 수 없을 정도로 높아졌다.

- 고객은 단지 제품이나 서비스만을 원하는 것이 아니다. 그들은 과거에는 사려는 물건의 재고가 없어도 이를 묵과하고 기꺼이 다음 주, 아니 몇 주 몇 달 후에 다시 찾아 왔다. 그리고 시내 중심가 매장은 원래 가격 할인이 되지 않고 정가를 다 지불해야 한다는 것도 수용했다. 그러나 월마트와 아마존을 경험하면서 그런 생각들이 바뀌었다. 그들은 이제 최고의 품질의 제품, 언제든 그들의 기대가 충족될 것이라는 확신, 더 다양해진 요구를 충족시킬 수 있는 맞춤형 솔루션, 당일 배송에 게다가 최저 가격 까지 기대한다.

- 직원들은 월급 받는 게 다가 아니다. 그들은 과거에는 오랫동안 열악한 환경에서 하찮은 일도 마다하지 않고 견뎌왔으며, 월급만 꼬박꼬박 받을 수만 있다면 더 넓은 조직이나 고객, 주주들에 대해서는 신경 쓰지 않았다. 그러나 그들은 이제 더 성취감 있는 일, 단순한 월급을 넘어 더 나은 환경과 복지를 기대한다. 더 많은 것을 배우고 발전하기를 기대하며, 고객에 대해 열정적으로 관심을 가지며, 조직에 영향을 미치고 싶어하고, 자부심을 가질 수 있기를 기대한다.

- 주주들 또한 단순히 투자 수익만 원하는 게 아니다. 그들은 과거에는 주식 가격이 하락해 미래에 투자하기 위해 단기 이익이 부족하거나 몇 년 동안 배당이 없거나 주주 총회에서 1년에 한 번씩 소식을 들어도 크게 불평하지 않았다. 그러나 닷컴 회사들과

헤지펀드들을 경험하면서 그들의 생각도 바뀌었다. 그들은 이제 정기적이고 투명한 정보를 받기 원하며, 더 많은 영향력과 힘을 갖기를 원한다. 회사들은 분기마다 이익이 계속 늘어나길 기대하며, 정기적인 배당금을 받기 원하고, 단지 동종 업계뿐 아니라 전 업종에 걸쳐 최고의 수익을 내기를 기대한다.

모든 이해관계자들은 사소한 존재에서부터 그저 단순히 복종하는 존재를 넘어 주주들을 위해 탁월한 가치를 창출하는 파트너의 존재로 변화해 왔다. 그런 변화를 가져온 요인들은 다음과 같다.

- 사회적 책임을 지는 투자 자본에 대한 접근
- 최고 인재의 유치 및 유지
- 브랜드 충성도와 고객과의 평판 구축
- 협력업체들을 통해 전략적 자원과 역량을 조달
- 직원 관계 개선 및 노조와의 갈등 해결
- 가치 사슬 전반의 효율 및 협업 향상
- 영향력, 호감도, 규제기관과의 유연성 향상
- 지역사회에서의 상호 지원과 수용

사실과 분석에 기초한 프로세스와 시스템에만 의존하는 것은 엄격함과 규율을 지킨다는 점에서 유용하지만, 새로운 가치 창출의 원천이 될 수는 없다.

지적, 논리적인 사고는 오늘날의 기업들이 요구하는 균형 잡힌 전체론적 접근법을 제공하지 못한다. 지식 관리는 대개 창의성을 추구하지 못한다. 고객관계관리(CRM)가 고객 친밀도나 충성도로 가는 길을 제공하는 경우는 드물다. 식스시그마(Six Sigma)나 전사적 품질경영(TQM) 같은 관리 기법으로는 혁신적인 디자인을 담보할 수 없다. 성과급만으로 더 많은 성취감을 주는 일자리를 창출하지 못한다. 분기별 실적 목표로는 성공적인 미래를 가져올 수 없다. 주주 가치를 극대화하는 것이 반드시 지속 가능하고 책임 있는 사업을 한다는 의미는 아니다.

　오늘날 기업들은 보다 통찰력 있는 접근 방식, 보다 균형 잡힌 총체적 접근 방식, 즉 창조적이고도 분석적이며, 고객과 재무 상태를 모두 아우르는 장단기적인 접근 방식을 필요로 한다. 이런 접근 방식이 더 넓은 사고를 가진 사람들을 통해 전달됨으로써 비로소 다각적으로 사업을 바라볼 수 있는 것이다.

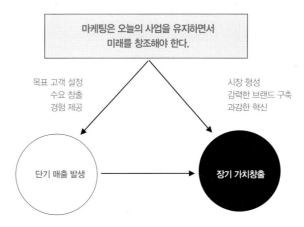

　마케터는(기업도 마찬가지) 목적과 기대가 모순처럼 보일 때에도 이를 수용하고 단기적으로 판매를 극대화하는 동시에 장기적 투자를 하는 법을 배워야 한다. 재정적인 관점에서 이는 오늘과 내일의 매출과 이윤을 극대화하는 것을 의미하지만, 취하는 행동의 경제적 가치를 고려해 장단기적 균형을 맞출 수 있어야 한다. 우선 기본적으로 마케터들은 외부의 관점을 균형 있게 수용하며 회사 내부적 측면을 이끌어야 한다.

영감 1. 마이크로소프트

마이크로소프트보다 더 '바쁘고 빠르게' 살며 일해야 하는 회사는 없을 것이다. 이 회사의 마케터와 개발자들은 끊임없이 오늘의 사업을 유지하기 위해 일하는 동시에 내일을 창조하는 데 초점을 맞추고 있다. 일단 현재 버전의 제품이 출시되면(최고의 품질이지만 종종 실패하는 경우도 있다) 가능한 많은 라이선스를 판매해 점유율을 극대화하는 것은 마케터들의 몫이다. 그러나 제품이 출시되면 개발자들은 즉시 다음 버전, 즉 미래를 위해 보다 혁신적인 것에 착수한다.

"마이크로소프트에서 우리는 전 세계의 사람들과 기업들이 그들의 잠재력을 최대한 실현할 수 있도록 돕기 위해 일한다. 그것이 우리의 사명이다. 우리가 하는 모든 일은 이 사명과 그 사명을 가능하게 하는 가치를 반영한다.

마이크로소프트에서 우리는 고객들이 우리 소프트웨어를 사용해 어떻게 비즈니스 문제에 대한 창의적인 솔루션을 찾고, 혁신적인 아이디어를 개발하며, 자신들에게 가장 중요한 것에 연결되고 있는지를 보며 매일 동기 부여와 영감을 받는다.

우리가 끊임없이 제품을 업데이트하고 개선하듯이, 우리는 새로운 기술이 나타나면 그 기술을 가속화하고 고객에게 더 나은 서비스를 제공할 수 있는 최적의 위치에 있을 수 있도록 회사를 지속적으로 발전시키고 싶다."

이 말은 마이크로소프트의 가치 선언문으로 '당신의 잠재력, 우리의 열정(Your Potential, Our Passion, 마이크로소프트의 광고에 나오는 문구. 자신들의 열정으로 고객의 잠재력을 이끌어내겠다는 의미)'이라는 광고 문구로 요약되었는데, 참으로 그들의 핵심 목적과도 부합하고 듣는 모든 이들에게도 해당되는 말이 아닐 수 없다. 그들의 가치 선언문을 더 살펴보자.

♠ 기업에 대해:

"우리는 국경 없는 기업을 상상한다. 그러기 위해서는 어디서 누구와도 거래할 수 있는 능력이 있어야 한다. 기업이 글로벌 언어를 구사할 때 장벽은 사라지고 기술이 도움이 될 수 있다고 믿는다. 그것이 우리에게 언어와 장소를 불문하고 고객들과 파트너들에게 더 가까이 다가갈 수 있는 소프트웨어를 만들도록 영감을 준다."

♣ 교육기관에 대해:

"우리는 역사의 위대한 정신이 필요한 곳이면 어디든 갈 수 있음을 본다. 학생이나 교실이 어디 있든, 훌륭한 교사, 훌륭한 책, 그리고 위대한 사고를 접하는 것이야말로 배움의 가장 필수적인 요건이다. 배움의 세계가 열리기만 하면 아이들은 어떤 방향으로든 성장할 수 있다. 그것은 우리에게 그들이 잠재력에 도달할 수 있도록 도와주는 소프트웨어를 만들도록 영감을 준다."

♠ 부모들에 대해:

"우리는 하늘의 왕을 상상한다. 아이들은 하늘로 솟구치는 비행을 꿈꾼다. 이러한 꿈들이 그들의 잠재력이 된다. 적절한 도구와 약간의 도움만 있다면, 그들은 그들의 열정보다 더 큰 인물이 되고 위대한 삶을 살 수 있을 것이다. 이것은 여러분의 잠재력을 이끌어 내는 데 도움을 주는 소프트웨어를 만들도록 우리에게 영감을 주는 무한한 가능성 중 하나에 불과하다."

마이크로소프트는 1975년에 빌 게이츠와 폴 앨런이 뉴멕시코 주 앨버커키에서 설립했다. 오늘날 마이크로소프트는 다양한 종류의 소프트웨어를 판매하고 있는데, 대부분은 내부적으로 개발되었고 일부는 인수 후에 재브랜딩한 것들이다.

마이크로소프트는 7개의 핵심 사업부로 구성되어 있는데, 각 사업부는 자체적으로 재무 보고를 하며 책임을 위임하고 성과를 철저하게 관리한다. 이는 내부 거래에 대한 규제 당국의 우려를 완화하고 법원이 거대 조직의 분리를 요구할 경우 생존을 용이하게 하기 위해서이기도 하다. 회사의 웹사이트에 따르면 마이크로소프트의 사업부문은 다음과 같다.

- 윈도우 클라이언트(윈도우 사용자, 서버, 고객, 내장형 운영체제의 관리)
- 정보 작업(사무용 소프트웨어 제품 관리)
- 마이크로소프트 비즈니스 솔루션(비즈니스 서비스 및 프로세스 애플리케이션 관리)
- 서버 및 도구(개발자 도구 및 통합 서버 소프트웨어 관리)
- 모바일 및 내장 기기(팜탑 및 전화기 관리)
- MSN(웹 기반 서비스 관리)
- 홈 및 엔터테인먼트(소비자 하드웨어 및 소프트웨어 관리)

(마이크로소프트는 최근 몇 년 동안 가장 많이 변화한 회사이다. 2014년 사티아 나델라가 CEO로 지명되면서 주력 사업이었던 윈도우 부문은 크게 축소됐고 클라우드와 인공지능을 표방하는 회사로 변신했다. 2020년 6월 30일 현재 웹사이트에 따르면 엔지니어링 그룹은 Cloud+AI, Experience+Device, Technology+Research, Core Service Eng & Operation 등 네 개 그룹으로 되어 있다.)

마이크로소프트는 회사의 문화를 '개발자 중심'이라고 공공연히 묘사한다. 그러나 실제로는 기술보다는 시장에 맞추면서 기술적 가능성보다는 고객의 요구에 따른 개발을 장려한다.

회사는 매년 최고의 대학에서 교육받은 소프트웨어 개발자들을 모집하고 그들을 회사에 붙잡아 두는 데 많은 시간과 돈을 들인다. 모든 단계에서 주요 의사결정자들은 개발자 또는 개발자 출신들이다. 실제로 마이크로소프트에서는, IBM에서 영업사원들을 최고로 여기는 것처럼, 소프트웨어 개발자들이 회사의 스타들이다. 이러한 문화는, "왜 맨홀 뚜껑이 둥글지?" 같은 엉뚱한 질문을 하는 것으로 유명한 이 회사의 채용 과정에도 그대로 나타난다.

마이크로소프트는 보다 전략적인 차원에서 미디어 플레이어, 서버 소프트웨어, 휴대용 장치, 자동차 내비게이션, 웹 서비스, 비디오 게임(X-Box), 그리고 최근에는 검색 엔진(Being)등과 같은 새로운 시장에서 예전의 데스크톱에서의 영광을 재현하기 위해 노력하고 있다. '모든 가정과 사무실에'라는 게이츠의 초기 비전은 과거로 돌리고 최근에는 윈도 XP 미디어 센터 에디션을 실행하는 PC를 홈 엔터테인먼트 허브로 구축하려는 시도를 했었다.

사업 모델도 재검토에 들어갔다. 예를 들어, 몇 년마다 업그레이드 패키지를 구입하는 사용자에게 의존하기보다는 라이센스 소프트웨어에 대한 구독 모델로 전환하고 있다.

(MS는 이제 소비자 사업모델에서 기업을 대상으로 하는 클라우드 사업으로 전환되었고, 소비자 사업 모델은 게임 사업 정도만 남아 있다.)

과거의 성장률을 더 이상 유지할 수 없을 것이라는 투자자들의 우려가 있는 가운데 마이크로소프트는 2004년 7월, 향후 4년간 300억 달러 규모의 자사주 매입 계획을 실행할 것이라고 발표했다. 또 2004년 12월에 마이크로소프트 주주들에게 320억 달러의 특별 배당금 지불 계획을 발표했는데 이는 역사상 가장 큰 규모였다.

고객으로서 우리는 수시로 계속 업그레이드되는 버전에 더 높은 가격을 지불하는 것은 잘못된 것이라고 불평하기도 한다. 그리고 주주들에게 지나친 이익을 가져다주는 것에 대해서 좌절감을 느끼는 사람들도 있다. 그러나 현실은 마이크로소프트가 자신의 비전을 시장에서 계속 실현해 나가고 있음에 따라 우리는 계속 그 제품을 구매하고 직장에서도 그들에게 의존하고 있다는 것이다.

물론 마이크로소프트를 비평하는 사람들도 있지만 그 또한 마케팅 성공의 훌륭한 증거라고 할 수 있다.

많은 조직들이 자신의 존재 이유에 대해 혼란스러워한다. 실제로 조직이 존재하는 이유는 매우 다양하다. 그러나 가장 간단히 보자면, 결국 이해관계자들에게 귀결된다. 이들은 '기업과 이해관계에 있는 서로 다른 집단'으로 정의되는데, 어떤 면에서는 기업의 가치 창출에 기여하기도 한다. 물론 보상, 즉 가치 교환을 받을 수 있다는 기대 때문이다. 어쨌든 주주에는 직원, 고객, 공급업체, 파트너, 주주, 정부나 사회단체 등이 포함될 수 있다.

상장기업은 금전적 이익을 위해 기업에 자본을 투자하는 주주들이 소유한다. 그러나 이러한 투자에 대한 수익 여부가 기업의 주된 성공 척도인 경우에도 기업은 여전히 더 높

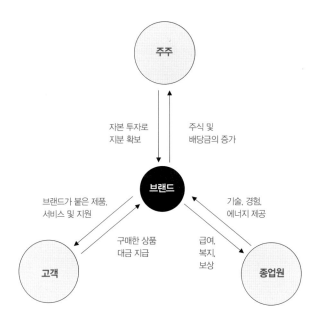

은 목적을 위해 존재하며, 실제로 직원들이 매일 출근하고, 고객들이 충성도를 높이고, 제휴업체들이 협력하기 원하는 것은 바로 이 때문이다. 기업은 서로 다른 이해관계자 그룹들도 성공할 수 있는 모델을 만들어야만 주주들에게 지속 가능한 이익을 제공할 수 있다.

장기적 '주주 가치'의 추구는 투자와 수익의 선순환 속에서 고객, 직원 등 기타 다른 사람들을 위한 가치를 창출해야만 달성할 수 있다. 각 이해관계자를 위해 창출된 가치에 따라 구분된 파이 차트를 생각해 보라. 주주들이 이익을 얻는 것도 두 가지 방식이 있다.

- '가치 탐욕' – 주주들이 다른 이해관계자들의 희생으로 더 많은 가치를 얻으며, 그들이 투자한 것에 비해 충분한 보상을 받지 못한다고 느끼면 결국 떠나버린다.
- '가치 성장' – 주주들도 수익을 얻되, 다른 모든 이해관계자들도 비슷한 비율로 더

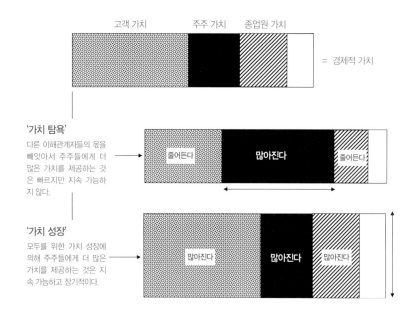

많은 것을 얻는다. 가치가 재분배되는 것이 아니라 창출되기 때문이다.

우리는 이 총 가치를 기업의 '경제적 가치'라고 부르는데, 모든 유형의 기업들이 1차적인 목표로 바로 이 '경제적 가치'의 극대화를 추구해야 한다.

상장기업은 장기적 주주 가치 창출이 다른 이해관계자 없이는 달성할 수 없다는 점을 인식하고, 그것이야말로 법적으로 존재하는 이유이며 성공에 대한 1차 척도로 생각해야 한다. 기업 경영자의 보수가 단기 성과에만 연계되어 단기적으로 주주의 '욕심'만 채우려는 것은 결코 지속 가능할 수 없다. (우리는 회계부정으로 몰락한 미국 통신재벌 월드컴[WorldCom]과 에너지회사 엔론[Enron]의 사례에서 그것을 목도한 바 있다.)

지속적인 가치 창출은 욕심이 아닌 성장을 통해서만 성취될 수 있으며, 더 큰 케이크를 만들 수 있다.

상장기업이 아닌 다른 유형의 조직은 우선순위가 다를 수 있다. 예를 들어, 자선단체는 공익을 위해 존재한다. 교육 분야든, 건강 분야든, 종교 분야든, 환경 분야든 자선단체는 특별한 대의명분을 가지고 있다. 그러나 이런 조직도 많은 이해 당사자들을 가지고 있어서 영리적으로 관리될 필요가 있다. 그러나 기부를 한 사람들에게 직접적인 수익을 제공하기보다는 가능한 최대한의 자금이 그 단체가 지향하는 사회에 전달될 수 있도록 해야 한다.

이 범주 안에서도 다양한 형태의 조직이 있다.

실제로 금전적 이익을 가장 지향하는 회사들조차도 금전을 넘어서는 '대의명분'이 있어야 한다. 그런 의미 있는 목적의식이 없다면 그 회사는 목표를 달성하기 위한 방향, 차별화, 또는 참여가 부족할 것이다. 단지 "~의 극대화를 모색한다"는 사명문은 실패를 면치 못할 것이다. '최상의 무엇'을 창출한다거나 '무엇을 하는 사람들'을 도움으로써 주주 가치를 극대화한다는 사명문이 명확한 전략, 강력한 브랜드, 그리고 공통된 목표를 가지고 사람들을 하나로 모으고 지속 가능할 수 있다.

기업이 가치 교환, 즉 가치를 부여하고 추구하는 각 이해 당사자들의 역동적인 시스템이며 그 목적이 모두의 가치를 증진하는 것임을 인식한다면 오직 이윤만을 추구했을 때에는 닫혀있던 많은 문이 열리게 될 것이다.

영감 2. 도요타 자동차

도요타는 여러 다른 시장에 진출하기 위해 브랜드 포트폴리오를 갖춘 일본의 대표적인 자동차 회사다. 소형차 사업부는 다이하쓰 브랜드로 차량을 판매하고 있고 대형트럭 사업부는 히노 브랜드로 차량을 판매한다.

반면 렉서스 브랜드는 고급차량에 사용되는데 '고급'을 의미하는 Luxury와 '우아함'을 의미하는 Elegance라는 단어에서 그 이름을 따왔다. 렉서스 딜러들은 기능상의 우월함을 강조하고 본사의 개념과는 별개로 고객 친화적인 문화를 구축하는 등 최고의 고객 서비스도 제공하고 있는 것으로 알려져 있다.

수적으로 볼 때, 도요타는 25만 명의 종업원을 보유하고 있고 매년 150개국에서 약 700만 대의 자동차를 판매하고 있다. 판매량에 있어서는 미국의 빅3인 GM, 포드, 다임러 크라이슬러(다임러크라이슬러는 독일의 다임러가 1997년 미국의 크라이슬러를 인수하면서 생긴 이름이지만 2007년에 크라이슬러를 다시 매각했고 크라이슬러는 사모펀드를 거쳐 피아트에 인수되면서 피아트크

라이슬러[FCA]가 되었음. 그러나 올해 7월 FCA와 프랑스의 PSA와의 합병이 결정되면서 스텔란티스라는 새 사명으로 변경될 예정임)에 미치지 못하지만 시가총액은 빅3를 합친 것보다 더 큰데, 이는 규모와 시장점유율이 항상 주주들의 성공과 직결되는 것은 아니라는 사실을 일깨워 준다.

도요타는 1937년, 일본의 가장 존경 받는 발명가 중 한 명인 도요타 사키치가 이끄는 세계 최고의 직조기 회사 도요타 자동직기의 자회사로서 설립되었고, 그의 아들 도요타 키이치로가 오늘날의 성공적인 회사로 성장시켰다.

도요타의 성공 비결은 회사가 직원 및 고객과 구축한 관계였다. 규모와 자본이 부족했던 도요타는 자신의 강점을 내부에서 찾았다. 보다 깊은 통찰력, 지속적인 개선, 직원들의 적극적인 참여가 있었기에 가능했던 창의적인 사고를 통해 고객의 가치를 향상시키는 데 초점을 맞추었다.

"나는 내 경험을 통해 모든 것이 시장에 의해 지배되고 있다는 것을 배웠다. 그래서 우리가 장애물이나 어려움에 부딪힐 때마다 나는 항상 나 자신에게 '시장과 고객의 목소리에 귀를 기울이자'라고 말하곤 했다. 그것이 마케팅의 근본적인 본질이다. 우리는 항상 시장과 고객에게 돌아와야 한다. 그것이 도요타 방식이다."
 –이시아자카 요시오, 도요타자동차 부사장

도요타의 린 씽킹(Lean Thinking, 군더더기 없는 사고방식) 접근 방식은 기업 운영의 효율성에 관한 것이라기보다는 명확하고 확고한 철학을 가지고 고객에게 보다 가치 있는 서비스를 제공하는 것에 관한 것이다. 이 접근방식은 1차적인 목표로 주주 가치보다는 고객 가치에 초점을 맞추고, 기업의 모든 측면을 통해 오직 고객에게 가치를 더하는 것에만 집중하며, 그렇지 않은 것은 모두 제거한다는 개념이다. 이 접근방식은 조직의 의사소통 흐름을 활성화하고 보다 사려 깊은 문제 해결과 더불어 고객 경험과 사업 성과를 향상시킨다.

이런 목표를 달성하기 위해, 회사는 실제 문제를 해결하기 위해 때로는 체계화되지 않은 시간이 더 필요하며, 좀 더 혁신적으로 생각하고, 새로운 협력 체계를 구축해야 한다는 사실을 인식한다. 도요타가 자랑하는 휴먼 시그마는 기업의 성과를 내는 데 있어 사람의 차이를 측정하고 관리하는 접근 방식의 하나다.

적용 가치 창조하기

당신 회사의 경제적 가치는 얼마나 되는가? 회사의 미래 잠재력을 어떻게 재무적 의미로 전환할 것인가? 시간이 지나면서 이 가치를 원칙적으로 어떻게 분배할 것인가? 이 잠재력을 달성하기 위해 어떻게 관리하는가?

1. **미래의 사업을 구상한다.** – 성장 추세, 잠재적 이익률, 리스크/불확실성 등 미래 수익에 영향을 미치는 요인들을 고려한다.

2. **미래 이익을 예상한다.** – 성장 추세와 잠재적 시나리오를 바탕으로 앞으로 연도별로 가장 가능성이 높은 이익을 예상한다.

3. **가치 계산** – 이러한 수익을 합산하고, 증가하는 불확실성 수준을 줄이고 영속성을 부여한다.

4. **가치 할당** – 시간 경과에 따라 고객, 주주 등 이해관계자 간에 이 총가치를 어떻게 할당할 것인지 고려한다.

5. **활동 우선순위 설정** – 이것을 사업 전략과 재무 계획에 반영하고 그에 따라 자원 투자 우선순위를 설정한다.

6. 가치 창출을 위한 경영 – 시간 경과에 따라 가치 창출을 위한 경영을 하고 경제학적 이익(economic profit, 회계

학적 이익과 비교되는 개념. 그래프 참조)과 장기적 기회에 초점을 맞춘다.

개념 고객과 주주

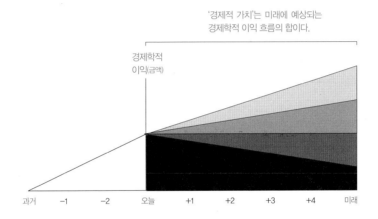

'경제적 가치'는 미래에 예상되는
경제학적 이익 흐름의 합이다.

경제학적
이익(금액)

과거　−1　−2　오늘　+1　+2　+3　+4　미래

사업 성공의 실질적인 척도가 주주들에 대한 장기적인 보상이라는 것을 받아들이면, 중요한 것은 단기적 이익이 아니라 '가치'라는 것을 알게 된다. 가치란 예상되는 미래 이익의 합이다. 미래의 이익은 매출과 이익만으로는 충분하지 않다. 실제로 결과가 투자자들의 최소 기대치를 초과하지 못한다면 매출을 많이 올려도 그것이 창출하는 것보다 더 많은 가치를 파괴할 수 있다. 시장의 현실은 기업이야말로 주주의 가치를 창출하기 위해 존재한다는 것이다.

경제적 가치란 투입된 것보다 더 많이 얻는 것과 관련이 있다. 주주들이 자신의 돈을

기업에 투자하는 것은 투자에 대한 수익을 추구하기 때문이다. 실제로 그들은 돈을 은행의 저축 계좌나 위험도가 낮은 투자 계획에 넣는 것보다 더 높은 수익을 추구한다.

주주들이 기업에 투입하는 자금(자본)으로 우리는 투자, 장비 구입, 아이디어 개발, 시장 진출의 기회를 얻는다.

그들은 은행 계좌에 돈을 넣는 것보다 기업에 내재된 위험이 더 크다는 점을 고려해 다른 곳에서 얻을 수 있는 것보다 더 높은 수익을 기대하는데, 이를 최저기대 투자수익률(hurdle rate)이라고 부른다.

주주들은 이 최저기대 투자수익률보다 더 많은 이익을 얻어야 비로소 '가치'를 깨닫기 시작한다. 이것을 특정 연도의 '경제학적 이익'이라고 부른다. (영업 이익과는 다르다.) '경제적 가치'는 미래에 발생할 것으로 예상되는 바로 이 '경제학적 이익'의 합이다. 당연히 우리가 더 먼 미래를 예측할 때 확실성이 떨어지기 때문에 '경제학적 이익'은 더 줄어든다.

주주들이 주식을 사면 그 수요가 주가에 반영되고 그 주식의 총합이 시가총액, 즉 특정

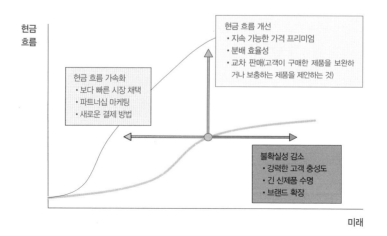

시점에 그 회사의 가치를 반영한다.

그러나 대부분의 주주들은 하루 단위의 가격 변동에 따라 주식을 사고파는 것이 아니라 장기적으로 보유한다. 기업이 실제 장기적 가치를 창출하는 데는 시간이 걸리기 때문에 헌신적 주주들은 배당과 주가 상승이라는 두 가지 방식으로 이익을 얻는다.

총주주수익률은 대개 5년, 때로는 10년에 걸쳐 측정된다.

정말로 성공적인 기업들은 제너럴일렉트릭이나 마이크로소프트 같이 어느 특정 순간에 시가 총액이 가장 높은 회사들이 아니라, 장기간에 걸쳐 최고의 수익을 가져다주는 미국 진단의학 정보회사 퀘스트 다이아그노스틱스나 유럽 최대 저가항공사 라이언에어 같은 기업들이다.

수익을 내는 성장

지속적이고 수익을 내는 성장이 가치 창출의 기반이다.

지속적인 수익성을 촉진하는 것이 마케팅이다. 마케팅은 시간이 지날수록 잘 관리되기만 한다면 수익을 내는 유기적인 성장을 창출해 줄 것이다. 인수 합병(M & A) 같은 공격적 성장 대안은 문제가 많다. 초기 융합 시기가 지나면 이익을 계속 증대시키기 어렵기 때문이다.

많은 마케터들이 한탕주의만을 추구하는 탐욕스러운 소유주를 위해서가 아니라 주주들을 위한 가치를 창출해야 한다는 전체적인 개념을 간과한다. 이런 저속한 가치 재분배는 고객 제안의 가치를 떨어뜨리고 오직 투자자들에게 더 많은 가치를 돌려주는 것만을 강조한다.

물론, 이런 식으로 일하는 편협한 회사들도 더러 있지만 소수에 불과하다. CEO들의

97%는 그들의 최우선 과제가 장기적인 주주 가치 창출이라고 말한다. 사실, 그들은 그렇게 해야 할 법적 책임이 있다. 여기서 장기적이란 일반적으로 5년 이상을 의미한다. 그들은 결코 한탕주의를 추구하지 않는다.

고객 가치

주주 가치를 실현하기 위한 유일한 지속 가능한 길은 고객에게 특별한 가치를 제공하는 것이며, 이를 위해서는 고객과 주주 가치 창출의 규칙적인 선순환이 이루어져야 한다. 고객과 주주들을 위해 특별한 가치를 창출하는 것이 바로 마케팅 본연의 기능이다.

가치 성장을 지속할 수 있는 유일한 방법은 고객과 주주들을 위해 더 많은 일을 하는 선순환 구조를 만드는 것이다. 혁신적인 신제품과 서비스를 통해 고객을 위한 특별한 가치를 창출하고 이러한 제안을 강화하는 데 투자함으로써 차별화, 구매 및 친화력을 창출하는 것이다. 그러면 고객은 더 많은 돈을 지불하게 되고 기업은 그 이윤을 배당금과 주식 증대를 통하여 효율적으로 전환할 수 있고, 브랜드와 고객 관계에 대해 계속 투자함으로써 충성심과 재매입을 촉진하는 것이다.

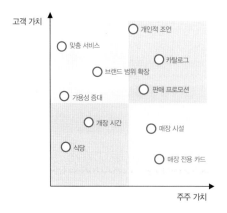

고객 가치, 즉 고객이 인식하는 가치는 수량화하기 어렵다. 그러나 고객의 가치 인식은 편익 및 비용과 비례하며 고객이 주문하기로 선택하는 전체적인 맥락과도 비례한다. 여기서 맥락이란 수퍼마켓 선반 위에 나란히 놓여 있는 경쟁 제품이나 기회의 변화를 의미한다.

폭스바겐 자동차 그룹의 계열사인 아우디와 폭스바겐을 예로 들어보자. 아우디 A4와 폭스바겐의 파사트는 기본적으로 같은 자동차로, 제조 기반과 원가 기반이 동일하지만 몰딩만 서로 다르다. 하지만 아우디는 BMW 3시리즈와 동급으로 경쟁하고 있고, 파사트는 포드와 더 경쟁한다. 그에 따라 영국에서 아우디가 파사트보다 3000파운드 더 비싸게 팔린다.

세계 1위 보드카 브랜드 스미노프의 예를 보자. 스미노프는 순수 알코올일 경우 큰 병으로 판매된다. 그러나 스미노프 아이스는 훨씬 더 작은 병으로 판매된다. 알코올 함량은 약 50분의 1이지만 가격은 비슷하다. 스미노프 아이스를 즐기는 사람들은 대개 바에서 멋지고 사교적인 모습으로 보이는 사람들이다. 그들은 가격에는 거의 신경 쓰지 않고 고급 브랜드를 선호하는 자신들에 대한 남들의 시선에 훨씬 더 민감하다. 기본적으로 같은 제품이지만 두 제품은 고객에게 매우 다른 제안을 하고 있고 수익성도 다르다.

영감 3. 코카콜라

"코카콜라의 존재 이유는 만나는 모든 사람들을 상쾌하게 해주고 이익을 베푸는 것이다."
코카콜라의 기본 명제는 간단하고 견고하며 시대를 초월한다.

"우리는 이해 당사자들에게 음료, 가치, 즐거움을 가져다줌으로써 우리의 브랜드 코카콜라를 성공적으로 육성하고 보호한다. 그것이야말로 우리 주주들에게 지속적으로 매력적인 수익을 제공해야 하는 우리의 궁극적인 의무를 이행하는 열쇠다."

코카콜라는 조지아 주 애틀랜타의 약사 존 펨버튼 박사가 창업한 회사다. 그는 이 콜라 시럽을 만들어 동네의 제이콥스 약국으로 가지고 가서 소다 청량음료로 만들어 한 컵에 5센트에 팔았다. 그는 이 음료를 '맛있고 신선한' 음료라고 묘사했다.

'코카콜라'라는 이름과 독특한 로고는 동네 서점을 운영하는 그의 친구 프랭크 로빈슨이 고안했는데, 펨버튼은 이 C자 두 개가 광고판에 잘 어울릴 것이라고 생각했고, 1887년에 상표로 등록했다. 1895년에는 미국의 모든 주에서 판매가 이루어졌고, 1899년에는 전국에 보틀링 조직망(음료를 병에 담아 유통하는 회사)을 구축했다.

빨간색과 흰색 로고가 새겨진 유포(oil cloth)로 만든 깃발을 초기 제이콥슨 약국 밖에 걸어 놓았던 초기 시절부터, 빨간색과 흰색의 현대적 산타클로스 이미지 창출, 1971년 전 세계 젊은이들이 이탈리아의 언덕 꼭대기에서 "세상에 코카콜라를 사줄 거야(I'd Like to Buy the World a Coke)"를 부른 유명한 광고에 이르기까지 코카콜라의 마케팅 연표는 마케팅의 역사처럼 보인다.

"세상에 집을 사주고 싶어.
그 집을 사랑으로 채울 거야.
사과나무와 꿀벌도 기르고.
눈처럼 하얀 멧비둘기도 기를 테야.
(차별과 전쟁으로 혼란스러운) 세상에

완벽한 하모니로 노래하는 걸 가르쳐 주고 싶어.

세상에 코카콜라를 사주고

친구로 삼을 거야.

그게 진실이니까."

이 회사는 현재 400여 종의 다양한 음료 포트폴리오를 제공하면서 어디에 노력을 집중해야 할지 상당한 어려움을 겪고 있다. 현재와 미래에 어느 시장이 가장 매력적일까? 어떤 제품에 가장 많이 투자해야 할 것인가?

코카콜라는 두 단계로 이 도전에 접근한다. 첫 번째 단계는 성장과 수익성 측면에서 세계 음료 시장을 이해하는 것이다. 이는 현재 회사 수익의 대부분이 탄산음료에서 나오지만 더 이상의 성장은 거의 없음을 의미한다. 반면 스포츠 음료는 매우 높은 성장세를 보이며 높은 수익성의 기회를 제공한다. 생수도 빠르게 성장하는 분야지만 마진은 훨씬 낮다.

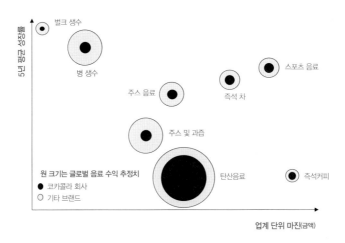

두 번째 단계는 어떻게 이러한 기회들이 회사의 사업, 역량과 제품 포트폴리오, 브랜드 포지셔닝 및 회사가 원하는 전략에 부합하는지 이해하는 것이다. 그런 다음 가장 매력적인 시장에 가장 적합한지를 기준으로 전략적인 시장 목표를 우선순위로 정하는 것이다. 이렇게 구축한 사업 전략에는 새로운 능력을 개발하고 과일 음료, 스포츠 음료, 즉석 차 시장 진입을 가속화하는 내용들이 포함된다.

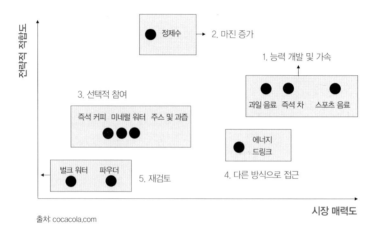

출처: cocacola.com

적용 시장 가치

주식의 총합, 즉 시장 가치는 왜 회사의 대차대조표에 표시된 가치보다 훨씬 더 많은 걸까? 시장 가치는 좋든 나쁘든 투자자들이 판단한 내 회사의 미래 가치일까? 그것은 내가 생각하는 미래의 예상 수익 흐름 가치보다 더 많을까 아니면 적을까? 그것들은 왜 다르고, 우리는 어떻게 해야 할까?

1. **경제학적 이익에 대해 이해** – 회사의 현재 경제적 수익성, 즉 영업이익에서 자본비용의 제한 개념을 이해한다.
2. **미래 성장 예측** – 시장 성장 추세와 전략 계획, 이것이 향후 이익에 미치는 영향을 예상한다.
3. **미래 이익 예측** – 향후 5년간 잠재적 이익과 영속성을 평가하고 이를 지속시킬 방법을 반영한다.
4. **내재 가치 계산** – 적절한 위험을 반영하기 위해 투자수익률을 고려해 미래 이익의 순 현재 가치를 계산한다.
5. **시장 가치와 비교** – 투자자들의 인식을 반영하는 시장 가치(주가에 주식수를 곱함)를 점검한다.
6. **가치 격차 해소** – 내재 가치와 시장 가치가 달라서 과소/과대평가가 나오면 그 이유를 파악하고 필요한 조치를 검토한다.

개념 가치 기반 마케팅

마케터들은 유형과 무형 자산의 균형을 맞춰 회사의 가장 큰 재량 지출인 마케팅 예산이 최대의 효과를 내기 위해서는 어떻게 배치되어야 하는지를 보여줌으로써 현재를 고려하는 한편 미래를 창조해야 한다.

모든 마케팅 활동의 최소한 3분의 2는 현재보다는 미래에 관한 것이다. 즉, 올해 마케팅 투자의 60~70%는 올해가 아닌 미래의 거래를 촉진하기 위한 것이다. 이것은 마케팅 비용의 대부분을 당해 연도의 매출에 맞추려고 생각하는 많은 재무담당자나 경영진들에게 생소하게 여겨질 수 있다.

그러나 대다수의 전략, 혁신, 광고는 올해보다는 미래 몇 년간의 이익에 더 많은 영향을 미친다. 바로 실제로 주주들이 가장 관심을 갖는 것도 바로 그것이다. 하지만 분기마다 발표되는 실적에 신경을 쓰지 않을 수 없는 CEO들에게 그것은 간혹 먼 얘기처럼 들리기도 한다.

그것이 바로 마케팅이 내일을 준비하면서도 오늘을 창조해야 하는 이유다. 판매 촉진, 유통, 가격 전략은 모두 단기 판매와 이익을 촉진할 수 있는 활동들이다. 그러나 진정 현명한 전술은 역시 미래를 지탱하는 방식으로 이런 전략을 구사하는 것이다. 예를 들어, 광고는 즉각적인 구매를 촉진하기 위해 명시적인 판매 메시지('정원 가구 25% 할인')를 전달할 수도 있고, 장기적인 브랜드 구축 노력, 인식 변화 및 건물 친화력인 "세상을 노래하도록 가르칠 테야!"라고 노래하는 코카콜라 광고처럼 소비자의 인식을 변화시키고 친밀감을 형성하기 위한 장기적인 브랜드 구축 노력이 될 수도 있다.

경제적인 측면에서 마케팅은 다른 어떤 활동보다 회사를 위해 대개 3배 이상의 가치를 창출할 수 있다. 마케팅은 수익률 개선, 미래 현금흐름 가속화, 불확실성 감소 등을 통해 이를 달성한다.

마케팅의 진정한 가치는 이와 같이 장단기적 영향을 최적화함으로써 달성된다.

마케팅에 대한 가장 좋은 척도, 즉 어떤 시장에 초점을 맞출 것인가?, 어디에 얼마나 투자할 것인가?, 어느 제품을 개발하거나 어느 제품은 중단할 것인가?, 시간이 지남에 따라 브랜드 구축이 얼마나 효과를 내고 있는가?, 마케팅 활동을 어떻게 최적화할 것인가?, 광고 등에 대한 대량 지출을 어떻게 정당화할 것인가? 등등에 대한 판단 기준은 가치다. 즉 마케팅의 척도는 판매 수치나 만족도, 주가나 이익이 아니라, 주주들에게 장기적으로 얼마나 가치를 제공하느냐 하는 것이다. 그게 전부다.

주주 가치는 회사에게 다른 모든 것을 서로 연계해 우선순위를 정할 수 있는 초점을 제공한다. 전략을 개발하고, 어디에 노력을 집중할 것인지 결정하고, 성과를 측정하기 위한 모든 논리적 총체적 접근방식을 제공한다.

'가치 요인(value driver)'은 다소 추상적인 목표를 실제 활동과 일상적인 의사결정과 연결시켜 모든 행동과 그로 인한 결과물의 상대적 중요성을 확인하고 계량화할 수 있게 해 줄 것이다. 가치 요인 분석은 일반적으로, 시장에 기반한 행동들이 어떻게 재정적 결과를 이끌어내는지 보여주는 수평적 '수형도'(나뭇가지 모양의 그림)로 표시된다.

- 시장 요인
- 고객 요인
- 조직 요인
- 재무 요인

이 분석은 분명하지 않고 얼핏 보면 단순해 보이지만, 연관성과 상대적 중요성을 이해

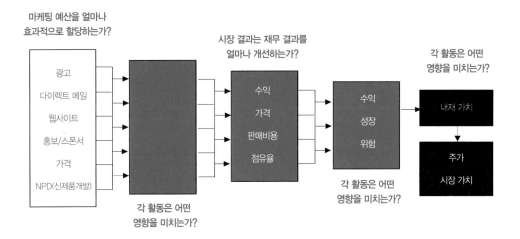

하는 것은 중요한 작업이다. 해당 분야마다 비슷한 부분도 있지만, 각 기업들은 자산 형성과 활동이 다르기 때문에 이 분석은 기업마다 다소 차이가 있을 것이다.

재무 목표가 다르면 시장 요인이 다를 것이기 때문에, 끝점에서 반대 방향으로 시작하는 것이 중요하다. 영업이익 요인, 즉 '수익' 요인에 대한 분석은 회사가 어디에 노력을 집중해야 할지에 대해 매우 다른 결론을 내리게 할 수도 있다.

기업의 모든 활동을 연결하면 놀라운 통찰력을 얻을 수 있다. 많은 기업들이 고객 만족이 근본적으로 중요하다는 것을 믿고 고객 지향성을 중요시하지만, 만족 점수 자체를 추구하는 것은 업무 성과를 내는 데에는 별 도움이 되지 않을 수 있다. 오히려 고객을 잃지 않도록 유지하고 추천을 장려하는 데 집중하는 것이 때로는 더 중요할 수 있다. 물론 이러한 가치 요인은 시장, 범주, 사업마다 다를 것이다.

마케팅 내에서 이러한 가치 기반 사고를 적용할 수 있는 분야는 다음과 같다.

- 마케팅에 따른 재정 수익률 개선 입증
- 고객 우선순위를 재무 요인에 연결
- 다년에 걸친 광고지출 회수의 정당화
- 단기 목표와 장기 목표의 균형 유지
- 마케팅 자원 및 예산의 최적화
- 적재적소 투자 집중
- 고객 경험 전반에 걸친 활동 우선시
- 가격의 상대적 중요성 이해
- 성과 측정에 있어 어떤 목표가 가장 중요한지 확인

캐드베리 슈웹스의 CEO를 지낸 존 선더랜드는 1997년 취임하면서 자신이 한 말이 무슨 의미인지 알고 있었다. "앞으로 4년 안에 이 회사의 가치를 두 배로 높일 것입니다··· 경제적 이윤이 성공의 핵심 척도가 될 것이며, 이를 달성하기 위해 강력한 브랜드를 구축할 것입니다."

만약 당신의 CEO가 이와 같은 야망을 세운다면, 마케터로서 당신은 무엇을 다르게 준비해야 할까?

- **어디서 어떻게 경쟁할 것인가** ··· 가치 기반 시장 전략은, 기존 시장과 새롭게 떠오르는 시장 중 어느 곳이 장기적으로 최고의 자본 수익을 가져다줄 것인지를 구분한다는 점에서 전통적 전략과 크게 다르다.

- **어떤 제품에 노력을 집중할 것인가** ··· 가치 기반 포트폴리오 분석을 통해 어떤 제품이 가치를 창출하고 어떤 제품이 가치를 파괴하는지, 따라서 어디에 노력을 집중해야 하는지를 알 수 있다. 자본비용을 고려하면, 일반적인 BSG 매트릭스(보스톤컨설팅그룹의 성장 매트릭스)와는 매우 다른 그림이 만들어진다. 이와 같은 분석 방식으로 최고의 고객도 찾을 수 있다.

- **창출하는 가치를 어떻게 획득할 것인가** ··· 가치 기반 제안은 고객을 위한 가치를 창출하고, 고객의 실제 요구를 다루고, 경쟁 우위를 확보하는 데 초점을 맞춘다. 또 인지된 가치를 극대화하고 가격을 최적화하는 동시에 '가성비(value for money, 투자 효과가 높은 것)'까지 제공함으로써 주주들에게 가능한 한 많은 가치를 획득할 수 있는 방법을 찾게 해준다.

- **어떻게 비용 대비 수익을 높일 것인가** ··· 가치 기반 마케팅 프로그램은 올해뿐 아니라 장기적으로 최고의 수익을 창출할 마케팅 활동이 무엇인지 알아낸다. 어떤 효과(예, 판매

촉진, 광고, 홍보)를 끌어낼지, 그리고 마케팅 자산(브랜드, 고객 지식, 유통 네트워크)을 어떻게 가장 효과적으로 활용하는지를 파악한다.

가치 기반 마케팅은 흔히 정교한 분석이나 복잡한 성과 지표로 간주되는데 실제로는 그 이상이다. 가치 기반 마케팅은 근본적으로 시장 및 포지셔닝의 선택, 제품과 고객의 선택, 매출과 가격의 선택, 활동 및 투자의 선택 등 의사결정에 관한 것이다.

전통적인 데이터 분석은 '최상의 척도'가 없는 것처럼 보이거나 마케터들이 자신의 의사결정 기준에 대해 확신이 없어 두꺼운 보고서로부터 위안을 삼는 경우가 많기 때문에, 광범위한 대체 척도를 만들 필요가 있을 때 행해진다. 그렇다면 가치 기반 마케팅은 더 많은 분석을 만드는 까닭에 창의성을 더 저해하는 것은 아닐까? 오히려 정반대다.

마케터들에게 좋은 소식

가치 기반 마케팅의 좋은 점은 그것이 정말로 중요한 숫자와 효과적인 의사결정을 위한 기본적인 것에 초점을 맞춘다는 것이다. 올바른 데이터를 생성하는 프로세스에 한번 투자하면 데이터도 줄어들고 생성 시간이 단축되며 초점도 더 명확해져서 혁신에 집중할 수 있는 범위가 훨씬 분명해지고 창의적으로 작업할 수 있는 시간이 훨씬 더 많아진다. CEO들도 그런 것을 좋아한다. 주주들에게 훨씬 더 많은 가치를 창출하는 새로운 마케팅 제안에 어떤 이사회가 이의를 제기한단 말인가?

캐드베리 슈웹스에서 존 선더랜드의 가치 기반 마케팅 접근방식은 4년 동안 리딩 브랜드와 시장 및 제품 혁신에 투자함으로써 고객들에게 특별한 가치를 창출하는 데 초점을 맞췄다. 달성 가능한 실적 목표를 세우고, 명확한 마케팅 우선순위를 수립하고, 차와 음료를 만드는 회사 스내플을 10억 달러에 인수하는 등 그는 목표를 거의 달성했는데, 이는 여러 측면에서 브랜드 개발과 마케팅에 우선순위를 두었기 때문이었다.

개념 가치 요인

사업 성공의 요인, 보다 구체적으로 주주 가치의 요인은 무엇인가? 성장과 리스크에 비해 수익성은 얼마나 개선되는가? 자본 투자가 그런 수익성에 얼마나 영향을 미치는가? 수익을 내는데 가격은 운영비용에 비해 얼마나 영향을 미치는가? 매출을 발생시키는데 고객 만족도는 선호도, 고객 유지, 충성도에 비해 얼마나 중요한가? 그리고 이를 추진하는 데 있어 제품, 서비스, 전체 브랜드 경험 중 어느 측면이 고객에게 가장 중요한가?

1. **고객에게 중요한 것이 무엇인가?** – 정성적, 정량적 연구를 통해 고객에게 중요한 속성을 파악한다.

2. **고객 요인** – 고객의 태도, 행동, 친절도 및 구매 결정에 가장 영향을 미치는 것이 무엇인지 평가한다.

3. **운영 요인** – 이러한 고객 요인이 판매, 인지도, 주가, 비용 등 운영 성과에 어떻게 영향을 미치는지 평가한다.

4. **재무 요인** – 이러한 운영 지표를 영업 이익과 경제학적 이익 등 재무성과에 연결한다.

5. **가치 창출을 위한 우선순위 설정** – 장기적 가치 창출에 대한 상대적 영향에 따라 이러한 재무 요인을 평가한다.

   (예로 들면, 마진, 성장, 위험 등)

6. **회사에 가장 중요한 것은 무엇인가?** – 이런 연결을 거슬러 올라가며 고객 속성과, 마케팅 활동의 상대적 우선순위를 재평가한다.

지능과 창의력을 더 발휘하는 마케팅

"우리는 천재로 태어나는 것이 아니라 태어나서 천재가 된다."

-시몬 드 보바르(Simone de Beauvoir)

"천재의 모든 작품에서 우리는 우리 자신이 거부했던 생각을 볼 수 있다."

-랄프 왈도 에머슨(Ralph Waldo Emerson)

오늘날 마케팅은 그 어느 때보다도 중요하다. 마케팅은 복잡성을 이해하기 위해 더 똑똑해야 하며, 다른 사람과 차별화하고, 내부적 관점뿐 아니라 외부적 관점으로도 사업을 이끌고, 수익성 있게 성장하고, 고객과 주주에게 더 많은 가치를 창출하기 위해 더 많은 상상력을 동원해야 하며, 오늘의 사업을 유지하면서 내일을 창조해야 한다.

천재는 창의적인 방식으로 지능을 적용한다.

마케팅은 언제나 창의적인 훈련이었지만, 그 실행은 놀라울 정도로 관습적이다. 상품과 포장을 바꾸고 새로운 광고를 시도하면서도 사람들의 문제에 대한 진정한 혁신적 해결책, 그들에게 다가갈 혁신적 방법, 그들과 연결하기 위한 미디어의 혁신적인 사용, 그들

더 지능적	더 창의적
사실: 장기적 가치 창출 추구에 따라 전략, 우선순위 및 성과를 추진한다.	**아이디어**: 시장 기회, 깊은 고객 통찰력, 치열한 경쟁을 인식하고 대응한다.
분석적: 전략적, 상업적, 파생적, 논리적 최고의 기회에 초점을 맞추고 가치 극대화를 검토한다.	**창의적**: 비전과 혁신, 직관과 도전의 자세로 새로운 가능성 탐구하고 최고의 아이디어를 연결한다.
아인슈타인: 수학적 엄격함과 가설적 사고를 활용해 자연의 복잡성을 이해한다.	**피카소**: 예술적 열정과 추상적 구조를 포착하고 전통에 도전하며 가능성을 탐구한다.

로부터 돈을 버는 혁신적인 방법들에 있어서는 크게 부족하다. 마케팅은 집중적이고 철저하게 규율적인 방식으로 적용되고 창의적인 정신을 발휘해야 한다.

천재는 창의성이 분석을 강화하고 지능이 더 큰 상상력을 열어준다는 것을 안다.

아인슈타인은 고전 물리학과 현실 세계의 허다한 복잡성과 모순을 이해하기 위해 수년간 노력했다. 그가 규명하려고 했던 것이 너무 복잡해 이해하기가 정말 어려웠다. 그는 오랜 세월 동안 그 문제에 시달렸다. 그러나 그는 창의성을 통해 마침내 이해할 수 있었다. 그는 가설과 추론을 이용해 에너지와 물체와의 관계가 실제로 매우 단순하다는 것을 알게 되었고, $E = mc^2$와 같다는 것을 깨닫게 되었다. 우리도 복잡성을 통해 경이로움을 발견한다. 해결책은 놀라우리만치 단순하다.

천재는 창의적으로 지능의 힘을 발산한다.

적어도 서구 세계에 사는 우리는 필요로 하는 모든 것을 대개는 가지고 있는 세상에 살고 있다. 옷장에는 옷이 가득하고, 부엌에는 식기류가 넘쳐나고, 정원 창고에는 집안에서 사용하지 않는 물건들이 가득 차 있다. 하지만 우리는 여전히 더 많은 것을 원한다. 최신, 최첨단, 최고를 찾는다. 배고픔을 해결하고 편안히 쉴 집을 찾는 인간의 기본적인 욕구도 끊임없이 새로운 방식으로 충족하려고 한다. 그렇다면 마케터들은 어떻게 더 많은 것을 요구하는 현대인들의 그러한 갈증과 연결할 수 있을까?

그것은 모두가 본 것을 보면서 아무도 생각하지 않은 것을 생각하는 것이다.

어떤 일을 하는 사람이든, 사람들은 오늘날 단지 제품과 서비스 차원을 넘어 가치를 더하기 위한 방법을 찾고 있다. 사람들을 만날 수 있는 곳에서 쇼핑을 하고, 극장이 있는 호텔에 머문다. 우리가 기업가가 되는 데 도움을 주는 곳에서 컴퓨터를 산다.

- 가치 제안을 강화하고,
- 브랜드 경험을 확대하며,
- 고객의 이익을 증대하는 것이 마케팅의 핵심이다.

돈을 버는 것은 그렇게 중요하지 않다. 만약 당신이 어떤 물건으로 정말로 중요한 일을 할 수 있다면, 그 물건이 기본적인 물건이라도 명품이 될 수 있다. 마시는 물도 리터당 몇 센트의 갈증 해소용부터 한 병에 3달러짜리 패션 액세서리까지 있다. 가치 판단이 비교되는 경쟁 제품과 그에 따라 형성되는 관계가 그런 것처럼, 인식된 가치는 근본적으로 변화한다. 아이디어가 끊임없이 시장을 움직이게 하고 돈은 흐르게 하는 것이다.

그렇다면 오늘날 마케팅에서 천재의 역할은 무엇일까?

천재는 규율과 창의성을 결합하여 가장 중요한 곳에서 혁신을 촉발한다. 차별화를 만들어내고 최고의 아이디어들이 모인 곳으로 사람들을 끌어들인다. 새로운 솔루션에 대한 아이디어, 기존 시장을 더 잘 탐구하기 위한 아이디어, 그 일을 더 효과적으로 실행하기 위한 아이디어, 고객을 설득할 수 있는 아이디어 등등. 새로운 아이디어는 브랜드를 정의하고 유지하지만, 관련성과 설득력을 유지하기 위해서는 지속적인 업데이트가 필요하다. 아이디어는 가치 창출의 원천이다. 아이디어는 새로움의 기본이다. 아이디어는 마케팅을 중요한 활동으로 만들고, 회사에서 가장 신나는 일로 만든다.

심리학자들 사이에서는 천재가 타고난 것인지 후천적으로 만들어지는 것인지에 대해 의견이 분분하다. 러시아 과학자들은 천재는 발견되고 육성될 수 있다는 천재 유전자 이론을 주장해 왔다. 또 어떤 사람들은 아기가 태어난 지 1년 안에 받는 환경 자극이 지능에 가장 큰 영향을 미친다고 주장한다. 토마스 에디슨은 '천재는 나이와 상관없이 열심히 노력하는 것과 훨씬 더 관련이 있다.'고 주장했다. 바로 1%의 영감과 99%의 땀으로 천재가 된다는 것이다.

챔피언이 된 운동선수처럼, 천재는 약간의 재능을 필요로 한다. 그러나 끝까지 노력해서 금메달을 딴 선수들과 중간에 포기한 많은 다른 선수들을 비교했을 때, 그 재능이 길러지고, 지도되고, 자극 받고, 성장하는 것만은 틀림없다. 마케팅 지니어스도 마찬가지다. 그들은 직장과 시장의 경험에서 성장한다.

마케팅 천재에 대한 자극은 고객 통찰력과 경쟁 행동 같은 외부 요인에서 비롯된다. 다른 시장으로부터 스치듯 다가오는 것이다. 예를 들어 당신이 은행이라면, 소비재에서 무엇을 배울 수 있는가? 혹은 당신이 운동화 제조회사라면, 휴대폰에서 무엇을 배울 수 있는가? 실제로 천재는 디스커버리 채널의 다큐멘터리, 휴가 여행 중 특이한 경험, 때로는 무작위 논평 등 무엇에서든 자극을 받는다.

CEO가 당신에게 10% 성장하라고 요구했을 때, 전통적인 반응이라면 더 열심히 노력하라는 말로 받아들이기 쉽다. 그러나 CEO가 불가능을 가능하게 하라고 요구했다면 그것은 더 깊고 영감을 주는 반응을 자극하는 것이다.

그러나 자극과는 달리, 더 높은 성과, 더 나은 일을 하고 싶은 열망은 내부, 즉 더 잘하고 싶고 남들과 다르게 하고자 하는 열정에서 나온다. 그것이 바로 영감이다. 마케팅 지니어스의 재능은 내부, 바로 남들보다 더 잘하고 싶고 차별화되기를 원하며, 특별한 결과를 전달하고자 하는 마케터의 내부에서 나온다.

개념 천재의 속성

천재는 어떻게 생각할까?

미켈란젤로의 천장 벽화로 유명한 시스티나 성당과 상대성 이론, 페니실린과 월드 와이드 웹을 만들어낸 사고방식들에는 어떤 공통점이 있을까?

학자들과 철학자들은 오랫동안 천재의 정체를 확인하기 위해 노력해왔다. 러시아 과학자들은 영재 아이들의 분석을 통해 '천재 유전자'를 확인했다고 주장하고 있고, 또 다른 과학자들은 "천재는 1%의 영감과 99%의 노력에 의해 길러진다."라는 토마스 에디슨의 말처럼 열심히 노력하는 것에 달려 있다고 주장한다.

하지만 무엇이 천재를 만드는지에 대한 몇 가지 단서가 있는데, 그 결과는 놀랍다. 첫째, 천재는 지능과 전적으로 동일시되지 않는다는 것이다. 8살에 15개 언어를 구사하거나 양자역학의 복잡성을 완전히 이해하는 데 반드시 특별히 높은 IQ가 있어야 하는 것은 아니다. 그러나 천재는 대개 지적 사고와 창조적 사고를 모두 갖춰야 한다는 것이 일반적 견해다. 이 두 가지가 합쳐지면 소위 천재가 될 수 있다는 것이다.

천재에게는 다음 10가지 특징이 있다.

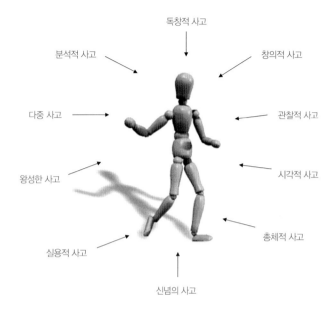

독창적 사고

분석적 사고   창의적 사고

다중 사고   관찰적 사고

왕성한 사고   시각적 사고

실용적 사고   총체적 사고

신념의 사고

1. **독창적 사고:** 천재는 관습에 얽매이지 않고, 새로운 관점을 취하며 문제를 해체해 더 나은 방식으로 재구성하는 열린 마음으로 시작한다. 많은 위대한 아이디어들은 전통적인 사고방식을 따르지 않았다는 이유로 거절당했고, 비현실적이라거나 시대를 너무 앞서 간다며 매도되어 왔다. 스위스 시계 제조사들이 대표적인 예다. 그들은 시계가 스프링이나 기어가 아닌 전자 부품으로 만들어질 수 있다는 생각을 거부했다. 플로피 디스크 제조업체도 비슷하다. 그들은 혁신적인 CD-ROM, 더욱 최근에는 USB의 시대가 오고 있다는 것을 보지 못했다.

2. **창의적 사고:** 천재는 가설에 의해 문제해결을 도모하고, 정신적인 도약을 이룬 후에야 사실 여부를 판단하는 등 항상 가능성을 열어둔다. 아인슈타인은 그의 수학적 전개

에서 벗어나기 위해 자주 가설을 사용해 그가 증명하거나 반증할 수 있는 가능성을 생각해냈다. 논리적 전개는 어디서부터 시작하느냐에 따라 특정 생각의 방향으로 당신을 치우치게 할 것이다. 천재는 익히 알려진 것에서 안전성을 추구하기보다는 '만약'을 묻는 호기심과 자신감을 꾸준히 키운다.

3. **분석적 사고:** 천재는 어떤 문제나 생각을 발전적이며 철저하고 창의적으로 수행해 나가며 수학적 또는 과학적 논리에 도전한다. 천재는 창조적인 도약을 통해 새로운 차원에 도달하지만, 실제적 의미를 놓쳐서는 안 된다. 현재의 수학 공식이나 과학적 원리 자체가 어떤 잘못된 가정에 근거할 수도 있기 때문에 순수한 정신적 논리가 필요하다. 돌파구를 열기 위해서는 관습을 따라서는 거의 달성될 수 없으며, 새로운 개념의 증거를 필요로 한다.

4. **관찰적 사고:** 천재는 의식 상태가 유달리 높고, 무슨 일이 일어나고 있는지에 대해 보다 예민하게 인식하며, 법의학 탐정처럼 패턴을 찾는다. 그들의 최고 통찰력은, 인류학자가 무슨 일이 일어나고 있는지 관찰하고 생각하는 것처럼 탐구보다는 관찰에서 나온다. 그들의 이런 태도는 특정 현상이나 행동을 설명하기 위한 기존의 언어나 논리가 없는 경우에 특히 유용하다. 페니실린을 발명한 알렉산더 플레밍은 다른 많은 의사들과 마찬가지로 자신이 처한 의료 환경에서 곰팡이를 발견했지만, 그것을 그냥 버리지 않고 무엇이 그 곰팡이를 야기시켰는지 궁금해했고 결국 그런 관찰 호기심이 페니실린의 발명으로 이어졌다.

5. **다중 사고:** 천재는 외견상 애매모호함을 용인하면서도 반대되는 것을 한데 모아 연결되지 않은 것을 연결하는, 이른바 병렬적 사고를 할 수 있다. 새로운 해결책은 흔히 관습과 모순되거나 그 자체로 모순되는 경우가 많다. 실제로 소설가 스콧 피츠제럴

드가 정의한 일류의 정신은 '두 개의 반대되는 생각을 동시에 품는 능력'이다. 덴마크 물리학자 닐스 보어는 빛이 입자와 파동 두 가지로 모두 간주될 수 있다고 생각했다. 이것은 완전히 모순되는 것 같았지만 그가 발견한 '파동처럼 움직이는 무형의 입자'라는 개념인 포논(phonons)은 그의 상보성 이론으로 이어졌다. 레오나르도 다빈치도 종소리와 돌을 물에 던졌을 때 생기는 파문을 결합시켜 소리가 파동을 타고 이동한다는 생각에 도달했다.

6. **총체적 사고:** 천재는 환경의 맥락에서 전체적으로 문제를 보고 여러 부분을 함께 엮어내는 보다 넓은 시각을 갖고 있다. 아인슈타인은 에너지, 질량, 빛의 속도 같은 확실하게 구분되는 다양한 속성을 통합하는 등 우리 자연 세계의 여러 요소들을 결합시켰다. 피카소의 추상적인 작품은 단순한 이미지 이상의 것을 표현하려고 했다. 그의 작품들은 그의 관찰력을 통해 개성, 맥락, 감정, 비전을 표현한 것이다. 그는 자신이 보는 것을 그대로 복제하기 보다는 좀 더 총체적이고 깊은 생각을 불러일으키려고 노력했다. 실제로 더 큰 그림을 볼 수 있는 능력은 천재가 '다른 모든 사람이 볼 수 있는 것을 보지만 아무도 생각하지 못하는 것을 생각한다'는 것을 의미한다고 볼 수 있다.

7. **왕성한 사고:** 천재는 단지 하나의 해결책보다는 여러 가지 해결책을 찾으면서 그 해결책들을 서로 비교하고 보다 완벽한 해결책을 끊임없이 추구한다. 천재는 끊임없이 활동적이고 생산적인 정신을 가지고 있으며, 여러 해결책 중에 최고를 가려내기까지 몇 년이 걸리기도 한다. 모차르트는 평생 600곡의 음악을 작곡했고, 바흐는 아플 때도 매주 한 곡씩 작곡했다. 아인슈타인은 148개의 논문을 발표했지만, 가장 잘 알려진 논문은 초기 논문 중 하나였다. 피카소는 마지막 해까지 엄청난 작품 활동을 하면서 유산을 많이 남기려는 노망난 노인이라고 비난받기도 했다. 그러나 세월이 지난

후 우리는 그들의 왕성한 활동 시기가 가장 창의적인 시기였음을 안다.

8. **실용적 사고:** 천재는 추상적 관념과 해결책은 거의 쓸모가 없으며, 이론이나 개념은 반드시 실현되어야 하고 실용적이며 유용해야 한다고 생각한다. 천재는 끊임없이 생각하고 탐구하고 발명하고 발견한다. 그러나 그런 노력들이 실용적 행위로 이어져 어떤 식으로든 가치를 더할 수 있어야만 진정한 천재라고 불릴 수 있다. 에디슨은 오늘날까지 어느 누구보다도 많은 1093개의 특허를 갖고 있다. 그는 10일에 한 번씩 작은 발명을, 6개월에 한 번은 중요한 발명을 해야 한다고 스스로에게 요구했다. 대부분의 성공적 기업가들도 성공하기 전에 많은 실패를 겪는다. 대부분의 혁신자들은 겉으로 나타나는 상업적 성공보다 훨씬 더 많은 새로운 아이디어를 개발한다.

9. **시각적 사고:** 천재는 도표와 유추를 통해 시각적으로 그들의 생각을 보다 명확하게 표현하며 복잡한 것도 이해할 수 있는 방식으로 설명한다. 르네상스 시대에 창의성이 폭발한 것은 갈릴레오와 레오나르도 다빈치가 그들의 혁신적 사고를 수많은 그림과 도표를 사용해 그래픽으로 묘사했기 때문이다. 이런 묘사가 언어나 숫자보다 훨씬 더 사람들의 상상력을 사로잡았던 것이다. 그림은 연결을 더 빨리 만들 수 있었고, 개념을 훨씬 더 쉽게 증명할 수 있었으며, 전체적인 시스템을 명확하게 설명할 수 있었다.

10. **신념의 사고:** 천재는 내적 강인함, 신념, 자신감을 가지고 있어서 관습과 다른 사람들의 도전에도 불구하고 자신들이 믿는 것에 대해 강인함을 유지한다. 갈릴레오와 레오나르도에서부터 아인슈타인과 피카소에 이르기까지, 천재는 기존의 지혜와 상충하고 현상에 도전하는 그들의 혁신적 사고와 행동을 견지하기 위한 내적 신념을 지녀야 한다. 그런 의지가 없으면 쉽게 타협할 수 있기 때문이다. 어떤 사회에서든, 사람들이 주변 환경, 관습 또는 신념에 큰 변화가 오는 것을 즉시 좋아하는 경우는 매우

드물다. 우리는 모르는 것보다 아는 것의 안전함과 편리함을 더 좋아한다. 그러나 우리는 점차 우리와 다른 생각에서 가능성과 논리, 장점을 보게 되고, 그것을 받아들이며 결국에는 거기에 참여하게 된다. 천재는 종종 오늘을 넘어서야 한다. 그러면 사람들은 느리지만 새롭고 다른, 그러나 더 나은 것을 따르고 포용하게 될 것이다.

> **개념** 천재의 정의

천재는 지능을 보다 창의적인 방식으로 적용하는 것이다.

천재의 정의에는 여러 가지가 있다. 어떤 이들은 높은 IQ같은 천재성의 지능적 측면에 초점을 맞추지만, 천재는 대개 지능의 절대적 수준보다는 창의적인 방식으로 지능을 적용하는 것으로 정의된다. 어떤 사람들은 천재는 천재성이나 그것을 성취할 수 있는 적성을 타고난다고 말하지만, 대부분의 사람들은 천재는 주로 더 깊은 생각과 혁신적인 창조성이 결합된 보다 세심한 노력을 통해 달성된다고 주장한다.

천재는 이 같은 양 극단을 창조적으로 결합해 비범한 성과를 내는 사람들이다.

천재 – 명사; 복수형 천재들(geniuses)

1. 뛰어난 지적 또는 창의적 힘이나 기타 자연적 능력.

2. 유달리 총명하거나 유능한 사람.

3. (복수형 genii/jeeni–i/) (일부 신화에서) 사람, 장소 또는 기관과 관련된 정신.

4. 한 국가, 시대에 널리 유포된 성품이나 정신.   (출처: 옥스퍼드 영어 사전)

지능과 상상력의 결합은 비범한 성과의 원천이며, 오늘날 마케팅에 필수적인 것이다.

그동안 마케팅은 상품의 특성과 적절성을 강조하는 아이디어와 표현의 원천인 사업의 창조적 측면에 지나치게 치우쳐 왔다. 실제로 대부분의 광고회사와 기업의 마케팅 부서는 여전히 창의성을 강조하면서 이미지나 소제목을 뽑는 것을 가장 중요시한다. 반면 다른 마케터들은 훨씬 더 분석적 측면인 엄격한 상업성을 더 강조한다.

지금도 많은 마케터들은 이 두 가지(창의적인 것과 분석적인 것)가 구분되는 것이라고 생각한다. 즉, 창조적이 될 것인지 분석적이 될 것인지 선택해야 하며, 상업성 여부는 혁신보다는 재무적인 문제이고, 광고회사들은 '창조적'이거나 '계획적'이거나 둘 중 하나라는 것이다. 이것은 천재의 요점을 간과하는 것이다. 분석력과 창의성을 별도의 훈련이나 상호 대안적 접근법, 혹은 둘 중 하나를 선택해야 하는 것으로 보아서는 안 된다.

천재의 근원은 지능과 상상력의 긍정적인 결합이다.

천재를 구성하는 요소는 좌뇌 대 우뇌 이론으로도 설명된다. 사실 뇌는 이보다 훨씬 더 복잡하지만, 이 이론은 극단적으로 상반적인 것에 대한 이해와, 그것들을 어떻게 균형 있게 결합하고 긍정적으로 강화할 수 있는지를 보여준다. 일반적으로 좌뇌는 데이터의 수

좌뇌	우뇌
쌍방향	직관
융합	다양성
지시	창의적
순차적	비순차적
분석적	총체적
객관적	주관적

집, 분석, 평가와 관련이 있고, 우뇌는 만들기, 창조성, 종합성, 탐구 등과 더 관련이 있는 것으로 알려져 있다.

천재성과 극단적으로 상반적인 것의 결합은 전통적인 음양 이론으로도 설명되는데, 이 이론에서 좌뇌는 '양'의 특성과 비슷하고 우뇌는 '음'의 특성과 유사하다.

두 가지 접근법 모두에서 어느 하나가 다른 것의 대안이 아니다. 성공하려면 양쪽이 모두 필요하다. 하나는 다른 하나를 보강한다. 교육에서 음악이나 예술과 같은 창조적인 과목들도 개인의 분석 능력을 키우는데 도움이 되고, 과학이나 수학 과목들도 패턴을 평가하는 데 도움이 된다.

마케팅에서도, 우리는 시장 분석에서 전략의 수립, 브랜드 개발에서 혁신, 가치 제안에서 유통 채널, 미디어 통합에서 투자 관계, 마케팅 지표에서 마케팅 리더십까지 마케팅의 모든 측면에 대해 이런 상반적 요소들을 조화시키는 것의 의미를 생각해 보아야 한다.

본서 《마케팅 지니어스》에서 우리는 오늘날 마케팅의 주요 당면과제에 어떻게 더 많은 생각과 행동을 함께 적용하고, 고객, 경쟁력, 재무적 영향을 개선하기 위해 시장에 대

지능
분석
개념
전략
구체적
미래의 약속
재무적

상상력
창의적
실용적
통찰력
전체적
현실
체계적

한 통합된 접근 방식을 구성하는 마케팅의 여러 측면을 살펴볼 것이다. 이 책 마지막의 '천재 연구소'에서는 천재의 속성과, 그 속성들이 각 마케팅 활동 수준과 마케터 개개인의 속성에 어떻게 적용될 수 있는지에 대해 보다 체계적인 용어로 설명할 것이다. 진단 모델에서는 천재 모델을 오늘날 마케팅과 기업의 문제에 적용하고, 마케터가 어떻게 모든 성공에 새로운 접근방식을 실질적으로 활용할 것인지에 대해 설명할 것이다.

천재 마케팅은 더욱 지능적이면서 더 많은 상상력을 발휘해야 한다. 상반되는 양 극단

천재 마케팅은 양극단을 연결해 가치를 높이고 비범한 결과를 만들어 낸다.

1 + 1 = 3

천재

대부분의 마케팅은 양극단의 기회를 더 많이 결합해 그 차이를 상쇄시킨다.

1 − 1 = 0

을 모두 확장하고, 이를 더 강력한 방식으로 결합해 비범한 결과를 만들어낸다.

적용 천재의 특징

당신은 얼마나 천재에 가까이 와 있는가? 자연스럽게 일할 때 당신은 좌뇌의 영향을 더 받는가?, 아니면 우뇌의 영향을 더 받는가? 당신의 회사는 당신의 자연스러운 스타일을 따르는가?, 아니면 다른 방식으로 일하도록 격려하는가? 어느 것이 더 나은가? 당신의 마케팅 팀은 어떤 방식일 때 보다 균형 있고 효과적이었는가? 어떤 종류의 사람들과 가장 협력이 잘 이루어지고 가장 보완적이었는가?

1. **좌뇌와 우뇌** − 좌뇌와 우뇌 사고의 상대적 속성을 각각 서로 다른 사고 패턴의 모델로 간주한다.

2. **문제를 어떻게 해결하는가?** − 당신이 중요한 사업 문제를 어떻게 다루고 어떻게 해결하는지 생각해 본다.

3. **직장에서 자신의 스타일을 정리해 보라.** − 쌍으로 구성된 각 속성에 대한 선호도를 선택하고 각 속성에서 자신이 어느 쪽에 속하는지 정리해 본다.

4. **집에서 자신의 스타일을 정리해 보라.** − 차 구입, 다음 휴일 계획, 새 직장으로 옮기는 것 등, 당신의 업무 외 의사결정에 대한 자신의 스타일을 정리해 본다.

5. **어떻게 다르게 행동하는가?** − 당신의 회사 일과 비업무 의사결정이 어떻게 다른지, 그리고 당신에게 더 자연스럽고 균형 잡힌 스타일은 어떤 것인지에 대해 생각해 본다.

6. **어떻게 다르게 생각할 것인가?** − 당신은 좌뇌와 우뇌의 균형과 결합은 얼마나 잘하고 있는가? 앞으로 어떻게 다르게 생각할 것인가?

천재 마케터들은 보다 깊은 지능과 보다 혁신적인 상상력을 가지고 오늘날 시장의 복잡한 도전을 인식하고 그에 대응해야 하며, 더 전략적이고 상업적으로 생각하고 더 집중적이고 효과적으로 마케팅을 실행해야 한다. 지능과 상상력이 제대로 결합되면 경쟁시장에서 더 큰 영향을 미칠 수 있고 회사의 수익에도 기여할 수 있다.

지능

모든 것은 상대적이다. 속도, 질량, 시간은 주관적 척도이지만 모두 서로 의존한다. 인간이나 외계 행성의 나이와 움직임도 절대적인 것은 없다. 빛에도 무게가 있고, 속도에도 곡선이 있다. 그리고 어떤 물질이든 1파운드만 감겨 있으면 1400만 톤의 TNT 폭발력을 낼 수 있다.

우리는 알버트 아인슈타인 덕분에 이 모든 것을 알고 있다. 그는 몇 개의 우아한 문자로 우리 세계와 저 밖의 모든 세계를 주관하는 단순한 방정식을 도출했다.

아인슈타인은 젊었을 때 모형과 기계 장치에 매료되었지만, 아마도 난독증이나 수줍음 때문에 배우는 속도가 느렸다. 아인슈타인의 뇌 구조가 특별하다고 지적한 사람들도 있었다. (실제로 사람들은 그가 죽은 후 그의 뇌를 떼어내 검사했다.) 아인슈타인은 자신이 또래 아이들보다 사물에 대한 이해력이 늦어서 더 많은 노력을 했고 그것이 오히려 자신의 성공의 돌파구가 되었다고 말했다.

아인슈타인은 조용하고 순종적인 학생이 아니었다. 그는 실제로 까다롭고 가시 돋친 성격이어서 끊임없이 교수들을 괴롭혔다. 아마도 교수들은 그가 고향인 스위스 베른으로 가 특허 사무원이 되었을 때 안도했을 것이다. 그는 자신만만하고 오만했으며 극단적이었고 늘 단정치 못했다. 미친 과학자, 어쩌면 그것이 천재의 모습일지도 모른다. 수학자 기질이 넘쳤던 그는 하나의 패턴을 보면 '만약'이라는 가설을 세웠다. 이런 상상력의 도약은 깊은 지적 대수학을 통해 증명되었고, 결과적으로 그의 비범한 발전의 초석이 되었다.

1905년 26세 때, 아인슈타인은 짬짬이 휘갈겨 쓴 3편의 논문을 독일 유력 학술지 〈물리학 연보(Annalen der Physik)〉에 보내 '자리가 있다면' 게재해 줄 것을 요청했다. 그 논문들은 모두 출판되어 현대 물리학의 기초를 제공했을 뿐만 아니라, 어떤 면에서는 세상을 변화시켰다.

그 논문들은 다음에 대한 것이었다.

- **광전 효과(photoelectric effect):** 빛이 어떻게 파동과 입자 둘 모두의 형태로 이동하는지 설명한 논문으로, 후에 양자역학의 발전으로 이어졌다.
- **브라운 운동(Brownian motion):** 입자들이 어떻게 불규칙하게 움직이는지를 설명한 논문으로 입자들의 원자 구성을 보여준다.
- **특수 상대성 이론:** 모든 것은 절대적인 것이 아니라 상대적인 것이라고 설명함으로써 '공간과 시간의 이론을 수정한다'고 겸손하게 주장했다.

아인슈타인은 천재였다. 많은 사람들이 세 논문 모두 노벨상 감이라고 주장했지만, 첫 번째 논문만 노벨상을 수상했다. 그러나 아마도 가장 유명한 논문은 세 번째 논문일 것이다. 이 이론은 에너지가 질량과 빛의 속도의 조합과 같으며($E = mc^2$), 따라서 그 어떤 것도 빛의 속도를 초과할 수 없다는 그의 후속 이론으로 이어졌다.

당시 한 저명한 물리학자는 아인슈타인의 논문을 '밤의 어둠 속에서 거대한 미지의 영역에 짧지만 강력한 빛을 갑자기 투영하는 놀라운 로켓'이라고 묘사했다.

아이맥과 아이팟을 만든 스티브 잡스는 과학적으로 훈련 받은 사람으로 천재적 마케터에게 요구되는 지능의 속성을 많이 가지고 있는데, 이는 그 분야에 대한 깊은 이해에서 비롯된 것이다. 그러나 그가 획기적인 해결책을 이룬 것은 아인슈타인과 같은 상상력의 도약이 필요했을 것이다.

상상력

파블로 피카소, 원래 풀 네임으로 엘 파블리토(파블로) 디에고 호세 산티아고 프란시스코 데 파울라 후안 네포무체노 크리스핀 크리스피니아노 데 로스 레메디오스 치프리아노 데 라 산티시마 트리니다드 루이즈 블라스코 이 피카소 로페즈(El Pablito [Pablo] Diego José Santiago Francisco de Paula Juan Nepomuceno Crispín Crispiniano de los Remedios Cipriano de la Santísima Trinidad Ruiz Blasco y Picasso López)는 주업이 화가였지만(그는 진정한 예술가로 간주되려면 그림을 그려야 한다고 생각했다.) 작은 도자기, 청동 조각, 콜라주도 만들었고 심지어 시까지 쓰는 다재다능한 예술가였다.

그는 재능 있는 화가이자 제도사로, 역시 화가이자 스페인의 여러 대학에서 미술을 가르친 교수였던 아버지 호세 루이즈 블라스코의 족적을 이어받기도 했지만, 어머니의 이름을 자신의 이름으로 땄고, 유화, 수채화, 파스텔, 숯, 연필, 잉크로 꾸준히 걸작을 창조했다.

피카소도 당대의 인상파 전통에 도전한 천재였다. 마네와 툴루즈 로트렉의 작품을 끈기 있게 받아들이면서도 스페인의 열정과 시각적 재능을 결합해 입체파라는 새로운 예술형태를 창조해 복잡한 장면을 몇 개의 기하학적 형상만으로 함축하는 것을 즐기며 생전에 이미 보기 드문 전설이 되었다.

그의 현대 미술은 그에게 영향을 준 교사들의 '과학'에 토대를 두고 있지만, 시각적 창의성에서 탄생한 것이다. 그러나 인상주의가 여전히 당대의 주류였던 시절에 입체파를 창조한다는 것은 과감하고 대담한 시도였다. 실제로 파블로는 처음부터 반항아였다. 그는 이미 10대 때부터 혁명적인 생각을 가진 지식인들이 모이는 바르셀로나 카페를 자주 드나들었다. 예술의 본고장인 파리에 진출한 지 몇 년 되지도 않아 그는 인상주의 장르를 완전 자기 것으로 만들었고 마음속으로는 인상주의를 벗어나려는 새로운 표현기법을 품고 있었다.

마이크로소프트 마우스에서부터 파라마운트 호텔까지 많은 것을 설계한 디자이너 필립 스탁도 천재 마케터에게 요구되는 많은 창의적 속성을 가지고 있었는데, 이는 근본적으로 창조적이고 비선형적이며 직관적인 접근 방식에서 나온 것이지만, 피카소의 경우처럼 그런 급진적인 접근 방식을 뒷받침하는 것은 지적 논리가 작용했기 때문이다.

영향력

워런 버핏도 천재다. 그는 세계 최고의 주식 투자자로 널리 알려져 있지만, 여전히 그가 20대에 3만 1,000달러 주고 산 회색 벽토로 된 집에 그대로 살고 있다. 그는 버거와 콜라를 먹고, 빌 게이츠와 브릿지 게임을 하며, 영화배우였던 메이 웨스트를 자주 인용한다. 그의 유일한 사치는 전용기 걸프스트림 IV –SP 제트기를 타고 호화로운 항공 여행을 즐기는 것이었다.

그의 생활방식이 기이한 것처럼 그의 투자전략도 그렇다. 그는 데이 트레이더나 헤지펀드 등이 구사하는 복잡한 술수를 거부하고, 상식과 정보와 직관을 토대로 사업적 선택을 한다. 버핏은 간접비가 낮고 강한 시장 점유율을 갖고 있는, 성장 잠재력이 높은 저평가된 기업들을 발견하는 데 탁월한 재능을 가지고 있다. 그는 싼값에 그런 회사들의 주식을 산 다음 그 회사들이 성장하는 것을 지켜본다. 1988년에 그는 코카콜라가 강력한 브랜드 파워를 지녔지만 재정적 잠재력이 아직 활짝 피지 못했다는 것을 간파했다. 그는 10달러 96센트에 그 회사의 주식을 샀고, 버핏을 따르는 투자자들의 신뢰가 이어지면서 이회사의 주가는 몇 년도 안 돼 74달러 50센트까지 올랐다.

버핏의 회사 버크셔 해서웨이의 연차총회에는 '오마하의 현인'으로 알려진 버핏의 투자 성과를 듣고 그가 세상을 어떻게 바라보는지를 듣기 위해 매년 수천 명의 사람들이 몰려든다. 버크셔 해서웨이의 연차총회는 보통 연차 총회가 아니다. 이 연차총회는 대개 워렌 버핏의 노래로 시작되는데 그는 컨트리 음악과 웨스턴 음악을 좋아한다. 영화도 상영하는데 최근에는 그의 딸이 제작한 〈오즈의 마법사〉 버전에 버핏이 직접 출연하기도 했다. 빌 게이츠도 그 영화 속 캐릭터로 등장하는데 그는 버크셔 해서웨이의 비상임이사 자격으로 이 연차총회에 참석한다.

이 모든 기이함과 평범함에도 불구하고 그는 세계에서 가장 존경 받는 경영자 중 한 명이고, 버크셔 해서웨이 주주들에게 보내는 그의 연례 서한은 그의 통찰력과 영감을 받고 싶어 하는 수백만 명이 읽는다. 그의 개인 재산은 360억 달러로 추산되며 그중 3분의 1은 코카콜라 주식이 차지한다. (2020년 9월 현재 버핏의 재산은 831억 달러로 세계 7위 부자이며, 코카콜라의 지분 9.3%를 보유하고 있음.)

자신의 밴 뒷 칸에서 운동화를 판매하는 것으로 시작해 120억 달러 규모(2020년 10월 현재 나이키의 시가총액은 2,000억 달러에 달함)의 글로벌 기업으로 성장시킨 나이키 창업자 필 나이트도 천재 마케터에게 요구되는 결합과 균형이라는 속성의 상당 부분을 지니고 있으며, 깊은 지능과 과감한 상상력을 한데 모아 올바른 마케팅이 이끄는 사업을 통해 버핏과 같은 비범한 성취를 이뤄냈다.

영감 1. 스티브 잡스

스티브 잡스는 애플의 매킨토시 초기부터 토이 스토리 같은 블록버스터를 만든 픽사 (Pixar)에 이르기까지 기술의 마케팅을 재정의했고, 나중에 애플로 복귀한 이후에는 우리의 아이라이프(iLife)를 정립했다. 그는 시장을 지능적으로 이해하며 현재의 고객과 새롭게 떠오르는 고객의 요구에 기술을 적용하는 시장 혁명가였다.

그는 나중에 실리콘 밸리로 알려지게 된 캘리포니아의 살구 과수원에서 자랐는데 그 당시는 기술 혁신과 사이키데릭 음악이 이 지역에 영향을 미치고 있었다. 그는 물리학과 문학을 공부했지만 1976년 학교를 중퇴하고, 폭스바겐 캠핑 자동차를 팔면서 모은 돈으로 친구인 스티브 워즈니악과 함께 부모님의 차고에서 애플 컴퓨터를 만들었다. 그는 23살의 나이에 이미 백만장자가 되었는데 24살에는 자산이 1,000만 달러, 25살에는 1억 달러가 넘었으며, 그는 억만장자가 되었다. (잡스는 2011년 10월에 췌장암으로 사망했음.)

그는 틈새시장에 집중해 자신의 새로운 제품에 프리미엄 가치를 끌어올리며 회사를 성장시켰다. 그러나 시장에서 마이크로소프트의 경쟁력에 밀리기 시작하면서 자신이 영입한 존 스컬리에 의해 1985년에 회사에서 쫓겨났다. 이후 조지 루카스 감독으로부터 픽사 애니메이션 스튜디오를 인수하며, 월트디즈니 이래로 가장 성공적이고 사랑 받는 애니메이션 영화 몇 편을 만들었다. 몬스터 주식회사부터 토이 스토리, 니모를 찾아서(Finding

Nemo)까지, 픽사는 박스 오피스에서 20억 달러 넘는 돈을 벌었다.

1996년 애플 컴퓨터에 복귀한 잡스는 컴퓨터 세계가 바뀌었다는 것을 깨달았다. 픽사가 영화 산업을 변화시킨 것처럼 델 컴퓨터 같은 회사들이 컴퓨터 세계를 혁신시키고 있었다. 그러나 잡스는 미래를 다르게 보았다. 컴퓨터에 대한 그의 열정은 혁신적이고 멋진 디자인에 파격적인 색상의 컴퓨터 아이맥의 출시로 다시 한번 빛났다. 더 중요한 것은 그가 음악산업에서도 혁신이 절실히 필요하다는 것을 깨달았다는 것이다. 곧 신세대 기기 아이팟이 탄생했고 아이튠즈가 잇따라 출시됐다.

아이팟이 1,500만 개가 넘게 팔리고, 아이튠즈 다운로드가 10억 건을 넘고, 게다가 74억 달러에 픽사를 디즈니에 매각하고 디즈니 이사회 의석을 차지하면서 잡스는 다시 한번 전성기를 구가했다. 애플 제품과 소프트웨어를 소개하는 웹사이트와 월간지인 맥월드는 빠르게 변화하는 업계 흐름과 최신 아이디어와 혁신에 대한 그의 견해를 듣고 싶어 하는 수백만 명의 사람들이 여전히 열성적으로 찾는 곳이다. (맥월드는 1984년부터 2014년 9월까지 발행되었음. 2019년 9월부터는 오프라인 출판은 중단하고 온라인 버전만 제공함)

잡스는 고객 욕구와 제품 설계의 세부사항을 직접 챙기는 선각자적 전략가로, 깊은 개인적 접근방식을 업무에 적용한다. 그는 늘 최고를 추구하는 마케터이자 리더다. 그의 직원들은 그런 그를 '현실 왜곡장'(reality distortion field, 동료들에게 확신을 심어주고 몰아붙여 불가능한 일을 하게 하는 독특한 리더십. 영화 〈스타트렉〉에서 외계인들이 정신력만으로 자신들의 새로운 세계를 창조하는 것을 가리키는 용어에서 비롯되었음)이라고 묘사한다.

영감 2. 필립 스탁

필립 스탁은 디자인계의 거장이다. 건축에서 가구, 식기류, 패션에 이르기까지 스탁은 매년 약 100개의 제품에 자신의 이름을 올린다.

그는 '모든 사람들은 삶, 돈, 욕망, 전쟁, 그리고 자신에 대해 스스로 질문하면서 심사숙고해야 한다'고 생각한다.

그의 어린 시절을 아버지의 그림판 밑에서 종이와 풀을 가지고 조각내고 다시 세우는 등 갖가지 방식으로 놀면서 보냈다. 그것은 그에게 세상을 바꾸는 일이었다.

그는 1968년, 학교를 중퇴하고 자신의 디자인 회사를 차렸다. 처음에는 공기를 주입해 부풀릴 수 있는 물건들을 전문적으로 취급했다. 그 후 피에르 가르뎅과 함께 예술 감독을 하다가 독립 인테리어와 제품 디자인 시장에 진출했다. 파리 나이트클럽 두 곳의 재설계를 맡았는데, 이 나이트클럽이 프랑수아 미테랑 대통령의 눈길을 끌었고 그의 요청으로 엘리제 궁전의 새 단장 일을 맡기도 했다.

그의 초기 작업의 대부분은 패션과 새로운 것에 더 가까웠지만, 점차 쓰고 버리는 가공품의 디자인에서 보다 더 진지한 디자인, 시대를 초월한 가치를 제공하는 것으로 발전해 나갔다.

시계, 꽃병, 문 손잡이, 칫솔, 시계, 음식, 식사용 스푼, 나이프, 포크, 램프, 레몬즙기, 책상, 오토바이, 목욕 용품, 화장실 등 모든 것이 그의 포트폴리오에 들어 있다.

당신은 그가 디자인한 시계의 알람 소리를 듣고 잠에서 깨고, 그가 디자인한 칫솔을 사용하고, 그가 디자인한 퓨마 부츠를 신고, 그가 디자인한 손목시계를 착용하고, 그가 디자인한 샘소나이트 여행가방을 들고, 그가 디자인한 마이크로소프트 마우스로 일하고, 그가 디자인한 아시아드쿠바 레스토랑에서 식사를 하고, 그가 디자인한 1664년부터 내려오는 크로넨버그 병맥주를 마시고, 그가 디자인한 클래식 호텔 파라마운트에서 잠을 잘 수 있다.

스탁은 목적의식이 분명한 창의성, 실용적인 예술, 혁신적인 통찰력을 자랑한다. 그가 손대기만 하면 평범한 상품이 실질적이고 필수적인 욕망의 물건이 되며 브랜드의 이익을 쉽게 3배로 늘릴 수 있다.

그의 그림판에서 그는 목적과 열정을 가지고 일한다. 그는 우리의 주변 세계를 놀랍게 재해석해 우리에게 영감을 준다. 그는 반항적이고 지적이며 항상 흥미롭다.

그의 생각에는 경계가 없으며, 관습을 거부하고, 타성에 도전하며, 실용적이고 아름다운 사물을 창조한다.

영감 3. 필 나이트

1962년, 미국 오리건 주에서 필 나이트는 밴 뒤 칸에 운동화를 싣고 다니면서 지역 대학 육상 대회를 떠돌며 운동화를 팔고 다녔다. 그 젊은 경영학도는 달리기에 대한 열정은 누구 못지않았지만, 안타깝게도 팀에서 가장 재능 있는 선수는 아니었다. 그래서 그는 돈을 벌면서 자신의 열정을 추구했다. 그는 매우 창의적이었기 때문에 일본에서 타이거 러닝화(현재의 아식스)를 수입해 팔면서 자신의 달리기 속도만큼이나 빠른 신발을 파는 사람으로 유명해졌다.

그는 나이 많은 대학 코치 빌 바워만의 지도로 한결같이 열심히 훈련하며 자신의 재능을 최대한 활용하려고 애썼다. 어느 날 그들은 힘든 아침 훈련을 마치고 빌의 집 주방에서 와플을 만들고 있었다. 필은 신발을 벗어서 무심코 뜨거운 와플 굽는 틀 위에 올려놓았다. 고무 타는 냄새가 진동했다.

그 일이 빌과 필의 상상력을 사로잡았다. 그들은 곧 독특한 격자무늬 밑창이 달린 그들만의 운동화를 만들어냈다. 견인력을 높이고, 무게를 줄이고, 더 빨리 달릴 수 있는 운동화였다. 몇 년 후 그들은 캐롤린 데이비슨이라는 젊은 디자이너에게 35달러를 주고 하룻밤 사이에 유명한 로고를 만들었고 그렇게 해서 스포츠 거인 나이키가 탄생했다. 번득이는 영감이 마케팅 아이디어와 비즈니스 성공을 창출한 것이다.

나이키–고대 그리스의 승리의 여신

필은 열정적인 태도로 회사를 성장시켰다. 그는 자신이 운동에서 이루지 못한 열정을 사업에 쏟았다. 회계학 학위를 획득한 후 나이키를 이익을 내는 열정적 스포츠 회사로 만들었다.

조깅 붐이 시작되던 1979년에 그는 미국 러닝화 시장의 50%를 장악했다. 그와 바워만은 와플 밑창과 에어쿠션으로 끊임없이 혁신을 시도했다. 그 후 20년 동안, 광고, 유명인을 내세운 홍보, 'Just Do It(일단 시도해 보라)'이라는 고도의 창의적인 마케팅을 통해 나이키는 모든 스포츠, 모든 나라에서 세계적인 브랜드 리더가 되었다. 나이키의 포트폴리오는 컨버스 운동화, 헐리 서프웨어, 콜 하안 정장으로까지 확장되고 있다.

직관적인 마케터로서 그는 영감이 고객으로부터 나와서, 모든 나이키 신발의 안쪽에

쓰인 문구처럼 고객이 스포츠에서 우수한 성과를 달성하도록 돕는 것임을 깨달았다. 그는 또 장단기적으로 성공을 거두기 위해서는 깊은 통찰력, 강한 브랜딩, 끊임없는 혁신, 강력한 관계가 필수적이라는 것을 이해하고 있었다.

나이키의 한 고위 임원은 필의 스타일이 특이하지만 영감을 준다고 말한다. 비버튼에 있는 그의 사무실에 들어가 본 사람은 거의 없었으며, 들어가 본 사람들도 항상 신발을 먼저 벗고 들어가야 했다. 나이키 신발이라도 예외는 없었다. 심지어 기자들조차도 그의 진면목을 제대로 알지 못했다. 그러나 자신이 가진 육체적 재능 그 이상을 열망했던 이 평범한 달리기 선수는 확실히 사업에서 탁월한 성과를 내는 재주를 지니고 있었다.

사람들이 다양한 비즈니스 이슈에 대한 답변이나 조언을 그에게 구하면, 대개 "더 빨리 달리게!"라는 뻔하면서도 모호한 답을 듣는다. 필이 자신의 코치였던 빌 바워만에게 어떻게 하면 더 좋은 선수가 될 수 있느냐?고 물었을 때 바워만도 그와 비슷하게 대답했었다. 필에게 그런 답을 들은 사람들은 어리둥절해 하면서도 영감을 얻는다.

'더 빨리 달리게'라는 말은 지난 수십 년간 나이키에 놀라운 영향을 미쳤다.

40여 년이 지난 후, 스포츠뿐만 아니라 마케팅에 대한 열정을 가슴에 품고 맨땅에서 120억 달러의 회사로 키운 후 필은 최근 CEO라는 운동화를 버리기로 결정했다.(필은 2004년 12월에 CEO직을 사임하고 이사회 의장으로 물러났고 2016년에는 이사회 의장에서도 물러났음) 그는 열정과 수익, 창의성과 상업성, 지능과 상상력을 결합한 진정한 마케터이자 비즈니스 리더였다. 나이키만의 독특한 연례 보고서를 보면 마케팅과 비즈니스에서 그가 개인적 탁월함을 추구했음을 알 수 있다.

필의 가장 유명한 마케팅 슬로건 'Just Do It'은 사업 성공에 대한 개인적인 사고방식을 반영하는 것이기도 하지만 또 다른 유명한 슬로건 '결승선은 없다(there is no finish line)'

도 많이 언급하곤 한다. 이는 그와 나이키는 세계가 그 어느 때보다 빠른 속도로 움직이고 있다는 것을 알고 있으며, 아이디어와 혁신을 끊임없이 가속화해야만 시장과 브랜드가 리더십과 성공을 보장할 수 있다는 것을 알고 있기 때문이다.

필은 확실히 철저하게 창조적이고 선견지명이 있으며 강력한 마케터일 뿐 아니라 훈련된 회계사이기도 하다. 그는 신비롭고, 불가사의하고, 유별나고, 예측 불가능하고, 수수께끼 같고, 기이하고, 수줍고, 냉담하고, 은둔하고, 경쟁적이며 천재적인 사람으로 묘사되어 왔다. 그는 나이키 사내에서도 노출을 꺼린다. 하지만 그의 열정은 나이키라는 회사를 세계에서 가장 수익성이 높고 존경 받는 기업으로 만들었을 뿐 아니라 그의 제품과 사람들에게도 이어지고 있다.

'천재'는 필 자신이 확신하지 못하는 자신의 한 가지 속성이다.

"그것만 빼고는 나는 모든 것들에 해당된다. 적어도 잠시 동안에는 …"

그러나 확실히 천재는 너무 총명해서 자신을 천재라고 부르지 않는다.

사고력:
마케팅 지니어스의 사고방식

"발견이란 모두가 본 것을 보면서도 아무도 생각하지 못한 것을 생각하는 것이다."

-앨버트 센트 죠르지(Albert Szent - Gyorgi)

대다수의 사람들이 중도에 포기하는 일을 천재들은 창조적인 사고력과 탐구욕을 무한히 펼쳐 기적을 낳는다.

-발타사르 그라시안(Baltasar Gracian)

P	R	E	V	I	E	W

- 오늘날 당신 회사의 가장 적합한 기회는 언제인가? 혼잡한 시장에서 어떻게 두각을 나타낼 것인가? 고객에게는 최고의 솔루션을, 주주에게는 최상의 수익을 어떻게 전달할 것인가?

- 오늘날의 복잡한 시장 상황 속에서 어디에 초점을 맞춰야 하는가? 당신의 경쟁 우위는 무엇인가? 가치 창출을 극대화하기 위해 어떤 시장, 브랜드, 제품, 고객을 우선시해야 하는가?

- 당신의 본질적 목적은 무엇인가? 이해 당사자들의 열망을 어떻게 반영하는가? 새로운 시장에서 어떻게 더 많은 브랜드를 더 많이 만들어낼 것인가? 시간이 지남에 따라 새 브랜드의 영향을 어떻게 포착할 것인가?

- 당신 회사의 고객은 누구인가? 그들이 원하는 것에 대한 진정한 통찰력을 어떻게 얻을 수 있는가? 기업의 사회적 책임(CSR)을 어떻게 수용하고, 광범위한 윤리적 문제를 어떻게 다룰 것인가? 진정한 고객 중심 비즈니스를 어떻게 구축할 것인가?

- 어떻게 더 과감한 혁신을 창출할 것인가? 중대하고 지속 가능한 차별화를 위해 기존 시장 관행을 어떻게 바꿀 것인가? 솔루션뿐 아니라 시장과 사업을 어떻게 혁신할 것인가?

외부적 관점에서 사업을
설계하라

"당신이 성취하고 싶은 것은 무엇이고, 피하고 싶은 것은 무엇인가?라고 묻는다면 그 답은 목표가 될 것이다. 그러나 원하는 결과를 어떻게 달성할 것인가?라고 묻는다면 그 답은 전략이라고 할 수 있다."
–윌리엄 로스차일드(William Rothschild)

"우리는 늘 나이키가 세계 최고의 스포츠 및 피트니스 회사가 되기를 원했다. 그렇게 말하면 우리는 집중이 된다. 가죽 신발을 만들거나 롤링 스톤스 월드투어를 후원하는 것이 목표가 아니다."
–필 나이트(Phil Knight)

대부분의 기업 전략들은 오늘날의 시장에 적합하지 않다. 그 전략들은 전체적인 맥락과 차별화, 유연성 및 참여도가 부족하다. 그런 전략들은 더 큰 기회를 놓칠 뿐 아니라 좀 더 어렵지만 중요한 사업 선택을 회피하게 하는 경우가 많다. 그런 전략들은 경쟁하기 보다는 타협하려 하고, 앞으로 나아가기보다는 현재에 머물려고 한다.

전략은 현재를 다루지만 미래 지향적이고, 보다 구체적이어야 한다.

더 지능적인 전략	더 창의적인 전략
의욕적: 시장 기회, 경쟁 과제 및 고객 요구에 따라 외부적 관점으로 사업 우선순위를 결정한다.	**주도적:** 비전을 통해 시장을 정의하고, 전통에 도전하며, 시장을 자신에게 유리하도록 형성한다.
집중적: 최고의 가치를 창출하는 시장, 제품 및 고객에 초점을 맞추고, 몇 가지 일을 개선한다.	**예지적:** 지금 무엇을 할 수 있느냐보다 앞으로 무엇을 할 수 있느냐에 따라 미래 시장을 창의적으로 정의한다.
차별적: 강력하고 지속 가능한 경쟁 우위를 확보하는 것을 사업의 핵심으로 삼는다.	**혁신적:** 수요와 수익성 있는 성장을 이끌면서, 혁신이 현재와 미래를 모두 주도하도록 한다.

마케팅은 시장에서의 도전과 기회에 의해 주도되고 어디에서, 어떻게 경쟁해야 하는지, 그리고 어떻게 승리해야 하는지를 결정하는 사업 전략의 추진력이다.

- **전략은 방향성:** 비전과 목표를 명확히 하고, 조직의 목적, 배치, 동기를 명확하게 한다.
- **전략은 선택:** 어디에서 어떻게 경쟁해야 하는지를 결정하고, 어느 시장과 고객, 어느 브랜드와 제품에 초점을 맞출 것인지 우선순위를 정한다.
- **전략은 차별화:** 경쟁 우위를 위한 지속 가능한 자원을 찾아 그것을 어떻게 강렬하고 수익을 내는 방식으로 제공할 것인가를 탐구한다.

그러나 오늘날 대부분의 기업 전략들이 시장에는 적합하지 않다. 전략들이 전체적인 맥락을 보지 못하고 개발된다. 외부적 관점이기보다는 내부적 관점으로 개발된다. 혁신이 아닌 점진적 개선을 촉진하며, 어려운 결정은 피하고, 시장과 점점 더 맞지 않는 데도 현재 하고 있는 것만을 행하려고 한다. 그 전략들은 전통적인 산업의 지혜보다 미래를 더 잘 내다볼 수 있는 시야도 부족하고 변화하는 시장에 적응할 수 있는 유연성도 부족하다. 그 전략들은 대개 그 전략의 실행을 약속해야 하는 당사자들에 의해 개발된다. 그런 사람들은 고객, 상품, 우선순위에 대한 껄끄러운 선택, 즉 사람들이 별로 좋아하지 않고 모두에게 유리할 것 같지 않은 선택들을 하지 않는다. 그들은 경쟁 우위를 핵심에 두어야 한다는 것을 잊는다.

그로 인해 전략이 예산안을 정당화하기 위한 서류 작업으로 전락하고, 평상시 하던 일을 중단하라는 요구를 받으면 곧 타협하고, 결국 다른 회사의 전략과 비슷해지는 결과를 초래한다. 그렇게 만든 전략들은 오늘날 기업이 필요로 하는 단호함, 방향성, 집중력이 없다.

전략의 유형

전략이라는 단어 자체가 널리 오용되고 있는 용어다. 예를 들어, '이 판매에서 승리하기 위한 우리의 전략은 무엇인가?'에서는 전술(tactic)의 의미로, 또는 '내년도 전략은 무엇인가?'에서는 계획(plan)의 의미로 흔히 오용된다. 실제로 전략이란 급변하는 세상에서 유연성과 재검토를 필요로 하는 지속적인 접근방식에 관한 것으로, 대개 최소한 3년 이상

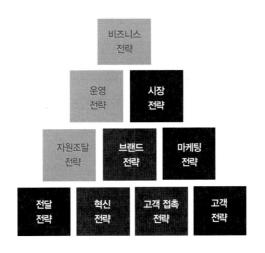

의 범위에 걸치는 것이다.

- 기업 전략은 전체 조직의 목적, 기업의 사명, 그리고 그런 것들이 어떻게 보여야 하는지에 대한 비전에 관한 것이다. 전략은 우리가 어떤 사업 영역에 있어야 하는지를 가리키며, 전체적인 맥락을 잡아준다. 브랜드 가치와 문화는 전략에 맞춰, 다른 회사와 차별된 방식으로 목적을 명확히 표현하고, 그것을 고객에게 어떻게 관련시킬 것인지를 표현해야 한다.
- 사업 전략은 대개 스포츠카, 트럭, 항공우주 등 구체적 사업부에 적용된다. 가장 간단하게 설명하자면 각각의 선택된 시장 안에서 어디서 어떻게 경쟁해야 하는지와 이를 달성하기 위해 필요한 사업 모델과 자원을 결정하는 것이다.
- 시장 전략은 사업 전략의 핵심이며, 마케터들에게 사업의 방향, 집중력, 우선순위 등에 영향을 미치는 '상위 영역'을 제공하는 전략이다.
- 마케팅 전략은 보다 기능적이고 경영적이다. 성공에 이르기 위한 브랜드, 제품, 채널 및 커뮤니케이션을 개발하고 배치하는 방법을 결정한다.

스위스 제약회사 노바티스는 마케팅 사고방식이 사업을 주도한다는 것을 보여주는 좋은 예다. R&D 기업도 기술 기업과 마찬가지로, 대개 고객보다는 회사의 제품을 중시하는 경향이 있다. 예를 들어, 약품 개발 과정은 보통 10년 동안 지속된다. 그러나 노바티스에서는 마케팅 팀이 전략을 추진하고, 그에 따라 새로운 투자와 혁신의 전략적 우선순위가 정해진다. 그 과정은 고도의 기술적인 내부적 기회에 의해 결정되지만, 그 우선순위를 주도하는 것은 시장의 외부적 관점이다.

외부적 관점

전략 개발은 우리가 어디에 속할 수 있느냐?보다는 지금 어디에 있느냐?에서 시작하는 경우가 많다. '우리는 지금 어디에 있느냐?'라는 사고방식은 우리가 현재 어떤 제품과 기능을 가지고 있으며, 어떻게 하면 더 적은 비용으로 더 많은 수익을 창출할 수 있을까?하는 내부적인 관점이다. 그러나 현재 성과를 더 올리는 데에만 집중하다 보면 시장과 최고의 기회를 놓칠 수 있다. 급변하는 시장에서 현재의 상황만 개선하려는 것은 가야 할 방향과 점점 더 멀어질 수 있다.

변화와 혁신, 그리고 가능성은 시장에서 나온다. 시장은 회사보다 훨씬 더 빠른 속도로 변한다. 따라서 최고의 기회, 최고의 전략, 최고의 성과는 외부의 변화를 예측하고 대응함으로써 도달할 수 있다.

더 좋은 결과, 더 빠른 성장, 더 높은 이윤만을 추구하다 보면 해결책을 찾기보다는 문제만 더 쌓이게 된다. 진정한 해결책은 '외부적' 사고방식에서 나온다. 바로 최고의 시장은 어디에 있는가?, 어느 시장이 우리 브랜드와 가장 잘 맞는가?, 어떻게 하면 다른 회사들보다 그런 기회를 더 잘 잡을 수 있을까?, 우리에게 필요한 제품과 서비스는 무엇인가?, 그것은 장기적으로 주주들에게 높은 수익을 가져다줄 수 있을 것인가?의 관점에서 생각하는 것이다.

과거에는 '핵심 역량' 사고방식이 초점을 맞춰야 할 기초가 되었지만, 오늘날에는 '시장 기회' 사고방식이 더 중요해졌다. 물론 두 관점 사이의 균형을 이루어야 하지만, 요점은 당신이 어디에서 시작하느냐?가 이후의 모든 기준의 프레임을 결정한다는 것이다.

시장 전략

시장이 사업 전략의 원동력이 되어야 한다. 외부 환경이 어떻게 변화하고 있는지 판단하고 비즈니스에 대한 가장 큰 도전과 기회를 파악하려면 시장 통찰력을 수용해야 하기 때문이다.

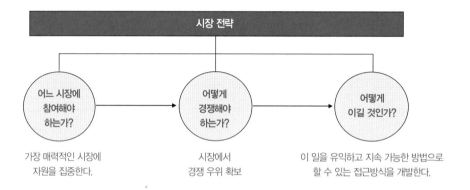

시장 전략에는 세 가지 차원이 있다.

- **어느 시장에 참여할 것인가?** – 떠오르는 시장과 기존 시장, 미래 수익 흐름과 경쟁 상황을 엄격히 분석해 집중해야 할 시장과 그렇지 않은 시장을 선택한다.
- **어떻게 경쟁할 것인가?** – 고객에게 무엇을 어떻게 제공할 것인지, 경쟁업체와 어떻게 차별화할 것인지, 그에 따라 어떻게 지속적인 경쟁 우위를 확보할 수 있는지의 관점에서 생각한다.
- **어떻게 이길 것인가?** – 새로운 사업 모델과 새로운 성공 기준을 고려해서라도 이길 수 있는 가장 적절한 방법을 찾는다.

이를 위해서는 시장을 더 멀리 내다보는 비전과 경쟁 우위를 확보하고 지속시켜주는 것이 무엇인지에 대한 보다 신중한 평가, 최상의 기회에 대한 보다 훈련된 집중이 필요하다.

그것은 언제나 어려운 선택을 수반한다. '그렇게 많은 좋은 기회들 중에서 어떻게 선택할 것인가?' 당신의 회사를 성장시킬 수 있는 많은 새로운 분야들을 생각하고 후회의 눈물을 흘릴지도 모른다.

시장에 경계가 없을 때, 특정 제품보다 브랜드가 라이프스타일을 점점 더 반영할 때, 그리고 끊임없는 기술 발전의 속도가 우리가 따라가는 속도보다 빠를 때, 우리가 선택해야 할 것은 너무나 많다.

- 많은 창의적인 아이디어 중 어떤 것을 먼저 선택해야 하는가?
- 어느 고객에 우리의 노력을 집중해야 하는가?
- 어떤 제품을 다른 제품보다 먼저 홍보해야 하는가?
- 어떤 채널 파트너와 관계를 구축해야 하는가?

선택하기(의사결정)

기업 차원의 의사결정은 일반적으로 재무적 기준에 의해 결정되지만, 마케팅 의사결정에는 그런 엄격함을 적용하지 않는다. 재무적 기준이 단기적이고 고객을 염두에 두지 않는 결정이라고 우려하지만 물론 꼭 그렇지는 않다. 재무적 기준이라 해도 '돈 되는 것'은 무엇이든 다한다는 것을 의미하지는 않는다.

그러나 마케팅에 대한 선택이나 결정은 논리, 적합성, 통찰력, 매력도에 더 기반을 두고 있다. 이것들도 모두 동등하게 중요한 기준이지만 현실적으로는 재무 분석을 고려해야 한다. 물론, 모든 결정, 즉 전략적 방향을 결정하고 투자를 승인하는 등 모든 것의 궁극적인 기준은 '이것이 회사의 장기적 가치를 증대시킬 것인가?'라는 질문에 초점을 맞추어야 한다.

주주가 주인인 기업에서 이것은 '투자자에 대한 장기 수익을 높여주는 것은 무엇인가?'를 의미하는데, 이는 투자 가치의 증가와 여러 차례 받는 배당금으로 결정된다.

내부적인 관점에서 본다면 이것은 '주주들에게 기대 이상의 수익을 제공할 것인가?' 또는 '자본 비용보다 더 큰 경제학적 이익의 흐름을 가져다줄 것인가?'의 형태로 다루어진다.

이 질문에 대한 답은, 다음의 관점에서 선택된 전략이 가져올 미래 이익 흐름을 평가하는 것이 될 것이다.

- 가속 성장(즉, 이익 증가)
- 수익 개선(이상적인 경제학적 이익)
- 위험 감소(따라서 미래 이익이 축소되는 비율이 적다)

마케팅 의사결정은 회사의 목표에 현실적으로 부합하는 일련의 기준을 개발할 필요가 있다. 기준의 선택에 따라 결정에 큰 차이가 생길 수 있고, 무엇이 성공할 수 있고 무엇이 성공하지 못할 것인가에 대한 판단을 내릴 수 있다.

마케팅 선택은 대개 복잡하다. 예를 들어, 광고 지출과 다이렉트 메일 비용 지출 같은 대안 비교뿐 아니라 광고비용과 적어도 몇 년 동안은 비용이 회수되지 않을 신제품 개발에 대한 투자비용 같이 서로 전혀 다른 항목까지 비교하게 한다.

마케팅 결정의 형태와 규모는 다양하다.

- 새로운 시장의 전략적 선택
- 제품 포트폴리오 합리화

- 최고의 고객을 대상으로

- 마케팅 예산의 할당

- 브랜드 아키텍처의 구조

- 가격 변경

- 미디어 활용의 최적화

- 자본 투자

- 성과 보상

우리는 여전히 매출이 가장 큰 것이 가장 좋은 것이라고 생각하려는 경향이 있다. 하지만 시장 점유율이나 많은 매출 또는 이익이 반드시 가장 좋은 것은 아니다. 틈새시장에 집중하는 작은 회사들도 다른 회사들보다 훨씬 더 나은 수익을 낼 수 있다.

가장 많이 파는 '마켓 리더'를 가장 성공적인 회사로 판단하는 유럽 자동차 시장을 생각해 보자. 포드자동차는 판매량과 수익 면에서 확실한 리더일지 모른다. 렉서스는 고객만족도에서, 메르세데스는 고객 충성도에서 가장 앞서 있을지 모른다. 이익 측면에서는 폭스바겐이 1위일 수도 있다. 그러나 주주들에게 최고의 경제학적 이익과 수익을 가져다준 회사가 포르쉐라면, 포르쉐가 진정한 의미의 마켓 리더일 것이다.

판매량, 시장 점유율, 심지어 고객만족도가 기업 성과를 나타내는 중요한 척도이긴 하지만 그중 어떤 것도 성공으로 이어질 것이라는 절대적인 보장은 없다.

실제로 이 세상의 모든 사람을 대상으로 하는 것, 즉 모든 사람에게 모든 것을 제공하겠다는 충동적인 욕구가 많은 회사들이 빠지는 함정이다. 모두의 비위를 맞추려고 노력하다가 누구에게나 특별한 존재가 되지 못한다.

영감 1. 제트 블루

제트 블루(Jet Blue)는 좌석마다 36개의 라이브 위성 엔터테인먼트 채널이 장착된 넓은 가죽 좌석을 제공하는 등 저가 항공에 품위를 접목한 혁신적인 항공사로, 대부분의 경쟁사들이 그 주변에서 무너졌다. 데이비드 닐리먼이 세운 제트 블루는 현재 환경 친화적으로 제작된 신형 에어버스 A320 68대를 보유하고 미국과 카리브해 지역에서 30개 노선을 운항하고 있다. (2020년 5월 현재 제트 블루의 보유 항공기는 242대, 102개 노선을 운영 중이지만, 코로나 사태 후 상당 노선이 잠정 중단된 상태임)

제트 블루는 혁신적인 고품질 서비스와 저렴한 요금을 결합해 충실한 고객층을 구축함으로써 경쟁과 재무 이익 두 마리 토끼를 다 잡았다. 닐리먼은 이전에도 자신이 창업한 첫 항공사 모리스 에어를 사우스웨스트에 매각했고, 간편하면서도 강력한 예약 시스템 오픈스카이스를 휴렛팩커드에 매각하는 성공을 거둔 적이 있다. 그는 1999년에 1억 3천만 달러의 자본을 확보하고, '노 프릴(no-frill, 꼭 필요한 기본적인 것들만 갖추는 것)'이 항공사들의 유일한 미래라는 생각을 단호히 거부하며, '인류를 항공 여행으로 되돌릴 때'라고 판단하고 제트 블루를 창업했다.

제트 블루의 성공은 무엇을 제공하고 무엇을 제공하지 않을 것인가를 올바로 선택한 데 있었다. 닐리먼은 '풀 서비스(= 비싼 요금)' '낮은 서비스(= 싼 요금)'이라는 생각을 인정하지 않고 완전히 다른 접근 방식을 만들어냈다. 그는 기내식, 종이 티켓, 왕복 예약 같은 복잡성을 없앴지만, 그 외에는 누구보다도 완벽한 서비스를 제공했다. 그는 이런 독특한 방식으로 고객을 끌어들이고, 혁신적인 차별화를 이루고, 높은 마진을 유지할 수 있었다.

프리미엄 항공사는 일반적으로 다음을 표방한다.
- 비즈니스 여행 중심
- 신 기종
- 기내 서비스
- 고급 인테리어
- 하이테크 시설

저비용 항공사는 일반적으로 다음을 표방한다.
- 레저 관광 중심
- 직접 판매
- 티켓 발행하지 않음
- 단순한 요금
- 노선이 많지 않음

제트 블루는 새롭고 독특하면서도 수익성이 높은 항공사를 만들기 위해 기존의 접근방식과는 다른 방식을 결합했다.

닐리먼은 다음 네 가지 우선순위를 제시한다.

1. 충분한 자금 확보 – 제트 블루는 역사상 가장 큰 자본이 투입된 항공사 스타트업이다.

2. 새 항공기 – 제트 블루의 새 기종들은 보다 안정적이고 연료 효율적이며, 빠른 비행 시간을 자랑한다.

3. 최고의 직원 – 제트 블루는 신입 사원을 엄격하게 선별하고, 훌륭하게 교육시키고, 최고의 도구를 제공함으로써 동기부여를 제공한다.

4. 서비스 집중 – 최상의 경험을 제공해 고객을 유지하고 고객들 사이에 좋은 입소문이 돌게 한다.

이제는 사우스웨스트항공이 아니라 제트 블루가 모든 고객 만족도상을 수상하고 있는

데, 이는 수익을 내기 어려운 분야에서 수익을 내며 고객과 사업 두 마리 토끼를 다 잡은 매우 고무적인 사례다.

적용 시장 전략

어느 시장에 진출해야 하는가? 핫스팟과 화이트 스페이스는 어디인가? 이런 시장에서 어떻게 포지셔닝을 해야 하는가? 그런 시장에서 어떻게 장기적 가치 창출을 전달할 것인가?

1. 비즈니스 맥락

광범위한 비즈니스 전략과 목표, 그리고 그런 전략과 목표가 시장과 마케팅에 시사하는 바를 이해한다.

2. 기회 평가

더 넓은 시장을 그려봄으로써 그들의 상대적인 경쟁력과 잠재적인 경제적 가치를 고려한다.

3. 어디서 경쟁할 것인가?

목표와 장기적 가치를 전달하기 하기 위해 기업이 어느 시장 또는 하위 영역에 집중해야 하는지 선택한다.

4. 어떻게 경쟁할 것인가?

이런 시장에서 지속 가능한 경쟁 우위의 원천을 찾아 그것이 제품, 채널 등에 어떤 의미가 있는지 이해한다.

5. 어떻게 이길 것인가?

각 시장에서의 가치와 상대적인 가격 포지셔닝을 극대화할 수 있는 사업 모델을 설계한다.

6. 행동 전략

이를 달성하기 위한 마케팅 및 혁신, 브랜드 및 고객 전략을 개발한다.

전략은 사업의 방향에 관한 것이다.

방향은 어디서부터 시작하느냐에 따라 달라진다. 당신이 시작하는 시장을 끊임없이 재편하는 것이 당신이 보는 것, 그리고 당신의 목적 도달에 큰 차이를 만든다. 그러기 위해서는 올바른 관점(당신 주위의 잠재적 환경에 대한 관점)과 자세(당신이 그것에 어떻게 임할 것인가?)가 요구된다.

시장들은 더 이상 상자 안에 가둘 수 없고, 선명한 경계를 그릴 수 없으며, 브랜드들은 어느 한 영역에만 머물지 않는다. 나이키는 시계와 안경까지 범위를 넓히고 있고, 버버리는 풋웨어 전문회사 닥터 숄과 제휴해 다양한 신발까지 내놓고 있으며, 패션회사 스텔라 매카트니는 아디다스와 제휴해 수영복도 제품 라인에 추가했다. 브랜드와 파트너십, 패션과 소비자들은 모두 경쟁의 전통적인 경계를 허물고 있다.

지녀야 할 관점

모든 시장 참가자는 시장에 대해 다른 관점을 가지고 있다. 중요한 것은 시장의 인접성(market adjacency)을 이해하는 것이다. 한 회사에 인접한 시장은 관점에 따라 경쟁과는 구분된다. 인접성은 어느 축으로든 설명될 수 있지만, 일반적으로 다음과 같은 차원에서 설명된다.

- **고객** – 기존의 고객 외에 어떤 다른 고객에게 동일한 제품을 기존 또는 일부 파생의 형태로 판매할 수 있는가?
- **제품** – 고객들이 우리 제품을 구입할 때 어떤 제품 및 서비스를 추가로 찾는가? 커피

를 사는 사람은 우유, 설탕, 비스킷, 케이크도 사고 싶어 한다.

- **기능** – 우리가 가지고 있는 기술과 지식을 활용해 어떤 다른 종류의 제품과 서비스를 개발할 수 있는가? 종이 제조업자는 포장 산업에, 레스토랑은 아웃소싱 조리업계에 진출할 수 있다.

- **네트워크** – 우리의 기존 유통 네트워크를 사용해 어떤 다른 종류의 서비스를 제공할 수 있는가?

이런 관점이 많은 인접 시장을 창출할 뿐 아니라 얼마나 많은 시장이 가까이 인접해 있는지를 보여준다. 거기에는 당신의 영역에 들어오려는 브랜드들도 있으며, 그런 브랜드들이 이전에는 관련이 없었던 기능과 용도를 연결함에 따라 새로운 형태의 경쟁을 유발할 수도 있을 것이다.

임하는 자세

시장에 임하는 자세는 당신이 다른 회사들과 어떻게 관계를 맺느냐에 달려 있다. 시장이 변함에 따라, 당신은 자신의 운명을 스스로 개척할 수도 있고 다른 사람에 의해 운명이 좌우될 수도 있다.

시장의 관습, 표준, 규제는 빠르게 진화하면서 시장의 리더, 혁신자, 그리고 가장 영향력 있는 회사에 의해 재편된다. 즉 당신은 시장을 이끄는 리더가 될 수도 있고 다른 회사를 따라가는 추종자가 될 수도 있다.

- 시장의 리더는 자신의 조건에 따라 새로운 시장을 형성한다. 그들은 새로운 작업 방식, 새로운 제품 형식, 새로운 가격 구조를 설정한다. 그들은 최고의 고객들을 먼저 붙잡고 유지한다. 그들은 새로운 솔루션에 대해 더 많은 비용을 쏟아붓지만 동시에

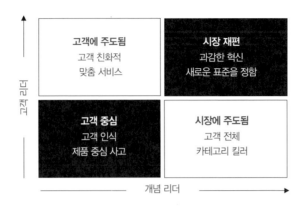

뒤이어 진입하는 모방에 장벽을 쌓을 수 있다.

• 시장 추종자들은 리더들의 실수로부터 배울 수 있다. 그들은 혁신의 어떤 측면이 작동하는지 실패한 측면은 피할 수 있다. 그들은 리더를 모방해 훨씬 더 좋은 아이디어로 발전시킬 수 있다. 그들은 소비의 제2의 물결을 이루는 고객들을 잡을 수 있으며, 실제로 제2의 물결 고객들은 리더 회사가 잡은 고객들보다 그 수가 훨씬 더 많다. 그들은 종종 리더 회사들을 장외로 밀어버리기도 한다.

영국의 고급 자동차회사 랜드로버는 거의 40년 전에 최초의 스포츠 유틸리티 차량(SUV)을 개발했다. 그러나 자신이 가지고 있는 것을 충분한 시장 관점으로 보지 못했기 때문에 이 리더십을 최대한 활용하지 못했고, 정작 SUV카테고리를 매력적이고 수익성 있게 만든 것은 추종자들이었다. 반면 애플은 하드웨어와 소프트웨어를 통해 미래 다운로드 음악 시장에 강력한 영향을 미치면서 음악회사들이 수용할 수밖에 없는 사업 모델을 구축했고, 경쟁사들이 경쟁하기 어렵게 만들었다.

당신이 시장 전반을 대상으로 삼을 것인지 아니면 특정 고객별 접근 방식을 취할 것인지는 이러한 '리더 대 추종자' 접근 방식을 토대로 해야 한다. 당신은 시장을 주도하기 원하는가 아니면 주도되기를 원하는가? 혹은 당신은 고객 친화적으로 시장을 주도하길 원하는가?, 아니면 특정 고객의 필요에 의해 주도되기를 원하는가? 고객 접근법은 당신이 구체적으로 서비스하고자 하는 틈새 고객에 더 초점을 맞출 수 있다는 점에서는 좋지만, 시장 자체가 다른 방향으로 움직이고 있기 때문에 고객의 요구에 따라 주도된다는 점에서 제한적이다.

고객의 수가 적은 B2B 시장에서는 개별 고객의 요구에 따라 사업을 진행하는 것이 강한 관계를 형성할 수 있다. 그러나 그 고객이 시장의 흐름을 보지 못한다면 당신의 운명은 그들의 손에 달려 있게 된다. 따라서 현실적으로 당신은 고객을 넘어 더 넓은 시장에 관심을 기울여야 한다.

이러한 자세(리더가 될 것인가? 추종자가 될 것인가?, 광범위한 시장에 초점을 맞출 것인가?, 특정 고객에게 초점을 좁힐 것인가?)를 모두 종합하면, 경쟁 시장에서 당신 회사의 '플레이 스타일'이 만들어질 것이다.

영감 2. 스카이 TV

영국 최대 위성방송 플랫폼 기업인 스카이(SKY)는 우리의 시청 습관과 사회적 행동까지 변화시켰다. 700만 영국 가구(2018년 기준 2,200만 가입자)로부터 1,700만 명의 시청자를 보유한 스카이는 이제 시청자들이 영화, 뉴스, 오락, 스포츠를 선택할 수 있는 전례 없는 서비스를 제공하고 있다. 뿐만 아니라 가장 수요가 많은 콘텐츠인 프리미어리그와의 계약을 따냄으로써 지상파 시청자들을 대거 끌어들인 것도 현명한 선택이었다.

스카이는 디지털 기술의 주요 이점이 더 큰 선택권과 유연성을 제공하는 능력이라고 보았다. 스카이의 젊은 CEO 제임스 머독은 '고객들이 미디어를 소비하는 방식, 즉 가족과 함께 가정에서 엔터테인먼트를 소비하는 방식에서 점점 더 많은 것을 요구하고 있다'고 주장했다. 스카이는 기기 간 연결성이 늘어나고 많은 가정에서 두세 개의 셋톱 박스를 설치하면서 이러한 추세가 계속 성장할 것이라고 보았다.

스카이 플러스는 비록 광고를 건너뛸 수 있는 기능 탓에 기업 입장에서 전통적인 수익 흐름을 손상시키긴 했지만, 가장 혁신적인 개인영상저장장치(PVR)였다. 스카이 플러스는 차별화되고 혁신적인 방식으로 생각함으로써 보다 매력적인 방식으로 소비자들에게 브랜드를 지속적으로 전달하기 위해서는, 전체 수익의 8%를 차지하는 중요한 광고가 장애물이 된다고 보았다. 이 딜레마를 해결하기 위해서는 쌍방향 형태의 광고에 대한 더 많은 실험이 필요했는데, 이는 광고를 프로그램 전체의 맥락에서 이해하고 고객에게 더 가치 있는 광고가 되게 하는 것이었다.

지금은 영국 가정의 30%에 보급되어 있어서 운영 초점이 영토 확장에서 수익성 확보로 바뀐 지 오래다. 스카이 플러스는 실패한 미국의 PVR 티보와는 달리, 스카이뉴스나 스카이스포츠 같은 자체 채널을 케이블과 디지털 네트워크에 라이센싱함으로써 사업을 확대해 나갔다. 제임스 머독은 이제 미디어 제국을 이룩한 아버지 루퍼드 머독이 요구한 지속적인 성장을 유지해야 하는 과제를 안고 있다. (제임스 머독은 2019년 3월까지 '21세기 폭스'의 CEO를 지냈으며 2020년 8월 아버지와의 갈등으로 루퍼드의 미디어 그룹 뉴스코프 이사회를 떠난다고 발표했다.)

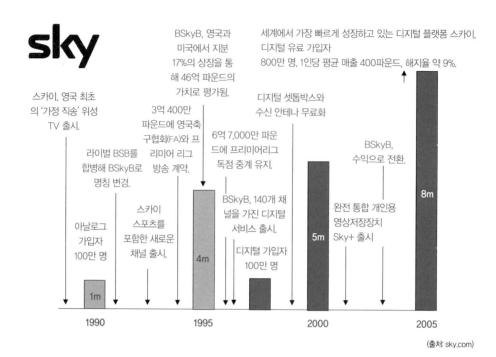

적용 시장 선정

어느 시장에 참여할 것인가? 우리의 전략적 목표를 달성하고 주주들에게 가치를 제공하며, 고객을 위한 설득력 있고 독특한 제안을 통해 가치를 창출할 수 있는 최고의 새로운 기회는 어디인가?

1. 인접 시장은 무엇인가?

현재 시장과 함께, 현재 및 떠오르는 시장 모두에 대한 '인접 시장'을 고려한다.

2. 인접 시장 차원 파악

'무엇을'(제안), '어떻게'(능력), '왜'(적용)를 기준으로 현재 위치에서 축을 그려본다.

3. 발전하는 활동이 무엇인지 판단한다

각 축을 따라 관련 활동의 확장성을 가늠해 본다. 즉 기존 제안이 어떻게 발전할 수 있는지를 살펴본다.

4. 시장 연결

높음, 중간, 낮음으로 구분해 실현 가능성이 떨어지는 라인을 따라 축을 연결한다.

5. 잠재력 평가

수익, 성장, 경쟁력 측면에서 축을 따라 새로운 가능한 시장이 있는지 평가한다.

6. 신시장 선정(개척)

시장 전략의 일환으로, 가장 적합하고 잠재력이 있는 기존 및 인접 시장을 파악한다.

개념 시장 중심

전략은 의사결정이나 선택에 관한 것이다.

전략은 우선순위가 어디에 있는지, 그리고 무엇을 하지 않아야 하는지를 결정하는 노력에 초점을 맞추어야 한다. 이곳이 바로 기업이 실패하는 곳이기 때문이다. 그들은 모든 기회를 거절하지 않으려 하고 그들이 현재 하고 있는 것은 더욱 멈추지 않으려는 경향이 있다. 많은 경우 CEO들은 '잘할 수 있는 몇 가지 일만 더 잘하는 데 초점을 맞추어야 한다'고 말하지만, 오랜 기간 동안 사업의 일부였던 일을 폐기하거나 특정 시장에 진입하거나 특정 고객에 서비스를 제공하는 일을 그만두는 것이 얼마나 어려운 일인지를 깨닫게 된다.

우리는 어떤 일에 대해 확신하지 못할 때 주저한다. 그 일에 대한 찬성과 반대가 엇갈리고 있고, 낙관적인 생각을 가지면 잘될 수 있을 것이라고 생각하기 때문이다. 설령 우리가 확신을 가지고 있는 경우에도 어떤 새로운 일을 하거나 그동안 서비스를 제공해 왔던 고객들을 거절하거나 옛 제품을 갈망하는 고객의 반발을 견뎌내려면 그럴 배짱이 필요하다. 또 직원들이나 공급업체들에 대한 염려도 있다.

세탁세제 퍼실, 각종 소스 크노르 등의 브랜드를 보유한 소비재 회사 유니레버는 브랜드 포트폴리오를 5,000개에서 500개로 줄인 뒤 다시 50개로 줄이는 과감한 혁신을 발표했다. 당초 이 많은 브랜드들은 인수 합병의 부산물이어서 리브랜딩을 통한 영업 손실 없이 시장에 정착하기 쉬웠지만, 이후 현금 흐름이 나빠지고 회사 전체가 정체되면서 많은 브랜드들을 감당하기가 더 어려워졌다.

유니레버가 포트폴리오를 99%나 줄이는 것이 어느 정도 효과가 있을지 모르지만, 대부분의 기업은 그런 작업의 60~80%가 장기적인 주주 가치 창출이라는 전반적인 회사 성과에는 크게 제한적임을 알 수 있을 것이다.

어떤 포트폴리오를 고려해야 하는가?

• 시장 – 지역별 또는 부문별
• 고객 – 중간 소비자와 최종 소비자
• 브랜드 – 사업부 또는 제품군
• 제품 – 제품 및 서비스

포트폴리오 분석에 대한 전통적인 마케팅 접근 방식은 제품의 '라이프 사이클'을 고려하는 것이지만(예를 들어, 보스턴 컨설팅의 고전적 매트릭스인 수익 증가 대 시장 점유율 매트릭스를 사

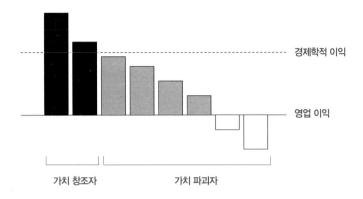

경제학적 이익

영업 이익

가치 창조자   가치 파괴자

용), 이 분석 방법은 예상되는 장단기 수익에 대한 재무적 이해와 함께 보강되어야 한다.

포트폴리오 내에서 각 기업(시장, 브랜드, 제품, 채널)의 수익성을 고려하는 것이 유용하기는 하지만 이것으로 가치를 창출하는 것이 무엇인지를 알 수 없기 때문이다. '경제학적 이익'을 고려하는 것이 주주들의 최소 기대수익률을 반영하는 기준을 높일 수 있다. 즉, 주주들은 (비즈니스와 사업 부문에 따라) 9~10%의 수익률을 기대하기 때문에 실제 '가치 창출'은 이 수준을 넘어서야만 발생할 수 있다.

따라서 영업이익에서 '자본 비용(최소 기대수익률)'을 뺀 '경제학적 이익'으로 실질적인 성공의 기준을 설정할 수 있다.

이를 통해 진정한 '가치 창출자'에 집중할 수 있으며, '가치 파괴자'에 대한 추가 투자나 판매 노력을 중단시킬 수 있다. 가치 파괴자 중에는 어느 정도 수익성이 있어서 추가로 판매할 때마다 수익이 발생하는 것도 있지만 결국은 가치를 파괴한다. 이럴 때에는 브랜드나 제품을 다시 설계하거나 재배치해 경제학적 이익을 창출하도록 하거나, 그렇지 못하면 어떤 방식으로든 폐기하는 것이 중요하다.

영감 3. 엔터프라이즈 렌터카

엔터프라이즈 렌터카는 스스로를 '소기업 느낌의 대기업'이라고 자부한다. 잭 테일러가 설립한 이 회사는 50년도 채 되지 않아 일개 자동차 딜러에서 렌터카 업계 1위로 급부상했다.

테일러의 가치는 직원과 고객을 가족처럼 대하고, 우수 고객 서비스에 대한 약속을 저버리지 않는 것이었다. 엔터프라이즈는 휴일과 공항 입지 조건에 치중하는 통념을 거부하며 소리 소문 없이 북미 최대 자동차 렌터카 기업으로 성장했다.

엔터프라이즈와 회사의 성공에 전적으로 공감하는 5만 7천명의 직원들은 단기 임대와 대체 렌탈에 초점을 맞추며 주로 도심에서 회사를 성장시켰다. 이 회사는 현재 60만 대의 자동차를 보유하고 있으며 70억 달러 이상의 매출을 창출하고 있다. 예전의 렌터카 선두 주자였던 허츠와 에이비스는 더 노력해야 할 것이다.

기업인들은 대기업에서보다는 고객 한 사람 한 사람, 자동차 한 대 한 대를 위해 일하는 작은 기업에서 놀라운 기업가 정신을 공유한다. 그들은 작은 기업의 서비스 문화와 시장 집중을 통해 시장에서 프리미엄 가격을 부가하고, 전통적 관점에서는 이미 포화상태로 보이는 새로운 시장에 재빠르게 진입한다.

그들의 매일 모든 행동에서 이런 원칙에 초점을 맞추며, 그 원칙은 기업의 '문화적 나침반'을 통해 포착되고 유지된다. 이 나침반은 모든 직원들로 하여금 자신의 지역사회에 적극 참여하게 하고, 사업 전반에 걸쳐 다양성을 개선하며, 가장 중요한 명분에 시간과 돈을 쏟도록 한다.

그 과정에서 테일러는 직원들에 대한 보상을 장기적인 가치 창출과 연계시킴으로써 열심히 노력해 회사의 성공에 기여한 수천 명의 직원들을 백만장자로 키워냈다.

엔터프라이즈는 최근 미래에 더 많은 성공을 보장하기 위해 사업 재편을 시작했다.

현재 미국에서 가장 큰 렌터카 회사 엔터프라이즈는 새로운 시장, 특히 유럽에 빠르게 진출하고 있다. 주 고객은 여전히 주말이나 자신의 자동차를 수리하는 동안 단기 렌탈을 하는 고객들이지만 회사는 최근 공항 시장도 테스트하고 있다.

자동차 렌탈은 여전히 이 회사의 주력 사업이지만 회사는 최근 회사와 함께 성장한 기구, 신발, 골프장, 호텔 편의시설, 교도소 용품 같은 등 비자동차 사업들을 모아 센트릭 그룹으로 분리시켰다.

> **적용** 포트폴리오 분석

포트폴리오에 어떤 제품을 넣어야 하는가? 그 제품의 장단기적 잠재 가치를 이해하기 위한 평가 기준은 무엇인가? 어느 제품에 초점을 맞추고, 어느 제품을 제거하거나 추가해야 하는가? 이것은 포트폴리오의 일관성에 어떤 차이를 만들 것인가? 시장 포트폴리오, 브랜드 포트폴리오 및 고객 포트폴리오의 가장 좋은 구성은 무엇인가?

1. 수익성 측정

각 시장, 브랜드, 제품 또는 고객의 매출, 수익, 경제학적 이익을 고려한다.

2. 현재 성과 평가

현재 성과에서 가치 창출자와 가치 파괴자를 구분한다.

3. 장기 잠재력 평가

각 제품의 수명 및 성장 잠재력을 평가한다.(보스턴 매트릭스)

4. 상대적 가치 비교

각 제품의 미래 이익 흐름에 대한 순현재가치(NPV)를 계산한다.

5. 포트폴리오 무결성 고려

완전하고 일관된 포트폴리오에 필수적인 제품을 찾아낸다.

6. 가장 중요한 것에 집중

가치 창출자에 초점을 맞추며 가치 파괴자를 제거하고, 이도 저도 아닌 중간에 해당하는 것들은 재설계한다.

개념 시장 우위(선점)

전략은 차별화에 관한 것이다.

비마케터들의 표현으로는 경쟁우위, 마케터들의 표현으로는 차별화가 모든 전략의 핵심이며 비즈니스 성공의 원천이다. 완전 경쟁 시장에서는 상품만으로는 주주들에게 기대 이상의 수익을 전달할 수 없다.

차별화는 시장성과와 재무성과를 기대 이상으로 달성하는 부가가치의 원천이다. 차별화는 단지 제품 이름, 색상, 광고 슬로건만으로는 될 수 없다. 진정한 차별화는 의미 있고 지속 가능하며 경쟁자가 모방할 수 없을 정도로 강력해야 한다.

'가치 기율(value disciplines)'이란 말은 마이클 트레이시와 프레드 위어스마가 모든 기업들이 시장 리더가 되기 위해 수용해야 하는 지향점을 설명하기 위해 개발한 용어다. 그

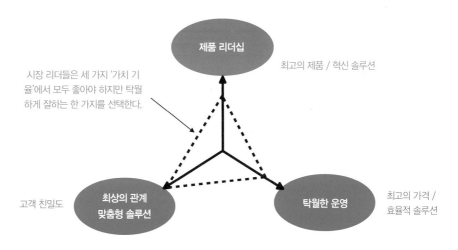

(출처: 트레이시와 위어스마의 《시장 리더가 갖춰야 할 기율(The Disciplines of Market Leaders)》에서 발췌)

들의 이론은 단순하지만 유용한 사고 모델을 제공하며, 업계를 막론하고 시장 리더가 되기 위한 세 가지 기율이 있다고 주장한다.

- **제품 리더십** ─ 이런 기업들은 최고의 제품을 제공하기 위해 혁신과 품질에 극도로 집중한다. 소니나 코카콜라가 대표적인 예다.
- **고객 친밀도** ─ 이런 기업들은 최상의 솔루션을 제공하기 위해 서비스와 관계에 극도로 집중한다. 델이나 렉서스가 대표적인 예다.
- **탁월한 운영** ─ 이런 회사들은 최고의 가격을 제공하기 위해 효율성과 일관성에 극도로 집중한다. 독일의 다국적 슈퍼체인 알디나 도요타가 대표적인 예다.

시장 리더의 바람직한 모델은 세 가지 모두 좋아야 하지만 진정으로 뛰어나고, 다른 누구보다 우수하며, 경쟁 우위의 원천이 되려면 한 분야를 구체적으로 선택해야 한다. 물론 대부분의 회사들은 세 가지 분야에서 모두 탁월해야 한다고 주장하겠지만, 그러면 진정한 차별화에 집중하기 어렵다.

차별화가 이처럼 분명한데도 조직에서 아직 부족해 보이는 또 다른 이유는 고객이 왕이라는 믿음 때문이다. 모든 회사들이 경쟁적으로 동일한 시장조사를 하고 동일한 고객 요구를 충족하려 한다면 그들은 결국 정확히 같은 상품, 즉 고객의 욕구를 충족시키긴 하지만 가격 프리미엄을 유지할 수 없는 상품을 제공하는 똑같은 일을 하게 될 것이다. 마케터들은 전략적인 사고, 경쟁력과 고객 통찰력을 나름의 독특한 방식으로 해석하고 적용하기 위해 보다 더 열심히 노력해야 한다.

적용 경쟁적 포지셔닝

혼잡한 시장에서 어떻게 두각을 나타낼 수 있는가?, 의미 있고 남이 흉내내기 어려운 차별화 요소를 어떻게 찾아낼 수 있는가? 이러한 포지셔닝이 핵심 역량, 전략적 우선순위 및 사업 모델에서 회사 전체에 미치는 영향은 무엇인가? 그것을 어떻게 말과 행동으로 전달할 것인가? 당신의 브랜드에서 그것은 어떻게 나타나며, 고객이 당신 제품을 경험하는 동안 어떻게 확실하게 가치를 더할 것인가?

1. **경쟁자 파악** 대상 시장의 기존 및 신규 참여자들의 경쟁 특성, 이들이 어떻게 다른지를 고려한다.

2. **포지셔닝 전략 개발** '가치 기율'의 관점에서 모든 경쟁자의 인식과 실체를 모두 평가한다.

3. **고객 욕구 파악** 세 가지 가치 기율의 관점에서 고객과 시장이 원하는 것과 고객의 욕구를 어떻게 충족할 것인

지 평가한다.

4. **수익 패턴 개발** 고객 및 경쟁자의 수익성을 파악하고 가장 중요한 포지셔닝을 찾는다.

5. **최적의 포지셔닝 선택** 당신의 브랜드가 차별화되고 성공할 수 있는 가장 매력적이고 경쟁이 적은 위치를 선택한다.

6. **가치 제안 개발** 이 기율 가운데 마켓 리더십을 달성하기 위해 무엇이 필요한지, 고객의 이점을 어떻게 명확하게 설명할 것인지 생각한다.

영감 4. 존슨 & 존슨

우리의 신조

우리는 의사, 간호사, 환자, 어머니와 아버지, 그리고 우리의 제품과 서비스를 사용하는 모든 사람들에 대해 최우선의 책임이 있다고 믿는다.

그들의 요구를 충족시키기 위해서는 우리가 하는 모든 것이 높은 품질을 유지해야 한다.

우리는 합리적인 가격을 유지하기 위해 지속적으로 비용을 줄이고자 노력해야 한다.

고객의 주문은 신속하고 정확하게 서비스되어야 한다.

우리의 공급자와 유통업체들은 공정한 이익을 나눌 기회를 가져야 한다.

우리는 전 세계에서 우리와 함께 일하는 직원, 남녀 모두에 대해 책임이 있다.

모든 사람은 한 사람의 개인으로 존중되어야 한다.

우리는 그들의 존엄성을 존중하고 그들의 장점을 인정해야 한다.

그들은 자신의 직업에서 안정감을 느껴야 한다.

보상은 공정하고 적절해야 하며, 근무 조건은 깨끗하고 질서정연하며 안전해야 한다.

우리는 직원들이 가족의 책임을 다하도록 돕는 방법을 명심해야 한다.

직원들은 자유롭게 건의와 불평을 할 수 있어야 한다.

자격을 갖춘 자에게는 고용, 개발, 승진의 기회가 동등하게 주어져야 한다.

우리는 유능한 경영진을 제공해야 하고, 그들의 행동은 공정하고 윤리적이어야 한다.

우리는 우리가 살고 일하는 공동체와 세계 공동체에 대해서도 책임이 있다.

우리는 좋은 시민이어야 한다 – 좋은 일과 자선 사업을 지원하고 공평한 세금 몫을 부담해야 한다.

우리는 시민들을 더 발전하고, 건강과 교육 여건이 좋아지도록 장려해야 한다.

우리는 환경과 천연자원을 보호하면서 우리가 사용할 특권이 있는 재산을 질서 있게 유지시켜야 한다.

우리는 마지막으로 주주들에게도 책임이 있다.

사업은 반드시 확실한 이익을 내야 한다.

우리는 새로운 아이디어를 끊임없이 실험해야 한다.

연구는 계속되어야 하고, 혁신적인 프로그램을 개발해야 하며, 실수는 보상되어야 한다.

새로운 장비를 구입하고, 새로운 설비를 제공하고, 새로운 제품도 출시되어야 한다.

고난에 대비하기 위해 준비금도 조성해야 한다.

우리가 이 원칙에 따라 운영할 때, 주주들은 공정한 수익을 실현할 것이다.

(출처: jnj.com)

당신을 정의하는
더 큰 아이디어를 찾아라

"훌륭한 브랜드는 감정을 자극한다. 감정은 비록 전부는 아니지만 우리 결정의 대부분을 이끌어낸다. 브랜드는 경험을 강력하게 연결하며 확장된다. 그것이 제품을 초월하는 감성적인 연결점이다."
-스콧 베드베리(Scott Bedbury)

브랜드는 내가 아니라 당신에 관한 것이다.
브랜드는 제품이 아니라 사람에 관한 것이다.
브랜드는 기업이 아니라 고객에 관한 것이다.

훌륭한 브랜드는 그것으로 인해 당신이 삶을 살고 싶은 것, 당신이 주변의 모든 것이 변해도 믿고 의지할 수 있는 것, 당신이 어떤 사람인지 또는 어떤 사람이 되고 싶은지를 분명하게 표현하는 것, 그것이 없다면 당신이 성취하지 못했을 일을 할 수 있게 해주는 것이다.

브랜드는 원래 소유권을 표시하기 위해 개발되었다. 그러나 오늘날 브랜드는 사람들을 반영하고 참여시키며, 사람들의 열망을 정의하는 등 그보다 훨씬 더 중요해졌다. 강력한

더 지능적인 브랜드	더 창의적인 브랜드
목적: 당신의 브랜드가 사람들을 위해 행하는 모든 것을 비즈니스나 상품으로 표현할 수 있는 큰 아이디어를 품는다.	**열정:** 브랜드의 사명과 정신, 문화와 가치를 열정적으로 담아낸다.
설득력: 기능적, 상대적, 감정적 차원을 모두 동원해 대상 고객을 사로잡는다.	**반영:** 당신이 아니라 고객을 반영하라. 고객, 고객이 바라는 이익, 고객의 꿈을 반영한다.
실현: 브랜드 관리를 통해 비즈니스와 인력, 현재 및 미래 시장을 주도한다.	**활성화:** 브랜드를 직원들과 고객들을 삶 속에 가져온다. 하나를 가져온 다음 또 다른 것을 보강한다.

브랜드는 경쟁이 심한 금융 시장에서도 성공을 이끌며, 조직의 가장 가치 있는 자산이 되었다.

하지만 좋은 브랜드는 그렇게 많지 않다.

대부분의 브랜드는 여전히 라벨에 불과해 이름과 로고에 너무 강하게 의존하고 있으며, 회사와 제품에 너무 많이 집중한다. 많은 브랜드들은 피상적인 슬로건으로 표현되며 일반적인 서비스를 통해 전달된다. 브랜드들은 회사가 구현하기 힘든 약속을 남발해 고객의 관심을 끌지도 못하고 회의적인 고객들의 신뢰도 거의 얻지 못하는 경우가 많다.

강력한 브랜드는 시장의 잡음과 불필요한 경쟁을 차단하고, 장단기적으로 우수한 재무 성과를 낼 수 있는 방식으로 최고의 고객들을 참여시키고 유지할 수 있는 브랜드다.

시장에서 강력한 브랜드란 무엇일까?

- 혼잡한 시장에서도 눈에 띄며, 제품이나 산업을 초월하고, 사람들에게 정말로 중요한 큰 아이디어, 즉 강력한 목적을 갖고 있다.
- 고객의 의견을 반영하며, 고객의 마음 속에 자신과 개인적 관련성이 있다는 이미지

와 평판을 구축한다.

- 큰 아이디어를 성취하는 데 고객을 참여시켜, 사람들이 '이 회사는 내 스타일이다'라고 생각하도록 만든다.
- 고객의 편익을 보강하고 제품 사용을 지원하면서 고객이 물리적으로나 감정적으로나 더 많은 것을 행할 수 있게 한다.
- 시장의 모든 다른 것, 고객의 개인 세계까지 변화하는 상황에서도 고객을 늘 친숙하고 중요하게 여긴다.
- 시장과 고객은 계속 진화하기 때문에, 새로운 시장으로 쉽게 움직일 수 있는 이동성과 고객의 다양한 활동을 연결할 수 있는 붙임성을 모두 갖추며 발전한다.
- 고객 취향을 구축하고 구매 행동을 주도하며 가격 프리미엄을 유지하면서 고객을 이끈다.
- 고객의 충성심을 구축하고 새로운 서비스를 도입하고 지지 활동을 장려하면서 최고의 고객을 보존한다.
- 단지 이익뿐만 아니라 투자자 신뢰도와 신용 등급의 향상, 자본 비용 절감으로 주주 가치를 제고한다.

강력한 브랜드가 이 모든 역할을 수행한다. 인상적인 광고로 큰 주목을 받거나, 멋지고 바람직하다고 인식되거나, 큰 수요를 촉발하는 브랜드라 하더라도 그 수요를 지속적인 수익으로 전환시키지 못한다면 '강력한' 브랜드라고 할 수 없다.

반영하고 사람을 참여하게 하라

브랜드가 제품보다는 사람에 관한 것이라면, 브랜드가 형성되는 큰 아이디어는 회사보다는 사람에 관한 것과 더 관련이 있다.

'브랜드' 모델은 백만 개가 넘지만, 공통적으로 합리적, 상대적, 감정적 요소라는 단순한 세 가지 요소로 구성된다. 총체적으로 규정하자면, 브랜드는 사람에 대한 것이며, 다른 것과 차별화하는 것이며, 사람들이 느끼게 하는 것이 본질이라고 말할 수 있다.

강력하고 오래 지속되는 브랜드는 일반적으로 제품이나 회사와 관련된 이익을 창출하는 것보다 훨씬 더 심오한 아이디어라고 할 수 있다. 브랜드는 단순한 욕구보다는 열망을 반영하며, 단순한 정보 제공이라기보다는 고객을 자극하는 것이다.

브랜드 아이디어는 이름, 로고, 제품 및 서비스, 광고 및 브로슈어, 색상 및 포장, 유니폼 및 인테리어, 문화 및 행동, 교육 및 보상에 이르기까지 조직이 활용할 수 있는 모든 매개

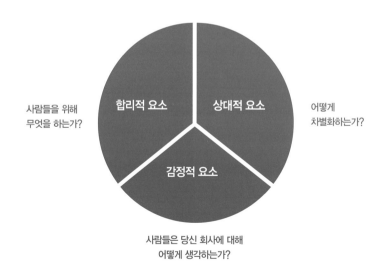

물을 통해 전달된다. 기업이나 제품 경험의 모든 측면이 유무형의 방법으로 브랜드를 전달할 수 있다. 노르웨이 항공사 SAS의 전 CEO 얀 칼슨의 말처럼, '모든 사람, 모든 약속, 모든 행동은 진실의 순간(moment of truth)'이다.

사업 전략에는 일반적으로 논리적인 사명선언문과 목표가 포함되지만, 기업 브랜드는 기업이 왜 존재하는지, 그리고 사람들을 위해 무엇을 하는지에 대한 본질을 포착한다. 브랜드는 비즈니스 개념과 고객 약속의 본질을 포착하는 언어와 상징을 포괄한다. 브랜드는 이런 상징들을 비즈니스 개념과 고객 약속을 전달하기 위한 강력한 수단으로 삼는다. 물론 전략과 브랜드는 서로 방향이 일치해야 한다. 둘 다 사업을 합리적으로 그리고 감성적으로 정의하기 때문이다.

하워드 슐츠는 그의 고향인 시애틀의 커피 품질에 좌절을 느끼고 스타벅스를 설립했다. 그러나 그가 만든 브랜드는 커피 그 이상이다. 슐츠는 "나는 우리를 완전히 분리해 주는 곳, 즉 직장도 집도 아닌 '제3의 장소'를 찾았다. 바로 우리 고객들이 쉴 수 있는 피난처 같은 곳 말이다."라고 설명했다. 이 생각이 제품군, 인테리어 디자인, 서비스 철학, 커뮤니케이션의 원동력이 되었다. 스타벅스의 톨 스키니 라떼도 좋지만 익히 알려진 일상적이고 편안한 환경이 더 큰 의미를 갖는다.

다른 브랜드들도 그들의 조직에 핵심적이고 사람의 이목을 끄는 목적을 부여하며, '사업을 하는 이유'를 모든 고객들에게 감성적으로 연결한다. 내부적으로 브랜드는 감성을 불러 일으켜 사람들이 브랜드가 지향하는 고차원적 이익까지 도달하도록 활력을 불어넣는다.

- 나이키의 경우 ⋯ '최선을 다하도록'
- 코카콜라의 경우 ⋯ '새로운 활력을 불어 넣도록'

• 마이크로소프트의 경우 … '잠재력 실현을 돕도록'

시멘트나 비료 같은 원자재를 취급하는 가장 따분하고 지루한 산업 분야조차도 강력하고 설득력 있는 브랜드를 구축할 수 있다. 멕시코의 글로벌 시멘트 회사 시멕스나 독일의 종합화학회사 바스프는 '우리의 시멘트는 건조가 더 빠르다'라든가 '우리 비료는 잔디를 더 푸르게 만든다'라는 실질적인 차별화 전략을 구사하고 있다.

그러나 브랜드는 당신이 상상하는 것 이상의 의미를 지닌다. 사실 그것은 당신이 하는 것도 아니다. 실제로 브랜드는 어떻게 받아들여지고 인지되느냐?, 즉, 사람들의 마음속에 형성되는 이미지와 평판으로 정의된다. 기업 브랜드는 회사의 평판이다. 제품 브랜드는 제품의 평판이다. 바로 아디다스보다는 나이키 신발을 신어야 최고의 개인 성적을 달성할 가능성이 높다고 생각하느냐?, 아니면 코카콜라가 펩시보다 더 상쾌하다고 생각하느냐?의 문제다.

사람을 위해 더 많은 일을 하는 브랜드, 고객의 개인적 욕구와 야망을 반영하는 브랜드, 내면의 감정을 불러일으키고 목 뒷덜미 털을 꼿꼿이 세울 정도로 자극하는 브랜드가 강력한 브랜드다. 그리고 물론 당신이 특정 사람들에게만 특별해지려고 한다면 다른 사람을 배제하는 것은 불가피한 일이다.

따라서 좋은 브랜드는 모든 사람들이 좋아하는 경우는 드물다. 그것은 열정을 불러일으키고, 사람들을 양극화시키며, 불가피하게 어떤 계층은 배제하지만, 다른 계층으로부터 사랑을 받는다. 사치 & 사치의 CEO이자 《브랜드의 미래》의 저자 케빈 로버츠가 한 브랜드와 그 핵심 고객에 대해 말한 것처럼 '진짜 강한 브랜드는 당신이 무조건적으로 깊이 사랑하는 브랜드'다.

사람들이 더 많은 일을 할 수 있도록 도와라

강력한 브랜드는 그것이 없었다면 사람들이 할 수 없었을 일을 할 수 있게 해준다. 강력한 브랜드는 사람들이 실제로 무엇인가를 할 수 있도록 돕거나 사람들의 마음에 신뢰와 믿음을 쌓아주게 함으로써 단지 제품의 기능을 보증하는 것 이상의 일을 해야 한다. 예를 들어, '소니'라는 브랜드는 사람들이 '창의적이 되도록' 돕고, 혁신을 장려하고, 행동에 영감을 주며, 그들이 이전에 이루지 못했던 것을 할 수 있도록 돕는다.

브랜드는 다음 네 가지 방식으로 사람들이 더 많은 일을 하도록 도울 수 있다.

- 기능 개선이나 지원을 통해 그들이 더 나은 성과를 추구하도록 돕는다.
- 다른 사람들을 인정하고 또 그들로부터 존경받는 강한 정체성을 통해, 그들이 다른 사람들로부터 인식되는 방식이 되어준다.
- 현실의 개선 또는 인식된 연결을 통해, 그들이 속하기 원하는 공동체의 일원이 되게 해준다.

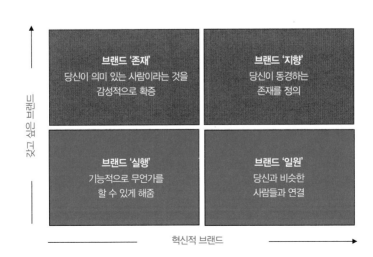

- 현재의 자신보다 더 나은 사람이 되어 그 브랜드가 없었다면 달성할 수 없었을 존경심, 능력, 자신감을 갖게 해준다.

사람들이 어느 브랜드에 대해 감정적으로나 실질적으로 그들의 삶에 필수적이라고 생각하게 만들면, 브랜드는 그런 사람들과 강한 결집력을 창출함으로써 더 신뢰감이 들고, 더 영구적이며, 더 많이 동경하는 '닻'이 된다. 배에 닻이 없으면 쉽게 소용돌이에 빠진다. 좋아하는 술을 구할 수 없는 술꾼, 주말이면 늘 특정 슈퍼마켓을 습관처럼 방문하는 쇼핑객, 자신이 좋아하는 디자이너 상표만을 고집하는 패션 중독자들을 생각해 보라.

시장과 개인 세계가 끊임없이 변화해도, 닻의 역할을 하는 브랜드는 사람들에게 브랜드에 매달리게 만드는 무엇인가를 제공한다. 사람들의 욕망과 선택 심리는 롤러코스터처럼 변덕이 심해서 가장 확신에 찬 구매자조차 불안정하게 만들어 혼란과 불안을 조성한다. 우리 주위에는 더 많은 메시지, 더 많은 대안, 더 많은 기능, 더 많은 비전, 더 많은 인센티브 등 모든 것이 널려 있기 때문이다.

그런 혼란에 싸인 사람들을 더 개인적으로 반영하고, 그들을 위해 더 많은 일을 하는 브랜드들이 최고의 닻이 될 것이다.

그래픽 디자이너들은 애플에 매달리고, 더 좋은 성과를 내고 싶은 달리기 선수들은 나이키에 매달리고, 비즈니스 리더들은 맥킨지에 의존한다. 그러나 대중 시장의 모든 사람들에게 서비스를 제공하려는 브랜드들은 선택된 '닻'이 되지 못할 것이다. 마크 & 스펜서(대량 생산 물건들을 파는 영국 백화점), 리복, 버드와이저 같은 브랜드들은 대중적인 인기, 편리함, 편재성을 기치로 내걸고 성공을 거두었지만, 그들을 성공하게 만든 것이 오히려 그들의 가장 큰 핸디캡이 될 수 있다.

리바이스는 오늘날 시장에서 관련성을 추구하려고 노력하는 회사다. 모델 닉 케이먼이 1983년 유명한 TV 광고에서 청바지를 입고 나왔을 때 세계는 그의 청바지를 사고 싶어 했다. 그와 똑같이 되는 것이 멋지다고 생각했기 때문이다. 그러나 최근 몇 년 동안 리바이스는 많은 노력에도 불구하고 매출이 65%나 감소했다. 과거에는 똑같다는 것이 멋져 보였고 모두가 그처럼 되고 싶어 했다. 그러나 오늘날 '멋지다'는 개념이 달라졌다. 오늘날 젊은 세대들은 부모나 심지어 동년배의 또래와도 같은 청바지를 입는 것을 원하지 않는다. 사람들은 남과 더 다르기를 원하며 따라서 브랜드는 이러한 더 차이를 반영해야 한다. 틈새시장에서 왕이 되는 것이 무턱대고 세계를 정복하려는 것보다 더 낫다는 것을 인식해야 한다.

단기 및 장기 가치의 창출

브랜드는 최고의 고객을 유치하고 유지하며 그에 따라 더 높은 가격을 매길 수 있으며 더 많이 더 자주 판매할 수 있게 해준다. 이로 인해 이익이 향상되고 미래 수입에 대해서도 더 큰 확실성을 창출한다.

실제로 브랜드는 주주 가치의 가장 중요한 원동력 중 하나이며, 놀라울 정도의 가치 있는 무형 자산으로 미래 이익의 가능성을 높여준다.

브랜드에 대한 고객의 충성도로 인해 발생하는 이러한 미래의 잠재 이익을 흔히 '브랜드 자산'이라고 부른다. 실제로 브랜드가 단순히 단기간 이익 대비 비용 차원이 아니라 현재와 미래의 이익을 견인할 수 있는 자산이라고 생각할 때 비로소 브랜드가 투자 수익률에 영향을 미친다는 것은 이해할 수 있는 부분이다.

하지만 브랜드는 이것보다 더 많은 일을 한다. 강력한 기업 브랜드는 고객들로부터 이익을 개선시킬 뿐 아니라 직원들과 주주들의 행위에도 영향을 미친다. 기업 브랜드는 직원 사기, 채용 및 유지에 강력하고 직접적인 영향을 미치며, 이는 분명히 고객 서비스, 아이디어 및 생산성, 인적 자본 보장으로 이어진다.

하버드 비즈니스 리뷰의 기사에 따르면, 캐나다 소매업체 시어스에서 직원 태도가 5% 개선되면 고객 만족도가 1.3% 증가하고 결국 매출도 0.5% 증가하는 것으로 나타났다. 시어스는 이런 직원 – 고객 – 이익 사슬을 사업 목표에 반영해 '일하기 좋은 곳, 쇼핑하기 좋은 곳, 투자하기 좋은 곳'을 만들었다.

강력한 브랜드는 주주들에게 수익성이 높은 매출을 가져다줄 뿐만 아니라 조직에 대한 좋은 인식과 이해, 그리고 미래의 성과에 대한 더 강한 확신을 심어주며 자신감을 향상시킨다. 이런 인식과 현실은 신용등급 향상과 자본비용 감소로 이어지며 기업 경제에 큰 영향을 미쳐 더 많은 투자를 유치하고 주가 상승에도 기여한다.

연구 결과에 따르면, 유무형 이익을 창출한 브랜드는 약한 브랜드에 비해 총주주수익률이 9.5%p 더 높았다.
(출처: McKinsey, Compustat)

버진(Virgin)은 세계에서 가장 다양한 브랜드 중 하나이다. 그들의 용감한 창업자, 회장 겸 오너인 리차드 브랜슨 경이 이끄는 버진 그룹은 차별화가 돈, 품질, 혁신, 재미, 경쟁적 도전 의식을 의미한다고 믿는다.

버진은 1970년대에 브랜슨의 첫 벤처인 학생 잡지와 작은 우편 주문 여행사로 시작했다. 버진은 다른 회사들보다 더 좋고, 더 참신하고, 더 가치 있는 것을 제공할 수 있는 시장 기회를 찾는다. 때로는 고객이 형편없는 대우를 받아온 분야, 경쟁이 허술한 분야에도 진출한다. 빠르게 성장하는 전자상거래 활동을 통해 '옛날' 제품과 서비스를 새로운 방식으로 전달하기도 한다. 버진은 또 적극적이고 민첩하게 큰 조직의 거추장스러운 부분을 모두 제거했다.

버진이 새로운 벤처를 시작할 때에는 항상 철저한 연구와 분석에 기초한다. 어떻게 하면 상황을 더 좋게 만들 수 있는지 고객의 입장에서 생각한다.

버진은 또 몇 가지 근본적인 질문을 제기한다. 지금이 시장을 재편하고 경쟁 우위를 창출할 기회인가? 경쟁자들은 무엇을 하고 있는가? 고객이 혼란스러워하거나 형편없는 대우를 받고 있는가? 이것이 버진의 브랜드를 구축할 기회인가? 가치를 더할 수 있는가?

그것은 다른 사업과 관계가 있는가? 위험과 보상 사이에 적절한 절충이 있는가?

오늘날 51%의 지분을 가지고 있는 버진 애틀랜틱 항공이 이끄는 버진의 여행 사업은 버진의 가장 큰 수입원 중 하나다. 유럽에서 버진 익스프레스, 호주에선 버진 블루라는 저가 항공사가 버진 애틀랜틱을 측면에서 지원한다. 이 그룹은 또 영국 철도 프랜차이즈 두 곳을 운영하고 있으며 버진 홀리데이)를 통해 관광 상품을 판매하고 있다. (버진블루는 2020

년에 회사명을 버진오스트레일리아로 바꾸고 호주 2위 항공사로 성장했지만 2020년 4월 법정관리에 들어갔고, 이어 2020년 8월에는 버진 아틀란틱도 미국 법원에 파산 보호를 신청했음.)

이 그룹의 다른 200개 사업들 중에는 소매점, 음악, 비디오, 컴퓨터 게임, 기구 비행, 음료, 신부용품점, 화장품, 금융 서비스, 헬스 클럽, 인터넷 서비스, 휴대전화 서비스, 출판, 음반 회사 등이 포함되어 있다.

버진 그룹은 같은 브랜드를 공유하면서 비슷한 유형의 고객들을 끌어들이지만 독립적으로 운영된다. 이들 사업은 대부분 다른 기업과의 합작 법인으로 기술력, 지식, 시장 진출은 물론 투자와 리스크까지 공동으로 하고 있다. 브랜드의 힘, 비즈니스 네트워크, 경영 방식이 모두 각 사업의 성공에 기여하고 있다.

버진은 브랜슨이 처음 시작했을 때부터 버진이 되기를 원했던 6가지 원칙을 바탕으로 브랜드 가치를 세우며 소비자 권리 옹호를 자신의 사명으로 여기고 있다.

버진의 모든 회사들은 이러한 가치를 더욱 의미 있게 만들기 위해 열심히 노력하며, 적절하고 혁신적인 방식으로 브랜드에 활기를 불어넣고 있다.

1. **돈에 대한 가치:** 단순하고 정직하며 투명하게 가격을 책정한다. 버진 익스프레스와 버진 블루는 꼭 시장에서 가장 저렴한 가격은 아니지만 기본 비용만 지불하는 투명한 가격의 저비용 항공사다.

2. **좋은 품질:** 높은 표준, 세부 사항에 대한 관심, 정직하며 약속을 이행한다. 버진 애틀랜틱의 어퍼클래스 스위트는 리무진 서비스, 라운지, 기내 대형 플랫 베드, 프리덤 메뉴를 제공한다.

3. **멋진 고객 서비스:** 친절하고, 인간적이고, 편안하지만 전문적 수준의 특별한 서비스. 버진 모바일은 고객을 개인으로 대우하는 고객 서비스로 상을 받았으며, 고객 만족도

조사 결과에 따라 직원에게 보너스를 지급한다.

4. **혁신:** 크고 작은 제품 및 서비스 아이디어, 혁신적이고 현대적인 디자인으로 관습에 도전한다. 버진 열차의 새로운 '펜돌리노(Pendolino)' 고속 틸팅 열차는 열차 내 매점, 무선통신, 디지털 시트 예약, 첨단 유선형 디자인을 자랑한다.

5. **경쟁적 도전:** 버진 애틀랜틱은 1990년대 중반 항공사들 간의 소위 비겁한 전략 싸움에서 대중의 마음을 성공적으로 사로잡았다.

6. **재미 제공:** 세계의 모든 회사들은 스스로를 진지하게 여기지만, 우리는 고객에게 약간의 즐거움을 제공하는 것이 중요하다고 생각한다. 버진 모바일 UK 출범 시에 전화기 속에 벌거벗은 사람을 등장시킨 것은 버진 모바일이 '숨길 것이 없다'는 것을 보여주기 위한 것이었다.

(출처: virgin.com)

적용 브랜드의 정의

당신의 큰 생각은 무엇인가? 당신은 사람들을 위해 무엇을 하는가? 그것은 다른 브랜드보다 더 좋은 이유는 무엇이고 어떻게 차별화되는가? 당신은 복잡하고 심리적으로 혼란스러운 많은 브랜드 모델들을 어떻게 뚫고 나가서 당신의 브랜드 개념을 명확하고 실용적이며 설득력 있는 방법으로 표현할 것인가?

1. **이해관계자 설정**

   고객, 직원, 주주 등 모든 이해관계자의 이슈와 동기를 고려한다.

2. **기능적 구성 요소**

   브랜드가 고객에게 무엇을 할 것인지 기능적으로 정의한다.

3. **차별화된 구성 요소**

   당신 브랜드의 장점이 경쟁사 브랜드와 어떻게 다른지 긍정적 방식으로 검토한다.

4. **감성적 구성 요소**

   당신의 브랜드가 사람들을 위해 무엇을 하려고 하는지 감성적으로 검토한다.

5. **이해 당사자와의 조화**

   이러한 선택이 적절한지, 모든 이해 당사자에게 설득력이 있는지 확인한다.

6. **브랜드 목적의 명확한 표현**

   세 가지 속성을 바탕으로 한 문장으로 브랜드의 핵심 목적을 포착한다.

개념 브랜드 가치 확장

브랜드는 앞으로 점점 더 기업을 새롭게 정의하게 될 것이다. 즉 기업이 사람들을 위해 무엇을 하는지도 정의하게 될 것이다. 브랜드는 기업을 전체적인 맥락, 고객, 그리고 다른 모든 이해관계자들과 연결시켜 줄 것이다.

강한 브랜드는 감성적으로 동시에 실제적으로, 그리고 시간이 지남에 따라 기업의 약속을 실현시킴으로써 기업을 사람들과 연결시켜준다. 브랜드는 또 기업의 목적을 정의한다. 브랜드는 기업의 얼굴이자, 고객과의 관계이자, 기업의 평판이다.

디즈니의 전 CEO 마이클 아이즈너는 "브랜드는 살아 있는 실체다. 시간이 지나면서 뿌리를 내리고 수천 개의 제품들이 작은 몸짓을 하는 것처럼 풍요로워진다."고 말했다.

과거에는 브랜드가 개별 제품의 영역이었지만 기업 브랜드는 오늘날 고객과 기업에게 더욱 중요하고, 더 가치 있고 중요한 실체가 되었다. 이는 서비스 기반 기업이 늘어나고, 우리가 구매하는 제품과 서비스의 이면에 있는 기업의 인식과 투명성이 높아졌으며, 개별 제품뿐만 아니라 포트폴리오 전반에 걸쳐 차원 높은 차별화가 필요하기 때문이다.

대부분의 소비재들조차도 오늘날에는 모 브랜드의 강력한 지지를 받는다. 과거에는 많은 소비자들이 P&G나 유니레버의 제품들을 매일 사용하면서도 정작 그 회사에 대해서는 들어본 적이 없는 경우가 많았지만, 오늘날 기업 브랜드는 세탁 세제에서부터 아이스크림까지 모든 제품의 포장에 두드러지게 표시된다.

이것은 브랜드가 단지 마케팅 부서의 기능적 책임이 아니라 더 넓고 더 높으며 제품 기능을 뛰어 넘는 역할을 한다는 것을 의미한다.

브랜드는 이제 제품을 넘어 회사와 그 회사에서 일하는 모든 이해 당사자들을 규정한다. 따라서 브랜드는 고객뿐만 아니라 직원과 주주들의 요구와 동기까지 반영해야 한다. 브랜드는 기업 전략과 문화적 가치를 함께 담아야 하며 그 사이의 일관성과 연계를 보장해야 한다. 이런 브랜드는 마케팅 활동을 통해서 뿐 아니라 인력 채용이나 투자설명회를 통해서도 전달된다.

특히 회사 내에 강력한 대외업무 담당 부서가 있는 경우 브랜드와 평판을 혼용하는 기업도 있는데, 실제로 그 둘은 하나이며 똑같은 것이다. 기업의 평판이 곧 기업 브랜드다.

브랜드는 회사의 가장 중요한 자산이다. 브랜드 가치는 대개 해당 기업의 전체 시장 가치의 5%에서 50%를 차지하는데, 어떤 기업에서는(명품을 파는 회사든 비영리 조직이든) 그보다 더 높은 경우도 있다. 브랜드는 또 보다 복잡하고 필수적인 경영의 축이 되었다. 예를 들어, 영국의 석유회사 BP는 자사의 브랜드 파워를 모든 사업부와 이해관계자들이 활용하는 방법을 강구하면서, 이 업무를 주도할 수 있는 사람은 CEO 단 한 명뿐이라는 것을 인식했다. CEO인 존 브라운은 이것이 자신의 도전이자 자신의 리더십으로, 바람직한 내부 문화와 대외 이미지 및 평판을 모두 직접 연결시켜 집중적이고 활력이 넘치는 회사를 만들 수 있는 기회임을 인식했다. (존 브라운은 1995년부터 2007까지 BP의 CEO를 역임했음.)

　기업 브랜드는 내부와 외부, 직원과 고객, 문화와 평판, 행동과 차별화, 약속과 현실을 맞추는 작업이다. 그러므로 브랜드가 있는 회사는 브랜드가 사람에 관한 것이라는 것을 알아야 한다. 그들의 브랜드는 사람들에게 목적을 제공해준다. 그 목적은 조직적인 아이디어가 될 수도 있고, 매일 출근하는 이유가 될 수도 있으며, 사람들을 하나로 만드는 공통된 사명이 될 수도 있다. 로고와 정체성, 슬로건과 기업을 상징하는 색상은 기업이 더 크고 강력한 힘을 얻는 가장 빠른 지름길이다.

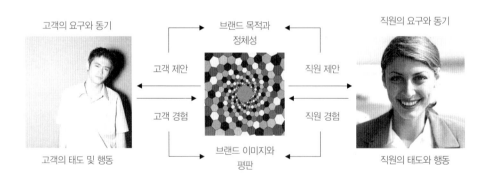

결국 브랜드는 사람들을 통해 활기를 불어넣는다. 브랜드는 단지 수동적인 라벨과 이미지가 되어서는 안 되며, 회사의 가치와 신념이 고객들에게 적절하고 실용적인 방법으로 입증되고, 다른 모든 이해관계자 그룹에게도 동일하게 입증되는 살아 있는 경험이어야 한다.

고객에게는 각 해당 고객층과 상황에 따라 맞춤화된 고객 제안서를 통해 브랜드의 관련성이 형성되고, 그런 연후에 고객 경험을 통해 전달됨으로써 브랜드와 제안의 약속이 실현되는 것이다.

직원들에게 회사는 각 직원 특성(경력 개발에 의해 동기부여 되는 직원, 직무 만족도에 의해 동기부여 되는 직원, 단순히 보수에 의해 동기부여 되는 직원)에 따른 직원 제안을 개발해야 한다. 그런 다음 적절한 직원 경험이 약속과 기대에 부합하도록 개발되어야 한다.

직원들이 브랜드 이미지에 맞는 방식으로 대우를 받게 되면, 긍정적인 방식으로 반응할 가능성이 훨씬 높아진다. 즉, 그들은 브랜드를 살리고 고객들에게 개인적이고 매력적인 경험을 전달하기 위해 노력을 기울이도록 동기부여 받기를 원하게 될 것이다.

영감 2. 프레 타 망제

프레 타 망제(PRET A MANGER, 줄여서 '프렛'이라고 함)는 샌드위치 가게다. '음식에 대한 열정'이 그대로 풍기는 출입구를 통해 들어서면서 만나게 되는 알루미늄 인테리어부터 이 가게가 일반 샌드위치 가게와는 다르다는 것을 말해준다.

대학 친구인 싱클레어 비챔과 줄리안 멧칼프는 사업 경험이 전혀 없는 상태에서 1986

년에 프레 타 망제를 창업했다. 그들은 자신들이 먹고 싶었지만 어떤 곳에서도 찾을 수 없었던 음식을 만들었다. 회사가 성공하면서 이 체인점은 영국뿐만 아니라 뉴욕과 홍콩까지 진출하며 매장 수가 130개가 넘을 만큼 성장했다.

"우리 샌드위치의 맛과 매출이 다른 어느 샌드위치가게보다 더 나아야 한다."

이 목적을 달성하기 위해 프렛은 모든 매장 안쪽에 완벽한 주방 시설을 갖춘다. 공급자들은 매일 늦은 밤에 신선한 재료들을 배달해야 하고 프렛의 요리사들은 그 다음 날 아침 일찍부터 최고의 샌드위치, 샌드위치용 빵(wrap), 페이스트리, 케이크를 만드느라 여념이 없다. 프렛의 샌드위치에는 유통 기한 날짜 표시가 없다. 모든 것이 신선하고 당일에 만들어지기 때문이다.

"프렛은 수제 자연 식품이다. 오늘날 시중의 '미리 만들어진 식품'이나 패스트푸드에서 흔히 볼 수 있는 불분명한 화학물질, 첨가제, 방부제 사용을 일체 금한다."

(출처: 프렛 샌드위치에 대한 사전)

브랜드 중심에는 열정이 있다. 그들이 만드는 음식에 대한 열정, 그리고 그들이 고용하는 사람들에 대한 열정. 실제로 그들 웹사이트의 '열정 선언(Passion Facts)'은 첨가물과 방부제가 없는 자연 품질의 식품에 대한 열정, 모든 식품을 매장에서 신선하게 만드는 신선함에 대한 열정, 고객들의 도움으로 더 좋은 샌드위치를 만들기 위한 끊임없는 개선에 대한 열정을 설명하고 있다.

비록 맥도날드가 회사의 소수 지분을 가지고 있지만, 프렛은 기존의 패스트푸드 브랜드의 관습을 거부한다. 어떤 '튀김 제품'도 제공하지 않을 뿐만 아니라 광고, 프랜차이즈, 포커스 그룹(focus group, 시장 조사나 여론 조사를 위해 뽑은 각 계층을 대표하는 소수의 사람들로 구성된 그룹) 등 매스 마케팅의 개념도 거부한다. 프렛은 오직 시행착오를 통해 무엇이 최선인지를 배운다. 예를 들어, 미국에서 프렛은 하루 종일 아침 샌드위치를 팔지 못해 크림 치즈용 버터를 훈제 연어와 교환해야 했다. 하지만, 망고 처트니 샌드위치를 곁들인 영국식 코로네이션 치킨은 뉴욕에서 큰 인기를 끌었다.

프렛은 멋진 음식을 만들어 팔고 싶어 하는 사람들에게 좋은 직업을 제공한다. 그들은 교육, 인센티브, 보상을 통해 사람들에게 투자하며, 동종 업계의 평균 임금보다 훨씬 더 높은 임금을 지불한다. 프렛에서 일하는 것은 재미있다. 그들은 팀으로 일하고, 그들이 하는 일을 즐기고, 하루 종일 펑키 음악을 연주하고, 청바지를 입으며, 고객들에게 음식을 파는 일을 사랑한다.

프렛의 서비스 열정은 직원을 동등하게 대우하고 보상하는 문화에 의해 확립되었다. 월요일 아침 8시에 프렛 매장에 들어서면 펑키 음악이 곧바로 직원들의 분위기를 사로잡는다. 그들의 서비스는 격정적이지만 친절하고 개별적이다. 직원들은 주문을 받고, 커피를 끓이고, 동시에 오븐에서 갓 구운 빵과 페이스트리를 꺼낸다. 그들의 활기는 고객들에게도 전염된다.

프렛의 문화는 대본에 의해 짜인 것이 아니다. 그저 현실적이고 인간적이며, 격정적이며 재미있을 뿐이다.

적용 브랜드 활성화

당신은 어떻게 브랜드에 활기를 불어넣는가? 고객을 위해 하는 일을 어떻게 내부 고객(직

원)에게 그대로 적용하는가? 어떻게 내부 고객과 외부 고객을 모두 만족시키는가? 브랜드 깊이와 일관성을 어떻게 부여하는가? 다른 회사가 따라하는 것을 어떻게 막는가?

1. **고객 약속으로 시작**

   브랜드를 전달하는 고객 가치 제안 및 경험을 검토한다.

2. **직원들이 원하는 것이 무엇인가?**

   직원들이 회사에 있을 때 그들의 요구와 동기를 파악한다.

3. **직원들에게 적합한 브랜드를 만든다**

   브랜드와 조화를 이루도록 직원 가치 제안을 개발한다.

4. **직원들이 느낄 수 있는 브랜드를 만든다**

   브랜드와 조화를 이루도록 직원 경험을 설계해 전달한다.

5. **고객에게 연결**

   직원들이 고객 경험을 개선할 수 있는 위치와 방법을 파악한다.

6. **브랜드 행동 장려**

   그러한 행동을 개발, 장려 및 보상하고 이를 계속 발전시킨다.

개념 브랜드 확장

브랜드의 중요성이 커지면서 기업들은 브랜드에서 더 많은 것을 얻으려고 한다. 예를 들어 BP의 존 브라운 CEO는 BP 브랜드 개발을 핵심 전략목표로 삼았고, 이를 관리하고

개발할 새로운 팀을 만들어 그에게 직접 보고하게 했다.

경쟁이 심화되면서 기업들은 브랜드가 회사를 다른 시장, 새로운 지역이나 시장 영역까지 이어주는 역할을 한다는 것과, 특히 기존 시장의 경쟁이 지나치게 극심하거나 쇠퇴하기 시작하는 경우 경쟁력을 유지하게 해 준다는 점을 인식하게 되었다.

현재 가지고 있는 자산에서 더 많은 것을 얻으려 한다는 점에서 브랜드 확장이 일견 쉬워 보이지만 실제로 브랜드 확장에는 많은 함정이 있다. 브랜드 확장을 잘못하면 이전의 강한 평판을 위태롭게 할 수 있고, 신뢰를 떨어뜨릴 수 있으며, 고객의 마음을 혼란스럽게 할 수도 있다.

다음은 브랜드를 지나치게 확장한 사례다.

- 일회용 펜 제조업체인 빅이 속옷과 향수까지 브랜드를 확장한 것
- 청바지 회사인 리바이스가 남성복 정장 시장에 진출한 것
- 치약 브랜드 콜게이트가 즉석 식품 시장에 진출한 것

물론 긍정적인 면도 있다. 기업들이 새로운 시장의 가능성을 본 경우, 완전히 새로운 브랜드를 만드는 것보다는 대개 비용과 위험이 적은 브랜드 확장이 더 성공적인 방법이 될 수 있다. 브랜드 확장에 대한 데이비드 테일러의 연구에 따르면, 새로운 브랜드를 만드는 것보다 브랜드를 확장하는 것이 성공률도 23% 높고, 비용도 34% 덜 들며, 재구매 효과도 61% 더 높은 것으로 나타났다.

브랜드를 확장하려고 할 때 고려할 사항은 다음과 같다.

- **어디로 확장할 것인가?** 테스코가 동유럽 시장이나 편의점 시장에 진출하려는 것은 기존 또는 신제품으로 새로운 고객이나 새로운 지역의 시장으로 확장하는 것이다.

- **누구에게 확장할 것인가?** 버진이 비행기, 기차, 음료, 전화기 등 온갖 제품을 제공하는 것은 기존 또는 신규 고객에게 동일한 브랜드로 서로 관련이 없는 제품과 서비스를 제공하는 것이다.
- **어떻게 확장할 것인가?** 자체적으로 하거나, 다른 회사의 전문 영역에 당신 회사의 브랜드를 라이센싱하는 방식으로 다른 회사와 제휴하는 방식 또는 로열티 수수료를 받고 기존의 사업 개념을 새로운 시장에 판매하는 권리를 주는 프랜차이징 방법이 있을 수 있다.

어느 경우든, 그 확장이 사업의 목적에 맞는지 확인하고, 그런 결정으로 인한 잠재적 위험, 유익성 및 가치 영향을 평가하고, 파트너십과 새로운 시장 진입을 효과적으로 관리하기 위한 명확한 전략적 사고가 필요하다.

어떤 회사들은 디즈니 같이 광범위한 범주로 사업을 다각화하려는 전략적 목표를 가지고 브랜드를 확장하기도 하고, 마이크로소프트 같이 빠르게 변화하는 시장에 진출하기 위해 브랜드를 확장하기도 한다. 또 다른 회사들은 GE 같이 사업의 핵심을 한 활동에서 다른 활동으로 옮기기 위한 발판을 삼기 위해 브랜드를 확장하기도 하고, 때로는 코닥 같이 기존 시장이 사라짐에 따라 다른 시장으로 브랜드를 전환하기도 한다. 그 외에 브랜드 확장에는 다음과 같은 사례들도 있다.

- BMW는 항상 기업 중역들의 고급 차동차로 유명했지만, 고성장 스포츠유틸리티차량(SUV) 시장을 놓치기 어렵다는 사실을 인식하고 SUV뿐 아니라 프리미엄급 산악 오토바이까지 개발했다.
- 한때 대형 컴퓨터 산업을 이끌며 빅 블루라는 별명까지 얻었던 IBM은 개인용 컴퓨

터까지 사업을 확장했다가 마침내는 하드웨어 사업에서 완전히 벗어나 서비스와 컨설팅으로 전환했다.

- 질레트는 면도기의 고객 범위를 끊임없이 진화시켜 여성에게까지 확장한 다음, 면도용 젤에서 탈취제, 헤어 제품에 이르기까지 다양한 바디 케어 제품으로 발전했다.

물론 브랜드를 기존 사업이나 제품의 설명자가 아니라, 신념이나 태도, 이익이나 포부를 반영하는 것으로 정의한다면 훨씬 더 많은 범위와 유연성을 갖게 된다.

급변하는 시장에서는 '확장'이라고 말해도, 실제로는 더 이상 확장이 아니라 단지 시장과 소비자가 진화함에 따라 비즈니스의 무게중심이 움직이는 것을 반영하는 것에 불과한 경우도 많다.

진정한 확장은 새로운 제품을 시장에 출시하기 위한 플랫폼으로서 기존의 브랜드 강점을 이용하거나, 더 많은 유연성으로 새로운 고객들에게 다가가기 위한 다른 혹은 진화된 브랜드를 이용하는 등 브랜드 구조와 어떻게든 연계되어야 한다.

브랜드 구조를 고려해야 할 이유는 많다.

이러한 구조는 소비재 기업에서 흔히 볼 수 있는 것처럼 단일 브랜드가 패밀리 브랜드로서 모든 제품에 전체적으로 사용되거나, 기업 브랜드가 다수의 틈새 표적 브랜드를 지원한다는 점에서 '한몸'이라고 볼 수 있다.

패밀리 브랜드의 경우에 구분된 다른 시장(예를 들면, 도요타는 차별화 제안으로 부유한 고객을 목표로 하는 렉서스를 개발함), 다른 사업 활동(타임, AOL, 워너 브라더스의 경우)을 반영하거나, 개별 제품 브랜드를 사용하여 기업 브랜드를 강화하거나 재배치할 수 있다. (제품 브랜드인 아이패드는 기업 브랜드인 애플을 더 멋지고 매력적으로 만들었다.)

패밀리 제품 브랜드

```
          디아지오
     ┌───────┼───────┐
   기네스   베일리스    J&B
```

패밀리 비즈니스 브랜드

```
          타임워너
     ┌───────┼───────┐
   타임  워너 브라더스   AOL
```

패밀리 세그먼트 브랜드

```
         폭스바겐 그룹
     ┌───────┼───────┐
   폭스바겐   아우디    스코다
```

단일 기업 브랜드

```
        아메리칸 익스프레스
     ┌───────┼───────┐
  아멕스 카드  아멕스   아멕스 보험
           여행사
```

적용 브랜드 구조

비즈니스의 각 부분과 각기 다른 고객들을 어떻게 브랜드를 통해 한데 모으는가? 하나의 브랜드로 모든 것을 연결해야 하는가? 아니면 귀사의 다양한 비즈니스나 시장을 지원하기 위해 여러 개의 브랜드가 더 적합한가?

1. 무엇을 고려해야 하는가?

현재의 비즈니스 및 제품 포트폴리오를 모두 고려한다.

2. 내부의 관점을 어떻게 외부에 반영하는가?

시장 및 고객 구조를 어떻게 반영하고 있는가?

3. 브랜드 구조는 어떻게 설정할 것인가?

'단일 브랜드'를 사용할 것인가? '패밀리 브랜드'를 사용할 것인가? 브랜드 구조를 고려한다.

4. 브랜드 구조가 가치를 높여주는가?

하위 브랜드나 기업 브랜드가 특정 고객에게 관련성을 높여주는지 확인한다.

5. 올바른 브랜드 구조를 선택하라.

브랜드 구조가 가져오는 효과를 구체화하여 실용적이 되도록 차별화한다.

6. 하는 일을 재정립해보라.

논리적이고 설득력 있는 방법으로 이를 포착하기 위한 정체성과 명명법을 개발한다.

> **개념** 브랜드의 영향력

브랜드는 일반적으로 광고의 영향을 통해, 그리고 브랜드가 창출하는 인식의 정도에 의해 평가된다. 그러나 이는 브랜드 자체보다는 광고의 척도라는 점에서 오해의 소지가 있다. 또 인지도가 매출로 이어진다는 보장도 없고, 브랜드 역량과 수익성 사이에는 거의 상관 관계가 없다.

더 나아가 브랜드와 브랜드가 창출하는 매출의 상관 관계를 완전히 알 수는 없다. 브랜드 광고에 대한 투자의 약 60%는 미래의 매출을 추구하는 것이며, 당장의 비용과 수익의 상관 관계를 파악하는 것은 어렵다는 것이 일반적인 인식이다. 그러므로 오늘날 브랜드 구축의 영향과 미래의 사업성과를 이끌어 낼 수 있는 잠재력을 포착하기 위해서는 다른 무언가가 필요하다. 이것이 브랜드 자산의 역할이다.

브랜드 자산은 브랜드의 미래 잠재력, 즉 브랜드가 오늘날 고객에게 미치는 영향을 통

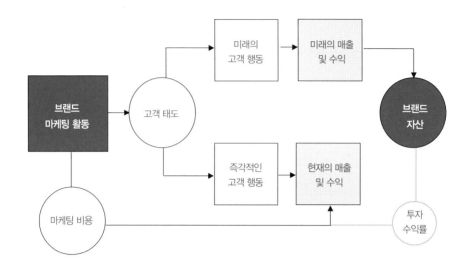

해 미래에 파생될 예상 매출을 가늠하려는 시도다. 이를 위해 브랜드가 목표 고객에 대해 추구하는 태도와 행동을 이해한 다음, 이러한 태도와 행동들이 어떻게 미래의 매출로 축적되고 전환되는지의 상관 관계를 탐구하고자 한다. 물론, 고객의 실제 행동은 미래의 맥락과 구매 시점에서의 추가적인 판매 및 마케팅 활동에 의해서도 영향을 받을 것이다.

브랜드 자산은 일반적으로, 처음부터 고객 행동의 핵심 동인이라고 생각하는 척도들을 합친 지수로서 표현된다. 시장 조사는 고객들이 가장 선호하는 태도적 요인(항공사의 경우 편의성, 가용성 및 서비스 수준)을 파악한 후, 이런 요인들이 어떤 행동을 유발하는지(구매, 허용할 수 있는 가격 차이, 소개)를 이해하기 위해 실시한다. 이런 요인들은 시장, 영역(분야), 제품에 따라 다를 수 있다. 이러한 속성 평가를 지속적으로 추적하면 브랜드 자산 점수로 취합될 수 있다.

이 점수를 가시적으로 비즈니스에 적용하기 위해 이를 재무적 영향, 특히 향후 발생할 수 있는 예상 매출 및 이를 창출하기 위한 비용과 비교해 볼 것이다. 이러한 미래 현금흐름 분석으로 사업을 평가하면 다음 연도에 발생할 총이익을 알 수 있을 것이다.

마케터들은 브랜드와 그들의 마케팅에 대한 가치 기반 분석을 통해, 브랜드 투자에 대한 진정한 수익을 반영함으로써 아직은 수익성이 좋아 보이지는 않지만 미래에는 좋아질 수 있는 분야에 대한 투자를 정당화할 수 있다. 이러한 가치 기반 분석은 마케터가 회사에게, 그리고 회사는 투자자들에게, 회사의 전반적인 미래 잠재력의 요인들을 보여줄 수 있게 해줄 뿐 아니라 기업의 시장 가치를 유지하는 데에도 도움이 된다.

'브랜드 가치'라는 말이 자주 언급되는데, 대부분의 경우 이 말은 제품과 서비스가 제공하는 이익을 포함한, 브랜드 제안의 모든 관련 측면을 말한다기보다는 브랜드 상표에 귀속될 수 있는 전반적인 가치를 의미한다. 이 가치를 계산하는 한 가지 방법은 기업이 상표권을 소유하지 않고 대신 제3자에게 상표의 사용료를 지불해야 한다고 가정하고, 잠재적 미래 이익 흐름과 관련해 향후 몇 년 동안 이 수수료가 얼마가 될 것인지를 계산하는 것이다.

이런 의미에서의 브랜드의 가치는 기업의 전체 가치에서 상당한 비중을 차지한다. 운영적 차원에서는 브랜드 가치가 아는 것을 직접적으로 적용할 일이 거의 없지만, 기업 인수 합병이나 매각의 경우에는 기업 가치를 정당화하거나 세무상 무형자산의 가치를 정당화하는 데 훨씬 더 유용하다.

무형자산의 가치가 계속 상승함에 따라(현재 포춘 500대 기업의 시장 가치의 약 75%가 무형자산 가치) 점차 기업은 무형자산의 가치를 명확히 할 필요가 높아지고 있으며, 무형자산의 가치가 큰 기업들, 즉, 지적 재산권이 향후 현금 유동성을 좌우할 정도의 기업들은 무형자산을 특별하게 관리하고 측정해야 한다는 것을 잘 알고 있다.

현재 국제회계기준에서는, 이러한 자산을 단지 영업권으로만 한정하기보다는 더 구체적으로 정의할 수 있도록 되어 있지만, 조직 내에서 개발되는 것은 인정하지 않고 취득한 경우에만 대차대조표에 표시할 수 있도록 허용하고 있다. 회사가 취득한 무형자산이 매년 가치가 감소하지 않았음을 증명할 수 있는 한, 취득한 무형자산은 대차대조표에 그대로 유지될 수 있다. 그러나 여전히 조직 내에서 개발된 대부분의 브랜드와 그밖의 무형자산은 공식적 방법으로는 회계에 반영될 수 없다.

영감 3. BMW

BMW의 유명한 파란색과 흰색의 로고는 하늘과 움직이는 프로펠러를 나타내며, 항공기 엔진을 만들던 1916년 초기 시절을 반영하고 있다. 그러나 BMW는 10년도 안 돼 모터바이크와 자동차를 만드는 회사로 빠르게 변신했다. 그 이후로 회사는 '최고의 운전 경험'을 만드는 데 초점을 두고 있다.

아마도 그렇게 오랜 시간 동안 브랜드가 상징하는 바를 끊임없이 집중과 일관성을 가지고 유지한 브랜드는 없을 것이다. BMW 브랜드는 모든 사람이 다 가질 수 없는 럭셔리하고 엘리트주의적인 브랜드로, 2등을 용납하지 않는 사람들에게 어필해 오면서 오랜 세월 동안 하위 브랜드도, 모델명도 없이 단지 BMW라는 브랜드로 존재해 왔다. 이 회사는 오늘날 미니(Mini)와 롤스로이스(RollsRoyce) 브랜드의 모기업이기도 하다.

BMW는 유구한 역사뿐 아니라 모든 면에서 일관성 있는 브랜드의 모델이기도 하다. 브랜드가 품고 있는 궁극적인 주제는 제품과 서비스, 광고와 쇼룸을 통해 브랜드의 우수성을 상징해 왔다. 실제로 BMW 쇼룸은 시각적으로나 체험적으로 브랜드의 가치를 발산하는 브랜드의 성전에 가깝다. 잠재 고객들을 끌어들이는 힘은 단순한 쇼룸 이상의 의미를 지닌다.

예를 들어 온라인 전용 단편 영화 시리즈를 모아 놓은 'BMW 상영관'이라는 사이트는 혁신적인 마케팅 캠페인으로 많은 상을 받았다. BMW는 미국 시장에서 처음 진출하면서 젊은 기업 임원들보다는 보다 나이가 있는 기업 임원들을 타깃으로 삼고, 10분이 채 안 되는 아름다운 단편영화 8편을 제작해 이 사이트에 올렸다. TV와 신문 광고는 그들의 존재만 부각시켜 표적 시장에 호기심을 유발했고, 고객이 원하는 경우에만 더 많은 것을 볼 수 있도록 했다. 이런 언더그라운드 광고 캠페인은 사람들 사이에서 금방 퍼져 나갔고 BMW는 새로운 세대의 브랜드 우상이 되었다.

고객의 접근을 제한하는 특이한 접근법은 브랜드를 구축하기 위해서는 대량 광고, 이미지를 보여주는 TV 광고, 그리고 신문 광고 캠페인이 필요하다는 고전적인 규칙을 무너뜨렸다. 대신 BMW는 고객들이 원하거나 친구들이 추천하면, BMW에 대해 더 많이 알아볼 수 있도록 초대했다. BMW는 또 동일한 브랜드라 하더라도 다른 고객층에게 어필하기 위해서는 매우 다른 방식으로 표현될 필요가 있다는 점도 인식했다. 기술 기반의 맞춤형 메시지는 실제 관계에서도 중요한 상호작용의 방식이다. 누군가가 당신이 큰 관심을 가지고 있는 것에 대해 이야기할 때 잘못된 방식으로 말한다면, 당신은 그에 대한 관심이 없어지기 때문이다.

고객의 인지도, 태도 및 행동을 바탕으로, 고객이 당신의 브랜드에 얼마나 관심을 갖고 있는지를 어떻게 측정하는가? 브랜드에 대한 현재의 호감도를 바탕으로 향후 고객의 구매 성향을 어떻게 계량화하는가?

1. 브랜드 인지도를 파악하고 이해하라

   브랜드의 속성이 어떻게 인지되고 있는지, 브랜드가 고객에게 상대적으로 얼마나 중요한지 조사한다.

2. 브랜드를 태도와 연계하라

   브랜드가 고객의 태도(선호도, 호감도, 인지도)를 얼마나 이끄는지, 브랜드가 고객에게 상대적으로 얼마나 영향을 미치는지 그려본다.

3. 행동을 구매로 연결시켜라

   이러한 태도가 어떻게 고객의 현재와 미래의 구매로 이어지는 행동을 유발하는지 이해한다.

4. 브랜드의 현재 영향을 계량화하라

   현재의 판매를 창출하는 브랜드 속성의 성과를 계량화한다.

5. 브랜드의 미래 영향을 예측하라

   미래의 판매를 창출할 브랜드 속성의 성과를 계량화한다.

6. 브랜드 자산의 측정 및 추적하라

   브랜드의 미래 판매 요인을 '브랜드 자산 지수'로 구체화한다.

지능적인 고객을 이해하라

"내가 디자이너 향수를 뿌릴 때에는 나는 더 없이 매력적인 사람이 된다. 내 BMW에서 내릴 때에는 나는 영락없는 금융회사 간부다. 스트롱 라거를 마실 때 나는 비뚤어진 청년이다. 리바이스 청바지를 입으면 비로소 멋진 사나이가 된다."

–영화배우 존 케이(John Kay)

"새로운 세기에는 다양성이 국가의 건강과 부를 규정할 것이다. 혼혈 인종이 권력을 잡고 세상을 앞서갈 것이다. 혼혈인들, 사생아들, 문제아들, 흠씬 두들겨 맞은 사람들, 출신을 알 수 없는 사람들이 지구를 계승할 것이다. 인종 간 혼합이 새로운 표준이 될 것이다. 인종 간 혼합이 고립을 이기고, 나아가 창의력을 낳고, 인간 정신을 배양하며, 경제 성장을 촉진하고, 국가들에게 힘을 실어줄 것이다."

–G. 파스칼 재커리(G. Pascal Zachary)

고객… 소비자, 중개자, 인플루언서, 의사결정자, 대리점, 사용자, 수혜자, 기업은 오래 전부터 우리의 제품과 서비스에 대한 수요를 창출하고, 매출을 발생케 함으로써 우리가 회사를 지속할 수 있게 해주는 그런 사람들에게 초점을 맞추고 있었다.

오늘날의 고객들은 그 어느 때보다 다양하고 개인적이며, 총명하고 요구 사항도 많다. 100년 전 새 자동차를 사는 사람들은 수십 년 동안 거의 변하지 않은 포드의 '모델 T'가

더 지능적인 통찰력	더 창의적인 통찰력
연구: 고객을 질적, 양적으로 모두 이해함으로써 새롭고 특별한 통찰력을 찾는다.	**통찰력**: 패턴과 동향을 관찰함으로써 고객과 고객의 욕구가 어떻게 진화할 것인지 예측한다.
세그먼트: 비슷한 사람들끼리 모인 집단을 찾아, 그들을 더 잘 이해하고, 가치가 가장 높은 사람들을 표적으로 삼는다.	**개별성**: 모든 고객들은 나름의 고유한 욕구, 동기 부여, 열망을 가지고 있다는 것을 인식한다.
책임감: 법적으로나, 윤리적으로나, 사회적으로 책임을 지는 방식으로 마케팅을 구사함으로써 그들의 사회에 긍정적으로 기여한다.	**투명성**: 보다 개방적이고 협력적인 관계를 통해, 고객을 지능적인 사람으로 인식한다.

'검은색이든 어떤 색이든'으로 구입하는 것만으로도 더할 나위 없이 기뻐했겠지만, 오늘날 고객들은 똑똑하고, 많은 것을 기대하며, 까다롭다. 겉으로 드러나는 요구는 물론 겉으로 드러나지 않은 요구들도 매우 중요하다.

그들은 BMW를 타고 다니면서도 물건 값이 가장 싼 곳을 찾아다닌다. 그들의 동기와 열망은 복잡하고 개인적이다. 그것을 제대로 해독하려면 고도의 지능을 갖춘 마케터가 필요하다.

실제로 오늘날 고객들은 더 이상 단순하게 구분되지 않기 때문에, 세분화와 같은 고전적인 마케팅 기법은 그런 시장을 이해하는 데 점점 더 어려움을 겪는다. 어떤 기업들은 서로 관련이 있는 고객들을 분류하려면 적어도 400~500개 집단으로 세분화해야 한다는 것을 알고 있다. 실제로 그러한 고객 집단 분류는 더 이상 단순한 물리적 또는 인구통계학적으로 분류되지 않는다. 사는 지역을 나타내는 우편번호, 사회경제적 그룹, 직업 등은 고객이 누구인지를 설명하는 데 있어서 그 어느 때보다도 관련성이 떨어진다.

또 삶이 더 복잡해진다는 것은, 우리가 어느 다른 활동에서는 전혀 다른 부류의 집단에 속하기도 한다는 것을 의미한다. 최고의 자동차에 높은 가격을 지불할 준비가 되어 있지만 매주 쇼핑에서는 한 푼이라도 절약하고 싶어 하고, 비싼 전기요금 회사를 더 싼 곳으로 바꾸는 것은 게으르면서도 항공료를 아끼기 위해 두 배의 거리로 우회하는 저가 항공사를 타기도 하는 등 우리는 그런 결정을 할 때 주로 기분에 의해 많이 좌우된다.

우리의 생활 패턴도 훨씬 더 예측하기가 어렵다. TV에는 500개의 채널이 있고 하루 24시간 방송한다. 누가 무엇을, 언제 보는지 알기도 어렵고, 어떻게 광고 타깃을 잡아야 하는지, 어느 프로그램에 광고를 해야 할지 판단하기도 어렵다. 또 우리 인생의 각 단계도 더 많은 사건들과 예측 불가능성으로 인해 더 복잡해졌다. 우리는 더 자주 이사를 다니며, 더 자주 결혼하고, 더 자주 직업을 바꾼다.

소비자들은 그동안 어떤 식으로 변화해 왔을까?
- 우리는 그 어느 때보다도 제품 자체를 덜 중요하게 생각한다. 대신 브랜드와 어떻게 관계를 맺는지가 훨씬 더 중요하다.
- 우리는 나이 든 사람들보다는 젊은 사람들을 좋아한다. 모든 연령 대에서 어른이 되어 존중 받기보다는 젊어지기를 열망한다.
- 우리는 돈보다 삶을 더 중시하며, 현금보다는 지식, 우정, 건강을 선호한다.
- 우리는 우리가 좋아하거나 중요하게 여기는 것을 더 많이 하려고 하며, 좋아하지 않거나 중요하지 않다고 여기는 것들은 최소화하려고 한다.

브랜드와 마케팅에 대한 우리의 태도도 변했다. 우리는 지능적 소비자의 시대에 살고 있다. 소비자들은 거래하기 전에 아마도 판매원보다 훨씬 더 많은 제품 조사와 가격 비교를 했을 것이다.

투명성은 약속이 실현되어야 한다는 것을 의미한다. 오늘날 소비자들은 제품 자체의 품질보다 기업이 사회적 책임을 다하고 있는지, 직원들을 어떻게 대하고 있는지에 따라 브랜드를 선택한다. 실제로 그에 따라 기업과 브랜드에 대한 신뢰가 어려움을 겪기도 했다. 정말로 청렴결백을 추구하는 회사는 그렇게 많지 않다. 그러나 신뢰는 상대적 개념이다. 다음은 헨리 센터(Henley Centre)의 연구 결과다.

- 미국 소비자는 스타벅스에 대해 평균 69%의 신뢰도를 가지고 있지만 영국 소비자는 36%, 프랑스 소비자는 12%에 불과하다.
- 은행들이 우리에게 믿을 수 없을 정도로 낮은 수익률을 제공하고 있지만 우리는 변호사들보다 은행을 더 신뢰한다.
- 개도국에서는 현지 브랜드보다 글로벌 브랜드를 더 신뢰하지만 선진국에서는 글로벌 브랜드보다 현지 브랜드를 더 신뢰한다.

이러한 점에서 마케팅에 대한 도전은 예나 지금이나 항상 있었다. 고객을 이해하고, 고객의 요구에 대한 솔루션을 개발하며, 고객 만족을 가져다줄 수 있는 적절한 방법으로 고객과 연결하고, 기업을 위한 이윤을 창출해야 한다는 것이다.

다만 100년 전보다 100만 배 더 복잡해졌다는 것뿐이다.

시장에서 무엇이 가능한지, 고객이 모른다면 고객이 원하는 것을 어떻게 이해할 수 있는 가? 아니면 그들은 그들의 욕구를 분명하게 표현하지 않은 것은 아닐까? 아니면 고객의 욕구를 표현할 적절한 단어가 없는 것일까? 다음에 무슨 일이 일어날지 어떻게 보고 있는가?

1. **시장 진화** 사회적, 경제적, 기술적 측면에서 향후 10년간의 주요 맥락적 추세의 전개를 가정해 본다.
2. **핵심 교차점** 이러한 각 맥락이 어디에서 분기점이 생기는지 미래의 중요한 '교차점'을 파악한다.
3. **고객 동향** 측정되거나 인지된 기존 고객 동향을 고려한다.
4. **고객 동향 추론** 맥락 전체에 걸쳐 고객 동향의 방향을 추론한다.
5. **전환점** 각 교차점에 있는 옵션에 대해 다양한 나뭇가지 도표를 만들고 고객 동향이 어떤 방향으로 바뀔 수 있는지 알아본다.
6. **미래의 가능성 취합** 모든 잠재적 결말을 파악해 어느 것이 가장 일반적이고 가능성이 높은지 파악한다.

개념 고객 통찰력

시장조사 데이터는 넘쳐난다.

대부분의 기업들에는 연구 보고서, 추적 데이터, 분석 스프레드시트 등이 산더미처럼 쌓여있다. 이런 작업을 수행하는 조사기관도 엄청나게 늘어나 데이터는 많을수록 좋다고 당신 회사를 압박한다. 그러나 실제로 기업들이 수집한 대부분의 정보는 쓸모없는 것들이다. 대부분의 정보는 정말로 기업에 중요한 이슈는 다루지 않으며, 대충 취합되고 평균화되어 진짜 중요한 정보는 빠져있기 일쑤고, 연구 결과와 상관없이 무엇을 하고 싶은지 이미 결정한 사람들이 요청하는 경우가 많다.

이와 같은 데이터 홍수에도 불구하고 아마도 그런 쓰레기 같은 정보들 때문에 기업들은 고객의 실제 요구, 동기 부여, 열망에 대한 통찰력을 거의 갖지 못한다. 그들은 정보는 시장 평균을 반영하기 때문에 정작 큰 의미가 없다. 오늘날 어느 고객이 그런 평균에 부합하며, 그런 일반적인 솔루션에 만족한단 말인가?

그러면 어떻게 통찰력을 얻을 것인가?

데이터는 정보가 아니다. 정보는 지식이 아니며, 따라서 지식은 통찰력이 아니다. 통찰력은 더 심오한 것이다. 그것은 당신에게 새롭고 유용한 것을 말해주고, 시장의 관습에서는 설명되지 않는, 전에는 생각하지 못했던 측면들을 고려한다. 통찰력의 맥락 속에는 지식이 있으며, '왜, 어떻게, 그리고 누가, 무엇을'에 대해 설명한다.

통찰력을 얻기 위한 첫 번째 단계는 필요한 것 이상의 많은 데이터를 수집하려는 행위를 중단하고, 모든 소비자들을 끊임없이 조사해야 한다는 욕심을 버리고, 가능한 모든 질문을 던지는 것이다. 그동안에는 목표를 명확히 하지 않고 무조건 조사를 해야 한다는 유혹 때문에 가장 중요한 질문에는 대답을 할 수 없었다. 심지어는 답이 사전에 정해져 있어, 질문에 대한 대응에 편견이나 제한이 가해지는 경우도 있었다.

많은 조사들은 고객들에게 그들이 원하는 것을 말하도록 요구하지만, 고객들은 충족되지 못한 욕구는 거의 드러내지 않는다. 가장 손쉬운 방법이라거나 조사기관이 가장 선호하는 방법이라는 이유로 어떤 이슈에든 동일한 기법을 사용하는 것도 문제다.

또 다른 문제는 조사기관이 조사 결과의 평균을 가지고 해석한다는 것이다. 그런 조사 결과는 누구에게도 큰 의미가 없다. 게다가 선입견, 늘 같은 표현과 주장을 남발하는 게으른 해석으로 결과를 편향시키기도 한다. 그들은 또 보다 민감한 차이를 깊이 연구하기보다는 그런 부정확성을 무마하기 위해 소수 둘째 자리까지의 숫자를 쓰는 습관이 있다.

마케터들은 진정한 통찰력을 줄 수 있는 조사, 해석 및 결정에 대한 보다 사려 깊은 접근법을 채택할 필요가 있다. 그러기 위해서는 다음 사항들이 고려되어야 한다.

- 목적을 염두에 두고 조사 요건을 결정한다. 조사의 목적이 수익 개선이라면 무엇이 수익을 창출하는지 이해해야 한다.
- 요약 및 평균화를 통해 평균에 속하지 않는 비정상적인 극단적 이상 요인들을 제거하기보다는 그런 요인들을 더 찾는다.
- 개념 테스트와 무드보드(mood board, 원하는 텍스트, 이미지, 개체 등을 미리 그려보는 것)에서부터 신경망 기술과 사이코그래픽스(psychographics, 수요 조사 목적으로 소비자의 행동 양식·가치관 등을 심리학적으로 측정하는 기술)에 이르기까지 광범위한 연구 기법을 활용한다.
- 문화기술학(esnography, 사회와 문화의 여러 가지 현상을 정량적이고 정성적인 조사 기법을 이용한 현장 조사를 통하여 연구하는 학문 분야)을 수용해, 고객들이 정말로 원하고 하고 싶어 하는 것을 고객에게 설명하도록 요구하기보다는 그들이 원하는 것을 꾸준히 관찰한다.
- 고객 지식의 모든 원천을 조사에 활용한다. 예를 들어, 고객의 불만은 통찰력과 관계를 가장 잘 알 수 있는 원천 중 하나다.
- 통찰력을 설명하는 다양한 언어를 찾는다. 고객 언어, 은유, 유추, 기호, 만화 및 역할극 등을 활용한다.
- 어떤 가정이나 주장을 전제로 하기보다는 개방적인 마음가짐을 유지하고 해석이 사

실에 기반한 것인지 확인한다.

- 의사결정자에게 자신의 해석보다는 원래의 정보를 제공하고, 고객에 대한 일화, 이 야기, 동영상 등을 적극 활용한다.

보고를 받는 사람, 즉 의사결정자들도 자신에게 제시된 통찰력을 추구할 수 있다. 그들이 그 분석을 이해하고 결론을 도출하는 통찰력을 갖고 있다면 당신에 제공한 정보에 더욱 몰입할 것이다.

궁극적으로 통찰력은 실용적이고 상업적 조치로 이어지는 경우에만 가치가 있으므로, 통찰력 프로세스는 혁신 및 의사 전달 프로세스와 밀접하게 일치해야 한다.

분석 및 순서 프레임워크는 데이터를 이해하는 데 유용하다. 예를 들어, 어떤 요소가 다른 요소보다 더 필수적인 위생 요소인지, 어떤 요소가 기능 차별 요인의 영역에 있는 요소들인지 이해하는 데 매우 유용하다. 고객이 단지 요구만 하는 것은 무엇이고, 보다 더 감성적인 차원에서 고객에게 활력을 불어넣는 것은 무엇인지 이해해야 한다.

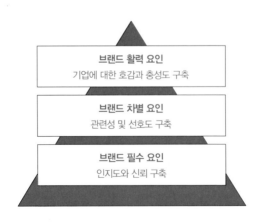

브랜드 활력 요인
기업에 대한 호감과 충성도 구축

브랜드 차별 요인
관련성 및 선호도 구축

브랜드 필수 요인
인지도와 신뢰 구축

모든 것이 중요하다고 생각하기보다는 보다 엄격한 분석 기법을 사용해 각 요인들의 상대적 중요성을 이해한다. 무형 이미지에서부터 가격 탄력성 등, 복잡한 옵션들 사이에서 균형을 이룰 수 있는 기술적 기법을 사용하면, 원하는 성과 수준이나, 경쟁 업체나 다른 기준과 비교한 상대적 성과를 이해할 수 있을 것이다.

고객 조사, 정보 및 통찰력은 시장조사 부서에 사장되어서는 안 되고 회사 내 모든 사람이 자유롭게 접근할 수 있어야 한다. 실제로 최고의 통찰력은 예상치 못한 팀들이 그 지식을 활용해 다른 이슈와 활동에 연결하고 혁신과 성과 개선을 추진할 때 찾아올 수도 있다.

미국 베일러 의과대학의 신경영상연구소 웹사이트에 소개된 최근의 한 접근 방법은 비외과적 촬영 기술인 기능적 자기공명영상(FMRI, 두뇌 신경조직의 자기적 영상신호를 통해 두뇌 활

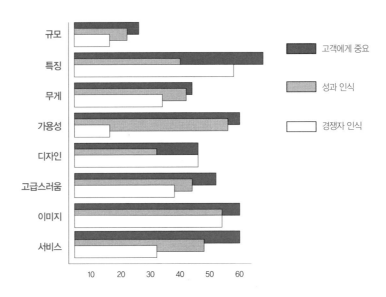

성화를 시각화하는 기법)을 사용해 소비자의 행동을 이해하는 것이었다.

그들은 자원 봉사자들에게 이른바 '펩시 챌린지(Pepsi Challenge)'를 시도하면서 그들의 두뇌 반응을 살펴보았다. 코카콜라와 펩시콜라의 라벨을 표시하지 않은 상태에서, 펩시에 대한 반응이 5배 더 강력했다. 이는 뇌의 보상 센터 중 하나인 복부 경막에서 가장 두드러지게 나타났다.

그러나 브랜드가 공개되자 거의 모든 자원봉사자들이 코카콜라를 선호했다. 코카콜라라는 브랜드가 뇌의 다른 부분, 즉 사고와 판단, 그리고 우리의 '자아의식'과 더 관련이 있는 영역인 내측 전두엽 피질을 자극한 것이다.

이 실험에서, 브랜드는 확실히 더 높은 차원에서 사람들에게 반향을 불러일으키지만 기능적 반응은 무시한다는 것을 알 수 있다.

영감 1. 자라

아만시오 오르테가와 그의 여자 친구는 스페인 북부의 라 코루냐 항구의 한 상점에서 아름다운 여성 실크 가운을 발견했지만, 작은 셔츠를 만드는 그들의 회사 예산으로는 엄두도 못낼 만큼 가격이 비쌌다.

그날밤 그는 자신의 작업장으로 돌아와 그가 본 것을 몇 분의 일도 안 되는 가격으로 재현해 냈고, 급기야 여자 친구와 중저가 잠옷과 란제리 사업을 시작했다. 대중의 반응이 너무 좋았기 때문에 그들은 재빨리 더 넓은 패션시장으로 진출했고 마침내 1975년에 조용하고 따분한 어촌에서 첫 번째 가게를 열었다.

오르테가는 기성복 시장이라는 비전을 추구하면서, 패션계의 최신 아이디어와 거리의 유행을 누구보다도 빠르게 새로운 제품에 반영했다.

그의 사업은 1980년대에 들어 급속히 성장했고, 1989년에 마침내 패션의 본고장인 파리와 뉴욕에 첫 해외 매장을 열었다. 더 흥미로운 접근 방식은 자라(ZARA)가 서로 다른 시장에서 서로 다른 경쟁 포지션을 채택한 것일 것이다. 스페인에서는 저가 하이패션을 추구했고, 미국에서는 프리미엄 가격을 추구했으며, 영국에서는 중간 가격 전략을 구사했다.

자라는 현재 오르테가의 인디텍스 그룹 내에서 가장 큰 브랜드로, 매출 30억 파운드에 4만 명의 직원을 거느리고 있으며 풀 & 베어, 마시모 두띠 같은 후원 브랜드도 가지고 있다. 오르테가가 여전히 진두지휘하고 있는 인디텍스 그룹의 본사는 라 코루냐에서 가까운 거리에 있는데, 이곳에는 시장조사와 패션 잡지에 종사하거나 패션쇼장에서 막 돌아온 디자이너들이 늘 새로운 아이디어를 빠른 시간 안에 거리로 보내기 위해 늘 분주하다.

(인디텍스의 2019년 매출은 310억 달러를 기록했다. 오르테가는 2005년에 일선에서 물러나고 파블로 이슬라를 CEO로 영입했다. 이슬라 CEO는 제조·직매형 의류[SPA] 혁명을 완성했다는 평가를 받으며 현재는 CEO겸 그룹 회장까지 맡고 있다.)

자라의 성공의 진짜 원천은 속도와 효율성이다. 모든 것이 물 흐르듯 흐르며 자라는 언제나 저렴한 가격에 최신 패션을 가장 먼저 선보인다. 그 개념은 새로운 디자인의 지속적인 창출과 빠른 보완에 달려 있다. 자라의 '감각 및 대응' 접근 방식은 항상 패션 사이클의 선두에 서며 수요와 가격이 가장 높고, 이것이 높은 효율의 공급망과 결합돼 마진이 가장 높은 시기를 놓치지 않게 해준다.

55개국에 있는 750개의 자라 매장 중 한 곳을 방문해 보라. (자라는 2019년 12월 현재 85개국에 7412개의 매장을 운영 중이나 2020년 6월에 코로나 여파로 1200개 매장을 폐쇄하겠다고 발표했음.)

몇 주 이상 같은 패션이 걸려 있는 법이 없으며 매일 신상품이 들어온다. 연간으로는 1만 1000여 종의 상품이 판매되는 자라 매장에 단골 방문자와 충동 구매자들의 발길이 끊이지 않는 것은 전혀 이상한 일이 아니다. 실제로 고객들은 1년에 평균 17번 자라 매장을 찾는다.

자라의 매장 경험은 또한 이미지 기반 TV와 신문 광고를 통한 전형적인 패션 접근 방식을 거부하는 최고의 마케팅 플랫폼이다. 이 회사는 널찍하고 현대적인 인테리어와 세련된 네이비 색상의 장바구니가 단지 몇 초에 끝나는 혼잡스런 TV광고보다 훨씬 더 고객을 매장으로 이끈다는 믿음을 가지고 있다. 실제로 자라는 매출의 0.3%를 마케팅 비용으로 쓰지만, TV광고를 하지 않아도 여전히 패션계에서 가장 많이 언급되고 고객들이 가장 많이 찾는 브랜드 파워를 구축했다.

스페인 갈리시아 출신의 아만시오 오르테가는 아르마니(Armani), 클라인(Klein), 돌체(Dolce), 가바나(Gabbana) 같은 브랜드들에 비해 패션계에서 가장 잘 알려진 이름은 아닐지 모르지만, 그는 세계 최고 부자 중 한 명이다. 포브스 세계 최고 부자 리스트에서 개인 재산 90억 달러가 넘는, 명품 회사 LVMH의 베르나르 아르노만이 포브스 세계 최고 부자 리스트에서 그를 앞질렀을 뿐이다. (IT부자들이 나타나기 전 얘기인데 2020년 8월 현재 베르나르 아르노 LVMH 회장은 1119억 달러로 3위, 아만시오 오르테는 664억 달러로 12위에 올라 있다.) 그는 스페인에서는 최고 부자다.

같은 스페인인으로서 파블로 피카소는 큰 감명을 받았을 것이다.

적용 고객 통찰력

고객의 욕구를 이해하는 구조와 순서를 어떻게 설정하는가? 어느 욕구를 먼저 충족시켜야 하는가? 좋기는 하지만 감성적 차이를 드러내는 것은 어떤 것인가? 차별화를 위한 가장 좋은 기회는 어디에 있는가?

1. **목표 고객 고려** 목표 고객의 욕구, 동기 및 열망을 고려한다.
2. **'필수 요인'은 무엇인가?** 반드시 해야 하는 '필수 요인'을 규명한다. 법적으로 필요한 것과 고객이 기대하는 것을 구분한다.
3. **'활력 요인'은 무엇인가?** 변화를 일으킬 수 있는 작지만 꼭 필요한 요인인, 감성적으로 동기를 부여하는 '활력 요인'을 찾는다.
4. **'차별 요인'은 무엇인가?** 임의적이긴 하지만 유용한, '차별화'될 수 있는 보다 합리적인 욕구를 파악한다.
5. **무엇에 초점을 맞출지 선택한다** 단계별 주요 속성을 선정하고 그것들이 개별적으로 어떻게 다를 수 있는지 검토한다.
6. **브랜드의 약속에 맞춘다** 이 욕구 구도를 제안된 브랜드 구조와 일치시킨다.

개념 고객 책임

조직의 투명성 향상, 보다 정교하고 개인화된 마케팅 기법의 증가, 조직의 공격적인 행동, 고도로 브랜드화된 마케팅이 주도하는 세상의 사회적 함의, 마케터들은 이런 것들에 대해 늘 관심을 가져야 한다.

마케팅 관련 입법이 그 어느 때보다 빠른 속도로 늘어나고 있기 때문에, 개인과 규제당국의 관심 사항에 대응하기 위해서는 마케터들에게 자신의 행위에 대한 보다 광범위하고 적극적인 책임이 요구된다.

오늘날 오만하고 편협한 마케팅에 대한 반발이 거세지고 있다. 나오미 클라인이 그의 책《슈퍼 브랜드의 불편한 진실》에서 이 문제를 제기했지만, 보다 최근의 예로는 리바이스에 의해 고용돼 10대들의 욕구를 살펴보기 위해 라틴 아메리카를 여행한 여행작가 아마란타 라이트를 들 수 있다. 그녀는 남미 여행에서 자신이 발견한 것에 좌절감을 느끼고는 회사의 요구와는 달리,《잔혹하고 폭력적인(Ripped and Torn)》이라는 책을 써서 서구 브랜드들이 개발도상국 사람들을 자기들 입맛대로 다루고 그들을 자기들의 소비자로 바꾸려는 오만함을 폭로했다.

다음은 이와 관련하여 마케터들이 주의해야 할 가장 중요한 사항들이다.

- **프라이버시** – 미디어, 전화, 메일, 문자 및 이메일의 폭격을 끊임없이 받는 세상에서, 사람들은 자신과 자신의 정보를 보호하기를 원한다.
- **빚** – 사람들은 언제든 가능한 쉬운 결제 조건과 신용으로 더 많은 돈을 쓰고, 고급 브랜드를 사고 싶도록 부추김을 받는다.
- **환경** – 포장, 과도한 구매, 오염을 통해 발생하는 엄청난 양의 폐기물은 사람들의 지나친 소비 중심주의가 초래한 직접적인 결과물이다.
- **건강** – 설탕과 지방에 대한 사람들의 편애와 영양가 있는 음식을 좋은 것처럼 호도하는 마케터들에 의해 비만이 전염병 수준으로 확산되고 있다.
- **어린이** – 오늘날 마케터들은 어린이들에게까지 무책임한 제품 광고를 퍼부으며 무

책임한 역할 모델로 그들의 소비욕구를 조장하고 있다.

- **진실성** – 마케터들은 정직성, 도덕성, 존경심, 윤리의식이 요구되며 긍정적 역할 모델을 제시해야 한다.

마케터들은 개별적으로는 물론 공동체로서 이러한 문제들을 포함한 여러 문제들을 다룰 책임이 있다. 우리는 각자의 의도대로 사업 목표를 추구할 수 있지만 고객과 사회에 미치는 부정적인 결과는 궁극적으로 우리 자신에게 되돌아 오게 될 것이다. 결국에는 브랜드 평판을 손상시키거나 지속 불가능한 시장에 직면하게 될 것이다. 나이키는 제3세계의 공장들이 최고의 기준을 갖추게 함으로써 이에 대응했다. 맥도날드는 건강을 의식하는 회사로의 전환이 회사를 구해주기를 바라면서 생존을 위해 노력하고 있다.

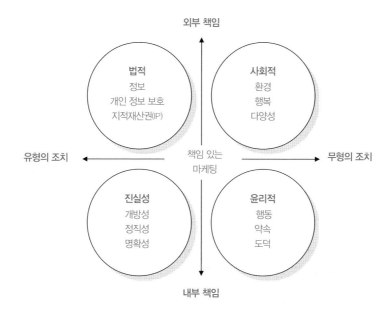

하지만 그런 최후의 대응 이상의 것이 필요하다. 책임감은 조직과 그 브랜드의 핵심이 되어야 한다. 영국의 협동조합은행이나 스케이트복을 만드는 호위스 같은 회사들은 회사를 윤리적인 회사로 포지셔닝시키며 차별화를 기하고 있고, 영국 제과회사 캐드베리 슈웹스나 나이키 같은 회사들은 그런 책임을 다하는 것이 좋은 사업 관행이라는 것을 인식하고 매년 CSR 보고서를 발표하며 이른바 '트리플 바텀 라인'(triple –bottom line, 기업의 성과를 경제적 수익성, 사회적 책임, 환경 지속성의 세 가지 기준으로 측정하는 것)을 중요하게 여긴다.

마케터들은 그들의 회사와 고객에게 더 책임감 있는 접근 방식을 취해야 하며, 이러한 책임감이 브랜드의 핵심이 되어야 한다. 위 그림에서 보는 바와 같이, 책임감 있는 마케팅은 내적, 외적 과제를 모두 다루어야 하며, 이를 위해서는 행동과 태도의 변화가 요구되고, 기업으로 하여금 열린 태도로 시장과 지역사회에 봉사할 수 있도록 도와야 한다.

영감 2. 카페 다이렉트

재배자 중심의 브랜드가 되기 위해 카페 다이렉트는 감동적인 방식으로 회사를 성장시키고 있다. 영국 최초로 공정무역을 추구한 이 회사는 영국 6위의 커피 브랜드로, 공정 무역 매출이 전체의 25%를 차지한다.

실제로 카페 다이렉트(CAFÉ DIRECT)는 오늘날 세계 최고의 공정무역 제조회사 중 하나다. 이 회사의 브랜드인 카페 다이렉트, 5065, 티 다이렉트, 코코아 다이렉트는 세계 대부분의 슈퍼마켓에서 판매되고 있으며, 최근에는 영국의 유력 소비자 〈잡지 위치(Which?)〉에 의해 사람들이 가장 선호하는 커피로 뽑혔다.

이 회사는 1991년, 그보다 두 해 전에 국제커피협정(International Coffee Agreement, 커피의 수급조절과 가격 안정화를 도모하기 위하여 체결된 국제상품협정)이 파기되자 그에 대응하기 위해 국제 빈민구호단체 옥스팜, 기술교육기관 트레이드크래프트, 미국의 공정무역 협동조합 이퀄 익스체인지, 영국의 대안 무역회사 트윈 트레이딩이 공동 설립했다. 이 협정의 파기로 커피 가격은 30년 만에 최저치로 폭락했고, 수많은 소규모 커피 농가의 생계가 심각하게 위협받고 있었다.

카페 다이렉트의 '공정무역 금본위제(Gold Standard Fair Trade)' 정책은 재배농가의 농작물에 대해 시장 가격보다 높은 공정 가격을 보장한다. 카페 다이렉트는 또 총이익의 일부(2003년에는 8%)를 제휴 생산자 회사에 다시 투자함으로써 시장 정보, 경영 교육 및 기타 사업 성장에 필요한 것 등 광범위한 활동을 지원한다. 그 결과는 막대하다. 일반적으로 커피 한 병에 농부들은 매장 가격의 약 5%를 받지만, 카페 다이렉트를 통하면 20%를 받는다. 카페 다이렉트는 현재 11개국 33개 생산자 단체로부터 커피를 구매하고 있는데, 이는 적어도 25만 명의 커피 재배업자들이 상당한 수입을 보장받고 있다는 것을 의미한다. 카페 다이렉트는 또 많은 교육 및 지원 프로그램에도 자금을 지원한다.

그러나 카페 다이렉트는 자선단체가 아니다. 이 회사는 수익을 추구하는 회사이지만 자신의 원칙을 강력하게 준수하며, 이는 앞으로도 바뀌지 않을 것이다. 호주 브라이튼 해변에서부터 영국 에든버러 페스티벌에 이르기까지 어디에서나 라이브 이벤트가 열리는 5065 브랜드의 '5065 리프트' 마케팅 캠페인은 과격할 정도로 유쾌해 사람들에게 카페인과 함께 아드레날린 효과까지 주고 있다.

이 브랜드의 윤리적 마케팅과 재정적인 성공을 이끈 마케터 실비 바는 '커피와 차 시장이 전반적으로 정체되어 있거나 쇠퇴하는 상황에서 우리의 성장은 충분히 주목할 만하다'고 말한다. 실제로 이 회사의 두 자릿수 성장은 인스턴트 커피 판매량이 두 자릿수 가까이 떨어진 커피 대기업 네슬레와는 대조적이다.

카페 다이렉트는 더 높은 목적을 가진 회사를 만들기 위해, 이윤의 차원을 넘어, 내일 할 일을 오늘 하고 있다고 생각한다. 고객들도 이 회사를 보며 구매 결정에 가격 이상의 다른 것이 있다는 것을 인식하고 있다.

비즈니스 모델의 핵심은 경제적 성공과 우리의 삶을 더 좋게 만드는 일을 균형 있게 추구하는 것이다.

적용 책임 있는 마케팅

당신은 어떻게 고객에게 책임감 있는 마케팅을 하는가? 윤리와 성실함을 갖추고 있는 가? 가장 큰 관심사는 무엇이고, 그것은 앞으로 어떻게 진화할 것인가? 지금 당장 해야 할 일은 무엇인가? 그리고 이러한 관심이 어떻게 차별화의 기회가 될 것인가?

1. 책임성 있게 평가한다.

   현재의 비즈니스 모델과 이니셔티브를 네 가지 책임 차원에 맞춰 계획한다.

2. 문제 영역을 찾는다.

   긍정적 또는 부정적 성과를 내는 곳, 더 많은 일을 하거나 더 잘할 수 있는 기회가 있는 곳이 어디인지 찾는다.

3. 차이에 순서를 정한다.

   이해관계자들에게 필수적이고 중요한 것을 토대로, 부정적인 것과 우선순위를 바꿔야 할 필요는 없는지 검토한다.

4. 차별화 요소를 수용한다.

긍정적인 것을 먼저 다루면서 그것이 차별화에 어떻게 기여할 수 있는지 검토한다.

5. 미래의 이슈를 예측해본다.

4가지 책임 차원에서 새롭게 떠오른 문제와 그로 인한 잠재적 영향을 파악한다.

6. 책임감 있게 계획하고 개선한다.

이러한 이니셔티브를 마케팅 주류 활동으로 수용해 책임 있는 마케팅 계획을 수립한다.

개념 고객 회사(맞춤형)

'고객 초점(중심)'은 지난 수십 년 동안 사업의 핵심 원칙이었다. 이제 정확히 그것이 무엇을 의미하는지, 그리고 고객에 초점을 맞춘 회사가 다른 회사와 어떻게 다른지 살펴볼 때가 되었다. 고객 초점은 변화를 주창하는 수천 개의 프로그램의 목표였고 기업 CEO들의 주문과도 같은 것이었다.

그러나 과연 얼마나 많은 회사들이 그들의 고객이 누구인지 알고 고객 가까운 곳에 조직을 운영하며, 고객의 동기와 열망을 이해하며, 고객을 위해 무슨 일을 하느냐에 따라 브랜드를 정의하며, 그들의 제안을 고객에 초점을 맞추고 있으며, 판매를 수반하지 않아도 고객과의 관계를 유지하며, 고객 우선 의사결정을 내리며, 이사회에서 늘 고객을 우선시하며, 연례 보고서에서 고객을 언급하며, 고객의 관점에서 성공을 측정하고 있는가?

• 대부분의 회사들의 마케팅 프로그램은 여전히 고객보다는 회사의 편의를 위해 설계되어 있으며, 단기적 판매를 촉진하기 위해서만 고객에게 메시지를 전달한다.

- 조직 내 대부분의 사람들은 고객 관련 업무보다는 운영상의 업무를 측정해 인센티브를 받는다. 예를 들어 판매 관리자에게는 매출을 극대화하도록 촉구하고 콜센터 관리자에게는 처리량을 극대화할 것을 촉구한다.
- 고객 관계를 구축한다는 CRM의 전체 개념도 영업 자동화 도구로 전락되고, 각 개인들은 그들의 의사에 상관없이 더 많이 판매하는 것을 목표로 삼는다.

고객에게 진정으로 초점을 맞추는 기업은 극히 드물다. 고객과 연결되고, 고객이 주도하며, 고객과 친밀감을 구축하는 고객 중심의 조직을 개발한 기업은 더 찾기 힘들다.

실제로 '고객'이라는 단순한 언어가 지뢰밭이 될 수도 있다.

소비재 회사는 그들의 실제 고객이 소매업체인데도 소비자를 언급한다. 이것은 분명 잘못된 것으로, 소비자가 아니라 중개인(소매업체)을 만족시키는 것을 가장 중요하게 여기는 편협한 사고방식을 만들 수 있다. B2B 회사들도, 대부분의 기업 결정이 인적 네트워크에 의해 이루어지는 데도, 고객, (전문 서비스 회사에서는) 클라이언트라는 말을 사용한다. 물론 한때 유행했던 전사적 품질경영에서 우리에게 '내부 고객'이라는 개념을 가르쳐 주었는데, 이 개념은 외향적인 사고를 키워준다는 측면에서는 괜찮았지만, 직원 모두가 궁극적으로 외부 고객에게 서비스를 제공하기 위해 함께 일하고 있다는 사실을 쉽게 잊게 만들었다.

가장 근본적인 것은 고객 중심 컨설팅 기관 파운데이션이 말한 것처럼, 대고객 약속을 실천하고, 선의와 운영 현실 사이의 '격차'가 해소되어야 한다는 것이다. 이것은 쉽게 들리지만, 일하는 방식의 전면적인 재검토, 재편성, 심지어 근본적인 반전이 필요하다.

출발점은 '외부적 관점'에서 조직을 재설계하는 것이다. 목표 고객, 고객과의 약속, 그리고 이를 전달할 총체적 고객 경험에 대해 조직 전체가 동의하고, 이를 가장 효과적으로 전달할 수 있는 방식으로 조직을 설계하는 것이다.

우리는 시장의 권력 이동, 고객의 세분화, 경쟁과 획일성에 대응하기 위해 오늘날 기업에 필수라 할 수 있는, 완전히 달라진 고객 주도적 사업 방식에 대해 이미 탐구했다.

- 최고의 시장 기회에 먼저 초점을 맞춘 다음, 그 안에 있는 최고의 고객에 초점을 맞춘 전략

- 기업 자체가 무슨 일을 하느냐?보다는 고객을 위해 무슨 일을 하느냐를 결정하고, 기능보다는 커뮤니티를 중심으로 구축되는 브랜드

- 특징보다는 이점을 명확히 표현하고, 제안의 특성을 포착해 고객에게 탁월한 가치를 창출하는 제안

- 고객의 관점에서 설계돼 브랜드와 기업의 모든 직간접적 상호작용을 통합하는 경험

- 고객이 원하는 관계, 즉 상호 이익을 기반으로 하며 이해, 협업 및 지속적인 대화를 통해 달성되는 관계

- 고객을 기반으로 하며, 재무 결과 개선의 요인으로 연결되고, 이사회 및 투자자를 포함해 기업 전체가 공유하는 조치

이를 뒷받침하는 것이 바로 고객 중심의 회사다. 즉 고객이 모든 것에 기본이 되며, 마케팅의 역할은 고객을 최고로 생각하는 데 촉매, 촉진자 및 관리자가 되는 회사다.

본질적으로 '조직의 측면 전환'을 통해 고객 지향성을 달성한다.

- 수직적이고 기능적으로 단절되어 있고, 고객에게 분리적으로 별개의 서비스를 제공하며, 원활함, 연속성, 지식이나 책임의 공유가 거의 없는 조직에서, 협력적이고 수평

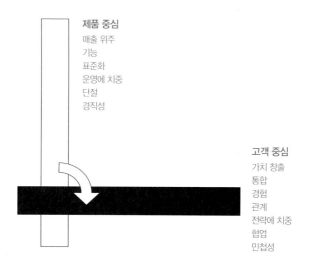

제품 중심
매출 위주
기능
표준화
운영에 치중
단절
경직성

고객 중심
가치 창출
통합
경험
관계
전략에 치중
협업
민첩성

적으로 작동하는 조직으로 전환하라.

• 단절되고 표준화된 방식으로 제공되는 제품 및 서비스 사고방식에서, 솔루션과 개인화가 목표가 되는 제안 및 경험적 사고방식으로 전환하라.

• 생산성과 판매에 초점을 맞춘 경영적, 거래지향적 사고방식에서, 고객의 평생 가치 창출과 시장 최초의 시도가 목적이 되는 보다 전략적인 관계 사고방식으로 전환하라.

• 카테고리, 제품 및 판매 관리를 수직적으로 통제하고 측정하는 조직에서, 세그먼트, 고객 및 관계 관리의 예산이 동일한 조건에서 배분되고 결과가 측정되는 조직으로 전환하라.

• 프로세스, 구조, 시스템, 정보, 리소스 및 인력에서 기능적이고 경직된 조직에서, 사람들이 고객을 위해 더 민첩하고 통합되고 조정된 접근 방식으로 협력하는 조직으로 전환하라.

그런 회사의 직원들은 단지 돈을 벌기 위해서가 아니라 그들이 고객을 위해 일한다는 것, 더 높은 목적을 갖고 사람을 상대로 일한다는 것 때문에, 아침에 일어나 회사에 가고 싶은 동기 부여가 더 커지고 활력을 얻게 되는 것이다.

영감 3. 프록터 & 갬블

P&G(PROCTER & GAMBER)는 회사 정문이 혁신센터 입구 옆에 있다. 혁신센터 안에 있는 소비자 마을(Consumer Village)은 P&G가 자사 제품을 구매하는 사람들을 만나는 곳이다. 한쪽에는 '첫 번째 진실의 순간'이라고 부르는 실물 크기의 모형 슈퍼마켓 통로가 있고, 다른 한쪽에는 조리시설, 세탁기, 식기세척기 등이 완비된 주방과 욕실 6개가 있어서 소비자들이 P&G의 제품을 실제 써 볼 수 있는데, 이곳을 '두 번째 진실의 순간'이라고 부른다.

P&G는 옷을 더 하얗게 세탁하고, 기저귀가 더 잘 흡수하게 만드는 등 항상 고객의 편익에 초점을 맞추었지만, 고객이 표현하지 않은 욕구, 즉 집에 보관하기에 더 편리한 포장 방법이나 기저귀 옆면을 어떻게 확장해야 할 것인가를 이해하는 데는 크게 성공하지 못했음을 깨달았다. 고객과 동떨어져 있는 연구소는 대개 사용자들이 실제로 경험하는 것과는 정반대로 생각하는 경향이 있다. 그러나 소비자 마을에서는 과학자들이 사용자들과 일대일 대화를 나누고 그들이 제품을 구입하고 사용하는 방법을 관찰할 뿐만 아니라 그들이 실제로 중요하다고 말하는 것에 귀를 기울이는 등 고객에게 더 가까이 다가간다.

2002년 P&G는 전 세계 80개국에서 100,000명이 넘는 사람들을 고용하면서 400억 달러의 매출을 달성했다. 이 회사는 전 세계에서 가장 유명한 140개의 가정용 제품 브랜드를 전 세계 50억 명의 사람들에게 판매하고 있다. 세탁 세제 타이드(Tide), 섬유유연제 에리엘(Ariel), 팸퍼스(Pampers) 기저귀, 크레스트(Crest) 치약, 스낵 프링글스(Pringles), 스킨 케어 올레이(Olay) 등이 대표적 브랜드들이다.

(회사의 연례보고서에 따르면 P&G의 2020년 매출은 710억 달러인데 코로나 대유행으로 매출이 더 성장한 회사임. 생활용품에 집중하기 위해 스낵 프링글스는 2012년에 시리얼 회사 켈로그에 매각됨.)

《라이징 타이드: P&G의 165년 브랜드 구축의 교훈(Rising Tide: Lessons from 165 Years of

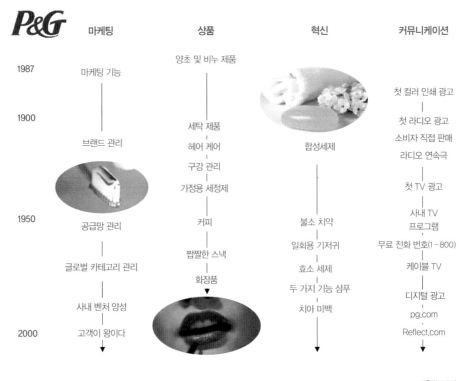

(출처: P&G)

Brand Building at Procter & Gamble》이라는 책에 따르면, 이 회사의 성공에는 몇 가지 영원한 주제가 있다.

1. 소비자 마케팅에서 타의 추종을 불허하는 전문 지식으로 브랜드 소비자 제품에 초점을 맞추고, B2B 시장이나 자체 라벨 생산을 피한다.
2. 마케팅 활동만이 아니라 기업 전체의 활동의 통해서만이 성공적인 브랜드를 창출하고 제공할 수 있음을 인식하는 브랜드 구축 접근 방식을 추구한다.
3. 철저한 실험과 혁신으로, 새로운 아이디어 또는 기존 아이디어를 새로운 맥락에서 끊임없이 분석, 테스트한다.
4. 보다 효과적인 실행 – 많은 경쟁사들도 유사한 통찰력을 가지고 있고 유사한 새 아이디어를 개발할 수 있지만, P&G는 그런 통찰력을 가장 먼저 보다 수익성 있게 실현하는 데 훨씬 앞서 있다.
5. 여러 사업 우선순위 간의 균형을 유지하고, 시행착오를 통해 성공을 거둔다.

- 장기적 집중 : 단기적 우선순위
- 문화 통제 : 권한 부여
- 아주 적은 큰 아이디어 : 많은 작은 아이디어
- 미국의 관점 : 국제적 관점
- 제품 위주 사고방식 : 고객 요구 반영 사고방식
- 자체 성장 : 기업 인수

P&G의 AG 래플리 회장은 2000년대 이후, 1990년대부터 길을 잃기 시작한 이 고전적 마케팅 리더(P&G)에 혁명을 불어넣기 시작했다. 최근 몇 년 동안 최대 라이벌인 유니레

버와 치약제조사 콜게이트 팜올리브가 고전하고 있었는데, 유통업체의 파워가 커짐에 따라 그들의 자체 상표 제품이 심각한 위협이 되면서, P&G는 고객 및 혁신에 재집중하며 두 자릿수 성장과 수익 개선을 지속해 왔다.

래플리 회장의 혁명이 주장하는 것은 간단했다. 바로 '고객이 왕'이라는 것이다. 고객들은 항상 중요했지만, 이전에는 제품이 왕이었다. 그러나 제품의 기능보다 고객의 요구가 주도하는 혁신으로 이것이 뒤바뀌었다. 항상 P&G만이 최고의 제품을 개발할 수 있다는 오만한 시각이 존재했지만, 이제는 고객의 요구에 따른 최선의 해결책을 찾기 위해 제3자, 심지어는 경쟁사와도 협력한다. 치약 브랜드 크레스트의 치아 미백제 화이트스트립이 외부 협업의 성공적인 예다. 디자인도 중요해졌다. 사용 후 변기에 그대로 버리는 어린이 화장실용 물티슈 칸두(Kandoo)를 파격적인 개구리 모양 포장 상자에 담는 등 제품을 체험으로 확대하려는 시도도 이어졌다.

P&G는 여러 개의 웹 기반 커뮤니티와도 협력해 아이디어와 혁신자들을 한데 모아 더 나은 아이디어와 해결책을 강구하고 이를 시장에 선보인다. 예를 들어, 개방형 혁신 플랫폼 나인시그마를 통해 50만 명의 연구자들과 네트워크를 구축했는데, 모두가 P&G의 업무 지침에 기꺼이 따른다. 미국 제약회사 일라이 릴리(Eli Lilly)로부터 분사한, 과학자 집단과 전 세계 주요 기업을 연결해 각종 연구·개발 과제를 해결해주는 인터넷 비즈니스 회사 이노센티브도 P&G가 협력하는 R&D 기관이다. 또 여전히 흥미로운 도전에 참여하기를 열망하는 경험이 풍부한 은퇴 개발자들의 공동체 유어앙코르와도 협력하고 있다.

래플리 회장은 "전 세계 어느 곳의 차고에서도 우리 사업의 하나가 될 수 있는 중요한 아이디어가 나올 수 있습니다. 그들이 우리에게 그것을 가져오길 원합니다."고 말한다.

P&G의 가장 큰 핸디캡 중 하나는 너무 많은 데이터였다. P&G는 엄청난 양의 시장조

사를 하느라 분주했다. 그러나 이제는 문화기술학 같은 관찰 방식으로 바뀌었고, 거기서 얻는 통찰력을 이용한 양적 분석에 초점을 맞추고 있다. 래플리 회장은 그것을 이렇게 표현했다.

"사자의 사냥하는 방법을 이해하고 싶다면, 동물원이 아니라 정글로 가야 한다."

연구 환경도 진화했다. P&G는 시장을 다루고, 고객을 보다 깊이 이해하고, 보다 의미 있고 차별화된 솔루션을 개발하기 위해서는 제품 위주의 사고방식을 버리고 협력해야 한다는 것을 인식했다. 새로운 연구 환경은 협동심과 개방성을 장려한다. 회사는 협력을 장려하기 위해 팀 간 칸막이벽을 허물고 층간에 에스컬레이터를 설치했다. 아마도 가장 파격적인 것은 마케팅과 재무팀이 바로 옆에 붙어 있다는 것일 것이다.

적용 고객 문화기술학

산더미 같은 연구 데이터를 어떻게 요약해서 고객에게 무엇이 중요한지, 고객의 문제를 어떻게 더 만족스럽고 혁신적인 방법으로 해결할 수 있는지에 대한 더 깊은 통찰력을 얻는가?

1. 고객 관찰

고객 모르게, 특정 고객 활동을 1시간 동안 관찰해 본다.

2. 고객 행동 기록

모든 고객의 움직임, 행동, 영향을 객관적으로 기록한다.

3. 관찰 비교

두 번째 고객도 같은 방식으로 관찰 기록하고 그 기록을 비교해 본다.

4. 행동 패턴 그리기

고객의 행동을 연속적으로 그려보고, 중요한 순간과 문제가 있는 영역을 파악한다.

5. 기존 조사와의 비교

기존의 전통적 연구와 비교해 고객이 드러낸 요구가 변함이 없는지 확인한다.

6. 조치를 취함

기대했든 기대하지 않았든, 긍정적이든 부정적이든 고객의 활동들에 대한 학습을 명확하게 정리하고 그에 따라 행동한다.

아무도 생각하지 못한 것을
생각하라

"혁신, 즉 새로운 아이디어는 당연히 처음에는 받아들여지지 않는다. 혁신이 조직에 의해 받아들여지고
내면화되기까지는 반복적인 시도와 끝없는 입증, 그리고 변함없는 리허설이 필요하다. 이를 위해서는 대
담한 인내가 필요하다."
-서던 캘리포니아 대학교 리더십연구소 소장 워런 베니스(Warren Bennis)

"우리에겐 이런 것을 표현할 적당한 언어가 없다. 대부분의 사람들에게 디자인은 '겉치장'을 의미하지만,
내가 볼 때 디자인의 의미는 결코 그런 것이 아니다. 디자인은 인간이 만드는 창조물의 근본적인 영혼이
다."
-스티브 잡스(Steve Jobs)

혁신은 경쟁력, 성장, 수익성, 지속 가능한 가치 창출의 원동력이다. 제품 개발이나 기술
이라고 다소 좁게 정의할 수도 있지만, 혁신은 기업 전체에게 근본적인 도전이다. 그것은
빠르게 시대의 유행어가 되었다가 어려운 시기가 되면 금방 잊혀지기도 하지만, 항상 존
재하는 연속적인 과정임에 틀림없다.

혁신은 또 마케터들이 조직에서 두각을 나타낼 수 있는 가장 큰 기회 중 하나다. 즉, 시
장 기회와 고객 요구에 대한 깊은 이해를 바탕으로 근본적인 조치를 취하고, 해당 부서

더 지능적인 혁신	더 창의적인 혁신
파괴적: 사업 또는 시장 관습에 도전하며 없애거나 바꿔야 적절한 스트레스 포인트를 찾는다.	**크리에이티브**: 가능성 있는 모든 기회를 실현시킬 수 있는 방법을 철저하게 탐구한다.
개발 진행형: 혁신을 전략적 절차, 리스크 및 보상, 제품 및 시장 개발로서 관리한다.	**적용**: 고객에게 최대한 영향을 미치도록 제품, 전달 및 적용 방식을 혁신한다.
사업 모델: 회사 운영 방식이 어떻게 고객 및 주주에게 가치를 더할 수 있을 것인가에 대해 다시 생각해 본다.	**시장 모델**: 고객, 파트너, 채널, 가격 등 시장이 작동하는 방식을 다시 생각해 본다.

차원을 넘어 회사 전반에 걸쳐 일을 진행하고, 지속적으로 영향을 미치는 보다 전략적인 도전과 기회로 발돋움하는 것이다.

실제로 대부분의 기업에서 혁신 전략 개발, 혁신 포트폴리오 관리, 투자 및 자원의 우선순위 결정, 회사의 미래와 고객에게 무엇을 제공할 것인가를 설계하는 일 등의 혁신 업무를 구체적으로 책임지는 사람은 없다.

혁신은 마케팅 믹스의 자연스러운 부분이며, 돈도 들지 않는다.

물론, 혁신이라는 말을 다르게 해석할 수도 있다. 그것은 모든 것을 의미하기도 하고 아무것도 의미하지 않을 수도 있다. 혁신을 명철한 아이디어를 얻는 창의적인 입구로 생각하는 사람들도 있고, 신제품 개발의 절차적 활동으로 보는 사람들도 있으며, 사업 전략 및 갱신으로 보거나 일상적인 업무의 점진적 개선으로 보는 사람들도 있다. 물론, 모두 옳다.

혁신은 신제품이든 새로운 서비스든 최고의 아이디어의 상업적 구현, 새로운 작업 방식, 또는 당신이 사업을 하는 근본적인 사업 모델에 관한 것이다.

마케팅의 각 측면에서의 혁신의 예는 다음과 같다.

- 시장 – 프리미엄 커피숍 시장을 정의하는 스타벅스
- 제품 – 먼지 주머니 없어도 더 잘 빨리는 다이슨 진공청소기
- 서비스 – 고객을 즐겁게 해주는 사람들에게 힘을 실어주는 리츠 칼튼
- 채널 – 구매 장소이자 브랜드의 성전인 나이키타운
- 가격 – 이동 전화에까지 확대 적용된 선불 요금제
- 앱 – 최고의 사진 앨범이 된 아이팟
- 모델 – 고객이 직접 수집하고 조립하는 이케아

피터 드러커는 혁신에는 다음 7가지 기본 원천이 있다고 주장한다.

1) 예기치 못한 성공이나 실패의 놀라움

2) 전통적 지혜에 따르는 경우 앞뒤가 맞지 않는 모순

3) 더 나은 방법을 찾기 위해 울고 싶을 정도의 좌절감

4) 변화에 뒤떨어진 구식 산업이나 절차

5) 부유한 은퇴자 세대의 등장 같은 라이프스타일이나 인구통계학적 변화

6) 고객의 인식과 기대치 같은 태도의 변화

7) 새로운 지식이나 기능이 새로운 기회를 촉진하는 곳의 발견

이러한 원천 중 하나 이상을 활용하면 기업이 전통적인 사고에 도전하고 새로운 접근법을 탐구하는데 도움이 되는데, 핵심은 어느 지점에서부터 가장 좋은 기회를 빠르고 효과적으로 상업적 현실로 바꾸느냐 하는 것이다.

혁신은 시장에 관한 것이며, 제품뿐만 아니라 적용까지 혁신하는 것이다.

대개는 시장을 선도하는 기업들이 그들의 시장을 혁신한다. 거기에는 고객의 요구, 시

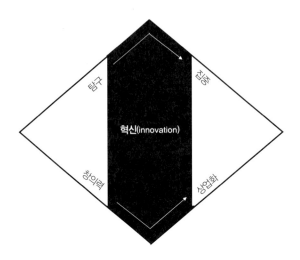

장 참여자들의 구도, 고객과의 연결 채널, 시장의 규칙 등이 포함된다. 실제로, 근본적인 시장 혁신과 연관되지 않는 한 기업과 제품의 혁신만으로는 그들이 원하는 극적인 영향력을 거의 만들어내지 못한다.

무엇보다 중요한 것은 브랜드와 제안의 설계와 전달에 있어서, 그리고 채널과 미디어, 가격과 서비스, 판촉과 보상의 활용에 있어서, 마케팅 자체가 먼저 혁신적이어야 한다는 점이다.

산업 마케팅 컨설턴트 제프리 무어의 마케팅 고전《캐즘 마케팅(Crossing the Chasm, 세종 서적, 2015)》은 기술 시장뿐만 아니라 모든 범주에서 왜 그렇게 많은 혁신적 제품과 서비스가 실패하는지를 우리에게 상기시켜 주는 놀라운 책이다. 그는 얼리어답터들과 대중 시장 사이에는 괴리가 있는데, 그것이 바로 그렇게 많은 훌륭한 아이디어들에 한번 빠지면 헤어나지 못하는 깊은 구덩이(캐즘, chasm)라고 주장한다.

소위 얼리어답터들은 품질에 대한 맹목적인 믿음으로 신제품이 나오기를 줄 서서 기다리지만, 그렇게 열성적으로 달려들지 않는 소비자들이 훨씬 더 많다. 그런 사람들이 그 제품을 인지하고, 확신하고, 자극 받아 얼리어답터들에 동조하기까지는 더 많은 시간이 걸린다. 기업들이 일정 기간 내에 초기 틈새시장에서 주류 시장으로 옮겨가지 못한다면 제품 개발과 시장 진입에 대한 초기 투자비용을 상쇄하는 데 필수적인 임계점에 도달하지 못할 것이다.

애플의 초기 매킨토시와 최근의 아이맥이 크게 빛을 보지 못했던 사실을 생각해 보자. 비록 그것들이 환상적인 혁신이긴 했지만 주류 시장이 되지는 못했다. 그에 비해, 아이팟과 그 파생상품들은 혁신의 바람을 일으키며 캐즘을 건너뛰고 거리의 필수 패션 소품이 되었다.

무어는 새로운 솔루션들이 각 성숙 단계에서 신중하고 다르게 마케팅되어야 한다고 주장한다. 얼리어답터들의 관심을 *끄는* 것과 대중의 관심을 *끄는* 것은 메시지, 채널, 가격 정책에서 서로 달라야 한다는 것이다. 그러나 많은 마케터들은 제품이 출시되면 대대적 출시 광고에 편승해 하나의 메시지, 하나의 제안, 하나의 제품 형태가 모든 사람들의 관심을 끌 것이라고 생각하고 더 이상 관심을 두지 않는다.

마케팅은 전략적인 차원에서 뿐만 아니라 전술적 차원에서도 시장을 혁신해야 한다. 최고의 아이디어가 경쟁력을 갖고 상업적으로 성공을 거둘 수 있게 하려면, 올바른 욕구를 파악하고 올바른 맥락, 올바른 태도, 올바른 인프라를 조성해야 한다.

영감 1. 블랙베리

이동 중에도 계속 이메일을 확인하는 데 필수적인 장치였던 블랙베리는, 사용자들이 작고 검은 기계를 손에서 놓지 못하다고 해서 '크랙베리(crackberry)'라는 별명이 붙을 정도였다. 블랙베리는 직장 생활에 필수적이어서 중독성이 있었으며, 회의에 참석하든 버스를 타든 해변에 있든 어디서나 가지고 다니면서 일을 넘어서 삶의 일부가 되었다. 블랙베리를 끄려면 강한 의지가 필요했다.

블랙베리는 온타리오 주의 리서치인모션(RIM)이라는 잘 알려지지 않은 회사가 만든 제품이었다. 이 회사는 1999년 1월 첫 버전을 출시하기 전에 수줍음이 많고, 진지하며, 약간 특이한 사람들을 선정해 10년 동안 이 기기를 실험했다.

블랙베리는 인내심을 가져야 했다. 그것을 지원하는 기술은 이미 몇 년 전부터 존재했지만 회사는 사람들이 이동 중에 이메일을 보낼 준비가 아직 되어 있지 않았다고 판단했다. 그러나 모바일 작업의 대중적 증가와 SMS의 성장에 의해 입증된 연결성의 효과는 사람들이 이미 그들의 이메일에 연결될 준비가 되었다는 것을 보여주었다.

블랙베리는 자사 제품의 출시를 지식인 고객들에게 초점을 맞췄다. 기업들의 주요 컨퍼런스 행사에서 그날 하루 동안 기업 임원들에게 블랙베리를 무료로 배포하는 기법을 주로 사용했는데, 임원들은 연설자의 말을 듣지 않고 받은 편지함을 보느라 회의 시간을 다 보냈다.

연설자는 당황했을지도 모르지만, 기업 임원들은 블랙베리에 대해 매우 흥분했다. 블랙베리를 써본 고객들은 거의 돌려주지 않고 그날로 돈을 지불했을 뿐만 아니라 회사 구매담당자들에게 회사 차원에서 구입하도록 지시했다.

불과 몇 달도 안 돼 크레디트 스위스 퍼스트 보스턴에서부터 인텔에 이르기까지 많은 대기업들이 전 직원에게 무선인터넷기기 팜파일럿을 폐기하고 블랙베리로 대체했다. 2000년 닷컴 버블의 붕괴로 많은 기술주들이 90%까지 하락했을 때에도 RIM의 매출은 경이적인 속도로 증가했다.

RIM의 설립자인 마이크 라자디스는 회사의 사명 선언문에 '데이터 패킷(블랙베리 기기를 지칭)을 엉덩이에'라는 표현을 삽입했는데, 반드시 가장 웅변적인 선언문이라고는 할 수 없어도, 중요한 '화이트 스페이스'를 포착해 기존 시장 참여자들이 경쟁하기 어려운 '핫스팟'으로 바꾸어 놓는 데는 성공한 것 같다.

(QWERTY키가 달린 쌍방향 무선호출기로 시작한 블랙베리는 2007년 이전까지 북미의 스마트폰 시장을 석권할 정도로 성장했으나, 2007년 애플이 아이폰을 출시하고 구글이 안드로이드를 오픈소스로 개방하면서 급격한 하향세를 보였다. 2013년 안드로이드용 메신저 BBM을 출시했으나 크게 빛을 보지 못하고 2016년 하드웨어 사업을 접었다. 이후 라이선스를 통해 다른 제조사에서 블랙베리라는 브랜드로 명맥을 유지하다가, 2020년 8월 모든 계약을 종료하고 스마트폰 제조와 판매를 중단했다.)

적용 혁신의 길

당신은 어떻게 혁신을 이루는가? 창의성의 역할은 무엇이며, 최고의 옵션을 선택하기 전에 어디까지 마음을 열어두어야 하는가? 많은 아이디어를 어떻게 걸러내서 최고의 아이디어를 찾는가? 당신의 혁신이 시장에 통할 것인지를 어떻게 확신하는가?

1. **과제를 결정한다.**

   목표, 해결해야 할 문제, 소요 시간의 측면에서 혁신 과제 또는 기회를 규명한다.

2. **창의적으로 탐구한다.**

   정해진 맥락 안에서 광범위한 창의적 아이디어를 탐구하고 확장한다.

3. **아이디어를 구체화한다.**

   전체 아이디어 또는 아이디어의 요소들을 융합해 더 강력한 방식으로 연결하고 명확하게 표현한다.

4. **상업적으로 접근한다.**

   잠재적 매력, 위험, 비용 및 수익 등 엄격하되 유연한 기준으로 아이디어를 걸러낸다.

5. **최고의 아이디어를 선택한다.**

   시제품화를 포함해 최고의 아이디어를 결정하고 어떻게 수익을 낼 수 있는지를 명확히 한다.

6. **시장도 혁신 대상이다.**

   시장 진입 및 (반복 과정을 통한) 고객 적용의 혁신도 고려한다.

> **개념** 창조적 파괴

모든 진공청소기 제조업체는 먼지 주머니가 당연히 청소기 설계의 필수 조건이라고 생각했다. 제임스 다이슨이 나타나기 전까지는 말이다. 모든 항공사들은 대서양 횡단 항공기에 침대를 설치하는 것은 비현실적이라고 생각했다. 영국항공이 요트 디자이너를 만나기 전까지는 말이다. 모든 분석가들은 온라인에서 무료 정보로 돈을 버는 것은 불가능하다고 생각했다. 구글이 근본적으로 다른 비즈니스 모델을 만들기 전까지는 말이다.

혁신은 관습을 파괴한다. 이러한 파괴는 기업이 돈을 버는 방식, 고객이 요구할 것이라는 가정, 그리고 그런 것들을 가장 효과적으로 충족시키는 솔루션 유형 등 기존의 시장 지식에 대한 도전이나 반전이 될 수 있다. 이런 파괴는 고객 좌절감이 극에 달했거나(주택담보 설정을 변경하는 일), 일이 지나치게 복잡하거나(많은 컴퓨팅 기기를 통합하는 경우), 모순되는 상황(집에 보관할 곳도 없는데 많은 물건을 사들이는 경우)에서 유발될 수 있다.

《혁신기업의 딜레마(Innovator's Dilemma, 세종서적, 2009)》의 저자인 하버드 대학교 클레이튼 크리스텐슨 교수는, 평소에 존경 받고 수익성이 높은 마켓 리더가, 오늘날의 시장에서는 변변찮은 제품을 더 낮은 가격으로 제공하는 진입자에 의해 빠르게 꺾이는 '파괴적 혁신'이 빈번하게 나타나고 있다고 설명한다. 신규 진입자는 대개 고객의 우선순위에 훨씬 더 주의를 기울이며 기존 업체들(대부분의 브랜드 리더들이 포함된)보다 더 많은 것을 하기보다는 더 적은 비용으로 그들과 경쟁하는 방법을 찾아낸다.

DVD, 전화기, 카메라, PC 등 필요한 것보다 훨씬 더 많은 기능을 갖추고 있는 기기들을 생각해보라. 필수 기능이 아닌 것들을 모두 빼고 제조비용을 대폭 줄여 가격을 훨씬 더 낮추면 어떨까?

1960년 이전에는 휴대형 전동 공구는 주로 힘든 일을 하는 전문가용으로 설계되어 무겁고 휴대하기 불편했으며 가격도 매우 비쌌다. 이때 블랙 & 데커가 플라스틱 케이스에 담긴 직교류 겸용 모터가 달린 공구를 만들었는데, 사용 시간이 25시간에서 30시간밖에 되지 않았지만 취미 활동가나 정원사가 평생 쓸 수 있을 만큼 충분히 길었으며, 가격은 기존 전동 공구의 10분의 1 밖에 되지 않았다.

기술 혁신은 종종 기업을 혼란에 빠뜨린다. 어느 기업이 제품 사양에 대한 지나치게 집중하다 보면, 더 크고, 더 강하고, 더 빠르고, 더 정교한 솔루션을 위한 경쟁에 빠져 시야가

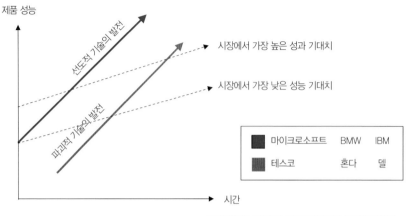

제품 성능

선도적 기술의 발전

파괴적 기술의 발전

시장에서 가장 높은 성과 기대치

시장에서 가장 낮은 성능 기대치

| 마이크로소프트 | BMW | IBM |
| 테스코 | 혼다 | 델 |

시간

(출처: 클레이튼 크리스텐슨 교수의 《혁신기업의 딜레마》에서 인용)

좁아지고 정작 고객에게 중요한 것에 집중해야 한다는 것을 잊어버린다.

기술은 진정한 혁신에 도움이 되지 않는다. 더 빠른 프로세서, 더 작은 부품, 더 큰 메모리 용량 등 더 많은 것들을 하기 위한 끊임없는 능력은 단지 회사들이 차세대 기술을 습득하려는 노력일 뿐이다. 그러나 고객들은 어느 정도까지만 기술을 인정할 뿐이다. 대부분의 전자 기기들은 그 어느 때보다도 훨씬 더 많은 기능을 가지고 있지만 PC의 많은 소프트웨어는 대부분 활용되지 않으며, 요즘 새로 나온 기기들은 기능적 필요성보다는 외적 미관에 대한 고객의 열망을 더 반영하고 있다.

크리스텐슨이 설명한 바와 같이, 이런 기술 발전이 고객이 필요로 하고 사용할 수 있는 것보다 훨씬 앞서 있을 때 '파괴'가 발생한다. 이런 과잉 기술이 신규 진입자에게, 더 저렴하고, 단순하며, '충분히 좋은' 것을 고객에게 제공할 수 있는 기회를 만들어준다.

이런 새로운 진입자가 시장의 바닥에서 일단 틈새시장을 개척하면, 그 다음부터는 더 많은 고객들에게 자신의 제품도 충분히 좋다는 것을 빠르게 설득할 수 있다. 이런 식의 파괴는 델이 PC 시장을 파괴한 것처럼 제품과 관련된 것일 수도 있고, 이베이가 완전히 새로운 시장을 창출한 것처럼 시장과 관련된 것일 수도 있다.

이러한 현상은 복잡한 데이터 저장 장치(디스켓이나 CD)가 작고 저렴한 장치(USB)에 의해 '파괴'되는 것에서부터 의사가 하는 일이 간호사에 의해 교체되거나, 항공사나 보험사에 이르기까지 다양한 시장에서 나타난다.

상업적 관점에서 볼 때, 그것은 기술에 관한 것이 아니라 사업 모델에 관한 것이다. 민첩한 소규모 기업들은 덩치 큰 기업들에게 매력적이지 않은 사업 모델로 성공할 수 있다. 기존 대기업은 신제품을 시장에 성공적으로 출시하는 데 40%의 마진이 필요할 수 있지만, 작은 기업은 20%의 마진으로도 수익을 낼 수 있다.

대기업에게는 이런 기회를 놓칠 수 있는 재정적 사각지대가 있을 뿐 아니라 능력과 문화에 대한 자부심도 제약 요인이다. 예를 들어, BMW는 자신의 디자인과 제조 우수성을 자부하기 때문에 '낮은 품질'의 제품을 인정하지 못한다. 그 제품이 작동하지 않기 때문이 아니라 자신이 할 수 있는 최선이 아니라고 생각하기 때문이다. 영국항공은 라이언에어나 이지젯 같은 새로운 저가 항공사들과 경쟁하는데 애를 먹었는데, 이는 고객들에 대한 자신들의 풀 서비스에 대해 자부심을 갖고 있었기 때문에, 제한된 서비스를 제공하는 것 자체를 문화적으로 이해하지 못했기 때문이다.

그러나 파괴적인 사고를 수용하면 대기업들도 성공할 수 있다. 사내벤처와 사내 기업가 육성 프로그램이 생기면서, 기존의 능력이나 지적재산권을 새로운 방식으로 활용하는 것처럼 핵심 사업의 기존 패러다임 대체를 중요시 여기는 사례가 늘고 있다. 잭 웰치가 GE를 떠나면서 마지막으로 남긴 선물이 '당신의 일을 파괴하라'로 알려진 프로그램이었는데, 이 프로그램에서 그는 직원들에게 인터넷 기업가처럼 생각하라고 격려했다. 누군

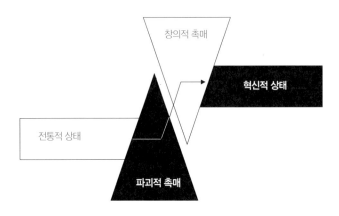

창의적 촉매

혁신적 상태

전통적 상태

파괴적 촉매

가 다른 사람들이 그들을 경쟁 시장에서 쫓아내기 전에 자신의 일을 먼저 혁신하라는 의미였다.

물론 파괴 행위를 하는 것은 시작점에 불과하다. 파괴 다음에는 유용하고 다른 방법으로 그것을 개척할 창의성이 이어져야 한다. 왜 그들의 방식으로 시장이 존재하는지, 그들은 무엇을 삼가는지, 미래의 시장 모델에 대해서, 그리고 그들은 어떤 방식으로 일하는 지에 대해 근본적으로 생각해 보아야 한다. 순수한 창의성은 재미 있고 활력이 넘치지만, 의미 있는 결과를 만들어내기 위해서는 그 창의성이 제대로 구조화되어야 한다.

창조적 기법은 많고 다양하다. 그중에는 첨단기술과 상당한 준비와 장비가 필요한 것도 있고, 전혀 필요 없는 것도 있다. 그러나 창의성은 효과적인 촉진과 구조가 필요하다. 개발해야 할 아이디어 목록이 많으면 유용하긴 하지만, 그 많은 아이디어들을 빠르게 파악하고, 걸러내고, 연결하고, 추진하지 못하면 사람들만 분열시키고 성가시게 만들 수 있다. 최악의 시나리오는 '정답'에 이르지 못하고 간부들이 손쉬운 선택과 타협하거나 아무

파괴적 촉매

가치 탐구	사업과 고객 가치는 어디에서 창출되고 파괴되는가? 어떻게, 누가, 무엇을, 언제, 왜 창출하는가?
핫 스팟 찾기	중복과 낭비, 복잡성과 혼돈의 현장 및 원인을 파악한다. 비용/시간을 잡아먹는 곳은 어디인가?
유산 찾기	무엇이 당신을 위대하게 만들었는가? 당신은 무엇으로 유명한가? 그것을 어떻게 얻었는가? 새로운 유산을 만들 수 있는가?
규칙 파괴	기업 내외의 명시적/암묵적 규칙은 무엇인가? 그 외 다른 것은 없는가? 한계까지 테스트/확장한다.
새로운 관점	이해관계자, 경쟁자의 관점과 다른 관점을 취한다. 정반대의 관점을 갖는다면 무슨 일이 벌어질 것인가?
감소 필터	꼭 필요한 것으로 줄었는가? 공통점은 무엇인가? 무작위로 여러 측면을 제거한다면? 그것은 꼭 필요한가? 더 좋아졌는가?
신성한 믿음	당신은 무엇을 가장 소중히 여기는가? 그것으로 무엇을 할 수 있고 무엇을 할 수 없는가? 새로운 믿음을 채택한다면 어떨까?
파괴적 기술	새로운 기술은 현재 당신이 사업을 수행하는 방식에 어떻게 도전을 제기하고, 그 방식을 대체하거나 변화시키거나 개선하는가?
사고 차원	현재 생각하거나 계획하거나 연구하고 있는 사고 트랙(변수, 블록)을 바꾼다.
바보 기업	질문할 수 없는 것을 질문하고, 논리와 가정에 문제를 제기하고, 증거를 묵살하고, 예술적, 수평적으로 생각하고, 항상 '왜?'를 묻는다.

창의적 촉매

트렌드 설계자	사회적, 경제적, 정치적, 기술적 변화의 추세를 바탕으로 추론, 적용, 구축한다.
미래학자 비전	미래 상태의 비전은 무엇인가? - 이것들의 공통점은 무엇이고 다른 점은 무엇인가?
새로운 지평	단어, 그림 등 다차원 형태로 영감을 주는 미래를 설계한다. 지평선 너머의 여정을 시뮬레이션 한다.
병렬 추적	다른 분야, 다른 시장 그리고 회사 외적인 것(교육, 법률, 자연 등)에서 배운다.
창조적 퓨전	고도의 특이한 방식으로 새로운 아이디어와 전통을 결합한다. 긍정적인 긴장과 이원론을 활용한다.
완벽한 날	회사 내뿐 아니라 여러 다른 회사에 걸쳐, 시간/장소에 걸쳐 최고 중의 최고를 하나로 모은다.
창의성 기술	수평적 사고, 드 보노의 색깔 모자 기법, 브레인스토밍, 마인드맵 등의 기존 창의적 도구 활용한다.
집단 지성	실시간 브레인 라이팅 같이 대화식으로 창의적 아이디어를 개발할 수 있는 최고의 지성을 활용한다.
익스트림 스포츠	자동차 브레이크 같은 극한 상황에 대한 접근 방식을 우주 왕복선에 적용해 성과와 응용력을 높인다.
역설 즐기기	관습이 받아들일 수 없다고 말하는 것을 받아들인다. 즉 역설에서 좋은 것만 취하는 방식을 깨닫는다.

것도 하지 않는 것이다.

가장 중요한 것은 혁신을 위해서는 가능성을 탐구하는 정신뿐만 아니라 관행을 깨는 파괴적이고 창조적인 촉매제가 필요하다는 것이다. 창의적인 사고 전문가인 에드워드 드 보노는 그룹 토론에서 어떤 상황에서는 여섯 가지 색깔의 '생각하는 모자'를 사용해 해당 문제에 대해 다른 관점을 가지고 있다는 것을 보여주게 하기도 하고, 어떤 상황에서는 단지 '주머니에서 물건을 꺼내라'고 말하기도 한다. 그런 다음 그룹에게 대상의 속성을 근거로 문제에 대해 가능한 많은 해결책을 도출하도록 권고한다. '매장의 재고소진 문제를 성냥개비에 비유해 어떻게 해결할 것인가?'

문제의 성격, 그 문제를 해결하려는 사람들의 그룹, 그리고 팀 구성이나 의사결정권자의 마음을 사로잡는 일 같이 사람들이 문제를 해결하면서 달성하고자 하는 더 넓은 목표에 따라, 여러 가지 기법을 사용할 수 있다.

영감 2. 3M

1969년 닐 암스트롱은 3M의 합성 물질로 만든 밑창이 달린 부츠를 신고 달에 발을 디뎠다. 2000년 마이클 존슨은 3M이 개발한 순금 색상의 스카차라이트 반사 원단으로 만든 신발을 신고 올림픽 400m에서 우승했다.

3M은 스스로를 '혁신기업'이라고 표현한다. 이 회사는 현재 180억 달러 규모의 글로벌 기업으로 지속적으로 수익을 내는 성장에 초점을 맞추고 있다. 의료 및 안전장비, 전자제품, 산업용 제품 등 다양한 분야에 걸쳐 5만 5000개 제품을 판매하고 있다. (2019년 업데이

트. 매출 321억 달러, 직원수 9만 3000여명)

6만 7000여 명의 임직원이 '고객의 성공을 돕는 실용적이고 독창적인 솔루션'을 만드는 데 집중하고 있다. 직원들은 다양한 분야에서 210여 개의 기술을 통해 지속적으로 혁신을 추구하도록 격려 받고 있는데, 직원들이 매주 일하는 시간의 10%를 자신만의 특별한 아이디어에 쓰도록 허용되는 것도 그 일환이다. 회사에 따르면 매출의 최소 30%는 신제품에서 나온다.

3M은 새로운 솔루션에 대한 투자뿐만 아니라 시장과 고객 행동을 변화시키는 등 오랜 혁신의 역사를 가지고 있다. 이러한 방식으로 연마제에서부터 접착 테이프에 이르기까지 모든 제품들은 실용적이고 수익성이 높은 제품들이다. 3M의 혁신 프로세스는 개념 혁신,

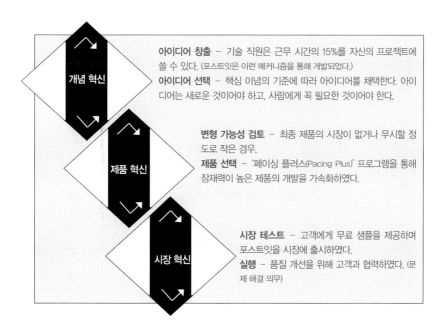

개념 혁신

아이디어 창출 – 기술 직원은 근무 시간의 15%를 자신의 프로젝트에 쓸 수 있다. (포스트잇은 이런 메커니즘을 통해 개발되었다.)
아이디어 선택 – 핵심 이념의 기준에 따라 아이디어를 채택한다. 아이디어는 새로운 것이어야 하고, 사람에게 꼭 필요한 것이어야 한다.

제품 혁신

변형 가능성 검토 – 최종 제품의 시장이 없거나 무시할 정도로 작은 경우.
제품 선택 – '페이싱 플러스(Pacing Plus)' 프로그램을 통해 잠재력이 높은 제품의 개발을 가속화하였다.

시장 혁신

시장 테스트 – 고객에게 무료 샘플을 제공하며 포스트잇을 시장에 출시하였다.
실행 – 품질 개선을 위해 고객과 협력하였다. (문제 해결 의무)

제품 혁신, 시장 혁신에 대한 통합적 병렬 접근 방식으로 구성된다.

아마도 가장 유명한 이야기는 교회 예배 중에 찬송가 책을 떨어뜨린 성가대 소년의 이야기일 것이다. 찬송가 책을 떨어뜨리는 바람에 중요한 페이지를 표시하기 위해 꽂아 둔 책갈피 종이들이 모두 빠져버렸다. 그의 세심한 관찰이 포스트잇의 발명으로 이어졌다. 포스트잇은 오늘날 거의 모든 사무실 책상에서 필수품이며, 다양한 색상, 크기, 형식으로 제공된다.

적용 창의적 촉매

시장의 관습을 파괴할 수 있는 사고를 어떻게 불러일으키고, 보다 혁신적인 작업 방식을 창조할 수 있는 창의적 아이디어를 탐구하기 위해 당신의 마음을 어떻게 확장할 것인가?

1. 문제 인식

   혁신해야 할 문제나 기회가 무엇인지 파악한다.

2. 현재 상태

   기존 제품 또는 기존 프로세스 등 현재의 상태를 명확히 규명한다.

3. 파괴

   하나 이상의 파괴적 촉매를 사용해 현재 상태를 파괴한다. 불연속 상태가 여러 곳에서 나타날 수 있다.

4. 원하는 상태

   여러 파괴 중 원하는 것을 선택하고 그 영향을 이해한다.

5. 확장

하나 이상의 창조적 촉매를 사용하여 원하는 미래 상태를 확장한다. 새로운 가능성이 여러 곳에서 나타날 것이다.

6. 새로운 상태로 이동

여러 확장 중 원하는 것을 선택하고 그 의미를 이해한다.

개념 혁신적 개발

'혁신'하면 대개 제품 수준을 떠올린다. 그러나 제품 혁신은 점점 더 지속하기 어려워지고 있으며 실제로 많은 신제품들이 시장에 도달하기도 전에 평범한 일반 상품이 되어버린다. 보다 과감한 혁신은 제품보다는 총체적인 사고에 의해 달성된다.

- 제품뿐만 아니라 혁신을 이루는 프로세스까지 혁신해야 한다. 예를 들어 맥주회사는 독일의 음료 분사기기 회사 IMI 코넬리우스가 음료회사들과 협력한 것처럼, 근본적으로 다른 병이나 분사 기기를 만들어 고객에게 가치를 더할 수 있다.

- 제품보다 더 넓은 맥락의 혁신은 고객이 경험하는 전체 개념을 다시 생각해야 한다. 예를 들어, 고객이 왜 맥주를 마시는지를 다시 한번 생각해 보고, 바를 레스토랑으로 바꾸어도 보고, 맥주를 마시는 사람들이 자신의 맥주를 직접 뽑을 수 있도록 분사 장치를 테이블에 설치하기도 하고, 로이터처럼 카페를 임시 작업 공간으로 만들어 보는 것이다.

- 회사와 고객이 가치를 얻는 전체 사업 모델을 혁신하면 가상 운영자로서 보다 쉽게 성공할 수 있다. 델은 그렇게 함으로써 PC 시장에 성공적으로 진입할 수 있었고, 버

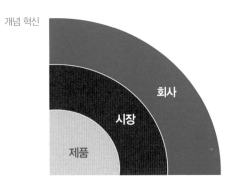

개념 혁신

회사

시장

제품

전체적인 맥락 혁신

진 모바일도 인프라에 막대한 돈을 투자할 필요가 없다는 것을 인식함으로써 혁신을 이룰 수 있었다.

영국 북부 항구도시 뉴캐슬은 조각가 안토니 곰리가 만든 날개 달린 사람 형상의 철제 조각 엔젤오브더노스에서부터 템스강의 독창적 현수교 밀레니엄 브릿지에 이르기까지 최근 몇 년 동안 창의성의 상징으로 떠오른 도시다. 그러나 북쪽으로 20마일 떨어진 시골 마을 노섬브리아로 차를 몰고 가면 벨세이 홀을 만난다. 이 조용한 신고전풍의 저택은 알렉산더 맥퀸과 잔드라 로즈 같은 가장 진보적인 패션 디자이너들의 본산이다.

비틀즈의 멤버인 폴 메카트니의 딸 스텔라 매카트니도 패션쇼 무대에서는 볼 수 없는 야심에 찬 창작 패션을 선보이는 무대로 13세기 초에 건설된 거대하고 낭만적인 윈체스터성의 그레이트 홀을 선택했다.

옛날 건물에 관심이 없던 사람들을 끌어들이고, 전혀 새로운 방식으로 창의적 디자인

재능을 발휘하고, 방문객들에게 파괴적이고 자극적인 영감을 주는 경험을 만드는 것이 바로 영국의 유산이다.

벨세이 홀은 예술에 새로운 지평을 열었을 뿐 아니라, 새로운 관객들에게 다가가 그들을 끌어들이고 영감을 주는 경험을 개발해 예술에 새로운 생명을 불어 넣었다. 그것은 모든 종류의 조직이 되새겨야 할 교훈이다.

기업들은 어떻게 새로운 고객들에게 다가가고, 새로운 상품을 개발하고, 과거의 습관을 극복할 수 있을까? 주주들을 위해 더 많은 수익을 올리기 위해서든, 더 좋은 사업에 투자하기 위한 자금을 마련하기 위해서든, 어떻게 하면 새로운 수익 흐름을 창출할 수 있을까?

새로움은 언제나 주류가 아닌 주변부에서 생겨난다.

이것은 우리 자신과 우리의 혁신에서뿐 아니라, 우리 고객과 그들의 생각에도 적용된다. 당신이 이미 가지고 있는 것을 발전시키는 정도로는 영감을 거의 받지 못한다. 당신이 새로운 곳으로 뛰어들 때에만 당신이 현재 하는 일과 전혀 관련이 없지만 두드러지게 구분되는 불연속성이 나타난다.

당신이 쓰고 있는 칫솔이나 샴푸를 보라. 그것들은 거의 혁신적이지 않다. 한 브랜드가 칫솔 머리에 각도를 주면 다른 브랜드도 그렇게 한다. 또 다른 브랜드가 관능적 색상의 제품을 내놓으면 다른 모든 브랜드들도 따라한다. 한 브랜드가 샴푸에 x라는 특별한 성분을 첨가하면 다른 브랜드들은 금방 y라는 성분을 첨가한다. 그것은 새로운 지평을 여는 것이 아니라 단지 게임을 평준화시킬 뿐이다. 앞으로 움직이는 것처럼 보이지만 실제로는 정지해 있는 것이다.

일반적으로 세 가지 차원의 혁신이 존재한다.

1. 표면적 변화 – 제품 또는 서비스의 일부가 수정되는 가장 기본적인 혁신 수준이다.

예를 들어, 자동차는 끊임없이 새로운 버전을 출시한다. 폭스바겐 골프 차는 무려 30년 동안 새 모델을 출시했다. 하지만 그것은 기껏해야 진화일 뿐이다. 레몬맛 코카콜라나 윈도우 NT도 마찬가지다.

2. **맥락적 변화** – 기존 테마의 보다 진지한 혁신이다. 예를 들어 기존 제품을 새로운 시장에 가져감으로써 시장의 맥락을 변화시키는 것이다. 질레트는 여성용 면도기 센서로 새로운 고객에게 다가갔다. 과일 기반 알코올 음료 바카디 브리저는 슈퍼마켓용 큰 병 제품보다는 클럽의 시원한 음료로 시장을 넓혔다.

3. **개념의 변화** – 사업모델 전체를 다시 생각하는 가장 앞선 혁신으로, 일이 일어나는 방식 자체를 재정의한다. 이케아는 DIY를 다시 생각하게 만들었다. 이지젯은 항공사 모델을 근본적으로 바꾸었다. 버진 모바일은 전화 사업자가 되기 위해 네트워크가 있어야 한다는 전통적인 생각을 거부했다.

물론 이 세 가지 혁신은 모두 아이디어와 필요성으로 부터 시작된다. 실제로 혁신이란 단지 창의성에 관한 것이 아니라 수익을 내는 방식으로 아이디어를 실현하는 것이다. 레몬맛 펩시, 보드카 음료 스미노프 아이스 같은 전통적인 아이디어는 빠르게 복제된다. 그러나 그것을 차별화되는 독특한 방식으로 응용하면 복제하기 훨씬 더 어렵고, 당신과 당신 고객들에게 영감을 불어넣어 줄 것이다.

새로운 지평을 열 때, 오직 당신에게 부족한 것은 상상력뿐이다.

어떤 아이디어가 혁신되고 이후 실제 현실이 되느냐?하는 발전 과정은 혁신 과제가 무엇이냐?에 따라 다를 수 있다. 그러나 가장 중요한 것은 바람직한 개발 과정은 하나의 개념이 고객에게 통하고 상업적으로 수익을 낼 때까지 일련의 단계를 거쳐 필터링되고, 시험되고 형성되어야 한다는 것이다. 이러한 필터링 단계는 단지 전통을 존중하기보다는 비전통적인 해결책을 촉진하는 방식, 즉 표현되지 않은 고객의 욕구 또는 가치 창출의 새로운 원천을 인식하는 방식으로 설계되어야 한다.

제품 개발

신제품 개발(NPD)이 가장 활력적인 기업 활동 중 하나임에는 틀림없지만, 기업의 변화 관리를 돕는 컨센서스의 연구에 따르면 NPD는 종종 미지에 대한 두려움과 실패의 위험으로 인하여 종종 한계에 부딪힌다고 말한다. 그들은 미국 회사들의 제품 개발 노력의 46%가 제품에 집중한 나머지 시장에 도달하기 전에 중단되거나, 시장에 도달한다 해도 실패한다는 것을 발견했다. 그들은 또 대부분의 조직들이 그런 실패를 불가피한 것으로 인식하기보다는 책망 받을 일로 다루고 있다는 것을 발견했다.

아인슈타인은 '문제를 일으킨 생각과 똑같은 사고로 문제를 해결하는 것은 불가능하다'고 역설했다. 세계 최고의 제품 개발자 중 한 명인 글로벌 디자인회사 아이디오(IDEO)의 톰 켈리는 제품 개발은 '어떤 면에서는 창의성이고, 어떤 면에서는 논리적이며, 또 어떤 면에서는 골프 스윙과 같다'고 주장했다. 새로운 제품 개발에는 전통을 타파하고, 스폰서와 고객들에게 어필하기 위한 급진적 비전이 요구된다는 것이다. 켈리의 주장대로 이 비전은 부분적으로 창의적인 새 아이디어이지만, 동시에 고객에 대한 브랜드의 약속, 고객 분석, 수익을 내야 한다는 논리에 기초한다. 비전도 강력히 표현되어야 한다.

닷컴 버블을 부추긴 원인 중 하나는 '90일 개발 주기' 유행이었다. 3개월 안에 아이디어를 시장에 내지 못하면 너무 늦다고 생각했다. 이런 사고는 새로운 개발 프로세스를 부추겼다. 첫째, 보다 잘 훈련된 프로젝트 관리 기법, 핵심 경로, 동시 업무처리 방식을 적용했다. 둘째, 제품 수를 줄이고 소수 제품의 다양한 맞춤형 서비스에 집중했다. 셋째, 캐피탈 원 같은 혁신적인 기업처럼, 아이디어를 '빨리 내고, 테스트하고, 학습하는' 사이클을 통해 끊임없이 제품을 진화시켰다.

아마도 제품 개발자들의 가장 큰 문제는 일단 제품을 출시하면 프로젝트가 끝났다고 생각한다는 점이다. 그러나 급변하는 시장에서 제품의 출시는 성공적인 개발의 시작에 불과하다. 그 이유는, 첫째 제품의 얼리어답터들을 항상 만족시키기가 가장 어렵고, 종종 개선을 위한 교훈을 제공해 주기 때문이다. 둘째, 고객에게 정말 중요한 것은 제품의 응용이며, 이 단계가 신제품이 가장 큰 영향을 받는 지점이기 때문이다. 셋째, 제품이 성공하려면 시장 자체도 새로운 제품을 수용할 수 있을 만큼 발전되어야 하기 때문이다.

영감 3. 태양의 서커스

1987년, 태양의 서커스는 LA 페스티벌에서 '우리는 서커스를 재창조한다(We Reinvent the Circus)'라는 쇼를 공연하면서 입장료 수입을 챙기는 대가로 공연의 모든 비용을 부담하기로 합의하는, 최대의 모험을 감행했다.

그것은 미국에서 곡예, 연극, 춤, 라이브 음악이 합쳐진, 독특하고 경외심을 불러일으키는 서커스 예술에 대한 이 서커스단의 혁신적인 접근법을 가장 잘 보여준 사례다. 또한 캐나다 회사가 미국 시장에 진입하려는 야심 찬 시도였다. 결국 그들은 공연의 성공뿐 아니라 서커스의 전체 개념을 재창조하는 데도 성공했다.

르네 마보안은 《블루오션 전략(Blue Ocean Strategy, 교보문고, 2015)》에서 태양의 서커스가 서커스 시장뿐 아니라 경쟁자와 관객까지도 완전히 재정립했다고 주장한다. 쇼인가, 예술인가, 오락인가? 마보안은 태양의 서커스가 서커스의 스릴을 극장과 발레의 지적 세련미와 융합해 자신만의 공간을 정의함으로써 새로운 형태의 공연 예술을 창조해냈다고 말했다.

1984년 캐나다 퀘벡에서 아코디언 연주, 외줄타기, 불 쇼 등으로 시작한 이 서커스단의 CEO 기 라리베르테는 스스로 '하이힐 클럽(Le Club des Talons Hauts)'이라고 부른 길거리 공연을 세계적인 공연으로 만들었다. 태양의 서커스는 현재 미국에서의 브랜드 인지도가 50%를 넘는, 수백만 달러 가치를 인정받는 엔터테인먼트 회사로 15개의 완전히 다른 쇼들을 제작해 전 세계 약 4천만 명의 사람들에게 선보였다.

혁신은 태양의 서커스 공연의 변함없는 특징이었고, 그 빠른 성장과 세계적 명성의 원동력이었다. 한 열성적인 팬은 러브마크 웹사이트에서 태양의 서커스에 대해 다음과 같은 글을 올렸다.

"태양의 서커스의 창조적 비전은 경이로움과 마법으로 나를 가득 채운다. 나는 그들의 음악, 의상, 캐릭터, 공연을 보며 놀라운 마법의 장소로 이동한다. 그들은 내 영혼을 충만하게 하고 나의 감각에 열정을 불어 넣는다. 그들의 쇼를 볼 때마다 나는 인간의 몸이 할 수 있는 것과 인간의 마음이 창조해 낼 수 있는 것으로부터 영감을 얻는다. 상상력이 넘치는 공연은 나를 풍요롭게 만들고 나를 변화시킨다."

태양의 서커스는 1990년대 초에 라스베이거스 MGM 미라지 호텔과 올랜도의 월트디즈니월드와의 정기 공연을 위한 장기 파트너십 계약을 체결했다. 이를 계기로 유럽, 일본, 호주 등 국제적으로 진출할 수 있는 재정적 토대를 구축했다. 그들의 쇼는 독창성과 위험 감수를 거듭하면서 계속 성장했고, 그들의 오리지널 음악과 수제 의상으로 라이선스 및 상품화 사업도 추진했다.

태양의 서커스는 2001년에 파이어 위딘이라는 리얼리티 TV 시리즈로 에미상(논픽션 프로그램 부문)을 수상했다. 2003년에는 '주마니티'라는 섹시하고 도발적인 성인 전용 쇼를 선보이면서 더욱 모험적인 시도를 하면서 태양의 서커스 웹사이트도 많은 상을 수상했다.

태양의 서커스 쇼의 마케팅은 그 자체로도 고객의 인기와 미디어의 관심을 촉발했다.

공연하는 곳마다 태양의 서커스는 미디어 파트너를 선정해 공동으로 자금을 마련하고 홍보 메시지를 전달한다. 전체 티켓의 15% 이상이 태양의 서커스 클럽 회원들에게 판매되는데, 온라인으로 회원에 가입하면 정기 뉴스레터와 독점 행사의 초대권을 받을 수 있다. 현재 클럽 회원 수는 75만 명이 넘는다. 태양의 서커스는 일종의 부유층 오락으로, IBM, 아메리칸 익스프레스, BMW 같은 고급 브랜드의 후원을 끌어들이는 경우가 다반사이며, 이를 통해 우량 고객 우대 정책과 자체의 프리미엄 브랜드의 명성을 드높인다.

태양의 서커스는 마치 고공 줄타기 예술가처럼, 수익 창출과 예술적이고 창의적인 사업에 필요한 투자 유치의 균형을 신중하게 맞추고 있다. 태양의 서커스가 전 세계 관객을 끊임없이 놀라게 하고 즐겁게 할 수 있게 하는 것은 바로 이 균형을 유지하고 있기 때문이다. (2020년 초부터 세계를 강타한 코로나로 거의 모든 공연이 취소되자, 태양의 서커스는 2020년 6월 29일 10억 달러의 부채를 해결하지 못해 파산보호를 신청했다.)

혁신을 바라보는 관점을 어떻게 바꿀 수 있는가? 그것은 변화를 창출하도록 전체적 맥락을 바꾸는 것인가? 완전히 다른 차원으로 혁신적으로 재고하고 긍정적인 변화를 만들 수 있는 것은 무엇인가?

1. 문제 파악

혁신하고자 하는 문제나 기회가 무엇인지 파악한다.

2. 이슈 재조정

파생, 개념, 사업 모델이라는 세 가지 차원에서 각각 혁신 방법을 탐구한다.

3. 제품 변경

기존 제품이나 서비스, 내부 프로세스나 고객 경험을 어떻게 개선할 수 있는가?

4. 적용 변경

동일한 제품이 어떻게 서로 다른 문제들(새로운 시장, 새로운 적용 포함)을 다룰 수 있는가?

5. 해결책 변경

같은 문제가 어떻게 다른 제품, 제품 간의 결합, 파트너십 협력으로 해결될 수 있는가?

6. 사업 모델

다른 사업 모델을 사용해서도 어떻게 수익을 낼 수 있는가?

신규 사업 모델은 오늘날 갑자기 우리의 대화에 자주 등장하며 비즈니스 언어에서 필수적인 부분이 되었지만, 대개는 그 용어가 실제로 무엇을 의미하는지 거의 알지 못하거나 적어도 매우 다른 해석을 가지고 있다.

지난 몇 년 동안 사업 모델은 시장과 경쟁의 변화하는 특성, 산업 간 및 가치사슬 내부에서의 가치 이전을 반영하며 더욱 정교해졌다. 예를 들어, '미끼와 낚시바늘(Bait and hook)' 모델은 1세기 이상 존재해왔는데, 이 모델에서는 필수품(미끼)은 저가에 판매하지만 정기적인 리필품이나 관련 보완 제품은 비싸게 판매한다. 가장 고전적인 예가 면도날이다. 면도기를 (싼 값에) 구입하면 그 면도기에 맞는 면도날을 (비싼 값으로) 정기적으로 구입해야 한다. 또 프린터 제조업체들은 사람들이 자사 브랜드의 잉크 카트리지만 쓰게 만들었고, 이동전화 회사들은 핸드폰을 무료로 제공하고 사용시간에 대한 프리미엄 요금 명목으로 여러 차례에 걸쳐 요금을 징수한다.

1950년대에는 맥도날드의 패스트푸드, 도요타의 대량생산이라는 새로운 사업 모델이 등장했다. 1960년대에는 월마트 등의 하이퍼마켓이 등장했고, 1970년대에는 페덱스와 토이저러스 같은 카테고리 모델이 출현했다. 1980년대에는 비디오 대여점 블록버스터가 나타나 큰 편리함을 제공해 주었다. 또 B2B 회사인 인텔이 소비자 마케팅을 추구했다. 1990년대에는 사우스웨스트와 같은 저가 항공사와 스타벅스 같은 프리미엄 커피, 그리고 아마존과 이베이 같은 온라인 모델이 나타났다.

비즈니스 사업 모델은 기업이 일하는 방식, 재화와 돈이 고객, 공급자, 파트너 등 서로 다른 다양한 구성원들 사이에서 어떻게 배분되며, 어떻게 가치가 차별화된 방식으로 창

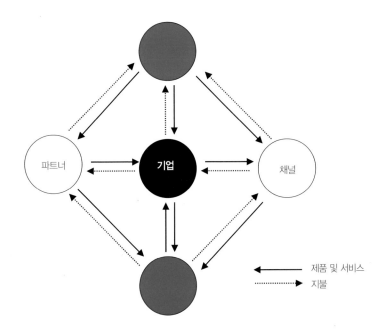

←	제품 및 서비스
← ⋯	지불

출되고 유지되는지를 근본적으로 재정의해야 한다. 사업 모델은 당신이 사업을 하는 방식, 즉 사람들과 돈을 함께 결합하는 나름의 독특한 구조를 말한다. 우리는 일반적으로 그 안에서 움직이지만, 사업 모델을 올바르게 이해한다면, 실질적이고 지속 가능한 변화를 만들 수 있는 최고의 기회가 될 수 있다.

물론 회사들은 항상 사업 모델을 가지고 있다. 예를 들어 코카콜라는 공급자들로부터 구매한 재료들로 음료를 제조한 다음, 유통업체를 통해 제품을 판매해 매출을 올린다. 그런데 인터넷이라는 독특한 매체가 등장해 기업들에게 새로운 사업 방식을 모색할 수 있는 기회와 자신감을 주었다. 예를 들어, 이베이는 온라인 경매장을 열고 원격 구매자와 판매자들을 한 자리에 불러 모았고, 프라이스라인은 고객들이 가용한 호텔에 자신이 원하는 가격을 제시할 수 있게 만들어 주었다.

사업 모델은 본질적으로 기업이 가치를 창출하는 방법에 대한 청사진이다. 비즈니스 모델은 기업과 고객, 공급자와 파트너 사이의 재화와 돈의 흐름인 일종의 가치 교환과 관련이 있다. 전통적 사업 모델은 일반적으로 현금의 교환으로 상품을 제공하지만, '제품'은 무료로 제공되고 정보가 유료이거나 다른 곳에서 수수료를 받는 형태도 있다.

대표적인 사무실 공유 기업 리저스는 기존의 오피스 제공업체들과 차별화되는 혁신적인 모델을 통해 빠르게 성장하는 시장을 선점했다. 사용한 만큼 지불하는 모델은 비즈니스를 하는 사람들이 언제 어디서든 필요할 때 사무실을 쓸 수 있게 해주었다. 이 모델은 시간을 중시하고 편리함을 추구하며 빈번하게 출장을 다니는 사람들에게 매우 유용하다. 리저스는 주요 입지나 미개발 지역에 사무실을 마련하고 단기 임대 방식을 취함으로써 빠른 속도로 성장하고 있다.

(리저스는 2019년 말 현재 전 세계 120개 도시에 3000개 이상의 사무실을 운영하고 있지만, 역시 코로나의 타격으로 1위 업체인 위워크와 더불어 고전하고 있다.)

영국의 반도체 설계회사 ARM 홀딩스는 반도체 시장의 다른 업체들과는 달리, 기술 부침의 영향을 덜 받았다. 인텔이나 모토로라 같은 경쟁사들과 차별화되는 사업 모델로 하이테크 시장의 불가피한 기술 부침의 사이클로부터 회사를 보호했다. ARM은 칩을 만드는 대신 '칩의 엔진'을 혁신, 설계, 라이선스한다. 로빈 색스비 CEO는 2001년 58%의 매출 성장을 발표하면서, 전 세계 휴대폰의 75%에 ARM이 설계한 칩이 탑재되어 있다고 주장했다. 경기 침체에도 불구하고 전 세계 제조업체들은 자신들을 차별화하고 3G 투자 비용을 보상할 차세대 무선 서비스를 지원할 수 있는 더 싸고 더 강력한 마이크로프로세서를 간절히 바라고 있다. (ARM은 2016년 손정의의 소프트뱅크에 매각되었다가 2020년 9월에 다시 그러나 영원히 지속되는 사업 모델은 거의 없다. 아무리 안정적인 산업이라도 사업 모델의 변화를 피할 수 없다. 고객과 공급업체가 다른 분야의 새로운 모델에 친숙해지면서 그들의 예상은 경계를 넘나든다. 그들이 새 차를 사는 대신 임대할 수 있다면, 생활용품 시장에서도 왜 그런 방식이 통하지 않겠는가? 하지만 당신의 회사가 돈을 버는 방식이 더 이상 통하지 않는다는 것을 인정하는 것은 민감한 문제다. 제록스의 폴 알레어 전 CEO가 '우리에겐 지속 가능한 사업 모델이 없다'고 말했을 때, 주식 시장의 신뢰가 떨어지면서 순식간에 380억 달러가 사라졌다.

영감 4. 이케아

스웨덴의 가정용 가구 소매업체 이케아는 현재 30여 개국에 200개가 넘는 대형 매장을 두고 있다. 약 1만 2000여 종의 이케아 제품이 수록된 이케아 카탈로그는 성경에 이어 두 번째로 널리 보급된 책으로, 매년 1억 부가 제작된다. (이케아 업데이트. 2019 회계년도 매출 413억 유로, 전 세계 매장 500개, 전 세계 직원수 21만 7,000명)

이 브랜드는 스웨덴 사람들은 '이케이어'(ee‒kay‒uh)로 발음하지만, 영어권에서는 '아이케어'(eye‒KE‒uh)로 발음된다.

이케아는 잉바르 캄프라드가 17세에 창업했다. 회사 이름은 자신의 이름의 첫 글자 I, K와, 가족 농장인 '엘름타리드(Elmtaryd)', 그가 자란 마을 '아군나리드(Agunnaryd)'의 첫 글자 E, A를 합성한 것이다. 이 회사는 처음에는 펜, 지갑, 그림 액자, 시계, 보석류, 나일론 스타킹 등 캄프라드가 할인가로 팔 수 있다고 생각하는 것은 무엇이든 매장에 갖다 놓고 팔았다. 1947년에 이케아 제품군에 처음으로 가구가 들어왔고, 1955년에는 자체 가구를 디자인하기 시작했다. 처음에는 우편 주문 사업으로 시작했지만 결국 인근 에름홀트 마을에 매장을 열었다.

이케아의 가구는 스웨덴 젊은 디자이너들의 현대적인 디자인과 '플랫팩'(flat-pack, 조립식으로 되어 있어 납작한 상자로 포장하는 방식) 형태로 유명하다. 미리 조립된 상태로 판매되기보다는 소비자가 직접 조립하는 방식이다. 이케아는 이 방식으로 포장재 사용과 그에 들어가는 비용을 줄일 수 있다고 주장한다. 이케아는 또 대중 소비자 문화에 친환경 지속가능 접근 방식을 선도했다. 이케아 설립자는 그것을 '민주적 디자인'이라고 부른다. 규모의 경제를 활용해 재료 흐름을 포착하고 비용과 자원 사용을 줄이는 제조 공정을 만들 수 있었다는 것이다. 이런 방식으로 이케아는 큰 집이나 최근 증가하고 있는 작은 집에 모두 적용될 수 있는, 확장과 축소가 가능한 조립식 가구를 만들 수 있다는 것이다.

이케아는 가구는 자주 바뀔 수 있고 멋진 디자인이라도 저렴한 가격으로 공급할 수 있다는 새로운 소비 접근 방식을 구축한 것에 대해 자부심을 느낀다. 이 회사는 이제 첫 주택 구매자에게 저렴한 가격의 주택을 공급한다는 노력의 일환으로 조립식 주택 복록도 판매하기 시작했다.

이케아의 매장은 대개 창문이 거의 없는 매우 큰 파란색 박스 모양이며, 내부는 소비자들이 계산대에 도착하기 전에 상점의 거의 모든 부분을 가로지르도록 하는, 이른바 '의무적 일방 통행'으로 설계되어 있다. 그 순서는 대개 가구 매장을 지나 가정용품 매장을 거쳐 창고에 도착해 직접 포장된 박스를 픽업해 계산대로 가는 구조다.

적용 새로운 사업 모델

사업 모델이란 정확히 무엇을 의미하는가? 현재의 모델을 어떻게 시각화할 것인가? 비즈니스를 수행하는 대안적인 방법 및 이를 통해 지속적으로 성공을 이어나갈 수 있는 혁신적인 사업 모델은 무엇인가?

1. **이해 당사자 파악**

   현재 비즈니스를 수행하는 데 관련된 모든 이해 당사자들을 파악한다.

2. **상품 흐름 탐구**

   이해관계자들 간의 상품 흐름(회사에서 고객으로, 공급자에서 회사로 등)을 탐구한다.

3. **지불 흐름 탐구**

   이해 당사자들 간의 지불 흐름(고객에서 회사로, 회사에서 공급자지에게로 등)을 탐구한다.

4. **흐름 재조정**

   재화와 지불의 흐름이 달라졌을 경우의 영향을 생각한다.(다른 연결 또는 역흐름을 고려한다)

5. **제거 여부 판단**

   하나 이상의 이해 당사자(파트너, 대라점)를 제거하면 어떤 영향이 생길 것인지 판단한다.

6. **옵션 평가**

   어떤 다른 모델을 선택할 수 있는지, 경제적 가치를 가장 잘 창출하는 모델은 무엇인지 평가한다.

3

경쟁력:
마케팅 천재의 감각

"우리는 경쟁사들이 아는 정보라도 더 잘 활용하는 방법을 생각해야 한다."

-에드워드 드 보노(Edward de Bono)

"최고의 경쟁력은 열정이다."

-앤드류 그로브(Andrew S. Grove)

"모든 일은 가능하다고 생각하는 사람만이 해낼 수 있다."

-잭 웰치(Jack Welch)

P	R	E	V	I	E	W

- 오늘날 고객에게 특별한 가치를 창출하는 것은 무엇인가? 치열한 경쟁을 어떻게 이겨낼 수 있는가? 당신의 사업은 고객의 조건에 따라 운영되고 있는가?
- 당신은 회사를 고객의 눈을 통해 보고 있는가? 당신이 고객에게 제공하는 것의 진정한 이점들을 어떻게 설득력 있고 논리적이며 기억에 남는 방식으로 표현하는가?
- 고객의 마음을 사로잡아 특별한 기억으로 남게 하고, 당신의 브랜드에 대한 그들의 생각을 변화시키며, 당신의 제안을 차별화할 수 있는 고객 경험을 어떻게 제공하는가?
- 고객이 원하는 방식, 장소, 때에 따라 사업을 운영한다는 것은 무엇을 의미하는가? 고객과의 의사소통과 유통을 어떻게 반전시킬 것인가?
- 고객이 참여하기를 원하는 관계를 어떻게 구축할 것인가?

고객의 눈을 통해
기업을 보라

"고객은 당신이 자신들에게 중요한 존재라는 것을 분명히 인식하고 있다."
-하워드 슐츠(Howard Schultz)

"문제들은 그 문제가 만들어진 틀 안에서 생각하면 결코 해결할 수 없다."
-알버트 아인슈타인(Albert Einstein)

최근의 신경학적 연구에 따르면 대부분의 구매 결정은 2.6초 안에 이루어진다고 한다. 실제로 《블링크(Blink, 21세기북스, 2005)》의 저자 말콤 글래드웰은 정보가 많으면 우리의 판단을 향상시키기보다는 혼란스럽게 하는 경우가 많다며, 결정은 빨리 내릴수록 더 낫다고 주장한다. 그러나 빠른 인식을 위해서는 지능과 창의성이 모두 필요하다.

슈퍼마켓 통로에서 망설일 때든, 회의 막간에 구매 주문서에 서명할 때든, 결정의 순간에 마케팅 과학이 정말 효과가 있을까? 물론 대부분 영향을 미친다. 그러나 영향을 미치는 시점은 진실의 그 순간보다 훨씬 전이다. 비결은 당신의 브랜드를 의사결정자의 마음속에, 그들이 예상하는 '수익률' 속에 미리 심어 놓는 것이다. 문제는 브랜드를 어떻게 그들의 마음속에 심고, 오래 동안 머물게 하고, 그 순간이 왔을 때 재빨리 기억해내서 설득할 수 있는 힘을 발휘하도록 하느냐?하는 것이다.

더 지능적인 제안	더 창의적인 제안
고객: 브랜드 또는 특정 솔루션의 대상 고객 또는 세그먼트에 대한 가치를 수량화한다.	**경쟁자:** 당신 회사를 포지셔닝할 올바른 맥락을 선택하고, 다른 회사와 어떻게 비교할 것인지 탐구한다.
제안: 차별된 이익과 가격 측면에서 이 가치를 명확히 하고, 수익성 있게 전달할 수 있는 방법을 찾는다.	**인식:** 회사가 아니라 고객의 관점, 즉 인식된 이익과 경쟁자들을 고려한 가격 조건에 따라 제안을 정의한다.
조정: 관련 제품, 서비스 및 경험을 통해 제안을 전달하도록 사업 구조를 조정한다.	**표현:** 기억에 남고 구매를 촉진할 수 있는 체계적이고 설득력 있는 언어로 제안을 설명한다.

'고객 가치 제안(CVP)'은 집중적이고 차별적이며 관심을 이끄는 마케팅 운영의 중심이다. CVP의 형식은 회사마다 다를 수 있지만, 오늘날 모든 회사는 대상 고객의 요구에 부합하는 제안에 집중해야 한다.

아메리칸 익스프레스는 '고객이 더 많은 일을 할 수 있도록 돕는다'는 아이디어를 표방하는 포괄적인 기업 브랜드를 가지고 있다. 동시에 일련의 가치 제안으로 자신의 사업이 무엇인지를 보다 구체적으로 정의하고, 해당 대상 고객에게 차별화된 이익을 제공한다. 이러한 가치 제안은 회사가 지향하는 바로써 나아갈 수 있는 힘이 되고, 내부가 외부와 조화를 이루는 방식이 된다.

가치 제안은 고객에게 중요한 것에 초점을 맞추도록 도와준다. 제안은 제품 및 서비스, 기능 및 프로세스를 통해 고객에게 높은 수준의 이익과 약속을 전달함으로써 고객에 대한 이익을 실현하는 활동이다.

물론 브랜드와는 달리 가치 제안은 시간이 지남에 따라 고객의 욕구가 변화하고 경쟁자들이 따라오고 시장이 진화하면서 바뀐다. 따라서 그 제안은 몇 년 동안만 유효한 임시적인 것이 될 수 있다. IBM의 경우, e비즈니스(eBusiness on demand) 제안은 대상 고객의 현재 문제를 해결하고 현재의 경쟁자와의 차별화를 꾀하며 현재 고객의 관심을 끄는 것이다.

그렇다면 고객의 마음속에 오랫동안 남아 있는 것은 무엇일까?

그것은 게으른 마케터들이 주로 사용하는 기술 사양이나 전문적 용어, 즉 최신 컴퓨터의 처리 능력, 치약 안의 특별한 활성 성분, 최신 휴대전화에 표기되어 있는 의미 없는 일련번호 따위가 아니다.

고객들은 자신들에게 중요한 것, 즉 그들이 사용하는 언어, 기업의 제안이 어떻게 그들의 특정한 문제를 해결하고, 어떻게 그들이 이해하고 기억에 남는 방법으로 그런 이익을 실현하는지를 설명하는 논리적인 주장만을 기억할 뿐이다.

어떻게 2.6초 만에 고객을 사로잡을 것인가?

- 고객에게 가치를 명확히 표현하는 제안
- 고객에게 관련이 있고 차별화된 이익
- 취득하는 이익에 대한 공정한 가격 책정
- 문제로 시작하고 해결책을 설명하는 표현
- 간단하고 실용적인 언어
- 설득력 있고 기억에 남는 문화적 요소
- 적절한 순간에 감지하고 반응하는 대화
- 중요한 때에 당신에게 올바른 상황을 알려주는 관계

고객에게 인식된 솔루션의 가치는 무엇인가? 당신의 제안은 얼마나 많은 부가 가치를 창출하는가? 이러한 인식된 가치를 대부분 반영하기 위해 어떤 수준의 가격을 책정하는가? 동시에 가격에 합당한 가치를 반영하는가?

1. **고객 이익**

   고객이 당신의 제품으로부터 얻는다고 생각하는 이익이 무엇인지 조사한다.

2. **상대적 이익**

   고객이 다른 경쟁사보다 당신의 제품을 얼마나 더 좋다고(또는 더 나쁘다고) 생각하는지 고려한다. 고객은 당신 제품을 얼마나 다르게 생각하는가?

3. **인식된 가치**

   이러한 인식을 다른 경쟁자와 비교해 인식된 가치를 극대화한다. (아우디와 BMW 또는 포드)

4. **가격**

   인식된 가치를 거의 반영할 수 있도록 가격을 책정하고, 고객이 '잘 샀다'고 생각할 정도의 만족감과 가격에 합당한 가치를 제공한다.

5. **수익성 있는 가격**

   가격이 회사에 경제학적 이익을 가져다줄 수 있어야 한다.

6. **인식 추적**

   고객의 인식을 모니터링하고 제안을 발전시키며 적극 관리한다.

배우 소피아 로렌은 '섹스어필은 당신이 실제로 가진 것이 50%, 그리고 사람들이 당신이 가지고 있을 것이라고 인정하는 것이 50%를 차지한다.'고 말하면서 인식의 힘이 현실 못지않게 중요하다는 점을 설명했다.

고객들은 솔루션이 자신들에게 얼마나 관련이 있고 자신들에게 해당되는지에 따라, 즉 그 솔루션이 제공하는 이익, 금전으로 환산된 이득이나 비용 절감, 시간 효율 등에 따라 솔루션의 가치를 인식한다.

그래픽 디자이너, 광고회사 크리에이티브 및 기타 멋진 유형의 직업을 가진 사람들을 타깃으로 삼고 있는 슬림한 디자인에 강력한 성능의 노트북인 애플 파워북을 예로 들어보자.

- 이 제품이 고객에게 제공하는 절대적인 이익은 탁월한 소프트웨어와 기능으로, 언제 어디서나 더 빠르고 효과적으로 일할 수 있게 해준다는 것과 사업을 확장할 수 있게

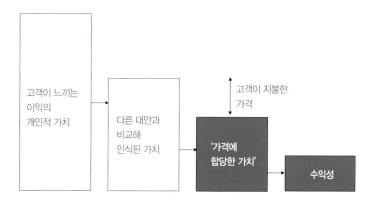

해준다는 것이다.

- 시장에는 애플 외에 소니, 델, IBM 등의 유사한 솔루션이 함께 존재하고 있기 때문에 고객은 실제로 그 중에서 상대적으로 더 좋은 이익을 제공해 주는 솔루션을 선택한다. 따라서 고객이 얻는 이익은 다른 솔루션으로부터 얻을 수 있는 이익과 비교할 수 있는 상대적인 것이다.
- 가격은 그 솔루션으로부터 얻을 수 있는 한계 이익을 반영하되, 가격에 합당한 가치가 있으려면 그 가격을 지불할 만한 가치 이상의 이익을 제공해야 한다.

높은 가격을 책정할 수 있다면 기업의 비용 구조에 따라 기업의 이익에 바로 반영된다. 따라서 고객에게 높은 가치를 제공할 수 있다면 기업에 대한 가치도 함께 올라간다.

고객 가치 제안은 기업이 대상으로 하는 특정 고객 그룹과 경쟁상품을 더 잘 이해하고, 그들에게 중요한 것, 즉 그들의 상황, 문제, 기회, 욕구에 집중함으로써 그들에게 제공하는 가치를 명확히 표현하는 것이다. 만약 당신이 정말로 문제를 해결할 수 있다면, 고객은 가격에 대해서는 그다지 신경 쓰지 않을 것이다.

성급하게 슬로건을 내세우고 싶겠지만, 가치 제안은 구조적인 분석을 통해 내부적으로

제품은 (문제를 해결하는 데 도움이 될 수 있는) 기능을 설명한다.	제안은 (핵심 문제를 해결함으로써 발생하는) 이익을 설명한다.
'집수리 24시간 언제든 가능'	'평화롭게 쉴 수 있는 집'
'전화기로 무선 이메일을 사용할 수 있음'	'어디서든 연결이 가능'
'새 러닝화'	'최고 개인 기록 달성'

구축되어야 한다. 가치 제안은 다음 6가지 단계를 거친다.

1. 대상 고객은 누구인가?(이름이나 세그먼트로 정의) 그들이 당신 회사에 관심이 있는 이유는 무엇인가? 그들의 욕구, 문제, 열망은 무엇인가?

2. 그들은 어떤 종류의 솔루션을 찾고 있는가? (보다 상쾌한 음료, 보다 편리한 IT 솔루션 …)

3. 그 솔루션을 선택하는 이유는 무엇인가? 차별화 요인은 무엇이며, 그것은 다른 회사보다 얼마나 좋고 어떻게 다른가? 당신 회사가 제공하는 특별한 이익은 무엇인가?

4. 그런 차별화는 고객에게 어떻게 전달되는가? 당신에게 그런 이익을 특별하게 전달되도록 하는 제품, 서비스, 프로세스가 있는가?

5. 고객은 어느 정도까지의 가격을 용인할 것인가? (시장 평균보다 10% 더 높은 가격 …) 마켓 리더들은 대개 5% 정도의 추가적 수익을 누린다.

6. 다른 회사에는 있는데 당신 회사에는 없는 것은 무엇인가? 매장 수가 더 적거나, 색상이 제한되어 있거나, 맥에서 작동하지 않거나, 수동으로 업데이트해야 하는가?

외부적으로는 더 단순하고 창의적인 방식으로 가치 제안을 재편할 수 있다.

어떤 경우에는 모든 시장, 부문 또는 심지어 모든 고객에 대해 통일된 한 가지 제안을 할 수도 있다. 이 경우 그 제안은 빠르게 테스트되고, 고객화되고, 지속적으로 진화한다. 이런 점에서 가치 제안은 브랜드나 제품보다 훨씬 더 유연하고 효율적이다.

중요한 것은 여러 가지 다른 제안을 지원하기 위해 동일한 제품과 서비스가 제공되더라도, 그 역할, 이익, 가격은 달라야 한다는 것이다. 이와 반대로 필요성과 적절성에 따라, 동일한 제안을 전달하기 위해 여러 다른 제품과 서비스가 동원될 수도 있다.

효과적인 의사소통은 역동적인 대화다. 그래야만 빠르게 확산되고 고객 마음속에 전달

고객 가치 제안	설명
누가?	당신이 끌어들이려고 하는 대상 고객을 파악한다.
무엇을?	고객들의 맥락, 문제, 욕구를 정의한다.
왜?	설득력 있고 차별화되는 당신만의 두 가지 이익을 선택한다.
어떻게?	이런 이익을 어떻게 하면 어느 누구보다도 더 잘 제공할 수 있는지, 즉 특징을 설명한다.
얼마나?	경쟁사보다 얼마나 더 낮은/높은 가격을 설정할 것인가?
당신에게 없는 것은?	당신에게는 없고 다른 회사에는 있는 이익을 어떻게 고객에게 보상할 것인가? (내부용)

될 수 있다.

대화는 상호적이고, 계속 발전하며, 고객이 원한다는 점에서 차별적이다. 이를 위해서는 회사의 조건이 아닌 고객의 조건에 따르며, 흥미롭고 기억에 남을 만한 쌍방향 소통이 필요하다.

디즈니의 광고는 당신이나 자녀에게 꿈의 휴일을 만들어준다면서 당신의 상상력을 자극한다. 프랑스의 다국적 통신사 오렌지는 무선 통신이 더 나은 세상을 가능하게 해준다면서 당신과 함께 미래를 탐험하고자 한다. BMW는 그들의 전시장이나 자동차 안에서 궁극적인 경험을 당신과 함께 나누고 싶어 한다.

역동적인 대화는 신중하게 선택한 미디어를 통해 설득력 있는 메시지로 각 개인의 의제를 다루도록 고안된 차별화된 제안들에 의해 촉발되며, 각 고객에게 특별하게 전달된다. 그러나 텔레비전 광고나 직접 우편 광고로는 이를 충족하지 못한다.

아우디의 스포츠카 아우디 TT는 고객이 구매하기 전이나 구매 후에 라이프스타일에 대한 대화를 장려한다. 그들은 광고에서 '당신이 원할 때 언제든 전화하거나 메일을 보내거나 직접 오셔서 말씀하십시오. 무엇이든 상관없습니다.'라고 말한다.

비즈니스 전략가인 세스 고딘은 전통적인 의사소통은 대개 회사의 조건, 즉 회사의 시점과 방식으로 추진되어 왔다고 주장한다. 그러나 고객과 데이터 보호 기관들은 그런 한계에 도전하며 고객의 조건에 따라 '고객의 동의'에 기반하는 의사소통을 추구한다. 고객의 허락을 구하는 것은 실제로 '참여 조건'을 만들 수 있는 긍정적인 기회가 된다.

대화는 일반적으로 고객의 중요한 문제나 동기를 직접 다루는 강력한 제안에 의해 고취된다. 그렇게 되기 위해서는 시간이 지남에 따라 축적되는 고객에 대한 깊은 이해와 그들의 사고와 반응을 자극하기 위한 새로운 통찰력이 요구된다.

코펜하겐 미래연구소의 롤프 젠슨은 미래에는 기업들이 그들의 스토리와 신화를 바탕으로 번창할 것이라고 주장한다. 사우스웨스트의 허브 켈러 CEO의 무모한 행동이든, 다른 누군가 하기 전에 자신이 먼저 자신의 사업을 파괴하려는 잭 웰치의 사명이든 말이다. 지능이 자동화에 의존하면서 사람들은 이제 감성, 상상력, 의식에 더 많은 가치를 부여한다. 젠슨은 이것이 구매 결정에서부터 고객 충성도에 이르기까지 모든 것에 영향을 미칠 것이라고 믿는다. 그는 가장 성공적인 의사소통 주체는 스토리를 말할 수 있는 사람이 될 것이며, 그들의 메시지는 훌륭한 우화로 포장되어 시간이 지남에 따라 거듭 반복되는 이야기가 될 것이라고 주장한다.

테스코(TESCO)는 영국의 대표적인 소매업체다. 원래 식품 매장으로 시작했지만, 의류, 가전, 금융 서비스, 인터넷 서비스, 통신 등의 분야로 확장했다.

240억 파운드의 매출에 20억 파운드의 이익을 올리는 이 회사는 영국 식료품 시장의 30%를 차지하고 있다. 거의 모든 카테고리에서 영국 소매 판매의 8파운드당 1파운드는 테스코에서 나오는데, 이는 테스코가 미국에서의 월마트보다 국내 시장 지배력이 더 크다는 것을 의미한다. 테스코는 해외에서도 운영되고 있으며 2005년 기준 해외 매출이 전체 매출의 20%를 차지했다.

(테스코에 대한 이 같은 설명은 온라인 부문을 대폭 강화한 월마트와 비교해 볼 때, 또 특히 코로나 대유행으로 전통적인 소매업체들이 고전하는 오늘날 상황에서 다소 진부하게 느껴진다. 테스코 연례보고서 2020[2019. 3~2020. 2]에 따르면 테스코 연매출은 전년보다 5% 감소한 565억 파운드, 해외매출 105억 파운드, 전체 매출의 18.5%, 전 세계 매장 수 6,800여개)

테스코는 런던 이스트엔드 시장에서 식료품을 판매하던 잭 코헨이 1919년 설립했다. 테스코라는 브랜드는 코헨이 1924년 T. E 스톡웰이라는 차(茶) 공급업체로부터 대량으로 차를 사들이면서 처음 등장했다. 이 회사의 처음 세 글자(TES)와 자신의 성 첫 두 글자(CO)를 합쳐 '테스코'라는 단어를 만들었다.

테스코 첫 매장은 1929년에 문을 열었고, 첫 셀프서비스 매장이 1948년에 세인트 알반스에서, 그리고 첫 슈퍼마켓이 1956년에 에식스 주 말돈에서 문을 열었다. 인근 골드행거 농장의 과일을 통조림으로 만들어 팔면서 자체 상표 제품군을 제공하기 시작했다. 테스코의 첫 대형 슈퍼는 1968년 웨스트 서식스 주 크롤리에 문을 열었다. 이후 테스코는 인수 합병을 통해 해외 시장까지 사업을 확대해 나갔다.

테스코는 이 모든 과정에서의 핵심 목적은 '고객을 위한 가치를 창출해 평생 충성도를 얻는 것'이었다고 설명한다.

테스코는 '우리보다 고객을 위해 더 노력하는 사람은 없다'라든가 '우리가 대접받고 싶은 대로 남을 대한다'라고 가치를 정의하고 이를 추구한다.

테스코의 영국 매장은 5가지 가치 제안으로 나뉘어지는데, 각각의 제안은 규모와 범위도 각각 다르고, 소비자의 각기 다른 욕구를 충족하는 여러 하위 브랜드와 형식을 통해 제공된다.

- 테스코 엑스트라는 테스코의 모든 제품군을 취급하는, 규모가 크고 교외에 위치한 하이퍼마켓이다. 영국 전역에 100여개의 매장이 있는데, 매장 공간은 총 660만 평방 피트로 테스코 전체 영업 공간의 27%를 차지한다.

- 테스코 스토어는 식료품뿐 아니라 일부 비식품들도 함께 판매하는 일반적인 대형 매장이다. 편의상 '슈퍼스토어'라고 부르지만 이 단어는 매장에는 표시되어 있지 않다. 이 형태의 매장이 테스코 전체 영업 공간의 대부분을 차지한다. 이런 형태의 매장은 대부분 도시의 외곽이나 중소도시의 변두리에 위치해 있다.

- 테스코 메트로는 주로 도시 중심가와 소도시 번화가에 자리 잡고 있으며, 식품을 위주로 일상 필수품들과 함께 대량 판매보다는 이윤이 높은 상품에 중점을 둔다.

- 테스코 익스프레스는 동네 편의점이다. 이 형식의 매장은 번화한 도심과 주택가의 작은 상가 건물, 그리고 주유소 앞마당에서 흔히 볼 수 있다.

- 원스톱은 테스코라는 단어가 간판에 들어가지 않는 유일한 카테고리다. 이 형태의 매장은 가장 크기가 작다. 이 매장들은 T&S 스토어의 매장이었는데, 테스코가 인수

하면서 일부 매장들은 테스코 익스프레스로 전환했고, 일부는 원스톱이라는 옛 이름을 그대로 사용하고 있다.

테스코는 지난 30년 동안 성장을 거듭하면서 창업자의 '상품을 높게 쌓아놓고 싸게 팔아라'는 접근 방식에서 전략과 이미지를 완전히 탈바꿈시켰다. 1970년대 말만 해도 테스코의 브랜드 이미지가 워낙 부정적이어서 매장 이름을 바꾸라는 권고를 받았지만 회사는 이를 거절했다.

대신 테스코는 다음과 같은 방법으로 성공을 이루었다고 주장한다.

- 같은 매장을 찾는 상 · 중 · 저소득 고객층 모두에게 어필하기 위한 열망인 '포용적 제안'.
- 프리미엄 제품인 '파이니스트(Finest)', 중저가 제품인 '밸류(Value)' 같은 자체 브랜드 도입. 자체 브랜드는 품질이 좋지 않다는 소비자들의 기존 인식을 뒤집었다.
- '고객 중심'은 회사의 유일한 동력이며, 테스코가 주주들을 위해 장기적 가치 성장을 달성하는 유일한 경로다.
- 주력 제품인 식료품 사업을 넘어, 새로운 분야나 새로운 지리적 시장에까지 비범한 고객 가치를 제공할 수 있는 분야로 다양화했다.

(출처: tesco.com)

실제로 해를 거듭할수록 수익이 쌓이면서 테리 리히 CEO(1997년부터 2011년 3월까지 14년간 테스코 CEO를 역임했음)는 다음과 같은 이른바 4가지 전략에 초점을 맞추었다.

- '핵심 영국 사업' – 즉 국내 시장에서의 식료품 소매업으로, 혁신적이고 활력적으로

편의점 분야로의 대규모 확장을 꾀했다.

- '비식품 사업' – 영국의 많은 슈퍼마켓들이 다른 분야로 다변화를 시도했지만 테스코만이 예외적으로 성공하여 의류, 가전제품, 건강 및 미용, 미디어 제품 등 다양한 카테고리에서 선두주자로 급부상하며 성공을 거두었다.

- '소매 서비스' – 테스코는 은행, 통신, 공익사업 분야로의 확장도 선도적으로 진행했다. 이 경우 시장의 주요 업체들과 합작 형태로 이루어지는 경우가 많았는데, 여기에서도 테스코는 더 효과적이고 수익을 내는 사업으로 성공을 거두었다.

- '국제 사업' – 테스코는 1994년부터 국제적으로 사업을 확장하기 시작했는데, 현재 해외 매출이 전체 매출의 20% 이상을 차지하고 있다. 중유럽과 극동지역 등 소매업이 취약한 시장 개척에 주력해왔다. 중기 목표는 해외 매출이 그룹 전체 매출의 절반 수준이 되도록 성장하는 것이다.

(출처: tesco.com)

전반적으로 테스코의 성공은 대부분의 경쟁사들보다 소매업의 기본에 보다 충실함으로써 달성되었다.

테스코의 마케팅 캠페인에서는 이를 '티끌 모아 태산(Every Little Helps)'이라고 부른다.

적용 가치 제안

브랜드를 특정 고객을 위한 구체적이고 실제적이며 적절한 제안으로 바꾸는 CVP(고객가치 제안)를 어떻게 개발하는가? 일반적 제안의 이점이나 당신의 제안만이 갖고 있는 이점 등, 고객 가치의 구성요소를 명확하게 설명하는가? 고객이 그에 대한 비용을 지불해야 한다는 것을 인식하고 대안을 거부하는 경우 어떻게 보상하는가?

1. 대상 고객

대상 고객은 누구인지, 그들의 핵심 문제(그들이 해결하고자 하는 문제)가 무엇인지 파악한다.

2. 이익

그런 고객에게 당신이 제공하는 이점을 생각하고, 차별성이 무엇인지 생각한다.

3. 차별화 요소

경쟁사보다 우수한 가장 중요한 이점 두 가지를 명확히 설명한다.

4. 증거

그런 특별한 이익(차별화된 제품)에 대한 증거를 작성한다.

5. 가격

가격 포지셔닝 및 보상(제공되지 않는 것에 대한)을 판단한다.

6. 외부로 표현

차별화되고 설득력을 갖도록 제안을 외부에 구체적으로 표현한다.

모든 것이 잘못된 방향으로 오인되는 경향이 있다.

우리는 고객 앞에 앉으면 우리가 말하고 싶은 것부터 말하기 시작한다. 우리는 고객의 관점보다는 우리가 바라보는 도전과 기회를, 다른 사람과 상관없이 우리에게 통하는 언어로 설명한다.

그러나 우리는 고객에 귀 기울이고 그들을 이해하고 그들에게 무엇이 가장 중요한지를 먼저 생각해야 한다는 것을 잘 알고 있다.

30초짜리 TV 광고든, 흥미로운 뉴스가 담긴 반쪽짜리 보도 자료든, 운전자의 시선을 끌기 위한 길가 포스터든, 집에 가져가서 한참 읽어야 하는 4쪽짜리 브로슈어든, 예상 고객의 관심을 끌기 위한 20쪽짜리 슬라이드 프레젠테이션이든, CEO의 45분짜리 컨퍼런스 연설이든, 이 모든 것에는 관심을 끌어야 할 대상이 있으며, 모두 하나의 목적을 가지고 있고, 전달해야 할 핵심 메시지가 있다.

고객들은 자신에게 의미 있는 것, 그들이 이해할 수 있는 것, 공감하고 동의하는 것, 지금보다 더 좋은 곳으로 자신들을 안내하는 것에 관심을 비친다. 그러기 위해서는 상품과 관련된 구조와 이야기(스토리텔링)가 필요하다.

'고객 대본'은 고객에게 적절하고 설득력 있는 방법으로 제안을 전달하기 위해 사용된다. 그렇다고 해서 '우리는 누구이고 무슨 일을 하고 있다'고 직설적으로 말하지는 않는다. 고객 대본은 당연히 고객과 함께 시작하며, 당신이 취하는 행동을 고객이 받아들일 수 있도록 논리를 통해 고객을 설득한다.

'고객 대본'에는 다음과 같은 내용들이 들어간다.

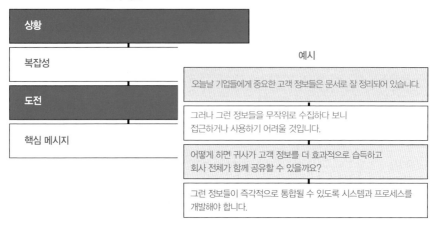

- 전체 상황 – 고객, 그리고 고객이 직면하게 될 기회와 도전.
- 복잡성 – 그들의 가장 큰 애로는 무엇이며, 현재의 해결책으로는 그런 문제를 해결할 수 없는 이유.
- 도전 – 이런 복합성과 해결 방법에 관한 핵심 질문을 제기.
- 핵심 메시지 – 당신의 솔루션, 즉 당신이 그들에게 소개하고자 하는 큰 아이디어를 제안. 핵심 메시지에는 일반적으로 전달하고자 하는 제안, 그들의 문제를 해결해 줄 것이라고 확신하는 해결책, 고객들의 마음속에 오래 간직하고 싶은 큰 아이디어들이 모두 통합되어 있어야 한다.

그 다음에 당신의 결론이 왜 고객에게 적절한지 설명하고 어떻게 그것을 달성할 수 있을지가 메시지의 저변에 깔려 있어야 한다. 때로는 그것을 달성한 사례 등 구체적인 증거를 제시할 수도 있고 자세한 설명이 첨부될 수도 있다.

TV 광고를 위한 대본에서부터 제품 판촉 설명회를 지원하기 위한 브로슈어나 슬라이드에 이르기까지 모든 것에 이런 식의 구조가 적용될 수 있다. 또 여러 페이지로 만들 수도 있지만, 한 페이지에 필수 내용만 담을 수도 있다.

영감 2. 클럽 월드

영국항공은 소비재 회사의 브랜드 관리 원칙을 서비스 경험을 전달하는 데 적용한 최초의 서비스 회사 중 하나다.

퍼스트 클래스, 클럽 월드, 클럽 유럽, 월드 트래블러, 유로 트래블러 같은 브랜드들이 하위 브랜드 포트폴리오로 개발되었는데, 모두 마스터 브랜드의 수준 높은 제안을 보다 적절한 방식으로 해당 특정 고객층에게 반영하기 위한 것이다.

이 제안은 고객 이익, 즉 전체적인 고객 경험 측면에서 다른 항공사와는 다른 차별화를 포착해 예약에서부터 공항 도착, 체크인, 라운지, 출발, 기내 서비스, 도착, 환승 및 그 이후까지 여행의 각 단계에서 다양한 방식으로 전달된다.

클럽 월드(Club World)는 거의 20년 동안 대서양 횡단(뉴욕 – 런던 간 비행을 말함) 여행의 비즈니스 클래스 브랜드로 자리를 잡았다. 이 제안은 다음과 같은 '대본'을 통해 보다 적절하고 관심을 끄는 방식으로 표현되었다.

- 상황: 당신 회사에서 당신에게 화요일 오전 9시에 뉴욕에서 중요한 미팅에 참석하라고 한다. 그러나 시간이 너무 부족하다. 월요일에는 하루 종일 런던에 있어야 하고, 수요일에 다시 런던으로 돌아와야 한다.

- 복잡성: 이 출장의 문제는, 중요한 회의를 준비하기 위해서는 비행기 좌석에서 마음 놓고 잠을 잘 수도 없다는 것이다. 당신은 비행기에서 내리자마자 피곤한 눈에 구겨진 양복을 입은 채 회의실로 직행해야 한다.
- 도전: 밤 비행기를 타며 잠도 못 자고도 다음 날 아침에 최고의 성과를 내는 방법은?
- 핵심 메시지: 클럽 월드는 당신이 충분한 휴식을 취하며 목적지까지 갈 수 있게 해주며, 당신의 기운을 회복시켜주고 기분과 외모까지도 최선의 상태를 유지하게 해 준다.
- 어떻게 그렇게 할 수 있냐고?
- 증거 1: 영국항공은 당신이 런던에서 하루 종일 일한 후에 출발해 뉴욕 월가의 개장 시간에 늦지 않게 도착할 수 있도록 최선의 시간대 항공편을 제공한다.
- 증거 2: 출발하기 전에 영국항공의 저녁식사 라운지에서 식사를 할 수 있으며, 탑승하면 베개와 이불이 갖춰진 좌석에서 깨울 때까지 방해 받지 않고 수면을 취할 수 있다.
- 증거 3: 도착하면 도착 라운지에서 샤워를 하는 동안 옷을 다림질 서비스에 맡기고, 간단한 아침식사와 이메일까지 확인한 후, 미팅 장소로 바로 갈 수 있다.

적용 고객 대본

어떻게 하면 고객의 조건에 따라 고객의 언어로 제안을 표현할 수 있는가? 당신의 대본, 즉 편지, 브로슈어, 슬라이드 발표, 연설문을 만드는 데 사용하는 논리적인 주장이나 줄거리는 무엇인가?

1. 고객

고객, 그들의 현 상황, 관련 활동이나 열망, 그들이 가지고 있는 문제 등을 열거한다.

2. **복잡성**

복잡성, 즉 고객의 현 접근방식이 상황을 해결하는 데 부적절하거나 지속 가능하지 않은 이유를 설명한다.

3. **도전**

고객의 상황과 복잡성을 고려할 때, 고객이 직면한 가장 중요한 도전이 무엇인지 제시한다.

4. **핵심 메시지**

고객이 이 도전을 해결하는 방법에 대한 '핵심 아이디어'를 제안한다. (CVP와 유사)

5. **기타 자세한 설명**

제안하는 솔루션에 왜 중요한지, 또 어떻게 전달될 것인지를 일련의 보조 메시지를 사용해 추가적으로 설명한다.

6. **의사소통**

단어, 이미지, 적절한 매체(연설문, 편지, 프레젠테이션, 브로슈어)를 통해 대본의 내용을 전달한다.

> **개념** 뉴로 마케팅

나이키의 필 나이트는 유튜브 채널 스포팅 스타에 대한 자신의 열정적 지지를 설명하면서, '60초 안에 많은 것을 설명할 수는 없지만, 마이클 조던이 나오면 많은 설명이 필요 없다. 간단한 설명이면 충분하니까?'라고 말했다.

통찰력 있는 제안과 세심하게 구성된 설명은 2.6초 안에 효과를 내야 한다. 고객은 2.6초 안에 호감을 형성하고 구매를 결정하기 때문이다. 이곳이 '밈'(meme, 모방을 통한 트렌드 유행 문화현상)의 중요성이 강조되는 지점이라는 것이다.

리처드 도킨스는 그의 저서《이기적인 유전자(The Selfish Gene, 을유문화사, 2018)》에서, 복제와 돌연변이는 우리가 사용하는 언어, 우리가 사용하는 기호, 우리가 채택하는 행동을 통해, 유전적 진화의 길과 유사한 방식으로 우리 문화 내에서 일어난다고 주장하면서, '유전자와 유사한 문화적 진화의 단위'를 설명하기 위해 '밈'이라는 단어를 처음 사용했다. 그는 밈을 뇌에 존재하는 정보의 단위로 간주했다.

사실, 우리는 전래동화에서 팝송, 도덕적 가치, 최신 유행에 이르기까지 모든 것에서 밈을 본다. 밈은 이해하고 기억하고 전하기 쉬운 패턴과 형태를 가지고 있다. 밈은 유럽 최대의 음악 경연 대회인 유로비전 가요 콘테스트에서 우승한 노래나, 인터넷을 통해 빠르게 퍼진 이메일 농담, 혹은 모두가 갑자기 갖고 싶어 하는 패션쇼장의 최신 유행의 근간을 이룬다.

따라서 밈은 마케터들이 브랜드, 심벌, 제안, 그리고 사람들의 관심을 끌고 그들의 마음에 오래 남고 관찰이나 경험, 입소문, 이메일, 문자 등에 의해 빠르게 퍼져나갈 수 있는 메시지를 만드는 데도 중요하다. 대상 고객에게 다가가고, 가상 또는 실제 네트워크의 힘을 활용하고, 구매 시점에 사람들의 마음속에 자리 잡으려면, 가치 제안과 의사소통에서 밈을 수용해야 한다.

밈은 항상 사람들의 마음속에 남아 있기 때문에 빠르게 접속할 수 있다. 밈은 더 오래 기억되고, 쉽게 인지되고 전염성이 강한 기억을 구성한다.

더 넓은 세계에서 밈의 예는 다음과 같다.

- 디즈니는 아이들 이야기 속의 등장인물들을 매우 효과적으로 개발했다.
- 기억에 남고 의미가 있으며, 세대를 거쳐 이어져 오면서 발전한 전래 동화.
- 늘 우리 머릿속에서 맴도는 카일리 미노그(호주의 가수)가 부른 멜로디.

- 갓 구운 빵 냄새, 잘게 썬 풀 냄새, 커피 냄새, 딸기 냄새.

마케팅 세계에서 밈은 우리의 모든 감각을 공략한다.

- 슬로건: 나이키의 '일단 시도해 보라(Just do it)'
- 색상: FT의 분홍색 종이.
- 음악: 인텔의 오음(five-note).
- 노키아 선율: 모든 노키아 전화기에서 나는 소리.
- 디자인: 컬러풀한 애플 아이맥.
- 숫자: 푸조의 트레이드 마크인 중앙 '0'과 같은 숫자.
- 포장: 네트워크 장비회사 게이트웨이의 황소가 인쇄된 상자.
- 냄새: 싱가포르 항공은 냄새를 병에 담았다.
- 이메일: 넓은 네트워크로 신속하게 전달되는 이메일 제안.
- 글자체(타이포그라피): 코카콜라 이름 글자체.
- 유명인 후광광고: 타이거 우즈와 나이키.

밈은 다음과 같은 특징이 있다.

- 마음을 사로잡고, 기억에 오래 남고, 기억하기 쉽다.
- 밈을 표현하는 것 자체에 중요한 이익이 포함되어 있다.
- 다르고 독창적이며 구별하기 쉽다.
- 긍정적인 감정을 전달함으로써 정서적인 영향을 미친다.
- 사려 깊고 개인적이다.

- 리듬이나 운율의 관점에서, 형태를 가지고 있다.
- 간단하고, 짧고, 이해하기 쉽다.
- 전염성이 있어 바이러스나 유행처럼 확산된다.

최근 몇 년간 사람들이 생각하는 방식에 대한 가장 획기적인 연구는 하버드대학교 하워드 가드너 박사의 '다중지능이론(Multiple Intelligence Theory)'에서 나왔는데, 이 이론은 학교에서의 학습 방법에 초점을 맞추고 있지만 소비자들과 마케팅에도 똑같이 적용될 수 있다.

가드너 박사는 IQ로 측정되거나 좌뇌와 우뇌의 단순화된 사고방식으로 설명되는 전통적인 지능 관념은 폭넓은 학습 과정을 설명하기에 부족하다고 주장한다. 그는 1983년에 언어적, 논리적, 공간적, 물리적, 음악적, 대인 관계적, 개인적, 환경적 등 8가지 다른 종류의 지능이 있다고 주장했다.

그는 우리 사회가 구조적이고 논리적인 지능을 지나치게 강조하는 반면, 예술적인 측면은 소홀히 하고 있다고 주장했다. '천재의 속성'을 살펴보면, 가드너의 8개 지능 분류와 강한 상관관계가 있음을 알 수 있다.

영감 3. 미니

'미니'는 60년대 문화의 고전이었고, 한 세대를 규정하는 자동차였다. 콤팩트한 기능성을 자랑했지만 촌스런 앞모습에 형편없는 서스펜션, 비좁은 실내, 녹 문제 등으로 유명했던 차다.

BMW가 90년대 후반 미니의 로버(Rover)를 인수했을 때 미니 브랜드는 부수적인 존재에 불과했다. 그러나 BMW는 이 자동차의 작은 모터에 매료되어 현대 시대에 맞게 미니를 재창조했다. 오늘날 미니는 동급이라 할 수 있는 폭스바겐의 비틀이나 더 비싼 경쟁자들을 압도한다. 현재의 미니는 독일 자동차 기술에 대한 신뢰와 함께, 과거의 느낌이 풍기는 현대적 디자인으로 뜨거운 인기를 얻고 있다.

2001년 새 모습의 미니는 1959년의 원래 모습을 그대로 담아내면서 편안함, 신뢰성, 스타일에 대한 오늘날의 기대치를 뛰어넘는 소형차로 거듭났다. 새로운 버전은 미래의 자동차이면서도 옛 유산을 잃지 않아야 했다. 광고도 미니가 독특하고 귀엽고 스포티하고 멋있는 차이며, 동시대 어느 차와도 완전히 다르다는 것을 표현하는 데 집중했다.

출시 당시 미니는 영국 소형차 시장에서 4.6% 점유율을 목표로 삼고 첫 해에 대부분의 경쟁업체들보다 적은 1,400만 파운드의 광고 예산을 집행했지만 실제로는 목표의 두 배를 달성했다. 미니는 출시와 동시에 업계 최고 수준의 인지도를 달성하며 역시 같은 시기에 부활한 폭스바겐의 비틀과 달리, 그저 일시적인 향수에 편승하는 것이 아니라는 것을 입증했다.

신문과 잡지 광고는 미니 어드벤처(Mini Adventure)의 특징을 정기 연재 만화 형식으로 게재했는데, 이 만화에서 독자들을 교외로, 사막으로, 자동차 경주로로 안내하며 유머와 창의력으로 자동차의 새로운 캐릭터를 탄생시켰다. 이 광고는 미니의 옛 모습을 아는 고객 세대와 그렇지 않은 고객 세대의 관심을 모두 끌었다는 평가를 받았다.

결국 미니는 저렴한 가격에도 프리미엄을 누리고 싶어 하는 오늘날의 젊은 운전자들에게 성공을 상징하는 멋진 차로 빠르게 자리매김할 수 있었다. BMW에게 미니는 새로운 모험이었으며, 같은 그룹의 일부지만 강력하고 차별화된 별도의 브랜드로 홀로 설 수 있었다.

어떻게 하면 당신의 메시지를 사람들의 마음에 자리 잡고 강한 전염성으로 빨리 확산되게 할 수 있을 것인가? 기억의 구성 요소인 밈을 어떻게 메시지 속에 구축해 고객들이 빠르게 이해하고 오래 기억하게 할 것인가?

1. 핵심 메시지

눈을 감고 20초 안에, 당신의 제안, 당신의 핵심 메시지를 당신의 말로 명확하게 표현해 본다.

2. 핵심 단어 찾기

독특하고 가장 설득력 있는 핵심 단어들을 강조하고 있는지 생각해 본다. 그런 단어들은 무엇인가?

3. 신문 헤드라인이라고 상상한다.

만약 그것이 신문의 헤드라인이었다면, 뭐라고 말했을까? 어떤 이슈를 강조할 것인가?

4. 전체 메시지를 그려본다.

만약 메시지를 그림으로 그린다면 무엇에 초점을 맞출 것인가? 어떤 스타일이 될 것인가?

5. 메시지 표현을 조정한다.

한 걸음 물러서서 결과물을 본다. 당신이 보기에 어떤가? 어떤 단어와 이미지가 메시지를 가장 잘 포착하는가?

6. 리듬을 부여한다.

핵심 단어를 생일축하 노래 같은 단순하고 친숙한 노래에 맞춰 넣고 메시지에 단순함, 리듬감, 운율을 부여한다.

고객의 입장에서
생각하라

"서비스가 상품과 구별되는 것처럼, 경험도 서비스와 구별된다."
-기업 컨설턴트 조셉 파인(Joseph Pine)

"고객은 파티에 초대된 손님이고 우리는 파티의 주최자다. 모든 고객 경험을 조금이라도 더 좋게 만드는 것이 매일 우리가 해야 할 일이다. 당신이 고객에게 좋은 경험을 전달한다면, 고객들은 서로 그것에 대해 이야기한다. 입소문은 매우 강력하다."
-제프 베조스(Jeff Bezos)

할리 데이비슨의 CEO 제프 블류스타인은 주주들에게 자신의 사업을 설명하면서 "사람들이 당신의 제품을 사게 하는 것과 그들의 몸에 당신의 이름을 새기는 것은 다른 문제"라고 말했다.

그는 "우리가 파는 것은 43세의 회계사가 검은 가죽 옷차림으로 우리 오토바이를 타고 작은 마을을 돌아다닐 수 있는 용기와, 그에 대한 사람들의 경외감"이라고 말함으로써 할리 데이비슨 경험을 자신의 말로 표현하려고 애썼다.

더 지능적인 경험	더 창의적인 경험
이성적: 고객이 회사 및 회사 브랜드와 교감하는 실제적이고 인지된 모든 상호작용을 종합.	**감성적**: 기존 제품을 다시 디자인하고 다시 표현함으로써 고객의 육체적, 정서적 경험을 극대화.
상품: 통찰력과 기술을 수용해 적절하고 차별화되며 수익성 있는 새로운 제품 개발.	**서비스**: 보다 직관적이고 공감할 수 있는 서비스를 제공하기 위해 위 프로세스를 뛰어넘는 서비스 전달 향상.
디자인: 기능과 형태, 실용적인 기능과 적용, 미적 감각과 외관을 모두 평가.	**실전**: 대본에 입각한 즉흥적 상호작용과 몰입으로 풍부하고 기억에 남는 경험을 창조.

지역 카페에서 기내 서비스까지, 디즈니랜드에서 런던 아이(London Eye, 영국항공이 새 천년을 기념하여 건축한 커다란 자전거바퀴 모양을 한 회전 관람차)에 이르기까지, 기업들은 자신들이 생산하는 것의 가치를 변화시키기 바라는 마음으로, 소비자와 기업 고객을 위해 경험을 대본화해 실전에 내놓는다. 경험은 제품과 서비스, 지원 및 보조 장식품 같은 전통적인 요소를 넘어, 경험이 제공하는 혁신, 경험이 고객에게 열어주는 새로운 기회, 그리고 경험이 인식된 가치에 어떤 영향을 미칠 수 있는지까지 고려한다.

경험을 볼 수 있는 간단한 방법은 제품에서 개발된 기능을 고려한 다음, 기능에 기능이 작동하는 '현재진행형(–ing)'을 덧붙여 고객이 제품에서 어떤 경험을 얻는 지 생각해 보는 것이다. 예를 들어 BMW는 자동차를 판매하지만, 그들의 고객들은 운전 경험을 산다. 이케아는 가구를 판매하지만 고객들은 생활 경험을 추구한다. 이처럼, 책은 독서 체험이 되고, 음식은 먹는 체험이 되고, 팬은 요리 체험이 되는 것이다.

여기에 담긴 가치의 의미도 생각해 보라. 2파운드에 케이크를 굽고, 10파운드에 케이크를 사고, 100파운드에 급식 회사를 경험한다. 이런 방식으로 경험은 인식된 가치를 더 많이 전달하고, 더 많은 비용을 부과할 수 있으며, 더 지속 가능한 차별화와 성장을 위한

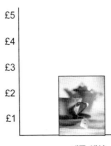

제품 생산	**서비스 제공**	**실전 경험**
유형 및 표준	무형 및 맞춤형	개인적이고 기억에 남음
제조 및 재고	수요에 따른 프로세스 준비	대본화, 실전 공개
사용자는 기능을 구매	고객은 이익을 구매	손님은 감각을 구매

중요한 기회를 제공한다.

고객 경험은 다양한 관점에서 볼 수 있다. 가장 기본적인 것은 고객이 상호 작용 전체를 통해 회사나 브랜드로부터 얻는 실제적 경험이다. 그 다음은 회사가 부가적인 서비스나 극장을 통해 이러한 일련의 상호작용을 보다 '경험적인' 것으로 만들려는 시도를 통해 볼 수 있다. 가장 높은 수준의 고객 경험은 고객이 구매 잠재력을 전적으로 활용함으로써 실현하는 더 넓은 이익 기반의 경험에서 나온다. 대부분의 회사들은 남들이 하는 수준은 모두 따라 하지만, 전달 측면에서는 여전히 기본 수준에 머물러 있다.

고객 경험을 계획하는 것은 고객의 입장에서 생각하는 것과 같다. 경험은 단지 구매와 소비 이상의 것을 통합하는 것이며, 사용자에게 더 깊은 영향을 미친다.

경험 계획에는 다음 9단계가 있다.

1. 유형이든 무형이든, 고객의 입장에서 기업이 전달하는 브랜드와 부딪히는 모든 단계

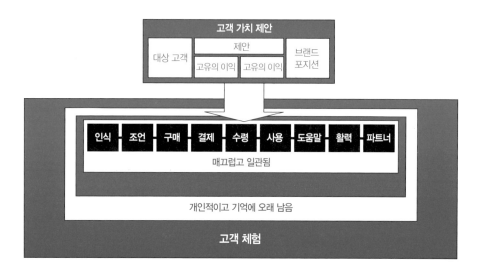

의 접점은 무엇인가?

2. 이러한 단계들이 어떻게 연속적 경험으로 연결되는가? 최초의 인지에서부터 구매까지는 대개 30~40단계가 있다.

3. 그런 연결 과정에서 공급자가 아닌 고객의 언어로 설명되는가? 예를 들어, 고객들이 '도움을 요청'하고 기업은 이를 '지원'하기보다는 그저 사고파는 것에 그치는가?

4. 어느 단계가 어떤 면에서 차별화되고, 다른 단계에 비해 더 나은가?

5. 어느 단계가 고객에게 아무런 가치를 부여하지 않으며, 단지 공급업체의 편의를 위해 존재하는가? 고객 없이 어떻게 살아남을 수 있는가?

6. 편의성, 속도 및 흐름을 향상시키기 위해 이벤트 순서를 어떻게 개선(단축, 개선, 순서 조정 등)할 수 있는가?

7. 어떻게 하면 개별 단계를 개선해 차별화된 단계를 최대한 활용하고 상호작용을 맞춤

화할 수 있는가?

8. 제안을 전달하고, 약속을 실현하며, 고객의 관심을 끌고, 브랜드를 되살리는 전체 과정이 얼마나 실용적인가?

9. 어떻게 하면 가격, 효율성 또는 추가 수익 흐름을 통해 경험의 수익성을 향상시킬 수 있는가?

이 모든 단계를 거친 후에야 비로소 '고객의 입장에서 생각하기'를 시작할 수 있다. 실제로 일부 기업은 고객과 재무성과를 함께 측정하는 방식을 통해, 그리고 개별 부서의 기여도보다는 회사 전반에 걸쳐 일하는 '고객 경험 관리자'를 임명함으로써 이런 접근 방식을 공식적으로 채택하기도 한다.

월트디즈니가 말한 것처럼 '무언가에 대한 꿈을 꿀 수 있다면' 그 꿈을 이룰 수 있다.

영감 1. 존스소다

존스소다의 광고에서는 '작은 친구와 함께'(스스로를 코카콜라 같은 거대 기업에 비해 작은 친구로 비유한 것임)라고 말하고 있지만, 존스소다가 큰 화제가 된 것은 단지 탄산음료 때문만이 아니었다. 존스소다는 고객과의 깊은 관계를 통해 마케팅에 혁신적으로 접근함으로써 컬트 브랜드(cult brand – 어떤 상품이 너무 유명해져서 강력한 지지층이 형성된 브랜드)가 되었다.

만약 코카콜라 같은 세계적인 시장 리더들을 상대하는 경우, 모방 제품으로는 그다지 효과가 없을 것이다. 존스는 훨씬 더 급진적인 길을 선택했다.

존스의 설립자 겸 CEO인 피터 반 스톨크는 스키 강사 출신으로, 카페인 같은 성분이 들어간 기존의 탄산음료로는 결코 돈을 벌 수 없을 것이라고 생각했다. 그는 자신이 아끼던 차 시라코(Chiraco)를 오렌지 주스 1440상자를 받고 팔아서 번 돈으로 서부 캐나다에서 청량음료 뉴에이지를 유통하는 회사를 차렸다.

1995년이 되자 그는 다른 회사의 음료수보다 자신의 음료를 만들어 팔고 싶다는 열망을 품었다. 그는 탄산음료 시장은 이미 대기업이 주도하고 있으므로 좀 더 매력적인 방법으로 고객을 유인할 수 있는 다른 기회가 있을 것이라고 생각했다.

그는 최근 패스트컴퍼니(Fast Company, 혁신적인 기업을 주로 다루는 미디어)와의 인터뷰에서 "소비자들이 우리의 s***를 필요로 하지 않는 것이 현실"이라고 인정하며 고객의 요구(needs)와 욕구(wants)의 차이를 언급하고 "하지만 언젠가는 고객이 우리 s***를 원하고 심지어 사랑하게 될 것"이라고 말했다.

그는 마침내 자신의 에너지 드링크 웁애스(WhoopAss)를 출시했고, 이어서 샘물 와즈(Wazu), 6가지 맛의 존스주스를 잇따라 출시했다. 그의 대상 고객은 자신의 세대인 X세대로, 어느 누구보다도 개인적이고, 의심이 많으며, 사회의식이 높고, 미디어를 잘 아는 세대였다. 그는 그들이 '교외보다는 도심 안에서 주로 모인다'는 것을 관찰을 통해 발견했다. 그들에게 다가가기 위해서는 아주 다른 태도와 접근 방식의 브랜드가 필요하다는 것을 깨달았다.

2000년에 그는 회사 이름을 존스소다로 바꾸었다.

그는 최근 유럽 마케팅 컨퍼런스에서 "반 스톨크의 야망은 고객과 정서적으로 연결된 놀라운 브랜드를 만드는 것"이라고 말했다. 그는 그런 브랜드는 '현실에 기반을 두고, 현실적이며, 일관되고, 예측할 수 없고, 고객들에게 무언가를 되돌려주어야 한다'고 생각한다.

그는 또한 훌륭한 브랜드는 그 브랜드를 좋아하는 사람들과 싫어하는 사람들로 사람들을 양극화시킨다고 생각한다. 훌륭한 브랜드는 모든 사람들을 기쁘게 할 수는 없지만, 대상 고객들에게는 더 집중하고 더 특별해질 수 있기 때문이다.

그는 또 패스트 컴퍼니 인터뷰에서 '사람들은 존스가 자기들 것이라고 생각하며 열광적 지지를 보낸다'고 말한 것처럼, 고객 중심으로 회사를 만듦으로써 우리에게 여전히 아이디어와 판단력이 필요하다는 것을 상기시켜 준다. 고객 중심 회사는 단지 고객이 말하는 것은 무엇이든 하는 회사를 말하는 것이 아니다. 그의 말처럼 "고객이 항상 옳은 것은 아니다. 천만에 말씀! 언제나 모든 사람의 구미를 맞추려 한다면 영혼이 없는 것이다."

존스소다에서, 그 영혼은 '소다를 팔고, 돈을 벌고, 변화를 만들고, 즐겨라'라는 슬로건 속에 잘 반영되어 있다.

존스소다의 마케팅은 파격적인 유통 채널과 괴짜 유명인사의 광고, 엉뚱한 제품군, 혁신적인 포장, 깊은 고객 참여, 사회적 책임 등에서 다른 회사와 확실히 다르다.

- 유통 경로에는 음반 매장, 서핑보드 매장, 문신 새겨주는 집 등, 주로 화려한 조명 분수 같은 장치로 고객들의 눈에 쉽게 띄는 곳들이 포함되어 있다. 그는 존스가 어디든 있는 것보다는 고객에 의해 발견되기를 원했다. 물론, 다른 회사들이 시도하지 못했던 장소로 유통 경로를 확장하는 한편 기존 유통 경로 또한 소홀히 하지 않았다. 이제 존스 제품은 스타벅스나 반스&노블(Barnes & Noble) 같은 곳에서도 쉽게 찾을 수 있다.

- 서핑의 전설로 일컬어지는 벤지 웨더리를 광고 모델로 기용하는 등 익스트림 스포츠를 광고에 자주 등장시켰다. BMX 프로 라이더스의 존스팀은 대회에 출전할 때마다 존스 로고 색상의 옷을 입는다. 존스 브랜드가 새겨진 차량들이 지역 사회를 돌아다니며 입소문을 퍼트리고 거리에서 고객들의 말에 귀를 기울인다. '고객의 관점'을 듣는 것이다.

- 존스소다의 제품 또한 혁신적이다. 그레이프와 트위스트 라임에서부터 푸푸 베리와 블루 버블검에 이르기까지 다른 음료회사에서는 볼 수 없는 제품들이 매장과 온라인에서 판매되고 있다. 2004년, 존스는 터키&그레이비, 그린빈 캐서롤, 크랜베리, 매쉬드포테이토&버터, 후루츠케이크 소다 등으로 구성된 추수감사절 만찬 세트를 출시했는데 1시간도 안 되어 매진되었고, 나중에 경매 사이트 이베이에서 이 제품 세트의 가격은 100달러가 넘는 가격에 거래되었다.

- 고객은 myjones.com 웹사이트에 자신의 의견을 낸다. 소다 음료 병뚜껑 속에서 행운을 발견할 수도 있다. '모든 통계의 76.4%는 무의미하다'는 의미심장한 병뚜껑 속 문구도 존스의 열렬 고객에게서 나온 아이디어다. 반 스톨크는 또 정치적 성향이 강한 사려 깊은 지도자다. 그는 환경 문제에서부터 노숙자들에 이르기까지 대의명분을

지지하며, 적극적인 자선 모금 활동가이기도 하다.

- 무엇보다도 눈길을 끄는 것은 특이한 흑백 색상의 병 라벨인데 이 또한 고객이 보내
온 아이디어다. 존스는 또 고객들에게 좋아하는 사진을 보내달라고 요청했는데, 수
천 명의 귀여운 아기 사진들이 쇄도했고, 존스는 고객이 보낸 사진으로 라벨을 만든
마이존스라는 주문 제품을 출시해 고객은 12팩 단위로 주문할 수 있다. 물론 이 제품
은 일반 매장에서도 볼 수 있다. 고객 사진 라벨은 화젯거리가 되며, 온라인 갤러리가
만들어지기도 했다.

반 스톨크는 그의 세대와 조화를 이룬 사업가다. 그는 수백만 달러를 광고비로 지출하
는 코카콜라와 펩시에 비해 훨씬 적은 광고비로 북미 음료 시장을 뒤흔들고 있다.

존스소다는 출범 10년도 채 되지 않아 매년 30%의 성장률을 기록하며 매출 3000만
달러의 기업이 되었다. 이는 주로 고객과의 친밀감과 혁신적 마케터들의 대안적 사고에

Source: jonessoda.com

기인한 것이다. (존스소다는 2007년 이후 적자를 거듭하며 라이벌 회사인 리드에 매각 협상을 벌이기도 했지만 리드의 지나친 저가 제안을 나중에 철회했다. 2010년에는 나스닥으로부터 상장 폐지 경고를 받는 등 힘든 시기를 이어오고 있다. 존스소다의 주가는 2007년 25.54달러를 피크로 이후 10년 이상 동안 1달러 이하에서 맴돌고 있다. 무리한 사업 확장 때문이었다는 지적과 금융 위기로 인한 경기 침체가 소규모 소다수 제조업체로서 견디기 힘든 시련이었다는 분석이 제기됐다.)

적용 경험 탐구

고객이 기업을 그들의 언어로 보는 방식, 즉 고객의 경험을 어떻게 탐구하는가? 어떻게 하면 고객 경험을 개선하여 브랜드를 보다 개인적이고, 효율적이고 가치 있게 되살릴 수 있는가?

1. 고객 단계 탐구

고객이 당신의 브랜드와 교감하는 일련의 상호작용 단계를 그들의 눈으로, 그들의 언어로 탐구한다.

2. 불필요한 단계 제거

고객에게 가치를 더하지 못하는 단계를 없애고, 그 단계가 없어도 생존할 수 있는 방법을 찾는다.

3. 더 나은 상호작용 설계

새로운 단계를 설계하거나 기존 단계를 개선함으로써 고객 경험을 개선한다.

4. 차별화 방법 모색

경험의 각 단계를 더 잘 차별화하고 개인화하는 방법을 탐구한다.

5. 브랜드를 되살린다

   새로운 방법을 대본 또는 비대본 기회를 통해 중요한 순간에 실전에 추가한다.

6. 경험 재정의

   브랜드 경험을 재정의하고 이를 제공한 다음 고객에게 미치는 영향을 측정한다.

개념 멋진 디자인

1996년 노벨 화학상을 수상한 해리 크로토 경은 빈티지 자동차와 좋은 와인에 대한 열정을 가지고 있었다. 그것이 그가 다른 대학 연구원이나 교수들과 다른 점이었다. 이런 미적 디자인과 예술적 스타일에 대한 공감대는 그가 새로운 탄소 분자를 발견하는 데에도 도움이 되었고, 프로그램화된 폐쇄적 사고방식을 벗어날 수 있게 해주었다. 그는 일반적인 다이아몬드보다 훨씬 더 복잡한 유기 물질인 C60 풀러린을 발견했다. 그는 "내가 어떤 문제를 연구하고 있을 때에는 결코 아름다움에 대해 생각하지 않는다. 오직 그 문제를 어떻게 해결해야 할지만을 생각하기 때문이다. 하지만 내가 연구를 다 끝냈을 때 그 해결책이 아름답지 않다면, 나는 그것이 틀렸다는 것을 안다."고 말한 미국의 건축가이자 철학자 버크민스터 풀러의 이름을 따 그 물질의 이름을 붙였다. 디자인의 본질은 바로 이런 단순한 생각에 있는 것이다.

디자인은 고객의 실제적인 욕구를 해결하는 기능에서 시작해 형식으로 이어진 다음, 외관과 감각에 대한 인간공학적 열망을 더해 차별화를 추구하며 감정적 인식까지 변형시킨다.

소니의 글로벌 혁신 프로그램을 이끈 노리오 오가는 "우리는 모든 경쟁사 제품들이 기본적으로 동일한 기술, 가격, 성능 및 특징을 가지고 있다고 가정한다. 한 제품을 다른 제품과 차별화하는 유일한 것은 디자인이다."라고 말한다. 애플의 스티브 잡스는 여기서 한 발 더 나아가 "우리에겐 이런 것을 표현할 적당한 언어가 없다. 대부분의 사람들에게 디자인이란 말이 '겉치장'을 의미하지만 내가 볼 때 디자인의 의미는 결코 그런 것이 아니다. 사람들이 인간의 창조물을 좋아하거나 싫어하는 것은 바로 디자인 때문이다."라고 말했다.

디자인은 차별화와 친화력을 만들어낸다. 훌륭한 디자인은 제품의 외관과 성능에서 경쟁사 제품보다 돋보이게 해준다. 훌륭한 디자인은 오래 기억되고 사람들의 입에 오르내린다. 좋은 디자인은 우리의 감정을 만지고 애착을 불러일으킨다. 또 여러분 자신의 기준과 스타일을 반영함으로써 당신이 누구인지 또는 어떤 사람이 되고 싶은 지를 판단하는데 도움을 준다. 바이오 화장품 분야를 개척한 영국의 화장품 회사 바디샵의 설립자 아니타 로딕은 "중요한 것은 당신이 창조하는 스타일이 당신을 당신이 일하는 공동체와 연결해 주는 것"이라며 좋은 디자인을 통해서만 그렇게 할 수 있다고 주장한다.

디자인은 단지 제품 이상의 의미를 지닌다. 디자인은 그동안 제품의 전유물로 여겨져 왔지만 이제 서비스 환경, 커뮤니케이션 도구, 음성 디자인까지 등장했다. 실제로 고객을 위한 전체적 경험은 일관성과 흐름, 그리고 그로 인한 이익이 실현되도록 설계되어야 한다.

디자이너는 어떤 면에서는 건축가나 예술가다. 이탈리아 화가 에토레 소타스는 자신의 작품을 내면적 관점에서 보는 것으로 유명하다. 그는 자신을 사람들의 마음을 더 깊이 만지려고 노력하는 휴머니스트로 자처하며 디자인은 경험적인 것이라고 강조한다.

디자인은 가능성의 한계에 대한 우리의 인식을 변화시킨다. 아우디 TT의 디자이너 프리먼 토마스는 디자인에 대한 열정을 가지고 있는 것으로 보이는데, 그의 작품에 영감을 주는 것은 무엇일까? 그는 "자동차 디자이너들은 스토리를 만들어야 한다. 실제로 모든 자동차는 새로운 모험을 창조할 기회를 제공한다."고 말했다. 그는 대시보드를 화분 모양으로 디자인한 폭스바겐의 복고 자동차 뉴 비틀을 공동 디자인했다. 그는 "비틀은 당신을 웃게 만들 것이다. 그것은 이야기의 줄거리, 존재 이유, 열정을 가지고 있기 때문이다."고 말했다. 디자인은 기업 내에서 가장 저평가되고 가장 덜 활용되는 분야 중 하나이지만, 기업들이 훨씬 더 나은 존재가 되고 더 많은 일을 할 수 있는 흔치 않은 기회를 제공한다.

과학과는 달리 좋은 디자인에 대한 공식은 없다. 사실 디자인은 기술보다는 사회과학에 더 가깝다. 훌륭한 디자인은 기능과 형태에 관한 것이지만, 처음에는 그 물건이 어떤 목적으로 사용되며 어떻게 그 성능을 최적화할 수 있는가?라는 기능적 측면에서부터 시작된다.

디자이너는 대개 어느 한 지점에 몰두하기보다는 해결책을 도출하기 위해 연구원, 전략가, 개발자들과 함께 작업한다. 그들은 사고에 도전하고 고객 적용을 최우선으로 삼는다. 그들은 이전에 누구도 하지 않았던 일을 어떻게 가능하게 할 것인가를 생각한다.

디자이너 리처드 시무어는 디자인을 '사람들에게 더 나은 것을 만들어 주는 것'이라고 정의했다. 그는 "과학자는 기술을 발명하고, 제조업체는 제품을 만들고, 엔지니어는 그것들을 작동하게 만들고, 마케터는 그것들을 판매하지만, 디자이너는 이 모든 것에 통찰력을 결합해 하나의 개념을 사람들이 원하는 실용적인 것, 상업적으로 성공할 수 있는 것, 사람들의 삶에 가치를 더하는 것으로 바꿀 수 있다."고 설명한다.

디자인 프로세스에 영향을 미치는 중요한 요인들은 다음과 같다.

- 통찰력 – 시장에 적합한 디자인을 만들기 위해 사회적, 경제적, 기술적 조건을 이해

한다.

- 도전 – 목표와 결과물을 위해 도전하고 실현 가능성이 있는 기업 목적을 수립한다.
- 아이디어 – 디자인 이미지는 스케치와 컴퓨터를 이용한 디자인(CAD)을 통해 진화하면서 아이디어를 유발하고 반영한다.
- 개념 – 최고의 아이디어를 보다 세부적으로 구체화해 카드, 폼 모형, 실제 프로토타입으로 구현한다.
- 개발 – 모형을 만들고 다듬는 과정에서 신제품을 만드는 과정이 함께 수립된다.

디자인은 대개 제품과 연관되지만, 서비스나 보다 매력적인 고객 경험의 개발에도 동일하게 적용될 수 있다. 소매업 인테리어와 커피숍, 호텔과 공항 등은 모두, 사람들이 그런 시설의 이용 방식을 개선하고, 길을 찾는 일을 더 쉽게 해주고, 경험을 더 풍부하게 하고, 상업적으로도 더 효과적이 되도록 설계될 수 있다.

영감 2. 폴 스미스

영국의 패션 디자이너 폴 스미스(PAUL SMITH)는 16살 때까지 프로 사이클 선수가 되고 싶었지만 사고를 당해 병원에 입원했고, 우연히 전혀 다른 그룹의 사람들과 접촉하게 되었다. 폴이 다니던 노팅엄대학교 미술과 학생들은 폴과 달리, 자전거 제조사나 투르 드 프랑스(Tour de France)보다는 앤디 워홀, 데이비드 베일리, 롤링 스톤스에 더 관심이 많았다.

폴은 2년 만에 창조적 세계에 매료되었고, 패션에 중독된 여자친구(지금의 아내) 폴런과 함께 첫 부티크를 열었다. 야간 수업에서 옷 만드는 법을 배운 덕에 19살의 나이에 자신의 이름을 걸고 파리 패션쇼에서 첫 남성복 컬렉션을 선보일 수 있었다.

20년 만에 폴 스미스는 고전과 현대를 아우르며 유머와 창의력으로 새로운 트렌드를 추구하는 영국의 대표적인 디자인 회사로 성장했고, 폴 스미스 여성복, 일본의 알 뉴볼드 브랜드, 그리고 신발과 시계, 향수, 가구 등 다양한 분야로까지 확장했다.

폴 스미스는 이제 세계적인 브랜드로, 런던, 파리, 뉴욕, 홍콩, 싱가포르의 모든 패션 중심지에 매장을 가지고 있으며, 특히 일본에서는 300개의 매장을 운영하고 있다. 이 매장들에는 폴 스미스라는 브랜드로 영국풍 가구뿐 아니라 자체 남성복과 다른 영국풍 디자인도 함께 진열되어 있다.

폴 스미스는 전통에 변화를 줌으로써 현대와 전통을 혼합시키는 것을 좋아한다.

고전적인 유럽식 양복에 생생한 꽃무늬 장식을 결합한 폴 스미스의 신사복 정장이 바로 좋은 예다. 그는 다채로운 색상과 회색, 전통과 현대, 영국풍과 동양풍, 의류와 가구를 접목한다.

그는 패션과 예술에 관한 책도 썼는데 그중에는《영감은 모든 것에서 찾을 수 있다(You Can Find Inspiration in Everything)》가 있다. 여러 박물관이 그의 작품을 진열하고 있으며, 특히 런던 디자인 박물관은 '트루 브릿(True Brit)'이라는 타이틀로 스미스의 25년 회고전을 개최한 바 있다.

폴 스미스는 수석 디자이너 겸 회장으로서 그의 개인적인 감각과 유머감을 유지하며 회사를 계속 운영하고 있다.

적용 기능 및 형식

독특하고, 심미적이며, 기억에 남는 방법으로 고객의 요구에 부합하는 지능적 디자인을 어떻게 만들 것인가? 기능과 형식이라는 좋은 디자인의 두 가지 전제조건을 어떻게 결합할 것인가?

1. 고객 욕구

대상 고객의 표현된 욕구와 표현되지 않은 욕구를 이해한다.

2. 기능 탐구

고객 욕구를 기능적으로 다루는 방법을 창의적으로 탐구함으로써, 더 쉽고 더 낫고 더 효율적인 문제해결 방법을 찾는다.

3. 기능 정의

상업적 잠재력이 크다고 생각되는 적절한 솔루션을 선택한다.

4. 형태 탐구

전통적이면서도 비범한, 각기 다른 물리적 형태의 기능성을 달성할 수 있는 방법을 창의적으로 탐구한다.

5. 형태 정의

자연, 상징적인 구조물, 어린이 장난감, 다른 분야, 역사 등 추상적인 것들로부터 영감을 얻는다.

6. 디자인 통합

실용적이고 차별화된 기능과 형태를 반영하는 디자인을 취합한다.

우리는 고객 서비스가 중요하다는 것을 안다. 그러나 실제로, 눈맞춤과 진지한 미소를 곁들이며 '좋은 하루 보내세요'라는 환영의 인사를 할 때도 있지만 어떤 때에는 그런 기분이 들지 않는 경우도 있다.

스타벅스 바리스타는 훌륭한 커피를 대접하는 방법뿐만 아니라 브랜드의 철학을 배우는 데에 몇 주를 보낸다. 이것은 비록 스타벅스의 경우는 반드시 그렇지는 않지만, 근무기간이 짧은 접객 사업에서는 상당한 투자다. 훌륭한 커피를 만드는 법을 배우는 것은 제안의 핵심이기 때문에 당연히 중요하다. 그것은 훌륭한 운동선수가 되기 위한 기술 훈련과 같다. 그러나 우리는 빨리 달리는 법을 배우기 전에 효율적으로 뛰는 법을 배워야 한다. 또는 언어를 배울 때 문법 수업은 지루하지만 필수적인 것과 같은 이치다.

더 중요한 것은 브랜드의 철학이다. 스타벅스가 고객들에게 '제3의 장소'가 되기 위해서는 사람들이 그곳을 편안하다고 생각하고, 사람들을 만날 수 있는 공간으로 여기고, 집처럼 느끼고 원하는 만큼 오래 머물 수 있다고 생각하도록 하는 것이 중요하다. 이것은 훈련 매뉴얼에 나와 있지 않기 때문에 일일이 가르칠 수 없다. 그것은 옳고 그름의 문제가 아니다. 그것은 스타벅스 사람들이 집과 직장 사이의 '제3의 장소'라는 것이 정말로 무엇을 의미하는지 이해하고, 어떤 상황에서든 모든 고객들을 위해 올바른 판단을 내리면서 배우는 것이다.

고객 서비스란 대개 저임금을 받으며 많은 사람을 대상으로 하는 운영 업무다. 그러나 단순한 절차여서는 안 되며, 표준화와 효율성이 좋은 고객 서비스의 척도가 되어서는 안 된다. 고객 서비스는 교육 과목, 규정집, 절차도에 따라 완성되는 것이 아니다. 자동화의 세계에서 사람들은 이전보다 훨씬 더 많은 가치를 더해야 한다.

사람들은 직원과 고객의 태도와 행동을 통해 개인적이고, 감정적이고, 기억에 남는 경험을 만들어낸다. 제품을 경험으로, 거래를 관계로, 그리고 만나는 사람들을 친구로 만든다. 실제로, 경험을 통한 서비스는 다음과 같은 다양한 형태를 취한다.

- 잠재 고객의 문제 해결이나 욕구 충족에 가장 적합한 것이 무엇인지 파악하고, 그것을 달성하기 위해 필요한 것을 찾는다.
- 고객이 올바른 솔루션을 취합하도록 안내하고, 새 컴퓨터에 가장 적합한 사양을 추천하는 것 같은 기술적 요건들을 다루고, 다양한 브랜드 중에서 정보에 입각한 선택을 할 수 있도록 돕는다.
- 판매란 단지 돈을 벌기 위한 것만이 아니라, 매장 위치 및 개장 시간, 재고가 얼마나 있는지, 매장 가는 길에 이르기까지 그들이 필요할 때 원하는 것을 이용하게 해주는 것이다.
- 홈 엔터테인먼트 시스템에서 무선 LAN에 이르기까지, 설치를 포함한 토탈 솔루션을 제공하고 모든 소프트웨어가 작동하는지까지 확인한다.
- 고객이 좋아하는 잡지나 비디오를 제공해 고객이 비행기 탑승 경험을 즐기고 최대한 활용하도록 특별한 필요 사항이나 요청을 지원한다.
- 늘 새 제품처럼 유지하고, 자동차 전시장에서의 긍정적인 감정을 직장에까지 지속되도록 하며, 매일의 약속을 이행한다.
- 필연적으로 발생할 수 있는 특정 문제를 해결하고, 당신의 진정한 색깔을 보여주는 방식으로 고객 불만을 처리하고, '당신이 할 수 있는 것을 보여줄' 기회를 최대한 활용한다.

- 사람 대 사람 관계를 구축하고, 사람들을 기억하며, 브랜드와 익명으로만 관계를 맺는 것이 아니라 일대일 관계 형성을 추구한다.

고객 서비스는 개인적인 경험이다. 하지만 고객을 올바른 방식으로 대하고 있는지를 어떻게 판단할 수 있을까? 커피를 주문하면서 어떤 사람은 아침 잡담을 늘어놓고, 또 어떤 사람은 다음 약속 장소로 달려가느라 정신이 없고, 또 어떤 사람은 논쟁을 하려 들고, 또 어떤 사람은 당신에게 수작을 걸려고 한다.

고객 행동은 예측할 수 없다. 사람들은 각자 그들이 구매하는 제품과 그들이 추구하는 더 넓은 경험으로부터 조금씩 다른 것을 원한다. 그리고 그로부터 훌륭한 서비스를 제공하는 진정한 기술을 감지한다.

어떻게 하면 고객을 올바로 대할 수 있을까?

거기에는 다음 세 가지 차원이 있다. 단지 표준 프로세스를 '아는 것', 일을 좀 더 효과적으로 '실행하는 것', 그리고 그 순간 고객의 입장에서 고객과 보다 공감하고 개인적으로 '함께 하는 것'이 바로 그것이다.

- '아는 것'은 무엇을 해야 할지를 아는 것을 말한다. 표준 절차, 책에 나오는 것, 기본적인 약속을 지키는 것, 최소한의 서비스 수준을 지키는 것이다. 예를 들어 커피를 가는 올바른 방법, 물의 온도, 우유 거품 내는 법 등.
- '실행하는 것'은 그 일을 하는 방법을 말한다. 이것은 고객의 명시적 또는 인지된 욕구와 선호도에 좀 더 맞추는 것이다. 그것은 요청할 필요가 없는 정규적인 것, 특별히 조금 더 얹혀 주는 것, 실제로 요구되는 것보다 조금 더 많이 베푸는 것을 의미한다.
- '함께 하는 것'은 그 일을 왜 해야 하느냐?의 문제다. 이것은 어려운 문제다. 일일이

예측할 수도 없다. 대화를 해야 할 때와 하지 말아야 할 때를 인식하고 고객의 생각 속으로 들어가는 것이다. 누군가의 기운을 북돋아 주기 위해 에스프레소 한 잔을 더 주는 것이다. 고객은 정말 기뻐할 것이다. 그러나 역효과를 낼 수도 있다.

적용 직관적으로 생각하기

고객과 더 개인적으로 연결하기 위해 어떻게 하는가? 고객을 응대할 때마다 고객 개개인이 대우받고 싶어하는 방식을 어떻게 인식하는가? 어떻게 하면 더 의미 있고 기억에 남는 서비스 경험을 전달하기 위한 자신만의 특별한 개성이나 재능을 더 많이 발휘할 수 있는가?

1. **서비스에 대한 생각**

   모든 측면의 서비스, 고객에게 한 약속, 고객이 기대하는 바가 무엇인지 이해한다.

2. **'실행하는' 서비스**

   서비스 전달을 '실행'하기 위한 절차와 요건들을 정의함으로써 브랜드 약속을 이행한다.

3. **고객이 원하는 것은 무엇일까?**

   서비스 개입의 목적과 그것이 여러 다른 각자의 고객에게 중요한 이유를 생각한다.

4. **'아는' 서비스**

   보다 사려 깊은 '아는' 방식으로 브랜드 및 고객에게 적절한 서비스를 제공한다.

5. **당신을 특별하게 만드는 것은 무엇인가?**

무엇이 당신을 특별하게 만드는지, 당신이 서비스를 제공하는 방식에 사람들의 관심을 어떻게 이끌 것인지를 반영한다.

6. '함께하는' 서비스

고객을 응대할 때마다 고객과 '함께하기' 위해 듣고, 관찰하고, 공감하는 법을 배운다.

개념 고객이 참여하는 실전 현장

나이키타운은 일반적인 매장이 아니다.

물론 거기서도 신발을 살 수 있다. 하지만 그것이 핵심은 아니다. 15분마다 한 번씩 매장 전체가 몰입식 광고 시간으로 바뀌는 특별한 광고다. 또 5인조 축구대회가 열리기도 하고, 락커룸도 있어서 옷을 갈아입고 달리기를 할 수도 있다. 그곳은 최초의 나이키 제품이 전시되어 있는 브랜드의 성지와 같은 곳이다. 그곳은 브랜드 경험 그 자체이며, 뛰어난 브랜드의 전당으로, 브랜드의 열정과 개성, 나이키 제품을 신은 모든 사람들의 야망이 살아나는 곳이다.

할리 데이비슨은 세계 최대 규모의 오토바이 경주를 주최한다. 또 할리 오토바이 소유자 동호회인 호그(HOG, Harley Owners Club)를 결성했다. 심지어 당신이 단 며칠 동안 만이라도 할리 오토바이를 탈 수 있는 꿈을 실현해 주는 할리 홀리데이(Harley Holidays)도 제공한다. 영화〈이지 라이더(Easy Rider)〉에서 피터 폰다가 은빛 크롬의 가라앉은 느낌의 오토바이를 타고 나오는 최고의 장면을 재현하는 데 당신은 얼마를 지불할 용의가 있는가?

나이키와 할리 데이비슨은 실전 무대를 통해 브랜드 경험을 만들어낸다.

그러나 최고의 무대에는 구사되는 단어와 동작이 완벽하고 시간이 지날수록 복제되는 각본을 거의 사용하지 않는다. 만약 당신이 그런 것을 찾는다면 차라리 DVD를 사는 것이 좋을 것이다. (미리 짜인 각본에 따라 DVD로 만들어 놓은 것을 의미) 라이브 관객들은 예측 불가능하고 충동적인 것을 더 원하는데, 이는 종종 실제로 일어난 사건보다는 일어나지 말았어야 할 사건들이 더 기억에 오래 남기 때문이다.

즉흥 무대나 거리 무대는 훨씬 더 흥미로운 관람 체험이다. 항상 새롭고 다르며, 창조적이고 영감을 주며, 다음에 무슨 일이 일어날지 모르기 때문이다. 배우들조차도 말이다. 유머도 이와 유사하다. 사전에 계획된 대본에 의한 농담들은 실제로 현장에서 일어나는 일보다 사람들이 덜 반응하며 전달되는 힘도 적다. 당신이 본 것 중 가장 즐거운 것은 미리 계획된 대본에 의한 행동이 아니었을 것이다.

디즈니랜드도 특별한 마술을 포착한 브랜드다.

아이들이 그 경험에 그렇게 사로잡히는 이유는 무엇일까? '당신의 꿈이 실현되는 곳'이 그들의 슬로건이지만, 그들은 실제로 많은 사람들의 꿈을 이루어 주었다. 아이들은 수십 년 동안 곰돌이 푸우, 미키 마우스, 신데렐라의 이야기를 읽고 만화를 보았다. 그리고 실제로 마법의 왕국도 있다. 그러나 아이들의 환상을 현실로 만드는 것은 그런 건물이 아니라, 당신에게 다가와 포옹하고 그날 하루 동안 당신의 친구가 되기를 원하는 사람들, 즉 출연자들이다.

발루 곰(Baloo Bear)은 세 살배기 딸에게 너무 세게 악수를 해서 평생 잊지 못하게 만들고, 피터 팬에 나오는 요정 팅커벨이 실제로 하늘을 날며 당신 어깨에 마법 가루를 뿌린다. 트레이드마크인 노란색 야회복(동화 속 인물들의 모습이 디즈니 소유라는 것을 보여주는 마케팅 천재의 작품이다)을 입은 신데렐라는 그녀에게 딱 맞는 유리구두를 실제로 신고 마법의 마

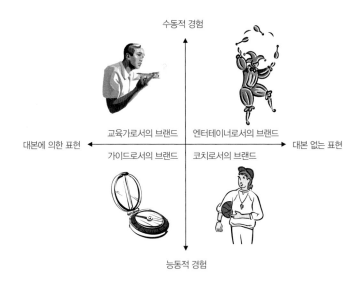

수동적 경험

교육가로서의 브랜드　　엔터테이너로서의 브랜드

대본에 의한 표현 ←　　　　　　　　　　　→ 대본 없는 표현

가이드로서의 브랜드　　코치로서의 브랜드

능동적 경험

차를 타고 파티로 향한다.

　캐릭터뿐만이 아니다. 입구에서 당신을 맞이하는 것은 음악도 있고, 다른 많은 레스토랑의 메뉴에도 있지만 미키마우스가 직접 시중을 드는 음식도 있다. 매일 그곳에서 힘들게 일하지만, 매일 매시간 꿈을 현실로 만들어 주는 출연자들의 흥분과 열정도 있다. 또 전면뿐 아니라 후면까지 사려깊게 디자인된 표지판들도 있고, 그런 마법의 일부를 집으로 가져갈 수 있게 해주는 엄청난 양의 상품들도 톡톡한 역할을 한다.

　경험은 다양한 형태로 나타날 수 있다. 어떤 경험은 당신 자신이 경험의 일부가 될 수도 있고 어떤 경험은 단지 관찰하는 것일 수도 있다.

- 스포츠 이벤트, 록 콘서트 등과 같이 미디어를 통해 보는 것보다 직접 참여하는 것이 훨씬 더 극적인 엔터테인 경험

- 재현을 통해 되살아나는 역사적 기념물, 역할극과 상호작용을 기반으로 하는 교육 과정 등과 같은 교육 경험
- 모든 감각을 수용하는 미술관, 몸을 자극하고 편하게 해주는 건강 스파 등과 같은 가이딩 경험
- 모험 스포츠, 비디오 게임 등과 같이 참가자를 극한 또는 가상의 세계로 데려다주는 코칭 경험

모든 기업들은 이런 종류의 경험을 반영해 이전과 달리 고객들의 관심을 이끌며 특정 개인의 특정 순간을 위해 브랜드를 전달할 수 있다.

영감 3. 아장 프로보카퇴르

조셉 코레(Joseph Corre)와 세레나 리스(Serena Rees)는 1994년 런던에서 첫 부티크를 열고 사람들의 성적 취향을 과감하게 표현하면서 란제리에 대한 인식에 혁명을 일으켰다.

그들의 비전은 란제리를 입는 사람들을 자극하고 매혹시키며 일깨우는 것이다. 그들의 접근방식은, 섹스와 관련된 주제들은 추잡한 것이어서 언급을 자제해야 한다는 관습적이고 신중한 태도와는 정반대되는 것이다. 관용과 예상의 범위가 한층 더 확대된 세상에서 아장 프로보카퇴르(AGENT PROVOCATEUR)는 과감하게 첫걸음을 내디뎠다.

그들의 제품을 상류층의 판타지라고 생각하는 사람들도 있고, 단지 기능성 속옷이라고 생각하는 사람도 있다. 아장 프로보카퇴르는 경험이다. 때로는 제품 디자인을 통해, 때로

는 스릴과 흥분을 통해 이 브랜드는 그것이 하는 모든 일에 경험을 구축한다.

런던, 뉴욕, LA에 있는 그들의 매장을 방문하면, 더 많은 뭔가를 암시하기 위해 단추를 살짝 푼 짧은 분홍색 드레스를 입고, 굽 높은 뾰족 구두에 검은 스타킹을 착용한 멋진 여성을 만날 수 있다. 이국적인 란제리와 도피주의가 물씬 풍기는 실내 분위기도 눈을 사로잡는다.

매력적인 청록색 망사 속바지를 입은 여성은 자신감과 적극적 섹시미를 발산하는 섹시 슈퍼히어로의 느낌을 촉발한다.

(출처: agentprovocateur.com)

아장 프로보카퇴르는 자신의 제품을 선택하고 착용하는 고객을 위해 매우 강렬하고 개인적인 경험 창출을 추구한다. 이들의 윈도우 디스플레이, 예술 및 사진 전시회, 영화 광고는 지나칠 정도로 유혹적이어서 대중 광고가 허용되지 않는다. 그들의 브로슈어를 뒤져보면 19세기 핍쇼(peep show, 돈을 내고 작은 방 같은 곳에 들어가 창을 통해 여자가 옷 벗는 것을 구경하는 쇼)를 보는 것 같다. 웹사이트를 방문하면 침실과 욕실, 휴게실, 부엌 등 온 집안을 관음적으로 들여다볼 수 있다.

회사는 최근 신발과 보석류, 향수와 음악 같은 액세서리 시장에도 진출했다. 전통적인 소매점인 마크&스펜서와 손잡고 파생 브랜드 살롱 로즈(Salon Rose)를 개발해 판매하기도 한다. 2004년에는 14개의 다양한 곡들을 한데 모아 성적 발견의 여정을 만든 첫 앨범 '핍쇼'를 발매했다.

아장 프로보카퇴르는 앞으로도 의심의 여지없이 계속해서 도발적으로 고객을 자극하며, 금단의 벽을 깨고, 패션의 피상적 트렌드를 거부하며, 사람들이 관능과 성욕을 즐기도록 축하하고 도울 것이다.

적용 실전 공연

어떻게 하면 경험을 더욱 특이하고 예측할 수 없는 방법으로 살려내 진정으로 사람들의 관심을 사로잡고 전에 없던 경험을 제공할 수 있을 것인가?

1. 실전의 순간

더 극적이고 매력적인 방법으로 전달될 수 있는 경험 포인트를 찾는다.

2. 그런 포인트를 어떻게 찾을 것인가?

가장 극적인 경험을 한다고 생각하는 사람들과 상의한다. 그들은 무엇을 하거나 사용하는가?

3. 대본이냐, 즉흥이냐?

활동을 위한 대본을 준비하거나, 사람들이 자신의 경험을 즉흥적으로 전달하도록 장려하고 활성화하는 방법을 생각한다.

4. 수동적이냐, 쌍방향이냐?

고객이 직접 관여하는 것을 선호하는지, 아니면 수동적으로 관찰하는 것을 선호하는지 고려한다.

5. 경험을 계획한다.

특별한 환경을 설계하거나, 실전 경험이 모든 곳에서 제공되고 있는지 확인한다.

6. 실전 공연

실전 현장을 적절하게 설계하고, 가격에 그런 부가 가치를 반영한다.

고객의 관점에서
사업을 하라

"우리는 사물을 보이는 대로 보지 않는다. 우리는 사물을 우리의 관점으로 본다."

-아나이즈 닌(Anaïs Nin)

"이해되지 않는 것에 대한 해답을 찾아 온 나라를 돌아다녔다. 왜 조개껍데기가 대개 바다에서 발견되는 산호초 흔적과 해초 등과 함께 산꼭대기에 존재하는지, 왜 천둥은 천둥을 일으키는 존재보다 더 오래 지속되는지, 왜 번개는 생기는 즉시 눈에 보이는 데 반해 천둥은 이동하는 데 시간이 걸리는지. 돌을 물에 던지면 그 지점 주변에 어떻게 다양한 물의 원들이 생기는지, 새는 왜 공중에서 오래 날 수 있는지, 이런 의문들과 다른 이상한 현상들이 평생 동안 내 생각을 이끌어냈다."

-레오나르도 다빈치(Leonardo da Vinci)

기업은 유통 경로와 광고 매체를 통해 고객과 물리적으로 연결된다. 마케터들이 광고 대행사와 함께 뭔가를 도출하려는 조급함으로 인해 오랫동안 광고가 마케터들의 주된 역할로 인식되어 오면서, 유통은 오늘날 마케터들의 창의력을 표현하는 멋진 새로운 기술보다는 창고나 운송 회사와 더 관련이 있어 보인다는 이유로 마케팅 믹스에서 가장 소홀히 간주되어 왔다.

더 지능적인 연결	더 창의적인 연결
미디어: 여러 미디어를 균형 있게 결합함으로써 고객과 더 영향력이 있고 더 발전적이며 더 효율적인 소통을 한다.	**반전:** 고객들에게 통제권을 주고, 그들이 원하는 때에, 그들이 원하는 방법으로, 그들이 원하는 장소에서 사업을 수행함으로써 연결의 방향을 반대로 전환한다.
채널: 대상 고객에게 보다 수익성 있는 서비스 및 판매를 창출할 수 있도록 유통 채널을 개발한다.	**퓨전:** 고객과 더 잘 연결되기 위해 기존 미디어와 채널을 최적으로 조합한다.
네트워크: 브랜드 경험을 복제하고 효율적으로 확장할 수 있는 물리적 및 가상 네트워크 구축한다.	**연결성:** 지식과 연결을 최대한 활용해 고객 네트워크(P2P)의 힘을 발산시킨다.

웹사이트, 이메일 기반 마케팅, SMS, 쌍방향 TV등 다양한 형태의 디지털 미디어가 대거 부상하고 있다. 그러나 우리가 고객들과 연결하는 전통적인 방식에서도 변화가 일어나고 있다.

- 광고가 항상 판매를 촉진하고 브랜드를 구축하는 가장 효과적인 방법이나 전제조건은 아니라는 인식.
- 직접 마케팅(대개 메일이나 텔레마케팅으로 수행하는 것)으로의 전환이 시도되지만 사생활 침해라는 인식과 사전 허가를 구해야 한다는 인식.
- 불특정 다수를 대상으로 하는 광고보다는 PR 및 후원, 이벤트 및 개인 판매 방식이 사람들을 더 잘 연결하고 그들의 열망을 반영하며 브랜드를 더 잘 살려준다.
- 공급자에게 고객의 조건을 따르도록 지시하고, 강력한 자체 상표 제품과 고객 충성도 고취 계획을 갖고 있는 대형 슈퍼마켓의 영향력 커지고 있다.
- 일부 전통적인 채널이 사라지고 다른 유형의 중개자가 출현하면서 직접 채널이 불가피하다는 인식의 수용.

- 특히 온라인 판매가 촉발한 시장의 세계화로 지금까지 존재했던 시장이나 부문에 따른 가격과 제품 차이가 무너졌다.
- 미디어 통합 전략으로 광고에서 이벤트까지 모든 것을 보다 균형 있고 공생의 차원에서 통합하며 이를 유통 경로와도 융합시킨다.
- 광고 미디어와 유통 채널의 융합으로 고객이 브랜드와 상호작용할 수 있는 더 많은 방법을 창출한다.

하지만 이것이 다는 아니다.

전통적인 마케팅 방식은 이런 방향으로 움직이지만, 점점 커지는 고객의 힘에 대처하기에는 불충분하다. 제품 공급자들도 고객이 원하는 때에, 고객이 원하는 방식으로, 고객이 원하는 장소에서 사업을 운영할 수 있도록 고객과 연결시키는 방법을 근본적으로 재설계해야 한다.

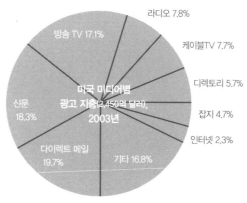

(출처: Advertising Age)

(이 상황은 현재 엄청나게 달라졌다. 2019년에는 인터넷 비율이 50% 이상 의존하게 되었음)

'반전 마케팅'을 위해서는 다음 사항이 필요하다.

- 고객이 무엇을 알고 싶은지, 정보를 어떻게 받고 싶은지, 먼저 말하는 고객 주도 커뮤니케이션.
- 기업이 모든 사람에게 동시에 똑같은 방식으로 새 차를 사야 한다고 말하는 일방적 광고 방식의 종말.
- 고객을 효과적으로 나타내지 못하는 평균 통계보다는 개인의 선호를 중시하는 시장 조사.
- 공급업체보다는 고객을 대신해 고객의 개별적 요구를 파악한 후 이를 직접 소싱하는 채널.
- 고객이 인지한 가치에 의해 주도되는 가격, 세계 어디서든 최저 가격을 몇 초 안에 확인할 수 있다.
- 고객의 개별적 요구에 따라 맞춤화된 제품, 다양한 공급업체를 취합해 가장 적합한 솔루션을 찾는다.

실제로 '구글'은 대부분의 마케팅 프로세스 다이어그램에서 한 번의 클릭이 시작점이 되는 경우가 드물긴 하지만, 커뮤니케이션과 유통 프로세스를 진정한 고객 주도형으로 만들었다.

마이클 델은 90년대 후반 첨단 기술 혁명의 붐을 타고 델을 창업했다. 첫 모델은 낮은 품질의 제품을 지향했지만 이를 빠르게 탈피하고 지금은 소비자 시장과 기업 시장에서 모두 선두주자가 되었다. 델은 어떻게 이것을 달성했을까? 회사의 표현대로 '우리가 하는 모든 일은 고객과 함께 시작되고 끝난다'라고 주창한다.

델의 고객 중심 직접 비즈니스 모델은 기업들이 그 어느 때보다도 높은 수준에서 모든 '가치 기율'(value disciplines, 기업이 소비자를 위한 가치를 창출하기 위해 구사하는 다양한 전략)을 포용하고, 고객의 조건에 따라 사업을 운영하고, 지속적으로 높은 수익을 올리기 위해 어떻게 점차 이러한 새로운 역학관계로 나아가고 있는지를 보여주는 대표적 사례다.

마이클은 기업가 정신을 가진 마케터다. 1965년생인 그는 의학을 공부할 생각으로 텍

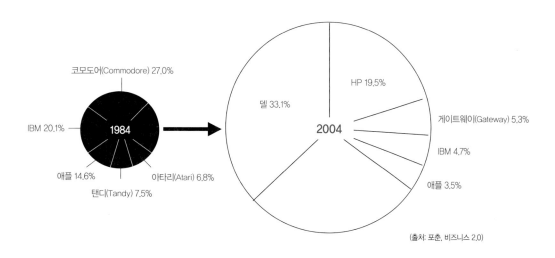

(출처: 포춘, 비즈니스 2.0)

사스 대학교에 입학했지만 그의 진짜 관심은 컴퓨터에 있었고, 1년도 안 돼 학교 기숙사 방에서 PC를 조립해 학생과 직원에게 판매하며 이미 PC 주식회사라는 이름도 붙었다. 첫 달에 18만 달러의 매출을 올리면서 의학도의 꿈도 그것으로 끝났다.

그는 개인용 컴퓨터를 만들었지만 다른 회사와는 차이가 있었다. 그는 완제품이나 부품의 재고를 보유하지 않았다. 대신 주문을 받아 제품을 만들어 판매하며 고객에게 직접 배달해 주었다. 이는 대량 주문 제작 방식이었지만, 공급업체들로부터 돈을 주고 부품을 사기 전에 고객들로부터 미리 선불로 주문을 받았기 때문에 매우 효율적이었다.

그는 당시 이렇게 말했다. "나는 컴퓨터 시장이 매우 비효율적이라는 것을 알고 있었지요. 부품 가격에 비해 제품 가격이 매우 높았지만 서비스는 아주 형편없었습니다."

전화로 주문하고 토핑을 고르는 '피자 테이크아웃'에서 영감을 얻은 그의 생각은 즉각 히트를 쳤다. 불필요한 사양을 없애고 소비자에게 직접 판매함으로써 가격을 15% 이상 줄일 수 있었다.

그가 회사 경영에 전념하기 위해 19세에 대학을 중퇴해야 할 정도로 회사는 성공을 거두었다. 1987년에 회사 이름을 델 컴퓨터 주식회사로 바꾸었고 나중에는 다시 간단하게 델로 바꿨다. 이 회사는 2002년에 매출 350억 달러, 이익 20억 달러를 내는 세계에서 가장 수익성이 높은 PC 제조사가 되었다.

2004년 마이클은 CEO에서 물러났지만 회장직은 유지했다. 당시 대표이사 겸 COO였던 케빈 롤린스가 CEO자리를 이어 받았다. "나는 지난 20년 동안 CEO를 지냈고, 이제 앞으로 20년 동안 회장직만 유지하려고 합니다. 한번 지켜봅시다."

그는 지금도 처음 시작했을 때의 기업가 정신을 유지하고 있다고 말한다. "발견할 수 있는 시장은 아직도 많이 있습니다. 하지만 모든 새로운 모험에는 끈기와 위험을 감수할 의지가 필요합니다."

'델의 영혼'은 다음 다섯 가지 요소가 내포되어 있는 철학이 존재한다.

1. '고객' 저렴한 가격에 최고의 제품과 서비스를 공급함으로써 그들의 충성도를 얻어내고, 우수한 고객 경험을 쌓는다.

2. '델 팀' 지속적인 성공은 팀워크에 달려 있다고 믿으며, 각 팀원은 이를 통해 배우고 발전하고 성장할 기회를 얻는다.

3. '직접 관계 설정' 비효율적인 계층 구조와 관료주의를 없애고, 우리가 하는 모든 일에서 고객, 파트너, 공급업체와 직접적 관계를 맺는다.

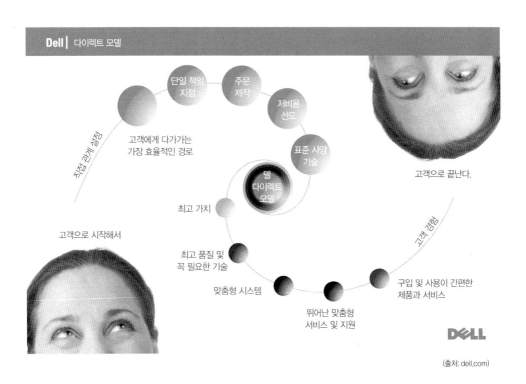

(출처: dell.com)

4. '글로벌 시민의식' 글로벌 문화와 지역사회에 대해 책임감과 감수성을 포용한다.

5. '승리' 우리가 하는 모든 일에서 승리에 대한 열정을 갖는다.

(출처: dell.com)

이러한 델의 철학은 고객을 중심으로 구축된 비즈니스 모델과 고객과의 직접 연결로 나타난다. 공급자에게 돈을 주고 부품을 사기 전에 고객으로부터 먼저 돈을 받음으로써 최소 재고와 역운전자금(negative working capital, 회사가 영업에 필요한 자금을 계속해 매출로 창출해내서 운전자금이 전혀 필요 없는 상태)이 가능한 '주문 생산'의 역동성은 회사에 확실한 재정적 수익을 보장한다.

델 다이렉트 모델

델의 다이렉트 모델은 고객으로 시작해서 고객으로 끝난다. 최고의 가치, 고품질, 꼭 필요한 기술, 맞춤형 시스템, 우수한 서비스와 지원, 구입 및 사용이 간편한 제품과 서비스에 초점이 맞춰져 있다. 고객에 대한 남다른 집중력으로 독특한 구매와 판매 방식을 만들어냈다. 이 모델에는 다음 다섯 가지 신조가 있다.

1. 고객에게 다가가는 가장 효율적인 경로

고객에게 다가가는 가장 효율적인 길은 혼란과 비용을 가중시킬 수 있는 중간 매개체 없이 직접적인 관계를 통하는 것이다. 소비자들은 비슷한 욕구를 가진 고객 그룹을 중심으로 형성되기 때문에, 우리 팀은 비효율적인 중간 상인에 의해 고객의 요구가 '왜곡'되는 일 없이 특정 고객의 특정 요구를 정확하게 이해할 수 있다.

2. 단일 책임 지점

우리는 기술이 복잡할 수 있다는 것을 인식하고, 고객들이 쉽게 이해할 수 있도록 일을 처리한다. 우리는 복잡한 문제를 지원하는 데 있어 고객 요구를 충족시키는 데 필요한 모든 자원이 쉽게 취합될 수 있도록 델을 단일 책임 지점으로 간주한다. 고객들은 우리에게 적절한 자원에 대해 효율적이고 빠르게 접근할 수 있기를 원한다고 말한다. 직접 모델이 바로 그것을 가능하게 해줄 것이다.

3. 주문 제작

우리는 손쉬운 맞춤 구성과 주문을 통해 고객이 컴퓨터 시스템에서 원하는 것을 정확하게 제공한다. 주문 제작은 우리가 값비싼 재고를 수개월 동안 길게 유지하지 않는다는 것을 의미한다. 그 결과, 우리는 고객에게 그들이 정말로 원하는 기능의 제품을 최고의 가격과 최신 기술로 제공할 수 있다.

4. 저비용 선도

우리는 고객에게 중요한 것에 자원을 집중한다. 고도로 효율적인 공급망과 생산 조직, 업계 전문 파트너와 협력해 개발한 표준 기반 기술에 대한 집중, 업무 절차 개선으로 인한 비용 절감 노력 등을 통해 고객에게 지속적으로 우수한 가치를 제공한다.

5. 표준 기반 기술

우리는 표준 기술이 고객에게 꼭 필요하고 높은 고부가가치의 제품과 서비스를 제공하는 핵심이라고 생각한다. 표준에 초점을 맞추면 고객에게 단지 하나의 기업이 아닌, 델과 산업 전체에서 이루어지는 광범위한 연구개발의 혜택을 제공할 수 있다. 독점적 기술과는 달리 표준은 고객에게 유연성과 선택권을 준다.

(출처: dell.com)

적용 연결 지도

당신은 고객과 어떤 방식으로 연결하는가? 그런 연결을 구축하기 위해 유통 채널과 광고 미디어를 얼마나 효과적으로 사용하는가? 각 연결의 목적과 효과는 무엇인가?

1. 컨택 포인트를 찾는다.

공급업체와 고객 사이의 모든 상호 작용(조언, 구매, 가치 전달, 불만사항 등)을 그려본다.

2. 채널 및 미디어

이런 연결을 지원하는 플랫폼, 유통 채널, 미디어를 찾는다.

3. 파트너 및 메커니즘

이를 촉진하는 중간의 모든 파트너와 프로세스, 시스템과 장치가 무엇인지 확인한다.

4. 역할 및 목표

광고, 유통, 판매, 지원 등 모든 연결의 역할과 목표를 평가한다.

5. 비용 및 매출

각 연결의 매출 기여도와 비용을 추정하고 효과를 비교한다.

6. 연결 우선순위를 정한다.

투입 자원과 성과를 중심으로 미디어와 채널의 순위를 매겨서 가장 중요한 연결을 확인한다.

개념 통합 커뮤니케이션

이제 고객의 힘이 마케팅 커뮤니케이션의 근본을 뒤흔드는 시대가 되었다. 새로운 기술은 고객들이 더 많은 일을 할 수 있게 해주었다. 이제 고객은 언제 어디서나 온라인으로 상품을 예약을 할 수 있는 시대가 되었지만 대부분의 광고는 여전히 고객이 아니라 공급자 중심에서 벗어나지 못하고 있다.

앨런 미첼은《기업 이익에 대한 새로운 고찰》에서, 고객을 단순히 물건을 사는 사람이 아니라 해결해야 할 문제, 충족해야 할 욕구를 가진 사람들로 규정해야 한다고 주장한다. 수요가 넘치는 것이 아니라 공급이 넘치는 시장에서는, 다른 회사와 차별화하는 것도 중요하지만 우리가 사업을 하는 전체적인 방식도 중요하다.

그런데 아직도 '광고'라는 개념이 마케팅 부서의 주요 업무로 여겨지고 있다. 광고는 메시지를 전달하기 위한 많은 가능한 수단 중 하나일 뿐이다. 마케터들은 또 광고회사에 지나치게 의존하고 있는데, 이는 경리부가 회계사에게 그리고 총무부가 변호사에게 의존하는 것보다 더 심하다.

경쟁이 치열해지면서 마케터들이 훨씬 더 공격적이고 필사적인 행동을 함에 따라 시장에서 부작용도 많아졌다. 고객들은 자신의 사생활 침해에 대해 분개하고 있으며, 그런 부작용과 혼란이 마케터들에게 큰 문제로 대두되었다.

• 고객이 기업의 조건에 따를 것으로 예상하는 광고, 예를 들어 '고객이 지금 이 채널에

서 이 광고를 보면 새 차를 구입하고 싶어할 것이다'라고 생각하는 광고는 효과를 내지 못한다.

- 마케터들이 고객의 감정을 자극하는 비주얼로 큰 메시지를 보내는 것에 만족하고, 기업 사장들도 그렇게 생각하고, 그것이 자신의 이력서의 한 줄을 차지할 것이라고 생각하고, 그것을 여전히 용감한 행동으로 생각하기 때문에, 광고는 여전히 주요 미디어들에서 벗어나지 못하고 있다.
- 광고회사들은 대개의 경우 마케터들의 입장을 대변해 왔다. 마케터들은 광고에 대한 짧은 요약본을 작성해(그들은 창의적 해석을 극대화하기 위해서는 짧을수록 더 좋다고 생각한다) 결론만을 광고회사 기획자와 크리에이터에게 넘겨줄 뿐이다.

오늘날 광고는 고객이야말로 구매를 통해 제품에 대한 그들의 요구 사항이나 원하는 것을 성취하려는 구매자로 간주하는 것으로부터 시작되어야 한다. 그러기 위해서는 다음 사항이 필요하다.

- 고객이 정보를 요청하고, 옵션을 탐색하고, 조언을 구하는 고객 주도 광고.
- 유연하고 특정 요구에 맞춤화된 커뮤니케이션. 어떤 고객은 엔진 사양에 관심이 많을 수도 있고, 또 다른 고객은 심미적 설계에 대한 더 큰 관심을 보일 수 있다.
- 고객의 필요를 충족함으로써 고객의 관심을 끌 수 있는 광고. 즉 후원이나 친밀감을 주는 브랜드를 통해 고객이 중요하게 생각하는 것과 직접 연결되는 광고.
- 고객의 궁금증을 예측하고 적절한 대안을 제시하는 인간적이고 공감적이며 지능적인 광고.
- 더 나은 투자 수익률을 내는 광고. 즉 접근가능하고 적절한 방식으로 브랜드를 고객

의 핵심 이슈에 더 저렴하고 빠르게 연결시키는 광고.

- 메시지가 일관되고 고객이 알고 있는 것을 함께 공유하는 광고.
- 브랜드, 제안, 유통 채널, 가격, 제품, 서비스 등 마케팅 믹스의 모든 측면을 보완하고 강화함으로써 고객에게 잘 정리된 지능적 접근 방식을 제공하는 광고.

기존의 광고 모델은 보내는 자가 받는 자에게 거래를 유도하는 일방적 방식이었다. 대부분의 광고 미디어들은 그런 목적으로 만들어졌으며, 아직도 많은 회사들은 그런 푸시 메카니즘에서 벗어나지 못하고 있다.

이에 반해 통합 커뮤니케이션은 다음에 관한 것이다.

- 브랜드, 제안, 목표 등 마케팅 믹스 내에서 전략적 맥락으로 시작하는 커뮤니케이션.
- 편견 없이 각 목표에 가장 적합한 미디어와 메시지를 열린 마음으로 선택하는 커뮤니케이션.

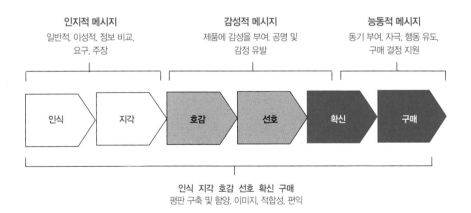

브랜드 메시지

- 상호 작용하며 서로 조화를 이루는 메시지와 미디어를 사용하는 커뮤니케이션.
- 고객과 한몸이 되어 고객이 원하는 때, 장소, 방법으로 대화를 시작하게 해주는 커뮤니케이션.
- 철저하게 창의적이고, 스타일과 콘텐츠에서 차별화되고, 이례적인 미디어와 새로운 메시지를 수용하는 커뮤니케이션.
- 그 스타일과 활동에서 브랜드를 강화하고, 그 자체로서 고객 경험의 일부가 되는 커뮤니케이션.

통합 커뮤니케이션은 고객을 중심에 두고 중립성을 철칙으로 삼아야 한다. 광고회사가 아니라 의뢰하는 회사가 엄격하게 측정하고 프로젝트 차원에서 효과적으로 관리되어야 한다.

영감 2. 아마존

1994년 제프 베조스는 미국 금융의 중심지인 월가에서 일하면서 인터넷 사용자가 매년 2300%씩 증가하는 것을 목도했다. 닷컴 파도에 올라타야 할 때라고 판단한 베조스는 자신의 쉐보레 트럭을 몰고 90번 주간 고속도로를 타고 서쪽으로 향했다. 시애틀에 도착하자마자 그는 '지상 최대의 서점'을 열었다. 자신의 차고에 사무실을 차리고 친구들부터 시작해 사람들에게 책을 팔기 시작했다.

아마존닷컴은 1995년 7월에 설립되었다. 초기에는 주문이 도착할 때마다 삐삐가 울리

곤 했는데, 점차 삐삐가 직원들을 미치게 만들었다. 3개월이 되자 삐삐가 매일 100번씩 울리더니, 1년이 되자 한 시간에 100번, 그리고 나중에는 분당 100번씩 울렸다.

아마존은 1997년 5월에 상장했고, 상장 직후에 백만 번째 고객이 혁신적인 '원클릭' 결제 시스템에 등록했다. 주소나 개인정보, 신용카드를 한번 입력해 두면 아마존에서 판매하는 모든 제품을 별도의 본인인증 없이 원클릭 버튼 한 번 누르는 것으로 모든 구매 절차가 끝나는 이 작은 혁신이 아마존 성공의 원동력이었다.

이러한 고객 정보로 아마존은 고객의 관심사와 취향에 대한 상세한 프로파일을 구축해 고객에게 필요하다고 추정되는 다른 또는 보완적 제품을 추천할 수 있게 되었다. (이 프로세스를 협업 필터링이라고 한다.) 당신이 좋아할 만한 음악이나 소설에 대한 아마존의 예측은 소름끼칠 정도로 정확했다. 단골 고객들은 그들이 관심을 가질 만한 새로운 책이나 음악 CD가 발매되면 이를 알려주는 이메일을 받는다.

1999년은 유럽의 매출 성장과 함께 가장 빠른 배송을 가능하게 해주는 새로운 물류센터 구축 등, 베조스에게는 도약의 해였다. 이로써 아마존은 1,000만 명의 사용자들에게 장난감에서부터 비디오, 전자제품, DIY 도구까지 모든 것을 제공할 수 있게 되었다. 실제로 아마존에는 1,000만 명 이상이 새로 유입되고 있다. 온라인 구매에 대한 고객들의 초기 우려를 극복하면서 구매자가 급속도로 증가하기 시작했다.

(아마존은 2020년 현재 애플과 시가총액 1위를 다투며 명실공히 세계 최고 기업으로 우뚝 섰다. 2019년 매출 2,805억 2,200만 달러, 시가총액 1조 6,000억 달러, 종업원 84만명, 전자 상거래 외에 클라우드 서비스인 아마존 웹 서비스[AWS], 인공지능 스피커 알렉사, 전자책 킨들 등 사업 범위가 크게 확장되었다. 현재 미국 인구의 절반인 1억 5,000만명이 아마존 프라임[Amazon Prime] 회원이며, 미국에서 발생하는 전자상거래의 49.1%를 차지하고 있다.)

아마존은 세계에서 가장 고객 중심적인 기업, 사람들이 온라인에서 사고 싶은 것은 무엇이든 찾을 수 있는 곳이 되고자 한다. 베조스는 자신의 도전을 '끊임없이 고객과 주주처럼 생각하고, 혁신을 통해 타의 추종을 불허하는 온라인 경험을 제공하는 것'이라고 설명한다.

베조스는 그것이 성공할 것이라고 확신했다. 90년대 후반에 아마존은 닷컴 붐을 타고 훨훨 날았다. 닷컴 붐으로 우후죽순 늘어난 이른바 닷컴 회사들은 거리의 상점들이 황량해지고 모든 산업의 중간 상인들은 종말을 고할 것이라고 떠들어댔다. 그러나 거품이 터지자, 사람들은 온라인 서점이나 온라인 음악 회사들도 곧 사라질 것이라고 생각했다.

그러나 그런 일은 벌어지지 않았다. 아마존은 2004년에 손익분기점을 넘어 수익을 내기 시작했다. 아마존은 소리 소문 없이 계속 성장했고 범위를 확장하며 처음에 호기심으로 방문했던 고객들이 온라인 구매가 더 나은 방법이라는 점을 인식하면서 아마존의 영구 고객이 되었다.

적용 미디어 통합

다양한 커뮤니케이션 기회를 어떻게 임의로 통합하는가? 광고를 문제 해결의 자연스러운 방법으로 생각하려는 유혹을 어떻게 절제하는가? 목표를 더 잘 달성할 수 있는 다른 미디어들이 있는가? 고객이 원하는 차별화된 대화를 만들기 위해 서로 다른 각각의 미디어들이 어떻게 협력하는가?

1. 광고의 목표를 정의한다.

   광고의 목표(대상 고객, 제안 및 대본, 원하는 결과 및 이를 위한 조치 등)를 정의한다.

2. 고객이 원하는 것은 무엇인가?

   고객이 어떻게 상호작용하기를 원하는지, 즉 그들이 원하는 것, 방식, 장소 등을 부문별 및 개인별로 조사한다.

3. 올바른 파트너와 협력

   이를 달성할 수 있는 내외부 파트너에 대한 간단한 정보를 작성한다.(미디어/광고회사에 대해 편견 없는 중립을 유지할 것)

4. 커뮤니케이션 설계

   모든 파트너 후보들에게서 어떻게 통합적으로 부가 가치를 창출할 것인지에 대한 그들의 견해를 듣는다.

5. 통합 계획 결정

   광범위한 마케팅 계획, 비즈니스 사례 및 실행의 일환으로서 통합된 광고 계획을 결정한다.

6. 효과적인 대화 관리

   광고의 영향, 비용 및 반응을 측정하고, 경과에 따라 개선하며, 프로젝트 차원에서 효과적으로 관리한다.

개념 채널 반전

매장 방문에서부터 전화, 웹사이트, 우편 주문에 이르기까지 모든 유통 채널은 우리를 기업과 연결시키고 우리가 원하는 방식으로 거래를 가능하게 해준다. 그들이 공급자라는 측면에서는 직접적인 관계이고, 제3자가 개입한다는 측면에서는 간접적 관계다. 시장에는 식품 유통업체에서부터 여행사, 보험 대리점, 자동차 전시장에 이르기까지 이런 중간 매개자들이 존재한다.

유통 채널은 전통적으로 공급 업체의 확장 네트워크, 즉 현지 대리인들인 경우가 많아서 그들이 고객에게 직접 접촉하고 실제 판매 활동을 한다.

그런 채널들은 조언, 개인화, 보완 제품, 서비스를 통해 다음과 같은 더 많은 부가 가치를 제공해왔다.

- 온라인 통합 포털
- 쌍방향 TV 및 무선 서비스
- 노동조합 및 직업 단체 등과 같은 협회
- 동네 상가
- 퀸트에센셜 같은 개인 심부름 서비스

유통 채널은 이제 공급자들보다 고객의 '편(쪽)'에 있다. 그들은 고객에게 적절한 가격, 적절한 제품을 찾는다는 점에서 구매자들을 대표한다.

이런 반전 채널은 대개 고객에 대한 친화력이 강하다. 그들은 고객의 욕구를 상세히 파악한 후 해결책을 모색한다. 그들은 더 지역 친화적이고, 더 편리하고, 더 신뢰할 수 있다.

이전에는 우유, 과자, 신문이나 사던 동네 상점은 이제 여행 티켓에서부터 복권, 드라이클리닝, 신선한 꽃, 복사, 현금지급기 등 모든 것을 판다. 전문 협회에서는 카리브해 휴가지에서부터 자동차 렌트, 휴대폰, 신용카드, 보석류, 액세서리까지 모든 것을 살 수 있다.

채널들은 다른 채널에서의 고객 경험과 일관적으로 연결될 수 있도록 함께 협력해야 한다. 의류 소매업체 넥스트를 예로 들어 보자. 카탈로그로 신상품을 살펴보고, 온라인으로 구매 가능한지 확인하고, 전화로 주문하고, 우편으로 물건을 받아보고, 입어보고 마음에 들지 않으면 매장으로 반품한다. 이 시나리오에서는 구매의 각 단계에서 5개의 다른 채널이 사용된다. 채널 간의 연결은 고객이 가장 편리한 방식으로 상호작용할 수 있도록 해준다.

이와 같은 다채널 관리를 위한 첫걸음은 채널 혁신이다.

이를 위해 한 가지 접근 방식은 각 채널의 속성을 해체한 후 대상 고객에 보다 적합한 새로운 형식으로 재조립하는 것이다. 예를 들면,

- 하루 24시간 내내 우유나 빵을 살 수 있는 시내 셀프 서비스 슈퍼마켓.
- 언제든지 온라인에서 재무 상담원의 전문 조언을 받는 금융기관.
- 테이블에 앉아 테이블에 설치된 꼭지를 통해 원하는 대로 맥주를 마시고 계좌에서 돈을 이체하는 레스토랑.
- 매주 정기적으로 물건을 사기만 하면 다른 누군가가 대신 계산을 대행하고 집까지 배달해 주는 슈퍼마켓.

이런 것들은 오늘날 서로 다른 채널의 가장 좋은 부분을 융합해 고객의 편의성과 경험을 향상시키고 판매를 촉진하며 비용을 절감시키는 실제 사례들이다.

여행 시장은 채널의 판도가 어떻게 변했는지 잘 보여준다.

10년 전만 해도, 항공사, 호텔, 패키지 휴가 회사들은 고객들에게 전통적인 여행사를 통하지 않고 직접 자신들에게서 티켓을 사라고 감히 말하기 어려웠다. 그런 공급업체들은 중개업자들, 특히 대형 여행사 체인의 반발을 우려했기 때문이다. 그들은 이들 중개업자들에게 막대한 수수료와 인센티브를 지불했다. 일반적으로 티켓 가격의 약 15%를 그들에게 제공했기 때문에 정작 공급업체들은 거의 이익을 내지 못했다.

그러나 시대가 변했다. 익스피디아, 프라이스라인 같은 온라인 업체들의 혁신과 제트

블루, 라이언에어 같은 저가 항공사들의 진입, 게다가 업계의 닥친 불황으로 항공사들은 과감한 조치를 단행할 수밖에 없었다. 이제 직접 채널은 일반화되었고, 대대적인 홍보로 최고의 요금을 제공하게 되면서 중개업자들에 대한 수수료와 리베이트는 대폭 줄었다. 이에 따라 전통적인 중개업자들은 살아남기 위해 어려움을 겪어야 했다. 아멕스는 본업인 신용카드 사업에 다시 집중했고, 178년 역사의 영국 여행사 토마스 쿡은 전세 항공사가 되었다. 항공사들은 온라인 판매와 무발권 여행을 주도하며 첨단 기술로 발전했다.

영감 3. MTV

여전히 미디어계의 반항적 10대인 MTV는 현재 20대 중반의 세계에서 가장 널리 보급된 텔레비전 네트워크로, 전 세계 140개국에서 거의 4억 가구가 시청한다.

　현재 비아콤 그룹의 일부인 MTV는 짧은 기간 동안 많은 성과를 거두었는데, 이는 그들이 위성, 케이블, 온라인 채널을 지능적으로 사용해 많은 고객들에게 보다 적합하고 상호작용하는 방식으로 접근했기 때문이다. MTV는 1980년대와 1990년대에 대중음악의 본질을 완전히 바꾸어 놓았다. 콤팩트 디스크가 음악 판매에 미친 영향만큼 음악계에 큰 영향을 미쳤으며, 라이프스타일 브랜드가 된 몇 안 되는 미디어 회사들 중 하나다. 그러나 MTV는 미국의 일개 지역 케이블 시스템의 빈 자리를 매우며 초라하게 시작한 회사다.

　MTV는 94개의 현지 관리 운영 채널과 MTV 자체를 포함한 브랜드 포트폴리오에 VH1, TMF, 게임 원(Game One), MTV 네트워크 인터내셔널로 구성되어 있다. MTV는 디지털 세계에서 MTV, R&B 채널, 댄스 채널, 얼터너티브 록 채널, 팝 채널 등 다양한 채널을 통해 다양한 지역 관점을 제공함으로써 동시에 많은 사람들을 만나면서도 특정 고객들을 더 잘 참여시킨다.

이 네트워크는 런던에 본부를 두고 있으며 미국 이외의 지역의 시청자들이 전체의 80%를 차지한다. (비록 이 80%가 창출하는 수익은 전체의 20%에 불과하지만 말이다.)

온라인에서 MTV의 위상은 비디오에서 더욱 빛난다. MTV닷컴은 음악 시사회 등과 같은 깊고 독창적인 콘텐츠, TRL과 컨트롤 프리크 같은 멀티미디어 쇼, 음악 어워드, 커뮤니티 게임 같은 특별 행사용 오리지널 프로그래밍 등을 송출한다. 이 웹사이트는 항상 10대들의 음악 콘텐츠 사이트 1위를 차지하고 있다.

그러나 MTV는 단순히 청소년 시청자들을 대상으로 하는 네트워크가 아니다. 니켈로디언 채널에서 VH1 클래식까지, 이 회사는 이제 요람에서 무덤까지 청중들을 데려다준다. 지역과 문화를 넘나들며, 글로벌 정서와 지역 정서를 결합하며, 끊임없는 혁신으로 앞서 나간다.

이미 최첨단에 들어서면 새롭고 혁신적인 콘텐츠를 찾는 것은 쉽지 않다. MTV는 광범위한 연구 기법을 구사하지만, 어느 때고 진정한 승자 자리를 놓칠 수 있다. 미국판 무한도전이라 할 수 있는 MTV의 잭애스 프로그램이 좋은 예다. 이 프로그램은 어떤 때에는 자녀와 부모의 변화된 관계를 보여주는 등 전혀 예상치 못한 내용을 방영해 가족 관계를 재조명한 MTV의 오스본 패밀리와 헷갈리게 만들기도 한다.

적용 채널 통합

유통 채널을 어떻게 최대한 활용하는가? 다양한 유통 채널들이 어떻게 서로 연결되어 있는가? 고객과 제품을 보다 효과적으로 연결하는 혁신적인 '혼합(복합)' 채널을 어떻게 만들 수 있는가? 멀티 채널 관리를 어떻게 달성하는가?

1. 유통 목표를 정의(설정)

누구에게 다가가고 싶은지, 브랜드 경험을 어떻게 전달하는지, 유통 채널이 어떤 가치를 추가하는지를 정의한다.

2. 고객이 구매하는 방법 이해

고객이 채널에서 원하는 것, 즉 고객이 원하는 추가 서비스, 시기, 장소 및 방법을 이해한다.

3. 채널 프레임워크 개발

대상 고객에게 도달하고 구매 욕구를 충족시키는 직간접 채널 프레임워크를 구축한다.

4. 혁신적인 혼합 채널 탐구

다른 채널들의 장점을 선택해 특정 욕구를 충족시키기 위한 맞춤형 채널을 개발한다.

5. 다채널 통합

고객, 역할, 부가 가치 및 효과 등 각 채널의 역할과 그들이 상호 보완하는 방법을 정의한다.

6. 효율적인 유통 관리

통합 채널 믹스를 관리하고 채널들과 협력해 브랜드 경험과 개인 서비스를 제공한다.

영국의 물리학자 팀 버너스리는 '월드와이드웹(World Wide Web)'을 발명함으로써 네트워크화된 세상의 모델을 "모든 것은 다른 모든 것과 연결되어 있으며, 그런 세상에서 힘은 세상의 지식을 결합하는 데에서 나온다. 연결이 많아질수록 그 힘은 더욱 커진다."고 정의했다. 그 세상은 지배나 계층 구조가 없다는 점에서 민주적이며, 일단 온라인에 접속하면 세상은 자유롭고 순간적인 곳이 된다.

마케팅 기회에 대해서는 이미 충분한 증거가 있지만, 그 온전한 잠재력을 인식하는 데에는 아마도 아직 극히 초기 단계에 있다고 할 수 있다.

- 글로벌 연결 – 브라질의 1인 사업자가 중국의 대기업과 협력할 수 있고, 영국의 작은 정육업자가 컴벌랜드 소시지의 세계 최고 공급원이 될 수 있다.
- 개인화 – 고객에 대한 지식은 특정 고객만을 위한 자동차를 디자인하거나 특정 개인을 위해 디자인한 나이키 신발이나 의류를 만드는 등 개인화된 솔루션을 가능하게 한다. 고객에 대한 지식은 고객이 진정으로 원하는 것을 이해하는 훌륭한 원천이다.
- 이메일 메시지 – 수많은 고객들과 돈들이지 않고도 자주 소통할 수 있다. 당신이 요청만 하면 매일 아침 우편함에 40~50통의 뉴스를 받아 볼 수 있다.
- 온라인 커뮤니티 – 우리는 고객들을 한 자리에 모아 회사 제품 및 활용에 대한 그들의 열정을 공유할 수 있다. 블로그의 빠른 성장을 보라.
- 바이럴(입소문) 커뮤니케이션 – 핫메일에 1억 명이 가입하기까지, 아이디어와 메시지가 들불처럼 자유롭게 확산되는 데 전통적인 마케팅 비용은 한 푼도 들지 않았다.
- 새로운 비즈니스 모델 – P2P 거래를 촉진한 이베이의 성공에서부터 세계에서 가장

낮은 가격으로 파는 곳을 알려주는 켈쿠 같은 가격 비교사이트까지 돈을 벌 수 있는 새로운 방법들이 등장하고 있다.

그러나 이와 같은 네트워크 사고는 물리적 세계에도 적용될 수 있다. 네트워크는 쉽게 존재할 수 있지만 대부분은 그 연결성까지 개척되지는 못한다. 소매 체인점의 경우, 네트워크를 어떻게 단일 매장 운영보다 더 유리하게 바꿀 것인가? 소비재 회사라면, 어떻게 거대한 판매 네트워크를 구축해 더 많은 돈을 벌 수 있는가?

소비자 입장에서 어느 은행이 다른 은행보다 편리하다고 여기는 것은 어떤 은행이 어디서나 현금을 찾을 수 있는 현금 인출기 네트워크를 가장 많이 가지고 있는가에 달려 있다. 물론 은행들이 자신의 인출기에서 다른 은행들의 카드를 사용할 수 있도록 협력한다면 그 장점은 사라지겠지만 말이다. (현금이 거의 사용되지 않고, 신용카드 외에 모바일 결제 등 결제 기술이 발전하면서 요즘에는 은행들이 현금인출기를 줄이고 있는 상황임)

휴대폰 회사들은 그들의 가입자 네트워크를 활용해 더 낮은 요금, 심지어 같은 통신사 이용자들 간에 같은 네트워크(통신사)에 있는 사람들끼리는 무료 통화를 제공한다. 커피숍은 10번째 음료는 무료로 제공하는 단골 회원 카드를 제공한다. 그러나 이런 것들은 여전히 원시적인 이익에 불과하다.

프랜차이징은 기업들이 높은 자본 투자와 노력 없이 네트워크를 활용해 빠르게 성장할 수 있는 대표적 사례다. 오늘날 서점 선반에 프랜차이즈 잡지가 많아졌다는 사실은 자신의 사업을 하기를 원하지만 노하우, 브랜드, 자신감이 부족한 개인들이 많다는 것을 여실히 보여준다.

샌드위치 바 서브웨이, 편의점 세븐일레븐, 도넛 가게 크리스피 크림, 메리어트 호텔,

렌터카 허츠, 포드 전시장, KFC 레스토랑 등은 불과 몇 년 만에 뉴질랜드 오클랜드에서 알마 마타(Alma Mata)까지 시내 거리에서 쉽게 볼 수 있게 된 프랜차이즈 모델들이다.

영감 4. 크리스피 크림

판매분에 대한 로열티를 받고 제3자에게 브랜드를 사용하도록 라이선스를 주는 사업 방식은 흥미롭긴 하지만 특히 소매업의 경우 위험한 사업이다. 어느 한 매장의 잘못된 서비스 경험이 브랜드 전체를 손상시킬 수 있기 때문이다. 그러나 크리스피 크림에게 있어 그것은 놀랄 만큼 성공적이었다.

크리스피 크림은 세계적으로 잘 알려진 도넛 브랜드로, 프랜차이즈 매장들의 방대한 네트워크로 구성된 회사다. 이 회사는 3000명의 고객들이 있다고 생각되면 새 매장을 연다. 모든 매장의 주방은 식욕을 돋우기 위해 외부에서 보이도록 설계되어 있고, 오븐에서 새 도넛이 나오면 주방 밖에 설치된, 네온사인 표지판에 '핫(hot)'이라는 글자가 켜지며 새 도넛이 나온 것을 세상에 선언한다. 주방에서 나오는 신선한 베이킹 냄새가 거리를 진동시키며 크리스피 크림은 단순한 도넛을 넘어 경험을 '마법의 순간들'로 만들어낸다.

버논 루돌프는 포커 게임을 하다가 뉴올리언스의 제빵사에게 이스트로 부풀린 도넛 레시피 비법을 알게 되었고, 1937년에 노스캐롤라이나의 동네 식료품 매장에 도넛을 팔기 시작했다. 그러다가 고객의 요청에 따라 자신의 제과점에서 고객에게 직접 도넛을 판매하기 시작했다. 크리스피 크림의 첫 매장은 노스캐롤라이나의 윈스턴 세일럼에서 문을 열었다. 크리스피 크림은 1976년에 베아트리체 식품이 전체 지분을 보유하고 있었지만

1982년에 프랜차이즈 가맹자들이 재매입했고, 1990년대에 와서 빠르게 확장했다.

크리스피 크림은 본사 규모는 작지만 글로벌 매장 네트워크를 갖춘 가상 회사로 운영되고 있다. 프랜차이즈 브랜드를 선호하는 개인 사업자들은 브랜드의 위력과 제품의 평판을 누릴 수 있다. 그들은 잘 알려지지 않은 무명으로 새로운 사업을 하기보다는 다른 누군가의 유명 브랜드를 사용하는 것이 돈을 더 많이 벌 수 있다는 것을 잘 알고 있다.

가맹 계약서는 가맹자가 준수해야 할 매장 외관, 분위기, 실적 요건 등을 상세히 명시하고 있다. 고객에게 가맹 매장은 디자인, 시각적 아이덴트티, 제품군, 서비스 스타일, 가격 구조, 불만 처리 등 모든 면에서 동일한 크리스피 크림이어야 한다. 가맹 매장에게는 교육 및 매뉴얼이 제공되고, 정기적인 보고와 본사의 수시 방문이 이루어진다. 그 외에는 전적으로 개인 사업이고, 브랜드를 최대한 활용하는 것 또한 가맹자의 몫이다.

크리스피 크림은 가만히 앉아 있으면서도 전 세계 아울렛에서 수입이 들어오는 것을 지켜본다. 일단 이 모델이 정의되고 통제 절차가 정착되면, 확장은 쉬워진다. 다만 세계가 얼마나 많은 크리스피 크림을 먹느냐에 달려 있을 뿐이다.

적용 네트워크 마케팅

많은 사람에게 빠르고 효율적으로 다가가기 위해 네트워크의 효과를 어떻게 활용하는가? 멧 칼프의 법칙에 따라 메시지를 전달하고 있는가? 네트워크가 당신 회사와 고객에 도움이 되도록 하기 위해 어떻게 하는가?

1. 대상 고객을 규정한다.

연결하고자 하는 대상 고객, 제안 및 예상 대본을 명확히 규정한다.

2. 잠재적인 네트워크 탐색

네트워크는 물리적(기업, 클럽)일 수도 있고 가상적(친구, 관심사)이거나 협력자(웹, 사람, 장소)일 수도 있다.

3. 네트워크가 어떤 가치를 가져오는가?

여러 사람을 한자리에 모이게 하는 것은 어떤 부가 가치를 가져올 수 있을까? 혼자서는 할 수 없는 어떤 일들을 할 수 있을까?

4. 네트워크를 어떻게 작동시키는가?

네트워크에 어떻게 가치를 추가하는가? 네트워크가 당신 회사에 도움이 되도록 하기 위해 어떻게 하는가?

5. 입소문 행동을 자극하는 것은 무엇인가?

무엇이 전염성 행동을 만드는가? 메시지를 전달하고 협력하게 만드는 것, 네트워크 연결점을 만드는 것은 무엇인가?

6. 네트워크 확장 및 강화

당신의 브랜드를 홍보하고 판매하는 방식에서, 네트워크가 그 목표를 더 잘 달성할 수 있도록 한다.

누구와 1 : 1관계를
맺고 싶은가?

"우리는 여기 지구에서 처한 상황이 낯설다. 우리들 각자는 그 이유도 모른 채 그저 잠깐 머물기 위해 지구에 왔지만 가끔은 그 목적을 알 것도 같다. 그러나 일상생활의 관점에서 보면 우리가 아는 것은 오직 한 가지뿐이다. 인간은 다른 인간을 위해 이 땅에 왔다는 것이다."

-알버트 아인슈타인(Albert Einstein)

"창의력이란 관계가 존재하지 않을 때 관계를 볼 수 있는 능력이다."

-토머스 디시(Thomas Disch)

고객은 정말로 기업과 관계를 맺기 원할까? 그들이 관계를 맺기 원하는 대상은 누구일까? 회사나 브랜드? 제품이나 사람? 모든 회사가 관계를 구축하기 원하지만, 고객이 정말로 그들의 친구나 사랑하는 사람들과 관계를 맺고 싶어 하는 것처럼 기업과 관계를 맺기 원한다고 믿는 것은 어리석은 일일 것이다. 반대로 기업은 정말로 고객과의 관계를 맺기 원할까? 아니면 솔직히 말해 그들은 판매에 더 관심이 있는 건 아닐까? 계속되는 반복적 판매를 위해서 말이다.

그들은 정말로 관계를 원하는 것일까, 아니면 그저 섹스를 원하는 것일까?

더 지능적인 관계	더 창의적인 관계
친구들: 커뮤니케이션, 제품, 서비스를 개인화하기 위해 고객을 개인적으로 이해한다.	**연인들:** 고객을 더 깊이 알고, 그들에게 전념하며, 그들을 위해 더 많은 것을 하고, 그들에게 특별한 존재가 된다.
친밀감: 친밀감에 기반한 보다 효과적인 마케팅을 통해 고객의 깊은 열정과 관심에 다가간다.	**지지:** 고객들이 당신의 홍보대사가 되도록 독려함으로써 더 많은 사람들에게 당신 회사를 적극 홍보하게 만든다.
파트너: 고객(주요 고객)과 파트너(광고회사) 관리를 통해 강력한 파트너십을 구축한다.	**공동체:** 모든 고객 커뮤니티와 관계를 구축하고, 자체적인 내부 관계도 고취한다.

"누구와 1 대 1관계를 맺고 싶은가요?"라는 광고 문구가 있다.

물론 이 광고의 의미는 돈 페퍼스나 마사 로저스 같은 관계 마케터들이 주장하는 일대일 미션을 장려하는 것이 아니라, 직장 동료와 친구 중 누구에게 더 자주 전화를 해야 하는지 묻는 질문이었다.

기업들은 오랫동안 고객과의 관계를 구축하기 위해 노력해 왔다.

관계 마케팅이 본격적으로 시작된 것은 고객 데이터베이스와 커뮤니케이션 접근 방식에 대한 기술이 발전되기 시작한 90년대 초였다. 물론 B2B 기업들은 규모가 커도 고객 수가 그리 많지 않기 때문에 오랫동안 고객들과 개별적인 관계를 구축해 왔다.

일대일 접근법은 선택된 고객을 개별적으로 대하고, 그들만의 요구를 이해하고, 그들과 진정으로 개인적인 대화를 하며, 그들을 위해 고도로 개인화된 솔루션을 만드는 것이다. 그렇게 함으로써 프리미엄 가격을 적용할 수도 있고 그들의 충성도를 얻을 수 있다. 그로 인한 수익은 단기 판매 실적이 아닌 평생 가치로 측정된다. 물론, 대중 시장에서 이 접근 방식을 추구하는 것은 어렵기 때문에 먼저 최우선순위의 고객들로 작게 시작한 다음, 경제성을 검토하면서 점차적으로 그 수를 늘려 나가야 한다.

하지만 고객들이 정말로 회사와 관계를 맺기 원할까?

확실히 소비자 시장에서 고객은 어떤 사람과 관계를 맺는 경우보다는 브랜드와 관계를 맺는 경향이 있기 때문에 고객 입장에서는 브랜드가 기업 자체보다 더 중요하다. 그러나 인간관계는 거래에만 기반을 두는 것이 아니라 이해, 인내, 관용, 지지와 참여가 필요하며 이를 통해 공동의 목표를 추구하고 상호 이익을 실현한다.

나중에 살펴보겠지만, 고객들은 실제로 자신들과는 다른 기업보다는 자신들과 비슷한 다른 고객들과 관계를 맺는 경향이 있다. 만약 브랜드가 관심사나 목표가 비슷한 사람들의 그룹(커뮤니티)을 형성하는 촉진자가 될 수 있다면, 브랜드는 그 고객 그룹에게 필수적이며 더 가치 있게 평가된다. 브랜드가 제공하는 진정한 가치는 제품이나 서비스를 통해 제공하는 가치뿐 아니라 특이한 취미를 가진 서로 간에 잘 모르는 사람들이나 공통의 문제를 가진 근로자 집단을 한데 모음으로써 그들이 추구하는 관계를 구축하는 데 있다는 것을 전체 커뮤니티는 잘 알고 있다.

그러나 CRM은 관계를 맺기 원하는 고객들과 보다 통찰력 있는 관계의 기반이 되는 것보다는 대상 고객에게 더 많이 판매해야 한다는 생각에 너무 사로잡혀 있다.

CRM의 원래 개념은 사우스웨스트 항공(허브 켈러 CEO가 어떻게 열정적인 서비스를 만들었는지)과 퍼걸 퀸(아일랜드 최대 소매업체 슈퍼 퀸의 설립자로 불만족한 고객 한 명이 생기는 것은 '2,000파운드가 매장에서 걸어나가는 것'과 같다며 고객평생 가치를 잃어버리는 것이라는 유명한 말을 남김)의 이야기에 잘 나타나 있다.

그러나 CRM은 소프트웨어 대기업들이 자신들의 시스템이 우리가 사람, 감정, 공감에 기초하고 있다고 생각해 온 관계를 재창조한다고 주장하면서 크게 남용되었다. 그들이 CRM을 회사 관행과 효과적으로 통합하는 작업을 추진하면서 CRM은 나쁜 평판을 얻게 되었고, 효과에 비해 시스템 비용만 빠르게 늘어났다. 실제로 그들의 시스템은 고객 데이터를 효과적으로 관리하고 정밀하게 구축된 직접 마케팅의 접촉 전략을 가능하게 한다는 실질적인 목적을 가지고 있지만, 그것을 관계라고 말할 수는 없다.

혹자는 고객이 관계를 관리한다는 점에서 CRM이 매우 강력한 접근 방법이며, 고객이 관계를 구축하고자 하는 방식과 그 관계에서 추구하는 가치를 정의할 수 있다면 성공할 가능성이 높다고 주장한다.

물론 관계는 물리적일 뿐만 아니라 감정적일 수도 있다. 우리는 기업에 속한 사람들과 교류하지 않고도 브랜드를 사랑할 수 있다. 실제로 놀라울 정도로 높은 충성도를 가진 소비자 브랜드는 고객과 직접 접촉하지 않는다. 그들의 관계는 고객이 브랜드와 어떻게 관계를 맺고, 그 관계를 어떻게 자신들의 열망 및 가치관과 일치시키며, 그 관계에 대해 다른 사람들에게 어떻게 전달하느냐의 문제다.

이것이 친밀 마케팅의 기본이다. 친밀 마케팅은 고객 충성도가 높아지면서 보다 확연하게 느껴지며, 다른 브랜드에 대한 고객의 선호도를 활용하기도 한다. 친밀 마케팅이 최고 수준에 이르면 비로소 고객과의 진정한 파트너십이 형성되는데, 예를 들어 소매업체와 주요 공급업체 간, 또는 마케팅 팀과 크리에이티브 광고회사 간의 거래에서 종종 볼 수 있다.

그렇다면 실제로 강력한 관계를 구축하는 것은 무엇일까? 관계를 맺기 위해서는 다음과 같은 것들이 필요하다.

- 평등과 겸손의식
- 상호 이끄는 힘
- 강력한 약속 이행

- 관용
- 각 측면의 특수성
- 성과

많은 회사들이 사람들이 서로 간의 관계를 맺고 싶은 만큼 관계를 형성하지는 못하는 것 같다. 아마도 새로 엄마가 된 사람들은 하기스나 팸퍼스 같은 기저귀 브랜드와 관계를 맺는 것보다는 이웃에 사는 같은 처지의 다른 새로운 엄마들과 더 좋은 관계를 맺을 것이다.

마케팅은 고객들이 기업들과 관계를 맺게 하기보다는 그들 사이에 관계를 형성하는 것을 더 잘 도울 수 있다. 그런 다음에야 비로소 브랜드가 공동의 목적이나 열정을 가지고 있지만 서로 잘 찾지 못하는 사람들을 모으는 일을 할 수 있다. 브랜드는 그런 그룹의 촉진자로 인식되며, 그렇기 때문에 개인보다는 커뮤니티와 가시적인 관계를 맺는 것이다. 온라인 커뮤니티를 통해 식물에 대한 열정을 가진 사람들을 한데 모은 가든닷컴의 성공을 살펴보자. 가든 닷컴은 직접적으로 판매를 내세우지는 않지만, 고객들에게 서로 연결할 수 있는 장소를 제공한다. 고객들은 이 웹사이트에 모여서 그들이 한 장소에 모일 수 있게 해준 브랜드에 대해 긍정적으로 생각함으로써 구매로 보상할 가능성이 훨씬 더 높은 것이다.

영감 1. 파네라 브레드

파네라 브레드(PANERA BREADS)는 미국 세인트루이스에서 시작된 빵 가게로, 미국인들에게 전문 빵이 무엇인지를 보여준 곳이다. 현재 36개 주에 800여 개의 베이커리 카페가 있으며, 미국의 어느 기업보다도 높은 소매 브랜드 충성도를 가진 회사다.

파네라의 CEO이자 회장인 론 샤이치는 가능한 한 파네라 매장에서 많은 시간을 보내며 고객들과 대화를 나누고 그들의 불만 사항이 무엇인지 알아내려고 애쓴다. 그는 자신의 회사를 매우 인간적인 방식으로 묘사한다.

"고객의 말에 귀를 귀울이는 것은 우리에게 매우 중요합니다. 우리는 그들에게 가치 있는 경험, 즉 장인이 만든 신선한 빵의 전통을 즐길 수 있는 경험을 제공하기 위해 노력합니다."

실제로 파네라는 단순한 빵집, 단순한 커피숍 이상이지만, 음식과 분위기가 좋은 레스토랑도 아니다. 베이글과 머핀 등 다양한 전문 빵이 특별한 차나 커피뿐 아니라 존스소다와도 함께 제공된다.

파네라의 모든 매장은 넓고 현대적이며 따뜻한 색상으로 장식되어 있고, 추운 계절에는 난로를 피우기도 한다. 매장 입구에는 그날 만든 빵을 담은 테이크아웃 메뉴와 무료 샘플이 제공되며, 연말 할러데이 시즌에는 〈파네라 빵 만들기〉라는 책자도 제공된다. 고객 서비스는 이 회사의 핵심이며, 엄청난 소비자 참여를 창출한다.

특산물 빵이라는 개념은 미국에서는 비교적 새로운 흐름이었다. 파네라는 사람들이 '믿을 수 있는' 식품을 원한다는 것을 재빨리 파악하고, 파네라의 빵은 가공 및 인공 원료를 많이 사용하지 않고 오직 통곡물로 만들며, 샌드위치와 샐러드는 항생제를 사용하지 않고 자연 방식으로 키운 닭을 사용한다는 것을 내세우며 빠르게 그 이름을 세상에 알릴 수 있었다.

파네라는 지역 공동체의 중심을 파고 들며 충실한 고객층을 형성한다. 샤이치는 1981년에 오봉팽이라는 빵 가게 체인을 처음 시작하면서 스타벅스의 '제3의 장소' 개념을 도입했다. 커피뿐만 아니라 빵도 훌륭했고, 무료 와이파이 네트워크도 인기에 한몫했다.

파네라 네트워크의 3분의 2가 가맹점이지만, 어떤 정해진 형식은 없다. 모든 매장은 다 다르고 메뉴도 같아야 할 이유도 없다. 모든 매장은 오직 그 매장이 있는 동네, 그리고 매일 그 매장을 찾는 사람들이 무엇을 원하느냐에 달려 있다.

1999년 회사 이름을 파네라로 바꾼 이후 주가가 13배나 뛰어오르면서 기업 가치가 10억 달러가 넘었다. 파네라는 2003년, 월스트리트저널의 '최고 고객 충성도 회사 상'을 수상했고, 비즈니스위크의 '관심 성장 기업' 중 하나로 선정되었다. 매버릭 마케터 피터 반 스톨크는 파네라를 가장 멋진 브랜드 중 하나로 꼽는다.

파네라는 다음과 같은 시로 브랜드 약속을 표현한다.

우리는 빵 굽는 사람들이라네.

우리는 오븐에서 갓 나왔다네.

우리는 따뜻함과 환영의 상징이라네.

우리는 오직 즐거움과 정직과 진실을 신봉한다네.

우리는 저녁을 먹으면서 들려주는 인생 이야기라네.

우리는 오랜 친구와 함께하는 긴 점심식사라네.

우리는 매일 아침 당신이 하는 의례라네.

우리는 속은 부드럽고 껍질은 바삭바삭한 빵이라네.

우리는 이웃들의 가장 친절한 몸짓이라네.

우리는 집이고, 가족이며, 친구라네.

우리는 파네라라네.

(출처: panerabread.com)

적용 관계 그리기

효과적인 관계를 어떻게 구축하는가? 고객과 장기적으로 상호 가치 있는 관계를 구축하기 구성 요소는 무엇인가? 관계 구축을 위해 회사와 고객 양쪽에 필요한 것은 무엇이며, 그로부터 무엇을 얻는가? 준비는 되었는가?

1. 성공은 어떤 모습일까?

회사와 고객이 각자 관계로부터 얻고자 하는 것을 그려본다. 관계로부터 얻을 수 있는 본질적이고 바람직한 것은 무엇인가?

2. 상대적 가치 정의

고객과 공통적으로 가지고 있는 원칙, 윤리, 정서적 가치는 무엇이고 다른 것은 무엇인지 이해한다.

3. 서로의 열망을 비교한다.

최종 상태, 즉 양측 모두에게 성공이라고 생각되는 완벽한 상태를 가정하고, 같은 것은 무엇이고 다른 것은 무엇인지 비교해 본다.

4. 양측은 서로에게 무엇을 제공하는가?

관계를 구축하기 위해 양측이 무엇을 가져와야 하는지, 그리고 그것이 어떻게 상호 열망을 성취할 수 있게 해주는지를 탐구한다.

5. 양측의 이익은 무엇인가?

기능적, 감정적, 재정적 측면에서 관계의 이익을 명확히 설명한다. 관계가 가져다주는 '부가가치'는 무엇인가?

6. 관계를 위해 얼마나 전념하는가?

관계 구축을 위한 양측의 약속은 얼마나 강력한가? – 그것은 필수적인 것인가? 아니면 그저 좋은 것인가?

친밀 마케팅은 한 브랜드가 고객과의 강한 감정적 유대감을 활용할 때 효과가 있으며, 새로운 방식으로 고객에게 가치를 더한다. 친밀 마케팅은 회사가 제품을 판매한다는 차원을 넘어 회사의 '팬'들을 보다 친밀하게 참여시키려는 계획일 수도 있고, 해당 브랜드와 협력하는 다른 회사가 자신에게도 이익이 되는 새로운 방식으로 가치를 더하려는 것일 수도 있다.

고객의 감정적 친밀감을 이용해 고객의 마음을 더욱 깊이 끌어들이고 고객의 열정과 연결시키는 브랜드의 예는 다음과 같다.

- **휴렛팩커드**: 기존 및 신규 디자이너들이 자신의 작품을 전시하고 이슈와 아이디어를 토론할 수 있는 '하이프 갤러리'를 만들어, 틈새 고객이면서도 중요한 고객인 그래픽 디자이너들의 관심을 끌기 위해 노력한다.
- **이탈리아 커피 회사인 일리**: 유럽을 순회하는 수많은 커피 홍보대사를 내세워 훌륭한 커피란 무엇인지, 그리고 이를 위해 일리가 무슨 일을 하는지에 대한 대화에 사람들을 참여시킨다.
- **랜드로버**: 회사가 비용을 부담하여 기존 고객들을 파리로 초청해 새로운 모델의 출시를 축하하고, 브랜드 성과를 함께 나누도록 하며, 브랜드 홍보대사가 되어줄 것을 당부한다.

이 외의 다른 브랜드들도 친밀감을 사용하는 방안을 추구하고 있다. 실제로 다른 산업의 파트너들과 협력해 새로운 고객들에게 접근함으로써 자신의 브랜드를 새롭게 생각하도록 만드는 것은 브랜드를 구축하는 가장 쉽고 돈이 적게 드는 방법 중 하나이다.

물론 투명성이 있어야 하고 파트너십이 상호 보완적인 정서적 유대를 형성하는 데 효과가 있어야 한다. 신제품이나 서비스를 통해 파트너십을 맺은 당사자들은 물론 고객들에게도 가치가 있어야 한다.

이런 친밀 브랜드 파트너십의 예는 다음과 같다.

- **필립스:** 나이키와 협력해 활동적인 라이프스타일의 요구에 맞춘 다양한 엔터테인먼트 장치를 제공한다. 필립스는 나이키 브랜드로부터 아드레날린을 얻으며 새로운 시장에 접근할 수 있고, 나이키는 브랜드 확장의 효과를 얻는다.
- **인텔:** 고객사들과 협력하여 '인텔 인사이드'라는 슬로건으로 마이크로프로세서를 홍보하는 동시에 개별 고객사 컴퓨터 브랜드를 함께 홍보한다. 실제로 고객들은 컴퓨터 브랜드보다 인텔 브랜드(인텔 칩 탑재)를 먼저 찾는다.
- **쉘:** 페라리 자동차 경주팀을 후원함으로써 더 빠른 자동차를 만들 수 있는 자금을 지원하는 한편, 경기장 주변과 경주팀의 많은 광고에 자사 제품을 노출시켜 속도와 리더십이라는 명성도 함께 얻었다.

이 경우에서 볼 수 있듯이, 파트너 관계를 맺은 회사들은 다른 방법으로는 할 수 없는 것들을 서로를 위해 하는 등 브랜드는 고객을 위해 더 많은 일을 하고 있다.

다른 브랜드의 고객들을 당신의 브랜드로 끌어들이기 위해, 그 브랜드가 가지고 있는 친밀감을 사용하고 있는가? 친밀 브랜딩이 실제로 당신 회사와 파트너 회사에게 어떤 효과를 내고 있는가?

1. **친밀 브랜딩의 대상을 찾는다.**

   대상 고객, 즉 관심을 끌기 위해 더 가까이 다가가 특별히 관리해야 할 고객층이 누구인지 파악한다.

2. **어떻게 인식되고 있는가?**

   고객이 당신 회사를 어떻게 인식하고 있으며, 그들을 끌어들이기 위해 무슨 일을 하거나 무엇을 제공할 것인가?

3. **누구의 관심을 끌기 원하는가?**

   당신 회사가 그동안 끌어들이지 못한, 그래서 끌어들이고 싶은 고객은 누구인가? 바람직한 새로운 고객은?

4. **무엇으로 그들을 참여시킬 것인가?**

   그런 까다로운 고객을 끌어들이기 위해서는 기능적으로나 감정적으로 어떻게 달라져야 하는가?

5. **그들을 위해 이런 일을 하는 브랜드는 누구인가?**

   그런 고객들을 이미 참여시키고 있는 브랜드는 누구인가? 그들은 가지고 있는데 당신은 갖고 있지 못한 가치는 무엇인가?

6. **브랜드 파트너십 개발**

   그들 중 어떤 브랜드와 협력해 새로운 사람들에게 다가갈 수 있는 친밀 마케팅 관계를 개발할 수 있는지 생각해 본다.

영감 2. 센트리카

자회사로 브리티시 가스를 두고 있는 센트리카(CENTRICA)는 영국에서 '필수적인 가정 서비스의 선도적 제공자가 되는 것'을 비전으로 삼고 있다. 센트리카는 보다 고객 중심적인 조직과 마케팅 접근 방식이 이 목표를 달성하기 위한 최선의 방법임을 깨달았다.

2001년 초까지만 해도 센트리카는 가스, 전기 공급에서 사용료 명세서 서비스에 이르기까지 매끄럽게 연결되지 못했다. 1,500만 가구에 달하는 고객의 만족도와 충성도는 계속 떨어지고 있었다.

보다 일관되고 덜 혼란스러운 고객 경험을 제공하기 위해 센트리카가 취한 첫 번째 조치는 지금까지 세 개의 사업부가 별도로 해왔던 것을 단일 브랜드 경험으로 통합 제공하는 것이었다.

특히 고객과 문화의 변화 및 보존 계획의 초점으로 온라인 채널을 선택하고, 이 채널의 효과적 작동을 책임 있게 담당할 온라인 개발팀을 신설했다.

센트리카는 온라인 제안의 효과를 높이기 위해 친밀감 있는 제3자 파트너와 협력해 고객의 관심을 불러일으킬 수 있는 콘텐츠를 추가하고 소프트웨어에 투자함으로써 보다 개인화된 콘텐츠와 뉴스레터를 제공했다. 그들은 또 온라인 채널을 지원하기 위해 24시간 통합 연락 센터도 설치했다.

이 웹사이트는 'house.co.uk'로 개설되었다.

센트리카는 이 프로젝트에 연간 8000만 파운드의 마케팅 비용을 지원했고, 등록 건 수가 500% 증가했으며, 자동화 거래는 375% 이상 증가했다. 이 사이트가 개설된 이후 70만 명 이상의 고객이 'house.co.uk'을 이용하기 위해 가입했고 매일 약 2,000명씩 증가하고 있다.

2004년 마케팅 소사이어티 어워드 결승 진출 자료에 따르면, 센트리카의 이 새로운 접근방식은 고부가가치/고위험 고객 부문에서 고객 이탈을 5% 감소시켰으며, 온라인 고객 만족도는 오프라인 고객보다 4~8% 상승시켰다고 했다.

웹 채널은 현재 특정 상품에서 모든 채널을 통한 매출의 9%를 차지하고 있으며, 매출 증가의 50%를 'house.co.uk'이 기여하고 있다. 온라인 교차 판매 전환율은 예상했던 2%를 넘어 3%를 넘었고, 브리티시 가스의 경우 고객 소통의 55%는 현재 완전 자동화되었다.

아마도 가장 인상적인 것은 'house.co.uk'가 모든 유틸리티 관련 웹 트래픽의 64%를 차지하고 있다는 것인데, 이는 브리티시 가스가 영국 에너지 시장에서 차지하고 있는 점유율 43%를 훨씬 넘어서는 수치다.

개념 고객 충성도

고객 충성도는 사례도 드물고 달성하기도 어렵다. 고객 선택, 편리함, 저렴한 가격만 제공할 수 있다면 고객 충성도는 필요 없다고 생각하기 쉽다. 그래서 로열티 카드나 포인트 제도 같은 충성도를 이끌어내기 위한 프로그램들은 비즈니스 주류에서나 마케팅 기법에서 크게 외면 받아왔다.

고객 충성도는 카드, 포인트, 보상과 연관되어 있다. 그러나 사람들의 충성도를 얻는다는 것, 즉 좋아하는 슈퍼마켓에 가기 위해 굳이 10분 더 운전하거나, 좋아하는 브랜드에 기꺼이 더 높은 가격을 지불하거나, 머리끝에서 발끝까지 같은 상표의 옷을 입거나, 뭔가 잘못되어도 회사를 용서할 수 있게 하는 것은, 보다 깊고 장기적인 도전이다.

경제적 측면도 중요하다. 프레드 라이켈트는 저서《충성도 효과(The Loyalty Effect)》에서 고객 충성도를 구축하기 위한 재무적 논리를 정의하면서 충성 고객을 다음과 같이 설명했다.

- 더 오래 머문다 – 시간이 지나면서 구매를 갱신한다.
- 더 많이 구매한다 – 다른 제품이나 서비스를 추가한다.
- 더 많은 돈을 쓴다 – 더 높은 가격, 할인이 없는 가격임에도 기꺼이 지불한다.
- 비용이 절감된다 – 그들에 대한 판매 및 지원 비용이 줄어들어 서비스 비용이 절감된다.

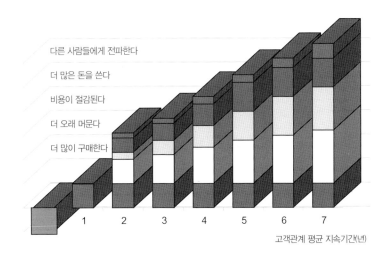

(출처: 프레드 라이켈트의 《충성도 효과》에서 발췌)

인식 관심 선호 구매 만족 지속 친밀감 열성 팬

- 다른 사람에게 전파한다 – 브랜드의 팬이 되어 가장 친한 친구에게 브랜드를 전파한다.

라이켈트의 가장 최근 연구는 고객과의 마지막 접점을 자세히 설명하면서, 열성 팬들이야말로 장기적 가치 개선의 가장 중요한 원천이며 미래 수익의 핵심 지표임을 보여준다. 그는 이런 고객들을 '순 추천자(net promoter)'라고 부르는데, 이는 그들이 다른 사람들에게 당신 회사의 브랜드를 추천하면 그들도 충성도가 높은 고객이 될 가능성이 높기 때문이다.

'충성도 사다리'는 고객 충성도의 각 수준과 단계별로 얼마나 더 높은 수준의 참여와 더 수익성 있는 구매 행동을 반영하는지를 보여주는 간단한 도구다.

그러나 적어도 언어적으로 우리는 충성도와 결부된 메커니즘에 싫증을 느끼게 된다. 이른바 '로열티 카드'는 영국항공의 이그제큐티브 클럽에 이어 아메리칸 항공의 A 어드

밴티지 같은 항공사의 단골고객 우대계획을 통해 처음 관심을 끌었다. 최근에는 명품 매장에서부터 베이글 매장에 이르기까지 모든 매장이 로열티 카드를 제공한다.

좋은 프로그램에는 환상적인 면이 있게 마련이지만, 더 많이 살수록 점수를 주는 기본 원칙은 사람을 피곤하게 만든다. 이런 프로그램의 금전적 가치는 실제로 대개 1~2%에 불과하다. 공짜로 무언가를 얻는 것처럼 보일 수도 있지만, 그 정도의 돈을 절약할 수 있는 더 쉽고 빠른 방법은 얼마든지 있다.

《오감브랜딩(BrandSense, 랜덤하우스코리아, 2006)》의 저자 마틴 린드스트롬은 브랜드 충성도를 어떻게 측정하는지에 대해 설명한다. 세계 최고의 신경과학자 중 한 명이자 애플 로고 문신을 어깨에 새긴 크리스토프 코흐로부터 영감을 받은 그는 사람들이 그들의 몸에 기꺼이 문신을 새기는 것을 마다하지 않는 브랜드들에 대해 연구했다. 그는 다음과 같은 세계 유수 기업들이 '타투 브랜드'인 것을 발견했다.

1 할리 데이비슨 18.9%

2 디즈니 14.8%

3 코카콜라 7.7%

4 구글 6.6%

5 펩시 6.1%

6 롤렉스 5.6%

7 나이키 4.6%

8 아디다스 3.1%

영감 3. 메르세데스

메르세데스 – 벤츠의 전신인 다임러 자동차(DMG)는 1900년 첫 메르세데스를 출시하면 서부터 기술 완성도와 품질, 혁신으로 수십 년 동안 고품질 자동차 브랜드의 대명사였다. 300 SL 걸윙 같은 클래식 쿠페는 프리미엄 브랜드를 찾거나 자동차를 예술로 생각하는 열혈 운전자들의 상상력을 사로잡았다.

1981년, 자동차 산업에서 가장 역사가 깊은 두 회사인 다임러 – 벤츠와 미국의 크라이 슬러가 합병해 다임러 크라이슬러는 1997년 새로운 기업으로 거듭났다. 합병 과제는 설 계 플랫폼과 생산 시설의 공유를 통해 규모의 경제를 이루는 것이었지만, 메르세데스 벤 츠, 크라이슬러, 스마트, 닷지, 플리머스, 지프 등 유수의 브랜드가 갖고 있는 독특한 문화 는 그대로 보존한다는 것이었다.

기타 비핵심 사업이 여전히 전체 매출의 약 10%를 차지하고 있는데, 여기에는 디젤 엔 진, 항공기 및 헬리콥터, 우주 및 방위 시스템, 금융 서비스 및 보험 중개업 등이 포함되어

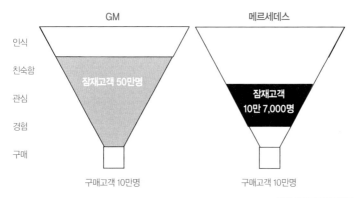

(출처: CNW 마케팅/리서치 및 맥킨지 분기보고서)

있다.

메르세데스는 이미 상당 수준의 브랜드 인지도를 달성하고 경쟁업체들보다 더 효과적이고 강력한 고객 관계를 구축함으로써 마케팅 비용 대비 수익률도 최적화할 수 있었다.

기존에 이미 구축되어 있었던 브랜드와 고객과의 튼튼한 관계로 인해 메르세데스는 마케팅 비용 지출을 구매 깔때기의 아래층에 더 많이 할당할 수 있었고, 결국 업계 최고의 전환률(잠재고객이 매출까지 도달하는 비율)을 달성할 수 있었다.

이 시나리오에서 메르세데스는 자동차 10만 대를 팔기 위해 10만 7,000명의 가상 고객을 끌어들이기만 하면 된다. 반면 GM은 10만 대의 자동차를 팔기 위해 50만 명 이상의 사람들을 설득해야 한다.

적용 충성도 사다리

당신 회사에 대한 고객의 친밀감을 이해할 수 있는 충성도 사다리에 당신의 고객을 어떻게 분류할 수 있는가? 당신 회사는 이 사다리를 사용해 개별 고객과의 관계에 대한 잠재적인 강점을 파악하고, 맞춤형 간계 프로그램을 통해 관계를 구축하는가?

1. 고객 충성도 정리

태도(선호도)나 행동(구매, 소개) 측면에서 고객 데이터베이스를 요약 정리한다.

2. 고객별 친밀도가 어떻게 다른가?

당신 회사에 대한 고객의 친밀도, 구매 행동의 현재 가치별로 고객을 세분화한다.

3. 사다리의 어느 위치에 있는가?

각 고객을 '충성도 사다리'에 배치(분류)해 봄으로써 고객이 어느 단계에 있는지 파악한다.

4. 사다리 어느 수준까지 끌어 올릴 수 있는가?

각 고객을 보다 높은 수준으로 끌어올릴 수 있는 잠재력은 무엇인가? 최고 위치까지인가?, 아니면 가장 현실적인 위치는 어디까지인가?

5. 충성도를 고취시킬 수 있는 것은 무엇인가?

어떻게 하면 그들의 친밀도를 키울 수 있는가? 어떤 행동이나 인센티브가 충성도 사다리의 단계를 높일 수 있는가?

6. 충성도 고취 행동 계획 수립

잠재적 가치가 가장 높은 고객들을 더 잘 끌어들일 수 있는 일대일 관계 프로그램을 개발한다.

개념 고객 제휴

보잉은 최근 차세대 항공기 787 시리즈의 설계안을 공개하면서 누구든 자사의 '월드팀'에 참여하도록 초청했는데, 이는 조직 내부보다 조직 외부에 더 많은 아이디어가 있고, 이를 공유하려는 순수한 열정과 개인적 관심을 가진 사람들이 있다는 사실을 인식하고 있기 때문이다.

보잉의 이러한 결정은 설계비용을 줄이려는 것처럼 보일 수도 있지만, 고객 관점에서 보다 열린 생각을 수용하고, 누구든 보잉의 미래를 위한 가장 혁신적이고 올바른 상업적 해결책을 고안한 개인에게 보상한다는 생각을 반영한 것이다. (보잉은 2017년 출시한 737맥스가 2018년 인도네시아에서, 2019년에 에티오피아에서 기체 결함으로 추락해 각각 189명과 157명이 사망하는 대형 사고를 내면서 전 세계에서 이 기종의 운항과 판매가 중단됐고, 2020년 9월에는 787에서도 품질 관리 과실 가능성이 제기되며 창사 후 사상 최악의 시련을 맞고 있음.)

실제로 고객이 참여하는 맞춤형 제품의 등장은 P&G의 reflect.com에서 고객이 만든 화장품을 제안하거나 Nike ID에서 고객이 디자인한 신발을 제안하는 등 여러 사례에서 볼 수 있다. 고객과의 제휴는 비즈니스 시장에서 오랫동안 활용되어 온 방식으로, 특히 소비자 시장에서 점점 더 많이 받아들여지고 있다.

고객과의 제휴는 기본적으로 상호 성공을 위해 협력하는 것이다. 물론 그러한 성공은 단순한 재정적인 것 이상의 것일 수 있다. 파트너십은 대개 기업과 고객 양측이 성취하고자 하는 공동 비전에 기초해 더 나은 해결책을 만들기 위해 자원과 지식, 투자와 시간을 공유하는 것이다.

B2B 마케팅은 화려하게 보이는 B2C마케팅에 비해 관계를 중시하지 않는 것처럼 보이지만 실제로는 기업 마케팅이 여러 측면에서, 특히 관계 관리에서 소비자 마케팅보다 훨씬 앞서 있다.

확실히 고객 수가 적으면 고객과 더 강한 관계를 형성하는 것이 더 쉽다. 인텔의 1차 고객인 전자제품 제조회사들의 수는 P&G가 상대하는 주요 소매업체 수처럼 한 페이지 정도밖에 되지 않을 만큼 적다. 이런 소수의 고객사들과의 관계를 맺는 것은 회사 조직 내 영업팀의 일이라고 생각하는 사람도 있지만, 그것은 여전히 마케팅 과정의 중요한 부분이다.

여기에는 다음과 같은 몇 가지 원칙이 있다.

• 다수의 고객보다는 소수의 주요 고객사에 집중한다.
• 일회성 판매보다는 오래 지속되는 관계 구축을 추구한다.

- 고객사 지원 전담 팀을 구성한다.
- 고객사의 비즈니스, 전략 및 우선순위를 상세하게 이해한다.
- 고객사의 주요 활동, 주요 인맥, 주요 기회를 파악한다.
- 고객사와 경쟁 관계에 있는 회사들과의 관계를 형성하기 위해 특정 인력을 할당한다.
- 양쪽 모두에 고위 경영진을 개입시켜 전략적으로 협력한다.
- 관계 구축 계획을 수립하고 그들의 주요 프로젝트 및 업무 방식을 파악한다.
- 총괄 관리자를 두고 그들과의 관계를 조정 및 관리한다.

실제로, 이는 단지 고객 – 공급자 관계 이상으로 비즈니스 파트너십이 형성된다. 양측 모두 이에 대한 약속을 지키려면 반드시 윈 – 윈 관계가 되어야 하며, 이는 양측의 개방성, 인내심, 책임 준수에 의해서만이 달성될 수 있다. 책임 준수에는 다음과 같은 내용이 포함된다.

- 공급업체가 고객사 건물 내에 사무소와 직원 상주.
- 연례 보고서에 상대방과의 관계를 전략적 '자산'으로 언급.
- 보다 광범위한 사업 기회에 대한 양측 CEO의 정기 회의.
- 인적 및 사업적 학습을 위해 양측에 직원 파견.
- 수익 또는 주식의 일부를 제공하는 등 성공 공유에 입각한 보상.
- 관계 구축에 따른 공급자의 인재 유치.

광고 회사와 그들의 대형 고객들을 살펴보자. 런던의 광고회사 세인트 루크의 사무실에는 여러 개의 고객사 전용 방이 있다. 그 방은 해당 고객사 직원들이 마음 놓고 출입하며 자신들의 전담팀을 만나는 곳이다. 세인트 루크의 해당 고객사 전담팀이 이 방에 책상을 두고 근무하기도 한다.

B2B 마케팅에서 비즈니스 파트너십을 어떻게 구축하는가? 이 파트너십을 구축하기 위한 핵심 요소는 무엇이며, B2C 마케팅이 이로부터 배울 수 있는 것은 무엇인가?

1. 잠재적 파트너를 찾는다.

공급자와 고객 사이의 모든 상호 작용(조언, 구매, 가치 전달, 불만 사항 등)을 검토한다.

2. 전략적 목표 비교

이러한 연결을 지원하는 플랫폼, 유통 채널, 미디어를 찾는다.

3. 파트너십 계획

파트너십을 가능하게 하는 모든 중간 파트너, 절차, 시스템, 장치를 파악한다.

4. 파트너십 팀 구성

각 연결의 역할 및 목표(광고, 유통, 판매, 지원)를 평가한다.

5. 열린 마음으로 협력한다.

각 연결의 수익 창출 기여도와 비용을 추산하고 효과를 비교한다.

6. 성공을 위한 파트너십 관리

가장 중요한 연결이 무엇인지 파악하고 자원과 성과에 따라 미디어와 채널의 순위를 매긴다.

4

시장 선도:
마케팅 천재의 영향력

"이 세상에서 성공하는 사람들은 자신이 원하는 환경을 스스로 찾는 사람들이다. 만일 찾지 못하면 그들은 직접 그것을 만든다."

-영국 극작가 조지 버나드 쇼(George Bernard Shaw)

P	R	E	V	I	E	W

- 마케팅 성공의 진정한 척도는 무엇인가? 마케팅 활동을 보다 강력하고 수익성 있는 방식으로 이끌고 관리하는가? 이 사회와 투자자에게 마케팅의 진정한 가치를 어떻게 설명하는가?

- 마케팅 성과를 어떻게 측정하는가? 장□단기적 영향을 어떻게 조화시키는가? 어떻게 더 많은 예산을 확보하는가? 회사와 주주들에게 자신의 가치를 어떻게 표현하는가?

- 오늘날 마케터 역할은 무엇인가? 어떻게 하면 마케터들이 더 전략적이고, 혁신적이고, 상업적이 될 수 있는가? 최대의 효과를 내고 약속을 실현하기 위해 그들은 어떻게 마케팅을 하고 있는가?

- 당신의 회사는 마케팅과 마케터들을 어떻게 이끌고 있는가? CMO가 되기 위해서는 무엇이 필요한가? 기능적으로나 회사 전반에 걸쳐 CMO가 마케터와 다른 역할은 무엇인가? 그리고 CMO는 어떻게 다음 CEO가 될 수 있는가?

- 마케팅의 새로운 분야는 무엇인가? 시장, 고객, 기업은 어떻게 변화하고 있으며, 어떻게 예측하고 대응해야 하는가? 그리고 무엇이 비범한 결과를 가져오는가?

마케팅의 진정한 가치를 밝힌다

"성공하는 회사에는 용기 있는 결단을 내린 누군가가 있다."
-피터 드러커(Peter Drucker)

"기업의 5대 죄악 중 가장 쉽게 저지르는 첫 번째 죄악은 높은 이익을 숭배하는 것이다."
-피터 드러커(Peter Drucker)

마케팅은 경제적 가치 창출의 가장 중요한 원동력이다. 또 기업에서 가장 많은 돈을 지출하는 곳이기도 하다. 당신 회사는 어떻게 마케팅을 올바로 수행하고 있는가? 마케팅은 오랫동안 마케팅의 창조적 실행을 사업성과와 연결하는 데 초점을 맞추지 못하고 무책임하며, 제대로 훈련되지 않았다고 인식되어 왔다.

마케팅의 효과가 매출 향상으로 분명히 나타나는 경우도 있지만, 많은 마케팅 임원들은 실제로 매출 증가나 기타 개선 효과를 내지 못해도 겉보기에 멋지고 감동적인 광고를 만들며 승승장구해 왔다.

더 지능적인 성과	더 창의적인 성과
측정: 비즈니스 성과를 달성하는 데 가장 중요한 것을 측정하기 위한 측정 기준 및 스코어카드를 개발한다.	**관리:** 인재와 팀, 활동과 자원을 성과 지표에 연결한다.
최적화: 최상의 장단기적 결과를 낼 수 있도록 마케팅 예산과 자본 투자를 할당한다.	**개선:** 어디에서 어떻게 성과를 향상시킬 수 있는지 파악하고 즉각적 성과를 낼 수 있는 전략적 우선순위를 세운다.
구체화: 브랜드, 관계, 혁신의 가치를 '고객 자본'으로 계량화한다.	**보고:** 이사회 보고서, 연례 보고서 및 투자유치 설명회에 마케팅의 실질적인 가치를 반영한다.

그러나 마케팅이 단기적 매출 성과를 낸다 하더라도, 그런 단기적 소비자 선호가 궁극적으로 주식시장의 성과로 이어진다는 보장은 없다. 필생의 라이벌 코카콜라와 펩시를 예로 들어보자. 많은 연구에서 사람들은 펩시의 맛을 더 좋아하면서도 실제로는 코카콜라 브랜드를 사는 것을 더 선호하는 것으로 나타났다. 또 전 세계적으로 펩시의 매출이 더 높은데도 불구하고 분석가들과 투자자들은 코카콜라의 미래 현금 유동성에 더 많은 신뢰를 가지고 있다. (정확히 말하자면, 코카콜라의 주가가 펩시보다 높다.) 이처럼 브랜드는 소비자들뿐만 아니라 투자자들에게도 중대한 영향을 미친다.

가장 중요한 '측정 기준'에 초점을 맞춰 마케팅 성과를 측정하면 다음과 같은 이점이 있다.

- 회사의 최대 임의 지출인 마케팅 비용에 대한 ROI(투자수익률) 입증
- 마케팅의 장·단기적 영향 구분
- 초기 결과가 나오면 조정을 통해 활동개선
- 마케터들의 노력을 창의적이고 기존 규율에 얽매이지 않도록 집중
- 향후 사업성과에 대한 유용한 선행지표 제공

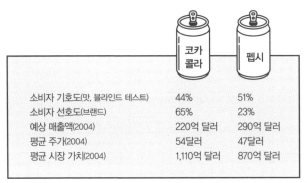

	코카 콜라	펩시
소비자 기호도(맛, 블라인드 테스트)	44%	51%
소비자 선호도(브랜드)	65%	23%
예상 매출액(2004)	220억 달러	290억 달러
평균 주가(2004)	54달러	47달러
평균 시장 가치(2004)	1,110억 달러	870억 달러

출처: 블룸버그와 레슬리 드 채트니(Leslie de Chateney) 데이터

- 회사 조직 전체에 걸쳐 마케터들에 대한 존중심과 영향력 제고
- 마케팅과 마케팅이 사업에 미치는 영향에 대한 기업 경영진들의 관심 증진

비록 아직도 많은 사람들이 올바른 마케팅의 재무적 중요성을 인식하지 못하고 있어도, 대부분의 마케터들은 그것을 알고 있다. 마케터들은 창의성에 초점을 맞추고 측정은 맨 나중에 하는 절차라고 생각하기도 하지만, 측정 자체는 행동의 목표, 설계, 우선순위 설정 같은 선행 결정에 영향을 주기 때문에 성과에도 큰 영향을 미친다.

"CEO들은 대개 마케팅 효과에 대해 조바심을 낸다. 그들은 재무, 생산, IT, 구매 업무에 대한 투자에 대해서도 책임감을 느끼지만, 마케팅 지출이 무엇을 달성하는지는 알지 못한다."

-필립 코틀러, 《마케팅과 CEO: CEO들은 왜 마케팅을 싫어할까》(Marketing and the CEO: Why CEOs are fed up with Marketing)

미광고주협회와 컨설팅회사 부즈 알렌 해밀턴이 공동으로 실시한 '마케팅 부서의 우선 순위는 대개 CEO의 의제와 다르다'라는 제목의 연구에 따르면, 마케팅은 회사의 중요한 업무로 간주되지만 실행 가능한 측정 기준이 부족해 CEO의 의제에서 제외되는 것으로 나타났다. 조사에 따르면, 고위 임원의 75%가 마케팅이 5년 전보다 훨씬 더 중요하다는 것에는 동의하지만, 대부분은 마케팅이 점점 더 회사 의제와 단절되는 경향이 있다고 보고 있는 것으로 나타났다.

여기에서도 측정과 책임이 다시 중요한 문제로 대두되었다. CEO들은 마케팅이 ROI 같은 측정 가능한 결과를 제공해 줄 것으로 기대하지만, 현재의 측정 기준은 동떨어져 과제를 제대로 해결하지 못하는 것으로 간주한다. 즉 경영진의 66%는 마케팅에 가장 필요한 것은 인식과 선호와 같은 대리 지표가 아니라 실질적인 ROI 분석이라고 말한다. CMO 협회의 연구도 이를 뒷받침한다. 응답자의 90%는 특히 대기업의 경우 마케팅 성과를 측정하는 것이 가장 중요하다고 생각하고 있으며, 80%는 마케팅이 회사 매출의 25%를 마케팅 비용에 쓰고 있으면서도 공식적인 마케팅 성과 측정 시스템이 없다고 답했다.

마케터들은 이미 이 문제를 다루기 위해 많은 노력을 기울였다. 그들은 이 문제가 창의적 과정을 훼손하는 행정적 방해 요소라기보다는 회사의 수익 개선과 회사 내에서 마케팅의 신뢰도를 높이기 위한 중요한 기회임을 잘 인식하고 있다.

"지난 2~3년 동안 우리가 책임을 다하는 마케팅 노력을 통해 회사를 위해 창출한 가치는 글로벌 브랜드 세탁세제 타이드(Tide)를 새로 출시한 것과 맞먹는다."

–짐 스텐겔, 글로벌 마케팅 임원(P&G)

(ANA Marketing Accountability Summit, 2004년 9월 9일)

그러나 마케팅 효과를 진지하게 측정하려 해도 마케팅의 활동의 전체적 영향을 수량화하기는 여전히 쉽지 않다. 그 영향은 매우 다양해서 현재뿐 아니라 미래의 매출에도 영향을 미치고, 또한 고객이 더 높은 값에도 더 많이 구입하고 입소문을 내는 것 같은 행위 등에도 영향을 미친다. 이 모든 요소들이 마케팅 투자의 실질적 이익에 기여하는 것이다.

여기서 회계 따위는 도움이 되지 않는다. 실적이 좋을 때에도 재무제표를 보고 마케팅 투자의 효과를 측정할 수 없다. 특히 브랜드 구축과 혁신이 핵심인 고성장 기업에서는 더욱 그렇다. 재무제표는 전략적 투자를 미래 이익에 대한 투자라고 보지 않고 그저 현재의 이익에서 차감되는 비용으로 취급할 뿐이다.

이러한 회계장부 중심의 관점은 주주들이 가장 관심을 갖는 미래의 잠재력을 주도하는

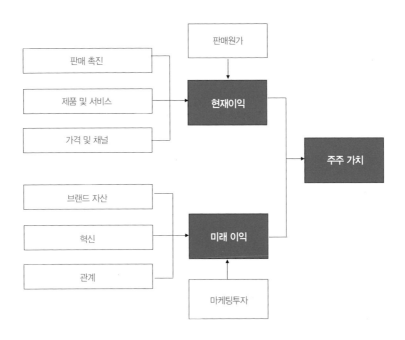

브랜드와 혁신에 대한 투자 의욕을 꺾는다. 그렇기 때문에 마케터들에게는 회계장부 중심보다는 현재와 미래의 수익을 고려하는 가치 기반 접근법이 더 유용하다.

'마케팅 ROI'는 오늘날 모든 마케터들이 중요하게 생각하는 부분이 되었고 많은 컨설팅 회사들도 이를 강조한다. 그러나 이런 주장을 하는 사람들의 대부분은 근시안적일 뿐 아니라 CRM을 단지 분석적 소프트웨어로 보고, 마케팅 지출을 투입물로, 그리고 판매 실적을 마케팅의 결과물로 간주한다.

물론 이것은 전혀 측정을 하지 않는 것보다는 한걸음 더 나아간 것일 수도 있다. 그러나 단기간에만 초점을 맞추면 전체 그림의 절반도 다 반영하지 못하고 마케팅을 그저 단기적인 전술적 판매 프로모션으로 볼 가능성이 크다. 이것은 마케팅에 결코 도움이 되지 않는다. 마케팅은 그런 단기적 수단이 아니라 회사의 전략적 동력이며 회사의 장기적 성과에 영향을 미치는 것이기 때문이다.

따라서 우리는 마케팅 ROI를 포함해 마케팅 성과를 보다 신중하게 고려해야 한다. 즉, 성과를 측정하기 위한 가장 합리적인 측정 기준, 결과물을 최적화하기 위한 적절한 방법, 그리고 이사회와 투자자에 대한 내외부 사업 보고 활동의 일환으로 그 성과를 어떻게 명확하게 표현할 것인지를 고려해야 한다.

영감 1. 캐드베리 슈웹스

캐드베리 슈웹스는 전략적 목적과 사업을 수행할 방법에 대한 명확한 틀을 설정했다. 핵심 목적은 '사람들이 좋아하는 브랜드를 만들기 위해 함께 일한다'는 것이고, 목표는 '주주들에게 높은 수익을 지속적으로 제공한다'는 것이다.

이 목표는 매우 단편적이지만 회사는 그 목표는 단독적으로는 달성될 수 없으며, 매출을 올리는 일뿐 아니라 소비자와 고객, 직원과 사회, 지역사회와 환경에 대한 책임감을 가지고 있다는 것을 잘 인식하고 있다. 사실, 그런 목적과 목표의 선언은 회사의 유산과 미래를 모두 반영하는 것이다.

이 회사의 뿌리는 전혀 다른 두 남자에게서 기원했다. 스위스의 발명가 제이콥 슈웹은 1783년에 자신의 제네바 집 근처에서 솟아나온 광천수를 탄산화하는 공정을 완성했다. 한편 존 캐드베리는 1824년, 영국 버밍햄에 코코아와 초콜릿을 파는 가게를 열었다. 두 회사는 1969년에 합병했고, 이후 회사는 계속 성장 가도를 달렸다.

지난 20년 동안 이 회사 성장의 핵심은 인수 합병이었다. 회사는 인수 합병을 통해 트레버(Trebor), 바셋(Bassett), 홀스(Halls), 트라이덴트(Trident), 세븐업(Seven Up), 스내플(Snapple), 오랑지나(Orangina), 닥터 페퍼(Dr Pepper), 캐나다 드라이(Canada Dry) 등 50개 이상의 상징적인 브랜드들을 한 지붕 아래로 모았다. 가장 최근의 인수는 미국의 제과회사 애덤스로, 이 인수를 통해 미국 시장에도 브랜드와 유통 기반을 갖추면서 캐드베리 슈웹스는 세계 최대 제과회사, 세계 3위의 청량음료 회사로 발돋움했다. (캐드베리 슈웹스 - 2008년에 음료부문은 큐리그 닥터 페퍼, 제과부문은 몬델레즈 인터내셔널로 분리. 현재 마스에 이어 세계 2위 제과회사이다.)

1997년 존 서덜랜드 CEO는 '가치 경영'이라는 개념을 도입해 전체 조직을 주주에게 최고의 이익을 돌려주는 데 집중시켰다. 이것은 최고의 미래 현금흐름을 제공하는 시장과 브랜드에 초점을 맞춘 엄격한 포트폴리오 분석일 뿐 아니라, 회사의 모든 사람들에게 성공의 동력이 무엇인지를 이해시키기 위한 교육 과정도 필요했다. 예를 들어 생산 현장 근로자들은 경제적 수익의 진정한 의미와, 왜 수익이 자본비용을 초과해야 하는지를 이해하기 위한 교육을 받았다.

이제 인수 합병은 성공의 디딤돌에 불과했으며 앞으로의 진정한 도전은 통합된 브랜드 포트폴리오를 보다 수익성 있고 지속 가능하게 성장시키는 것이라는 점을 인식한 캐드베리는 2003년에 새로운 목표와 성과 측정을 도입했다. 회사는 현재 하고 있는 일을 계속 이행할 뿐 아니라 전략적이고 혁신적인 능력을 키우기 위해서는 사람과 역량이 중요하다는 것을 깨달았다.

예를 들어 '스마트 버라이어티(Smart Variety)' 성장이라는 개념을 도입했는데, 이는 사업 모델이 다양한 국내 및 글로벌 브랜드를 기반으로 해야 한다는 것을 인식하고, 새로운 여러 경영 및 영업 교육을 시행함으로써 최적의 채널이자 글로벌 브랜드와 지역 브랜드의 균형을 이룰 수 있는 지역별 시장에 초점을 맞추는 것이었다.

적용 가치기반 마케팅

가치기반 마케팅을 어떻게 할 수 있는가? 의사결정을 할 때와 사용하는 기준과 성과를 측정하는 방법에 어떤 차이가 있는가? 어디서부터 시작할 것인가?

1. **가치의 개념 이해하기**

   경제적 가치의 개념을 이해하고, 그것이 오늘날 사업을 평가하는 방식과 어떻게 다른지 생각한다.

2. **포트폴리오 평가**

   시장, 브랜드, 제품의 포트폴리오를 전략적으로 분석해 가치 창조 요인과 가치 파괴 요인을 파악한다.

3. **자원 평가**

   당신 회사의 현재 자원과 투자가 얼마나 가치를 창출하고 더 나은 성과를 낼 수 있는지 체계적으로 검토한다.

4. **진짜 중요한 것에 집중한다.**

   최고의 가치 기회에 노력을 집중한다. 전략적으로 '더 적은 노력으로 더 나은 결과'를 창출한다.

5. **자원을 더 잘 배분한다.**

   마케팅 예산과 자원을 가장 가치 있는 활동에 할당한다.

6. **실제 성과 측정**

   마케팅의 실제 가치, 즉 장기적 가치에 대한 기여와 단기 수익에 대한 기여를 명확히 구분한다.

개념 마케팅 측정 기준

현재까지 마케팅 측정은 주로 마케터들이 광고 예산 집행으로 얻는 수익을 증명하거나, 광고회사들이 광고주에 대한 기여도를 수량화하기 위해 추진되었다. 따라서 대개 재무성과와는 무관한 전술적 결과에 초점이 맞추어졌다.

예를 들면 다음과 같다.

- **브랜드 인지도** – 얼마나 많은 사람들이 브랜드나 실행된 광고 캠페인을 알고 있는가?

- **응답률** – 얼마나 많은 사람들이 다이렉트 메일 광고나 텔레마케팅 광고에 응답했는가?
- **전환율** – 그중에서 얼마나 많은 사람들이 그 제품을 사기로 선택했는가?

실제로, 각 업계마다 자신들이 중요하다고 생각하는 측정 기준을 개발했고, 그 기준은 해당 업계 마케터들에게 중요한 요소가 되었다. 예를 들면 다음과 같다.

- 통신사에서 이용자당 평균 매출액(ARPU)
- 유료TV의 가입자 수
- 소매업체에서 평방피트당 매출액
- FMCG(회전속도가 빠른 소비재) 회사의 신제품 매출 비율

측정 기준 효과

(출처: 《마케팅과 기업 이익(Marketing and the Bottom Line)》, 팀 앰블러, 런던 경영대학원)

- 금융서비스 회사에서 고객 1인당 판매된 상품 수
- 제약회사에서 개발 중인 제품 수

런던경영대학원의 팀 앰블러 교수는 '주주들에게 무엇을 알려주어야 하는가?'라는 연구에서 현재 마케팅에서 사용되고 있는 측정 기준과 마케터들 스스로가 측정을 얼마나 잘했다고 생각하는지에 대해 조사했다.

대부분의 회사들에서 마케팅 스코어카드가 효과적으로 사용되고 있지 못함에도 불구하고, 이 카드는 여전히 가장 인기 있는 측정 수단이다. 카플란과 모튼 모델은 기업들이 목표와 측정을 기준으로 4가지 방면에서 효과성을 측정하는 방법을 제시했다.

- **재무적 측면** – 주주들이 우리를 어떻게 보길 원하는가?
- **고객 측면** – 고객이 우리를 어떻게 평가하기를 원하는가?
- **내부** – 어떤 점에서 스스로에게 탁월해야 하는가?
- **혁신과 학습** – 어떻게 지속적으로 개선할 것인가?

스코어카드는 이전에 성공하지 못했던 사업에 대해서도 보다 균형적인 관점을 가져다준다. 그러나 경영자들이 그 상대적 중요성이나 연결시키는 방법에 대한 지식도 없이 각 방면의 측정치를 찾기 위해 부질없이 헤매면서 그 가치는 크게 상실되었다.

목표는 해당 사업의 가장 중요한 성과와 이를 달성하기 위한 가장 중요한 입력에 초점을 맞춘 카드를 확실하게 개발하는 것이다.

우리는 마케팅이 어떻게 주주 가치를 촉진하는지를 이미 살펴보았다. 바로 이것이 올바른 측정 기준을 선택하는 출발점이다. 그러기 위해서는 먼저 다음의 관계를 검토하여야 한다.

- **마케팅 비용 지출 대 마케팅 활동** – 광고, 홍보, 제품 개발 등에 얼마나 많이 지출하는가?
- **마케팅 활동 대 구매 기여** – 광고는 고객 선택의 우선순위, 즉 품질, 가격, 기업 이미지 등을 어떻게 다루고 있는가?
- **마케팅 활동 대 고객 태도** – 광고는 고객의 브랜드 선호도, 가치 인식을 제고시키고 있는가?
- **고객 태도 대 구매 행동** – 고객에게 인식된 가치가 가격 프리미엄, 반복 구매 등으로 이어지고 있는가?
- **매출 결과 대 회사 실적** – 매출과 마진이 회사의 영업이익과 성장으로 이어지고 있는가?

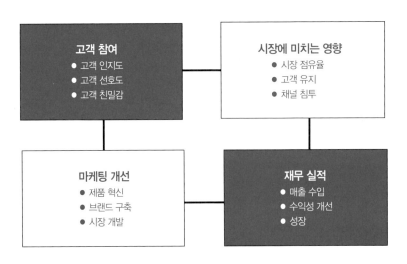

- **회사 실적 대 주주 가치** – 회사의 수익과 성장이 미래 현금흐름, 투자자의 신뢰도, 주가 상승으로 이어지고 있는가.

물론 고객 선호도 개선은 고객의 즉각적인 행동을 유발할 수 있지만 지금 나타나지 않아도 고객의 머릿속에 남아 있다가 미래 행동의 모멘텀이 될 수도 있다. (예를 들어, 모터쇼를 보러 가거나 어느 자동차를 좋아하게 되면 몇 년 후에 구매가 발생할 수 있다.)

마케팅 점수카드는 이런 역동성과 흐름을 반영할 수 있다. 스코어카드 틀을 기반으로 다음 4방면의 평가를 측정할 수 있다.

- 고객 참여
- 시장에 미치는 영향
- 재무 실적
- 마케팅 개선

마케팅 측정에는 또 이미 달성했지만 아직 실현되지 않은 잠재적 수익도 반영해야 한다. 이를 보통 '브랜드 자산(brand equity)'이라고 부르는데, 이는 현재의 투자에 의해 유발되는 미래 현금 흐름의 합이다. 또 새로운 시장 개발, 제품 혁신, 관계 구축에 대한 투자가 마케팅 예산의 상당 부분을 차지하지만, 당장 현재의 판매 증가로 나타나지 않을 수 있다. 이러한 미실현 수익들은 고객조차도 모를 수 있기 때문에 '브랜드 자산'에 계산되지 않을 수 있지만, 마케팅의 가치를 수량화하는데, 그리고 주주들에게 중요한 요소들이다.

디아지오는 성취하려는 것이 무엇이고, 어떻게 해야 그것을 성취할 수 있는지에 대해 명확하게 인식하고 있다. 많은 기업들의 미션과 전략들이 부적절하다고 생각될 만큼 이해하기 어려운 일반적인 문구로 전락했지만, 디아지오는 스스로를 분명히 표현하고 있다.

디아지오를 정의하는 7가지 요소

- 디아지오는 세계적으로 가장 광범위하게 인정받는 프리미엄 주류 브랜드 컬렉션을

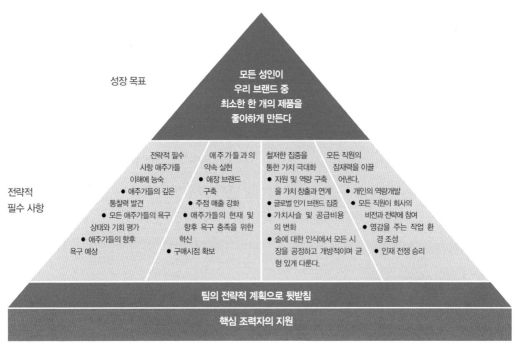

(출처: diageo.com)

보유한 '세계 최고의 프리미엄 주류 회사'가 누구인지를 분명히 하고 있다.

- '매일 어디서나 삶을 축복한다'는 강력한 고객 지향적 비전을 가지고 있다. 실제로 디아지오라는 단어는 'day'의 라틴어와 'world'의 그리스어에서 따온 것이다.
- 디아지오는 '모든 성인이 우리 브랜드 중 최소한 한 개의 제품을 좋아하게 만든다'는 외곬의 목표를 가지고 있다.
- 디아지오는 직원부터 고객, 투자자, 사회에 이르기까지 모든 이해관계자의 요구를 인식함으로써, 목표를 달성하기 위한 필수요건을 정의한 '전략적 삼각형'에서 명확한 전략을 표현하고 있다.
- 디아지오는 회사가 여러 많은 부분으로 이루어져 있음을 인식하고, 전략적 삼각형의 맨 아래에 '계획'과 '조력자'라는 두 계층을 두어 모든 사업을 가장 적절한 방식으로 규정한다.
- 디아지오는 이를 실현할 네 가지 기본 가치, 즉 '고객에 대해 열정을 갖는다', '사람들에게 성공할 자유를 제공한다', '우리가 하는 일에 자부심을 갖는다', '항상 최고가 된다'를 명확히 설명하고 있다.
- 마지막으로 디아지오는 회사가 무엇으로 유명해지고 싶은지를 상기시킨다.
  - 사람들: 모든 직원의 잠재력을 이끌어 내는 회사.
  - 브랜드: 탁월한 소비자 통찰력을 활용해 강력한 브랜드를 구축하는 회사.
  - 성과: 경쟁하는 곳에서 승리하는 회사.

디아지오는 2000년에, 미국 식품회사 제너럴 밀스와의 파트너십 등 소위 비주류 제품의 분리 등 자사의 프리미엄 주류 브랜드의 전략적 재편을 시작했다. 핵심 프리미엄 브랜드의 유기적 성장을 주된 성장 동력으로 삼는 한편, 건강과 청소년 시장에 대해 책임 있는 마케팅을 주도해야 한다고 생각했기 때문이다.

"우리 브랜드는 사람들이 삶의 큰 행사를 특별하게 맞이하게 해주고 작은 행사까지도 기억에 남도록 돕는다. 우리 브랜드는 사람들이 책임감 있게 즐기도록 함으로써, 어디서나 매일 자신의 삶을 축하하도록 돕는다."

디아지오는 흑맥주 기네스를 포함해, 세계 최고 프리미엄 보드카 스미노프에서부터 스카치 위스키의 리딩 브랜드 조니워커에 이르기까지 세계 100대 프리미엄 증류주 중 17개 브랜드를 관리하고 있다. 베일리스는 세계에서 가장 많이 팔리는 술이고, 호세 쿠엘보는 데킬라의 세계적 리더다.

혁신 또한 이 회사의 핵심이다. 고부가가치 창출 시장 및 고부가가치 창출 브랜드에서 더 많은 일을 할 수 있는 특정 기회들에 초점을 맞춘다. 처음에는 새로운 주류 포맷의 조합이었지만, 점점 더 약하고 부드러운 술로 이동했는데, 베일리스 글라이드, 기네스 엑스트라 스무스, 스미노프 크랜베리 트위스트가 그 예다.

포장도 중요하다. 포장은 단순히 시각적 매력을 향상시킬 뿐 아니라 보다 효과적인 원료를 사용하거나, 마진이 더 크지만 작고 여러 종류의 제품이 담긴 포맷을 만들 때 중요하다. 베일리스 미니어처, 스미노프 아이콘, 조니워커 레드라벨이 좋은 예다.

이러한 활동의 재정적 이익은 명백하다. 혼합 음료는 알코올 함유량이 훨씬 적어, 일반 바에서도 흔히 즐길 수 있는 특별한 음료로 홍보할 경우, 도소매 유통에서 같은 양의 음료를 거래하는 것보다 10배 이상의 가격을 받는 효과가 있다. 증류주도 나이든 세대만 먹는 술로 알려져 있지만 광고에 젊은 세대에 어필하는 문구를 넣으면 엄청난 차이를 보이기도 한다.

그러나 시장 리더십이 디아지오의 성공의 모든 척도는 아니다. 이 회사는 연례 보고서와 웹사이트에서 보다 의미 있는 척도인 동종 업계 대비 주주 수익률, 즉 최근 몇 년 동안의 자본 성장을 통한 총 수익과 주주 배당금을 공개적으로 밝힌다. 이 수치야말로 일시적이거나 좁은 관점에서의 척도보다는 회사의 진정한 성과에 대해 더 많은 통찰력을 제공한다.

디아지오가 공개한 동종 업계의 총주주수익률의 순위는 다음과 같다.

(2000년 7월 1일부터 2004년 7월 30일까지 총 주주수익률):

1 Yum! 브랜드 95%

2 P&G 58%

3 켈로그 56%

4 알트리아 46%

5 얼라이드 도멕 40%

6 디아지오 39%

7 유니레버 38%

8 앤호이저 부시 27%

9 네슬레 22%

10 질레트 22%

디아지오의 마케팅팀은 오늘날 모든 기업들이 하고 있는 성과에 초점을 맞추는 마케팅에 성공했다. 그들은 회사가 브랜드와 마케팅을 지속적인 수익 성장의 원동력으로 인식하도록 영향을 미쳤다. 결과적으로 효율적인 비용 관리와 주주 가치의 극대화를 달성할 수 있었다. 마케팅, 영업 및 혁신 부문을 이끈 롭 말콤 사장의 지휘 아래, 사실에 기반한 분석을 통해 브랜드의 ROI를 명확히 규정했고, 좋은 것이든 나쁜 것이든 투명하게 보고했다.

말콤의 생각은 '광고비의 절반은 낭비인데, 다만 그 절반이 어느 쪽인지 모를 뿐'이라고 주장한 레버흄 경 시대 이후 마케팅은 인식에서나 현실에서나 거의 변하지 않았다는 것이다. 사실 그들이 아는 것이라고는 광고비의 효과를 측정할 수 있는 능력이 없다는 점을 감안할 때 많은 회사들에게 있어서 절반 이상이 낭비일지도 모른다는 것이다. 말콤은 브랜드와 마케팅이 회사를 이끌려면 상황이 달라져야 한다는 것을 인식했다. 그들은 50% 이상의 성공을 원했다. 아니 '100% 성공하는 마케팅'을 추구하기 시작했다.

그는 마케팅부서가 회사 내에서 적어도 경리부와 같은 위상과 영향력을 가질 수 있기 위해서는 다음 세 가지 과제를 해결해야 한다고 생각했다.

• 마케팅이 회사에 얼마나 많은 가치를 기여하는지를 명확히 설명해야 한다.

• 마케팅팀 전체에 진정한 프로 정신을 구축해야 한다.

• 마케팅의 기여에 대한 명확한 책임과 측정 방식을 수립해야 한다.

이 과정에서 마케터들이 이해하기도 어려운 스프레드시트 모델을 만들고, 비용 배분에 대해 경리팀과 끝없는 논쟁을 하는 등 복잡한 경제학의 깊은 수렁에 빠질 수도 있었지만, 그는 마케팅팀에게 '마케팅 측정 지표와 측정 방법이 회사에 올바로 전달되고 수용되게 만들려면 가능한 단순하게 만들어야 한다'고 주문했다.

디아지오의 마케터들은 오늘날, 마케팅 투자를 평가하기 위해 복잡한 방법은 지양하고 몇 개의 간단한 도구만을 사용한다.

첫째, 소비자 영향에 대한 재무 성과를 측정하는 단순 메트릭스인 'Dog and Stars 차트'가 있다. 말콤은 모든 사업이 이상적으로 오른쪽 상단에 있기를 원했다. 따라서 오른쪽 하단에 있으면 효율을 개선해야 하고, 왼쪽 상단에 있으면 소비자 관심을 끌기 위한 노력

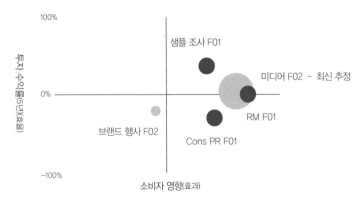

마케팅 효과와 효율 측정 - 'Dogs and Stars'

(출처: diageo.com)

이 필요하며, 왼쪽 하단(Dogs)에 있는 사업은 제거된다. 이것은 '모든 마케터들이 이해하고 있고, 경리부 임원이 좋아하는 간단한 도구'다.

둘째, 분기마다 집행위원회에서 심의하는 추적 차트가 있는데, 이 차트는 브랜드별, 매체별, 시장별 광고 효과를 파악해준다. 효과를 보여줄 수 있는 곳과 없는 곳을 색깔로 표시하고, 상황이 나아지고 있는지 악화되고 있는지는 화살표로 표시한다. 말콤은 고위 경영진들이 숫자에는 그다지 관심이 없고, 위의 항목들이 통제되고 있는지를 확인하는 것에 더 관심이 있다는 것을 알고 있었다.

처음에 말콤은 CEO에게 그가 조사한 것의 실상을 있는 그대로 보여주는 것에 대해 긴

장감을 느꼈다. 그러나 CEO는 '이것은 내가 본 마케팅의 가장 정직하고 투명한 그림'이라고 말했다. 그것으로 신뢰를 쌓을 수 있었다. 마케팅 부서가 회사에 무엇이 중요한지를 이해하고 있음을 증명했고, 회사 모든 부서로부터 마케팅의 전문성에 대한 신뢰도를 즉시 개선할 수 있었다.

적용 마케팅 스코어카드

당신 회사의 마케팅이 궁극적으로 회사를 위해 달성하려는 것은 무엇인가? 마케팅 성과를 어떻게 측정하는가? 올바른 측정 기준은 무엇이며, 어떤 측정 기준이 가장 중요한가? 각 단계에서 어떻게 성과를 설정하고 보상하는가?

1. **성공의 척도는 무엇인가?**

   마케팅의 전반적인 목표와 이러한 목표 달성을 가장 잘 반영하는 척도가 무엇인지 고려한다.

2. **스코어코드의 방면을 고려하라.**

   고객, 시장, 재무성과 등 각 스코어카드의 방면에서 무엇이 이런 성공을 이끄는지 고려한다.

3. **적절한 측정 기준을 파악하라.**

   각 방면에서 성과를 효과적으로 파악하기 위한 적절한 보조 측정 기준을 찾는다.

4. **어느 측정 기준이 가장 중요한가?**

   이런 측정 기준이 서로 어떤 영향을 미치는지, 어느 것이 사업성과에 가장 큰 영향을 미치는지 이해한다.

5. **적절한 측정 기준을 설정하라.**

가장 중요한 측정 기준에 적합한 대상과 측정 기준을 결합하는 인덱스를 설정한다.

6. 성과 측정 및 보상을 부여하라.

마케팅 분야별로 높은 점수를 보인 스코어카드를 해석하고, 이를 팀 및 개인 핵심성과지표(KPI)와 보상에 연결한다.

개념 마케팅 최적화

마케팅 성과를 최적화하는 것은 전략적 차원과 운영적 차원 모두에서 고려되어야 한다. 마케팅 활동이 수익성이 없는 분야에 초점이 맞추어져 있다면 마케팅 활동을 최적화하는 것이 의미가 없기 때문이다.

실제로 '가치를 파괴하는' 브랜드나 제품을 마케팅하는 것은 가치를 계속 파괴하는 결과를 낳을 뿐이다. 이중에는 매출과 시장 점유율이 탄탄하고 영업이익까지 좋아 보이는 브랜드가 있을 수 있지만, 자본 비용이 더 크기 때문에 매출이 늘어날 때마다 가치는 파괴될 것이다.

따라서 마케팅 성과를 최적화하는 것이 중요하다.

- **전략적** – 올바른 시장과 고객, 브랜드 및 제품에 집중(포트폴리오 최적화)
- **운영적** – 인력 및 파트너에 대한 예산을 가장 효과적으로 배분(자원 최적화)
- **전술적** – 마케팅의 영향을 추적하고, 대상 고객에게 취할 조치의 적절한 모멘트, 즉 고객 행동을 유발할 인센티브를 파악(판매 최적화)

마케팅 ROI는 재무 실적의 결과에 대한 장·단기적 영향을 고려하여, 각 차원에서 성과를 최적화하기 위한 틀로 사용될 수 있다. 그러나 기업들이 전통적인 회계 관행에 따라 매출에 대비해 지출을 조절한다는 점을 고려할 때, 때로는 단기적 영향과 장기적 영향을 구분하는 것이 유용하다.

올해 개발돼 출시된 신제품의 경우 물론 올해에도 일부 매출이 발생할 수는 있지만 향후 3년간 더 많은 매출이 발생되는데, 개발 비용은 모두 올해 부담되어야 한다. 이처럼 미래 수익의 현재 가치도 계산될 수 있는데, (i) 올해 매출, (ii) 향후 몇 년간의 현재 가치, (iii) 올해 및 미래 연도의 순 현재 가치에 기반해 ROI를 계산할 수 있다.

사업성과에 대한 마케팅의 장기적 기여도, 즉 미래 현금흐름과 사업의 내재적 가치를 어떻게 측정할 것인가에 대한 이론과 용어는 이미 많이 나와 있다. 물론 명확한 재무 분석을 회피해서는 안 되지만 올바른 측정을 할 수 있는 방법은 여러 가지가 있다.

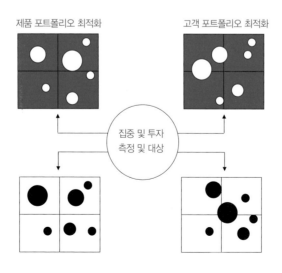

영감 3. 스텔라 아르투아

많은 제품들이 저마다 싼 가격에 판매되는 경쟁이 치열한 세계에서, 벨기에의 맥주회사 스텔라 아르투아는 '비싼 가격'을 자신 있게 홍보하는 것을 결코 두려워하지 않는 브랜드로 두각을 나타내고 있다.

1366년에 벨기에 루벤에 덴 호렌 양조장이 처음 설립되었고, 수세기 후인 1717년에 세바스찬 아르투아가 이 양조장을 인수했다. 그는 별의 이름을 따서 축제 맥주 '스텔라 아르투아'를 생산하기 시작했다.

스텔라 아르투아는 현재 세계에서 가장 잘 팔리는 맥주 중 하나로, 80개국 이상에서 판매되고 있다. 맥아 보리와 최고급 홉으로 양조되는 스텔라 아르투아 맥주는 그 품질과 맛으로 명성을 떨치고 있다. 특히, 이 맥주의 광고는 언제나 브랜드에 중점을 둔 마케팅을 해왔으며, 고급 품격과 환기적 이미지로 맥주 마케팅의 고정 관념을 깨트렸다.

광고의 주제로 내세운 '자신 있는 비싼 가격'은 매우 성공적이었다. 그러나 1990년대 초반부터 프리미엄 맥주 시장에 더 많은 브랜드들이 진입하면서 스텔라 아르투아는 시장 점유율을 잃기 시작했다. 고객 선택의 폭이 넓어지면서 프리미엄 가격만으로는 차별화하기 어려워졌다.

그러나 스텔라 아르투아는 그 자리를 포기하는 것을 거부하고, 품질에 대한 투자를 더욱 강화함으로써 기존 입장을 고수하는 쪽을 택했다. 오히려 기존의 위상을 정당화함으로써 시장의 쇠퇴를 막아냈고 현재 영국의 가장 큰 프리미엄 라거 브랜드로 당당히 다시 우뚝 섰다.

이 접근 방식에서 디자인이 최우선 광고 도구였다. 캔에 엠보싱 처리를 하고, 운송 상자를 샴페인 스타일로 재설계하는 등 포장 이니셔티브로 브랜드의 품질과 명성을 강화했다. 2001년에는 스텔라 아르투아 핀트 글라스(pint glass, 0.568리터용 글라스)를 출시했는데, 출시 12개월 만에 영국 가정의 66%가 적어도 한 개의 글라스를 보유할 정도였다.

생맥주 판매의 강력한 성장에 힘입어 스텔라 아르투아는 현재 영국의 술집에서 가장 널리 유통되고 있는 라거가 되었다. 광고는 TV 광고, 스폰서십, 도소매 유통의 가격 홍보에 초점을 맞추었고, 한편으로는 도소매 유통에서의 매장 입점 전략과 새로운 주류 배달 기술이 사용되었다.

1996년과 2003년 사이에 영국의 맥주 시장이 60% 성장한 데 비해 스텔라 아르투아는 200% 이상의 성장을 거두었다. 이러한 상승세에 힘입어 2003년에는 34억 9,500만 배럴의 맥주를 팔아 라거 브랜드로는 3위이자 최대 프리미엄 라거 브랜드로 우뚝 섰다. 스텔라 아르투아는 현재 전체 맥주 시장에서 8.9%의 점유율을 차지하고 있는데, 이는 1996년의 점유율 2.2%에 비해 3배 이상 성장한 것이다.

적용 마케팅 ROI

마케팅 투자 수익률을 어떻게 측정하는가? 특히 투자에 의해 창출되는 수익의 대부분이 같은 해에 발생하지 않을 경우, 마케팅의 효과를 판단하고 평가하기란 결코 쉽지 않다.

1. 마케팅 비용 계량화

당신 회사의 마케팅 예산이 현재 어떻게 사용되고 있는지, 그중 얼마가 판매 증진에, 얼마가 전략적 투자에 사용되는지 파악한다.

2. 초기 영향 계산

마케팅 지출이 고객 행동에 미치는 영향, 그리고 그런 행동이 어떻게 장단기 수익을 창출하는지 조사한다.

3. 브랜드 자산으로 평가

현재의 마케팅으로 추진되는 미래 장기 수익을 정량화하고 이를 '브랜드 자산'으로 정의한다.

4. ROI 계산

현재 및 미래의 수익과 수익 흐름에 미치는 영향을 감안해 마케팅 총 지출액을 계산한다.

5. 경제적 가치의 수량화

미래 수익 흐름의 순 현재 가치, 즉 마케팅이 회사에 얼마나 많은 가치를 더했는지를 수량화한다.

6. 무형자산 관련 가치

회사가 인식하고 있는 잠재적 무형자산(브랜드, 관계 등)에 이를 연관시킨다.

개념 마케팅 보고서 작성

이사회의 가장 잘못된 속성 중 하나는, 이사들은 대개 성공의 90%가 어디에서 오는가? 에 대해 시간의 10%도 쓰지 않는다는 것이다. 그들은 운영 성과와 비용 관리로 대화를 진행하기는커녕, 수익의 출처와 개선 방법을 논의하는 데 시간을 거의 쓰지 않는다.

다음의 각종 회의 및 보고서에는 마케팅 성과가 포함되어야 한다.

- 상근 및 비상근 이사회
- 경영자와 직원이 참여하는 분기별 비즈니스 리뷰

- 애널리스트와 미디어를 상대로 하는 투자유치 설명회
- 모든 이해 관계자가 보는 연간 보고서

CEO가 이사회에서 또는 연례 보고서의 첫 페이지에 브랜드와 마케팅, 그리고 현재 이루어지고 있는 투자가 현재 실적과 미래의 성과를 확보하기 위한 것이라고 언급하는 것을 상상해 보라. 그러나 대부분의 CEO들은 비용, 프로세스, 공급망 같은 것들을 언급한다.

왜, 기업 리더들은 마케팅이나 마케팅이 집중하는 고객들, 마케팅이 창출하는 수익에 초점을 맞추는 것을 그렇게 꺼리는 걸까? 공급망은 모든 종류의 단위로 측정될 수 있고 그 비용도 실질적이고 즉각적인 영향을 미치지만, 브랜드와 혁신의 역학 관계, 광고나 유통은 수치가 없어서 이해하기 훨씬 어렵기 때문이다.

한 소매업체는 투자 설명회에서 새로운 패션이 패션쇼에서 의류 소매장까지 도달하는 데 2주일이 걸리고 매출과 이익 증대에는 더 많은 시간이 소요된다는 것을 설명했을 때 투자자들이 보인 반응에 놀라움을 금치 못했다.

마케팅 보고서는 다음과 같은 기능을 함으로써 내부적으로 편향되고 재무적 측면에 치우친 정보를 보완할 수 있다.

- 전략적: 마케팅은 미래 시장과 혁신의 성공을 이끌고, 성공을 위한 브랜드와 관계를 구축한다.
- 외부 지향적: 마케팅은 외부 환경과 관련하여 최상의 기회를 포착하고, 변화하는 세계에 대응한다.
- 미래 지향적: 마케팅 투자의 대부분은 현재의 성과보다는 미래의 성공에 맞춰져 있다.
- 비재무적: 정량화된 측정 기준에 따라, 현재 성과 및 미래 전망에 대해 보다 풍부한

정성적 분석을 제공한다.

이런 정보들이 투자자들, 분석가, 그리고 모든 이해관계자들에게 회사의 현재와 미래의 전망에 대한 보다 더 통찰력 있고 유용한 관점을 제공할 것이다. 마케팅 보고서는 마케팅의 역할을 정확하게 규명하고, 마케팅 보고서가 왜 미래 보고의 필수 요소로 포함되어야 하는지를 설명해 준다.

마케팅의 장·단기적 성과는 모든 사업보고의 핵심 부분이 되어야 한다. 전통적인 회계원칙이 이를 정당화하지 않을 수도 있지만 이사들이 투자자들(그리고 모든 이해관계자들)에게 회사의 미래 전망에 대해 정보에 입각한 판단을 내리도록 도움을 줄 수 있는 비재무적이고 미래지향적인 정보를 명확히 제공해야 할 기회가 점점 더 많아지고 있다.

미국 에너지기업 엔론의 회계부정 사건을 계기로 상장회사의 회계 개선과 투자자 보호를 위해 제정된 사베인스 – 옥슬리법안은 기업 이사회에 보다 엄격한 보고 요건을 제시하고 있다. 많은 기업들이 주가를 올리기 위해 단기적으로 매출을 인위적으로 조작해온 것으로 밝혀졌기 때문이다. 이것은 '주주 가치'가 오직 고객을 통해서만 달성할 수 있는 경제적 가치의 장기적인 추구가 아니라, 고위 경영진들이 단기성과 인센티브에 눈이 어두워 일방적 주주 탐욕을 충족시키기 위한 것이라는 부정적 인식을 낳은 극단적이고 불법적인 사례들이다.

유럽에서는 EU의 현대화 지침에 따라 기업의 실적보고 방식이 바뀌고 있다. 예를 들어 영국의 회계표준위원회(Accounting Standards Board)는 모든 이사회는 회사의 미래 전망에 대한 정보를 보고하도록 권장하고 있다. 특히, 인적 자본(HR), 환경 및 사회적 책임(CSR)과 함께 마케팅 정보를 보고하도록 권고한다. 이것은 마케터들에게는 그들의 장기적 효과를 보고하고, 기업들에게는 마케팅이 미래의 성공을 가져다줄 것임을 더 잘 보여줄 수 있는 중요한 기회다.

특히 마케팅은 다음과 같은 성과와 가치 기여를 대내외적으로 충분히 표현되도록 해야 한다.

- 장단기에 걸친 마케팅 투자 수익률
- 시장 출시에 걸리는 시간, 매장 인테리어 등, 주요 차별화 활동
- 새로운 시장 진입, 새로운 혁신 등 전략적 이니셔티브
- 브랜드, 고객관계 등 무형자산

마케터들에게 더욱 의미있는 것은 무형자산의 회계처리에 대한 새로운 국제회계기준 (IFRS)이다.

새로운 국제기준으로 이제 기업들은 무형자산을 '영업권'이라는 의미 없는 문구로 분류해 시간이 지나면서 상각되는 것이 아니라, 재무제표에 특정 범주의 항목으로 명확하게 표시할 수 있게 되었다.

새로운 특정 범주는 다음과 같다.

- 시장 관련 무형자산(브랜드명, 상표명, 도메인명, 발행인명 등)
- 고객 관련 무형자산(고객 목록, 고객 계약 및 관계 등)
- 예술 관련 무형자산(백서, 사진 및 영상, 광고 음악 등)
- 계약 관련 무형자산(라이선스 계약, 광고계약, 운영권 및 방송권 등)
- 기술 기반 무형자산(특허 기술, 컴퓨터 소프트웨어, 영업비밀, 레시피 등)

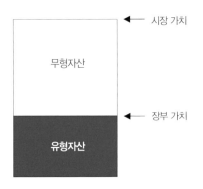

시장 가치

무형자산

장부 가치

유형자산

회사가 취득한 브랜드의 가치가 계속 존속했다는 것을 증명할 수 있다면, 시간이 지나도 대차대조표에 그대로 표시할 수 있다. 브랜드는 상표로 나타나지만, 일반적으로 많은 다른 자산들은 대개 보다 총체적인 방식으로 표현된다.

그러나 안타깝게도 회사가 원래부터 기본적으로 갖고 있던 브랜드는 회사에 더 중요한 것임에도 불구하고 대차대조표에 항시 표시되지는 않기 때문에 불필요한 브랜드 거래를 야기하는 혼란을 불러일으키기도 한다.

다음은 연례 보고서에 마케팅 성과를 포함시킨 사례들이다.

"따뜻한 날씨와 원자재 가격의 이례적 상승으로 영국의 소매 에너지 산업이 어려움을 겪은 한 해 동안 브리티시 가스는 2.4% 증가한 62억 파운드(2002년 60억 파운드)의 매출을 올렸다. 이는 우리의 전기 시장 점유율 증가와 에너지 가격의 상승, 그리고 홈서비스 사업의 지속적 성장에 기인한 것이다."

－센트리카(2003년 공개보고서 첫 단락)

"2003년 총 마케팅 지출은 7억 200만 파운드로 2002년 대비 28% 늘어났으며, 고정

환율 기준으로는 30% 증가했다. 매출액 대비로는 지난해 10.3%에서 10.9%로 늘어났다. 늘어난 이유는 주로 브랜드 인수에 기인한다."

-캐드베리 슈웹스(2003년 공개보고서 마지막 단락)

"프리미엄 음료에 대한 마케팅 투자는 5% 증가한 11억 8,500만 파운드로, 이중 글로벌 브랜드에 대한 투자가 4% 증가한 7억 6,900만 파운드를 차지했다. 증가의 주요 요인은 ○○브랜드에 대한 투자와 ××브랜드의 출시 비용이었다."

-디아지오(2003년 공개보고서 마지막 단락)

새로운 회계기준의 기회에 부응해 마케터들은 마케팅이 창출하는 가치와 회사에 대한 자신의 가치를 더 잘 설명할 수 있어야 한다.

마케팅 보고서의 데이터는 정량화되어야 하고 설명은 정성적이고 구체적이어야 한다.

- 현재의 성과는 측정 가능하고 철저한 감사를 거쳐야 하며 전년도와 비교되어야 한다. 예를 들어, '상품 X의 매출은 7% 성장해 25억 파운드를 달성했고 총 마진은 26%를 기록했는데, 이는 주로 대형 소매점의 92%에 입점하면서 소매 판매가 증가했고 경쟁업체 대비 42%의 프리미엄 가격을 적용했기 때문이다. 그 결과 상품 X는 지난해 6억 2,500만 파운드의 경제학적 이익을 창출했다.'는 식으로 구체적으로 표현한다.
- 미래 전망은 정성적으로 기술하되 일부는 수량화하여야 한다. 예를 들어 'X시장에서 우리의 브랜드 인지도가 현재 90%가 넘고 고객 유지율이 50%에 육박하면서 3년 만에 시장 점유율을 60% 수준으로 끌어올렸다. 이에 따라 제품개발에 5억 7,000만 파운드를 투자해 Y시장에서도 30%의 시장 점유율을 확보할 계획이다.'는 식으로 표현

한다.

회사의 데이터 처리 기술 발전과 시장의 성격에 따라 여러 가지 마케팅 측정 기준이 활용되고 있다. 측정의 정의와 품질도 다양하면서도 개선되고 있다.

- 장·단기적 관점: 매출은 단기적 성과이고 브랜드 가치평가는 장기적이다. 고객 만족도는 단기적 성과이고, 고객충성도는 장기적인 것이다.
- 투입과 결과물: 마케팅 비용 지출은 투입이고 선호도는 결과물이다. 소매점 입점 노력은 투입이고 그에 따른 시장 점유율 증가는 결과물이다.
- 전략적 및 운영적: 브랜드 평가는 전략적인 것이고 브랜드 인지도는 운영적인 것이다. 특허를 늘리는 것은 전략적인 것이고 가격 할인은 운영적인 것이다.

마케팅 의사결정 및 성과 측정을 위해 스코어카드 매트릭스도 사용할 수 있다. 최상의 훈련은 마케팅 활동의 상대적 중요성과 각 활동 간의 연관 관계에 대한 이해를 바탕으로, 가장 적절한 마케팅 활동을 재무성과에 맞추어 보정하는 것이다.

마케팅 보고서는 이런 방식으로 회사 성과에 가장 큰 영향을 미치는 활동이나 측정에 초점을 맞춘다. 예를 들어, 고객 만족도는 문화적으로는 회사에 매우 중요한 것으로 간주되지만, 가치 창출과 밀접한 상관관계가 있다는 증거는 거의 없다. 또 평균 고객 매출은 어느 산업에서는 매우 중요하지만 다른 산업에서는 중요하지 않을 수 있다.

영감 4. 고객 자본

고객은 오늘날 기업에게 가장 얻기 힘든 자원이지만 경영진, 이사회, 투자 분석가들은 고객 자본을 어떻게 효과적으로 창출할 것인가를 이해하기보다는 현금 계산에만 관심을 두는 경향이 있다.

게다가 미래의 현금 흐름의 원천인 마케팅팀조차도 회사(경리부, 경영진, 이사회 등)에 자신을 분명히 표현하는 데 애를 먹는다. 이는 마케팅팀이 마케팅의 효과를 재무적 용어로 계량화하지 못했거나 마케팅이 단지 '몇 편의 광고'를 하는 부서로 잘못 인식되고 있기 때문이 아니라, 마케팅팀이 구사하는 용어들이 경리부나 경영진들에게 저항감을 불러일으키기 때문이다.

마케터들 스스로가 광고의 초점이나 브랜드 자산 같은 용어들이 의미하는 바를 명확히 설명하는 데 어려움을 겪고 있고, 그런 용어를 경리부 사람들에게 언급하는 것만으로도 그들을 혼란스럽게 만든다.

마케팅은 초심으로 돌아가 더 간단한 언어로 성과를 명확히 설명할 수 있어야 한다. 매출은 고객으로부터 나오며 이것이 회사 성과의 90%를 차지하지만, 이사회 위원들은 그런 이야기에 대해서는 시간의 10%도 쓰지 않는다.

광고종사자협회(IPA)와 마케팅 협회가 공동으로 개발한 '고객 자본'이라는 개념은 기업이 고객 활동으로부터 창출한 가치, 즉 '고객에 초점을 둔 가치'를 표현하는 용어다.

고객 자본은 다음과 같이 표현될 수 있다.

- 시간 경과에 따라 추적된 일련의 고객 기반 측정
- 가장 중요한 고객 기반 메트릭스의 가중지수

고객 도달 범위 우리는 현재 영국 인구의 90%에 도달한다. 이는 79% 수준인 가장 근접한 경쟁사보다 높은 수치다.	**고객 계약** 고객의 40%는 2년 이상의 장기계약을 맺고 있다.
고객 선호도 우리 고객의 45%가 우리를 선호한다고 말한다. 기존 고객의 60%는 다음번에도 우리 제품을 쓸 의향이 있다.	**고객 유지** 우리 고객의 67%가 1년 이상된 고객들이다. 우리는 3년 내에 이 비율을 80%까지 높일 계획이다.
고객 만족 우리 고객의 27%가 매우 만족한다고 말한다. 45%는 어느 정도 만족한다고 답했다.	**고객 충성도** 기존 고객의 60%는 다음번에도 우리 제품을 쓸 의향이 있다. 고객의 12%가 우리 제품을 추천하겠다고 말한다.
고객 수 우리는 현재 1,220만 명의 고객을 보유하고 있다. 이는 전년 대비 12% 성장한 수치다.	**고객 증가** 우리는 3년 내에 고객 수가 15% 증가할 것으로 예상한다. 영국 시장은 향후 3년간 7% 성장할 것이다.
고객 점유율 우리는 현재 영국 시장의 33%를 점유하고 있다.	**고객 혁신** 우리 매출의 26%는 지난 해 출시된 서비스에서 나왔다. 우리는 내년 매출의 12%는 신제품에서 나올 것으로 예상한다.
고객당 매출 우리는 고객 한 명당 365파운드의 매출을 발생시킨다. 이는 시장 평균보다 45% 높은 수치다.	
전술적 마케팅 비용 우리는 판매 촉진과 가격 할인 비용으로 1억 2,000만 파운드를 지출했다.	**전략적 마케팅 투자** 우리는 브랜드 및 관계와 관련된 마케팅 비용으로 1억 8,000만 파운드를 썼다.
매출 우리는 21억 파운드의 매출을 올렸다. 이는 전년 대비 12% 증가한 수치다.	**무형자산** 우리는 우리의 브랜드, 소비자 및 유통 채널 관계가 42억 파운드 의 가치가 있다고 계산한다.
영업 이익 우리는 2억 5,400만 파운드의 영업이익을 창출했다. 이는 전년 대비 45% 증가한 수치다.	**기업 가치** 우리는 향후 5년 동안 이익이 매년 12~15% 증가할 것으로 예상 한다. (이로 인한 내재 가치는 X 십억 파운드다.)

- 고객 관련 활동으로 인해 창출될 수 있는 미래 현금 흐름 총액

이러한 일련의 고객 측정은 사업 모델에서 사업 실적에 가장 큰 영향을 미치는 것이 무

엇이냐에 따라 회사마다 다를 수 있다.

- 고객 선호도(우리를 좋아하는 사람의 비율)
- 고객 수(우리 제품을 구매하려는 사람의 비율)
- 고객 유지(우리 제품을 계속 구매하는 사람의 비율)
- 고객 소개(다른 사람에게 우리 제품을 소개하는 사람의 비율)

　회사에 다니는 모든 사람들은 단지 월급을 받는다는 것보다 고객 자본을 창출하기 위해 일한다는 것에 더 동기를 부여받는다. 이런 요인들이 정기적으로 검토할 가치가 있다는 데 이의를 제기할 이사회 위원은 아무도 없으며, 실제로 모든 분석가들도 이러한 요인들을 보고 이 회사가 향후 동종 회사들보다 더 나은 성과를 낼 것인지, 더 못한 성과를 낼 것인지 판단한다.

　실제로 최근, 기업의 사회 공헌을 돕는 비영리 컨설팅 회사 투모로우즈 컴퍼니의 '신뢰 회복: 21세기의 투자'라는 제목의 보고서는 '투자자들의 신뢰가 최근 크게 훼손되었다.'고 결론을 내리고 '현재의 시스템이 고객을 제대로 섬기지 못하고 있다. 고객의 욕구와 일정에 부합하지 못했으며 투명성과 책임감이 없어 시스템에 대한 신뢰를 약화시키고 있다.'고 지적했다.

　이러한 측정 결과가 더 많은 사람들의 관심을 끌고 있고, 회사의 복잡성을 제거하고 중요한 것에 집중하게 해주며, 마케팅의 기여도를 보다 더 협력적이고 긍정적인 방식으로 설명한다.

주주들에게 마케팅을 무엇이라고 설명해야 하는가? 이런 전략적 대상들에게 마케팅을 어떻게 필수적인 것으로 설명하는가? 이사회 의제, 분석가들을 위한 발표 자료나 연례 보고서에서 마케팅이 어떻게 최우선순위가 되도록 할 것인가?

1. **마케팅의 진정한 가치를 명확하게 설명한다.**

   고객, 혁신, 성장 측면에서 마케팅의 경제적 가치 기여를 명확히 함으로써 마케팅을 필수적인 것으로 만든다.

2. **이사회 의제에 포함시킨다.**

   경제적 가치 창출이 이사회의 최우선 안건인지 확인한다. 시장 지향의 사고를 가진 이사들이 마케팅을 지원하도록 한다.

3. **애널리스트의 의제에 포함시킨다.**

   마케팅을 투자 설명회의 우선순위 항목으로 만들어 애널리스트들이 그 중요성을 이해하도록 돕는다.

4. **연례보고서에 포함시킨다.**

   마케팅의 과거 사례와 미래 계획을 연례 보고서의 첫 페이지에 게재한다.

5. **투자자들과의 대화에 포함시킨다.**

   애널리스트들이 마케팅 정보를 요청하고 주주들이 이에 대한 결정을 내리게 하는 대화를 지속적으로 구축한다.

6. **주가에 긍정적 영향을 미친다.**

   마케팅이 회사의 시장 가치에 가시적이고 즉각적인 차이를 만들 수 있음을 입증한다.

마케팅이
중심이 되는 시대

"평생 탄산수를 팔고 싶은가, 아니면 세상을 바꿀 기회를 원하는가?"

-스티브 잡스(Steve Jobs)

"회사의 브랜드는 사람의 명성과 같다. 어려운 일을 잘하려고 노력하다 보면 저절로 명성을 얻을 수 있는 것처럼."

-제프 베조스(Jeff Bezos)

마케터들은 회사 공동체 내에서 가장 중요하고 영향력을 미치며 영감을 주는 전문가들이어야 한다. 하지만 너무 오랫동안 그들의 재능은 한낱 지원 기능에 불과한 기능 전달에 제한되었으며 그들의 기여도는 회사의 핵심 과제에서 소외되었다. 그런 회사들은 오늘날의 시장에서 살아남을 수 없다. 기업들이 복잡한 시장과 치열한 경쟁이라는 도전에 대응하고, 창의적이고 상업적인 힘을 키우고, 진정한 고객 지향, 혁신, 지속적 수익을 내는 성장을 하기 위해서는 그 어느 때보다도 훌륭한 마케터와 마케팅이 필요하다. 마케팅이 기업의 중심이 되어 전략적 방향과 질서 있는 가치 전달을 견인하고, 보다 강력한 부서로서 회사의 총체적인 사고의 원천이 될 수 있는 문은 활짝 열려 있다. 그러나 이를 위해서는

더 지능적인 마케터	더 창의적인 마케터
고객: 통찰력, 제안, 경험에 이르기까지 고객을 마케팅의 '세력 기반'으로 삼는다.	**고객 대변자:** 언제나 효과적으로 고객들에게 가치를 전달하고 영감을 주기 위해 회사 전반에 걸쳐 기능한다.
회사: 회사가 시장 기회를 포착하기 위해 어떻게 조정, 집중 및 진화해야 하는지 전체적으로 파악한다.	**혁신자:** 회사 전반에 걸쳐 보다 창의적인 사고를 장려하고 혁신을 핵심 규율로 삼는다.
성장: 시장, 브랜드, 혁신, 관계에 전략적으로 집중함으로써 수익성 있는 성장을 추구한다.	**추진자:** 비즈니스 전략 및 의사결정, 투자 및 우선순위 결정의 원동력이 된다.

마케터들이 먼저 변해야 한다. 물론 이미 훌륭한 모범을 보이는 사람들이 있지만, 아직 많은 마케터들은 더 전략적이고, 혁신적이고, 상업적이 되어야 한다. 그런 마케터가 되기 위해 지금보다 더 좋은 기회는 없다.

그러나 마케터들은 더 많은 일을 해야 하고, 시장에 접근하는 방식에서 더 상업적으로 집중해야 하며, 더 경쟁적이고 창의적이며, 회사가 나아가야 할 방향에 더 집중해야 한다. 사실, 오늘날 가장 성공한 마케터들이 더 이상 마케터라고 불리지 않는 것은 놀라운 일이 아니다. 오늘날 마케팅 리더들은 종종 영업담당 임원, 사업부의 대표, 특정 시장 부문의 비즈니스 매니저, 또는 고객담당 매니저의 모습으로 활약한다.

마케팅 협회의 의뢰로 맥킨지가 시행한 최근 조사는 CEO들이 더 많은 일을 하기 위해서는 마케터가 필요하다는 것을 보여준다. 이 연구에서 사업 우선순위를 제시했는데, 모두 마케팅과 밀접한 관련이 있는 것이었다.

- **지속 가능한 성장 달성** – 브랜드 투자, 고객 이해도 향상, 더 많은 혁신, 전략과 실행 사이의 균형 개선을 이룬다.
- **규제 강화 대처** – 규제 당국과의 관계 개선, 시장의 방향에 긍정적 영향, 모든 것을

위협으로 보고 맞부딪히기 보다는 더 나은 기업 시민이 되는 것이 필요하다.

- **비용 관리** – 늘 같은 방식으로 하거나 기왕에 집행된 비용을 삭감하기보다는 일을 보다 효과적으로 잘 할 수 있는 스마트한 방법을 찾는다.
- **조직의 속도와 대응력** – 급변하는 시장에 민첩하게 대응함으로써 특정 제품이나 기술에서 벗어나고, 문화적으로 과거보다는 현재와 미래에 더 부응한다.

마케팅과 마케터들에게는 분명히 중요한 도전과 기회가 있다. 특히 CEO들은 부서 차원이 아니라 회사 전체에 마케팅 마인드를 육성하기를 원한다.

"훌륭한 마케터들을 보유하는 것에 그치지 않고, 모든 곳에 훌륭한 마케팅 기능을 배치하여야 한다."
-소비재 회사 CEO

"이들은 마케팅이 회사 전반의 원동력이 되어야 한다는 점을 전적으로 지지하며, 보다 강력한 고객 지향을 주장하고 이를 회사 성공의 동력과 일치시킨다. 이를 위해서는 마케팅에 새로운 역할, 최소한 더 넓은 역할이 필요하며, 회사 전체에 마케팅 마인드가 필요하다고 주장한다. 마케팅은 미래에 대한 관점을 갖는 것이다."
-소비재 회사 CEO

"마케팅이 운영 방식과 재무 평가를 주도해야 한다."
-금융서비스 회사 CEO

"효과적인 마케팅이야말로 미래 현금 흐름과 주주 가치의 핵심 동력이다."

-소비재 회사 CMO

연구에 따르면 마케터들은 회사에 대한 자신의 특별한 기여를 인식하면서도 좌절감을 느끼고 있는 것으로 조사됐다.

- 마케팅 전술에까지 깊이 들어가려면 더 상업적인 사고, 더 나은 측정, 더 큰 책임을 수용해야 한다.
- 마케터가 전략 개발을 주도하려면 사업에 대해 더 잘 알아야 하고 더 넓은 비즈니스 기술을 익혀야 하고, 더 상업적인 어휘를 구사해야 한다.
- 회사의 고객 집중도를 개선하기 위해 마케터들은 회사 전체에 걸쳐 보다 더 협력적으로 일해야 한다.
- 마케팅이 소정의 결과를 창출하고 그 결과를 상업적으로 분명하게 표현함으로써 마케터가 회사의 높은 지위에 올라야 비로소 회사를 이끄는 자리를 차지할 수 있다.
- 마케터들은 부서 내에서 뿐만 아니라 회사 전체에 걸쳐 협력을 통해 이러한 이슈와 역할에 대한 이해를 증진시켜야 한다.

그러나 마케터들은 이러한 막중한 일을 하고 있다는 것을 CEO들에게 인식시키지 못하고 있다. 마케터들은 창의성과 에너지가 있다는 것은 인정받고 있지만, 규율과 올바른 역량이 부족하고 융통성이 없으며 때로는 오만한 사람들로 인식되고 있다.

CEO들은 과연 마케터들을 어떻게 생각하고 있을까?

CEO들은 마케팅의 필요성을 인정하면서도, 자신의 우선순위에 부합하지 않고, 고객과 동떨어져 있고, 변화에 저항하며, 단기적 성과에 집착하며, 사업에서 책임감이 가장 적은 사람들로 치부되는 기능적 마케터들을 원하지 않는다.

흥미로운 점은 회사 내에서도 마케팅의 정의가 크게 다르다는 것이다. 이는 마케팅을 정의하는 언어가 내외적으로 잘못 해석되고 있다는 것을 의미한다. 기능적 활동으로 마케팅을 정의하면 마케팅은 다음과 같이 다양하게 해석된다.

- 기업 이미지 및 평판 구축, 광고, 연구, 개발, 가격 책정, 유통, 판매, 기업의 사회적 책임(CSR) 등 통합 기능을 하는 '영업적' 마케팅팀
- 광고, 연구 개발, 가격 책정, 마케팅 통합, CSR에 국한하는 '기능적' 마케팅팀.
- 광고, 연구 개발을 전문으로 하는 '창의적' 마케팅팀
- 기업 이미지 및 평판, 투자유치 설명회, 내부 커뮤니케이션 및 CSR업무를 하는 '회사 총괄' 마케팅팀

우리가 창의적인 전문가라고 생각하는 마케터들은 끊임없이 새로운 아이디어, 새로운 모델, 새로운 솔루션을 찾고 있지만, CEO들은 더 큰 전략적 사고, 혁신, 상업적 구현을 보

최선의 경우	최악의 경우
창의적	제멋대로의
헌신적	가치 지향적이지 않은
열심히 일하는	일관적이지 못한
영감을 주는	자만심이 강한
필수적	상업적이지 못한
열정적	책임감이 없는
재능 있는	

(출처: 마케팅협회(The Marketing Society))

고 싶어 한다.

그러나 마케팅 천재는 마케팅에 대해 그렇게 화려한 개념을 들이대지 않는다. 마케팅은 그런 개념들을 회사에 효과적으로 부합하도록 구현하고, 철저한 창의성과 엄격한 규율로 고객들을 참여시키고 탁월한 결과를 제공하는 방법에 관한 것이다.

마케팅 협회는 회원사들과 다른 전문 기관들과 협력해 '마케팅 선언문(A Manifesto for Marketing)'을 만들었다. 그것은 마케팅의 새로운 역할과 마케터들이 이 새로운 역할을 효과적으로 수용하기 위해 필요한 것들을 정의했다.

마케팅 선언문

마케팅은 회사의 우선순위에 따라 스스로를 유연하게 재편할 수 있어야 하며, 고객과 주주 모두에게 특별한 가치를 창출할 수 있어야 한다. 마케터들은 조직의 새로운 역할을 적극 수용하고 그 과정에서 새로운 행동을 보이고 새로운 능력을 획득할 수 있어야 한다.

마케터의 새로운 역할
- **고객 대변자** – 소비자와 중간상인 등 고객의 실제 욕구와 관심에 대한 마케팅 통찰력을 구축해 브랜드 약속이 효율적이고 설득력 있는 현실이 되도록 보장한다.
- **비즈니스 혁신자** – 회사 전반에 걸쳐 혁신을 위한 최고의 기회를 포착하고, 명확한 비전과 철저한 창의성으로 최고의 아이디어를 특별한 제품과 서비스로 전환시킨다.
- **성장 추진자** – 기업이 미래 현금흐름과 주주에 대한 높은 수익을 창출, 가속, 지속할

수 있는 최고의 기회에 초점을 맞추게 함으로써 수익성 있는 성장을 주도한다.

만약 마케터들이 변화할 수 없다면 그들은 점점 더 고립되어 무관심한 부서가 될 것이고, 기업은 사업 성공을 위한 도전과 책임을 더 감수해야 할 것이다.

변화의 필요성

마케팅은 회사의 성장을 이끌고, 회사 전략 수립의 핵심적인 부서가 되고, 고객을 보다 깊이 이해하고 참여시키며, 회사 동료들에게 사기와 관심을 불어넣고, 가치 창출의 엔진으로 스스로의 위상을 재정립할 특별한 기회를 갖게 되었다.

그러나 이러한 새로운 역할에 임하는 마케터들 자신도 새로운 방식으로 행동하고 새로운 능력을 개발해야 한다. 마케터들에게 요구되는 가장 중요한 것은 다음과 같다.

- **책임감** – 마케터는 회사의 수익성 있는 성장, 의사결정 및 우선순위 추진, 장단기 목표의 균형적 조정, 창출된 가치의 측정 및 표현에 대한 책임이 있다.
- **협업적 행동** – 이상적 마케터는 고객에 대한 통찰력을 기반으로, 전략과 실행의 균형을 맞추고 매력적인 경험을 제공하면서 회사 전반에 걸쳐 업무 흐름을 주도한다.
- **새로운 역량 개발** – 마케터는 보다 전략적이고 혁신적이고 상업적이어야 하며, 새로운 마케팅 프로세스와 모델을 수용하고 고객의 언어를 재무적 성과로 전환시킬 수 있어야 한다.

마케터는 자신의 행동과 능력에 대해 개인적인 책임을 져야 할 뿐 아니라 마케팅에 대한 전통적 인식과 영향을 바꾸기 위해 전문 부서로서의 역량도 발휘해야 한다.

(출처: 마케팅 협회)

영감 1. 네슬레

"네슬레는 먹을 것으로 세상을 구한다."

초콜릿 한 조각을 깨물든, 물 한 잔을 마시든, 저녁 식사를 준비하든, 개에게 먹이를 주든, 아이스크림을 즐기든, 이 모든 일에서 당신은 네슬레 제품을 선택했을 가능성이 있다. 비록 그 회사의 브랜드는 그동안 네스카페(Nescafe), 킷캣(KitKat), 매기(Maggi), 뷰이토니(Buitoni), 하겐다즈(Haagen Dazs) 등 많은 제품 브랜드 뒤에 숨겨져 왔지만, 이제 네슬레라는 회사 브랜드가 회사의 폭넓은 포트폴리오를 뒷받침하는 일종의 품질 보증 마크로 점점 더 많이 사용되고 있다.

스위스 브베에 본사를 두고 있는 네슬레는 1866년 앙리 네슬레가 설립한 회사로 오늘날 세계 최대의 식음료 회사로 성장했다. 이 기업의 전략은 '혁신과 재건'을 통한 성장으로 대표된다. 이 회사의 장기 잠재력은 결코 단기성과에 의해 희생되지 않으며, 가장 적절한 최고의 제품을 사람들에게 '그들이 어디에 있든, 그들의 욕구가 무엇이든, 평생 동안' 가져다주는 것을 최우선 과제로 삼고 있다.

네슬레의 최고 마케터가 오랫동안 병가를 냈을 때, 그의 업무는 아래 직원이 아니라 상사인 피터 브래벡 CEO에게 위임되었다. 마케팅 경력이 있는 브래벡 CEO는 현재 네슬레의 8,000여 제품과 2만여 개의 파생 제품에 대한 책임을 매일 수행하면서, 25억 달러의 마케팅 예산으로 650억 달러 이상의 매출을 창출하고 있다.

브래벡은 '우리는 브랜드화된 소비재 회사'라고 말한다. 그는 마케팅이야말로 성장 엔진이며 그중에서도 브랜드가 핵심이라고 생각한다. 네슬레의 성공에서 소매업체와의 파트너십은 가장 중요한 요소이며, 소매업체와 비용이 드는 싸움을 하기보다는 상호 성공을 위해 더 잘 협력할 수 있는 방법을 찾는 것이 최대 과제라는 사실을 잘 알고 있다. 그는 일부 경쟁업체들이 소매업체들의 자체 라벨 상품(OEM) 개발에 적극 나선 것은 소매업체들에게 굴복한 것이라고 주장했다.

"그것은 소비재 제조업체가 가치를 창출하지 못한 궁극적 증거입니다."

이 문제를 해결하기 위해 그는 회사의 마케터들에게 소비자 통찰력, 광고, 판촉, 영업, 소매점 관리를 통한 '수요 창출자'이자, 혁신, 브랜드 개발을 통해 핵심 브랜드를 보호하고 발전시키는 '브랜드 보호자'가 되어야 한다고 강조했다.

네슬레는 회사 매출의 40%를 차지하는 네슬레, 애완동물 식품 퓨리나, 매기, 네스카페, 네스티, 뷰이토니 등 6개의 엄브렐라 브랜드 휘하에 거대한 제품 포트폴리오를 구축했다. 예를 들어 네슬레는 우유에서부터 초콜릿과 아이스크림까지 다양한 제품에 대한 보증 브랜드로 괄목할 만한 성장을 이루었다.

브래벡은 마케팅 중심 무대를 마련해 주었는데, 이는 이전에 자신이 마케팅 업무를 담당했을 때의 좌절감 때문이기도 했다. 이전의 매트릭스 조직에서는 마케팅이 혁신의 일부만을 담당했고, 회사 전체의 ROI가 아닌 광고에 대한 ROI만을 측정하는, 대체로 책임을 지지 않는 주변 부서에 불과했다.

그러나 현재의 마케팅 책임자는 회사의 7개 전략 사업부를 책임지고 있는데, 각기 다른 카테고리의 식품으로 구성된 각 사업부는 연구개발에서부터 생산과 세계 각 지역의 실적까지 총괄하는 글로벌 사업 전략을 개발하는 책임을 맡고 있어 브랜드와 제품의 현지화와 유통업체와의 관계를 강화할 수 있다. 이는 또 마케터가 직접 사업부를 통제함으로써 회사 성과에 대해 전적으로 책임지는 확실한 고객 지향의 접근법이기도 하다.

어떻게 시장을 효과적으로 관리하고, 비전을 통해 시장을 형성하고, 그 안에서 변화를 주도하며, 그 구조와 규제에 영향을 미치는가? 이러한 사고가 회사의 성장을 이끈다는 것을 어떻게 확신하는가?

1. 시장 역동성을 이해한다.

   기존 및 인접 시장의 시공을 통한 역동성, 장기적 가치의 원천 및 동력이 무엇인지 이해한다.

2. 미래 시장 시나리오를 작성해 본다.

   시장 형태, 고객 욕구 및 자신의 경쟁력과 관련해 가능한 미래 시나리오를 고려한다.

3. 마켓 전략을 세워본다.

   보다 넓은 비즈니스 전략을 토대로, 어디에서 어떻게 경쟁하고 어떻게 가치를 창출할 것인지 결정한다.

4. 자신의 시장 영향권을 창출한다.

   당신이 '확보'하려는 하는 시장 포지션과, 당신의 비전에서 어떻게 시장을 정의하고 형성할 수 있는지 파악한다.

5. 표준과 규제에 영향을 미친다.

   표준과 규제를 주장하고 정의하는 데 능동적으로 주도적 역할을 수행하고 적절한 영향력을 행사한다.

6. '외부적 관점'의 문화를 형성한다.

   고객, 시장 전략 및 마케팅 마인드를 활용해 외부적 관점을 지향하고 우선순위를 설정한다.

마케터는 '고객 대변자'가 되어 고객 통찰력을 조직 전체에 제공하고, 의사결정을 주도하며, 고객 지향의 행동을 이끌어내야 한다. 그러면 결과적으로 의사결정이 보다 통찰력 있고, 효과적으로 균형을 이루게 되면서 고객을 위한 경험이 보다 만족스럽고, 일관성 있고, 효율적으로 전달된다.

이를 위해서는 마케터에게 다음 사항이 요구된다.

- 실행 가능한 고객 통찰력을 우선순위에 따라 명확하게 표현한다.
- 고객 관심사(보건, 환경)에 대한 책임을 진다.
- 회사가 마케터를 이해하고 행동하도록 확신시킨다.
- 회사가 고객 약속을 효과적으로 이행하도록 선도한다.
- 고객의 우선순위를 반영하는 브랜드를 구축한다.
- 회사가 성공적인 고객 관계를 구축하도록 확신시킨다.

마케터들은 그동안 고객에 대한 지식을 가지고 있으면서 자체 부서 내에서만 고객과의 관계를 구축하려고 노력했다. 이것은 분명히 바람직하지 않다. 마케터들은 고객 집중을 의미 있게 만들고 약속이 실제로 실현되도록 하기 위해 회사의 모든 부서를 이끄는 힘이 되어야 한다.

이를 위해서는 마케터들이 고객 정보를 적극 대변하는 것을 역할의 핵심으로 삼고, 시장 조사를 분석하고 진정한 통찰력을 찾기 위해 더 열심히 일해야 하며, 자신의 연구와 통찰력을 다른 모든 사람들이 접근하고 이해할 수 있도록 해야 한다. 마케팅의 통찰력이 적절하고 실용적이 되게 하기 위해서는 마케터들이 다른 부서의 문제들을 듣고 이해해야 하며, 자신의 통찰력을 회사의 중요한 문제와 기회에 적용하고, 부서와 직위를 초월해 모든 의사결정에 더 많이 관여해야 한다.

마케터들은 고객 관심사가 회사 의제에서 상위에 위치하도록 할 책임이 있다. 그들은 고객 제안의 개발과 전달에 앞장서야 하며, 그런 제안이 어떻게 체계적으로 전달되고 있는지를 보다 명확하게 설명해야 한다.

고객 지향은 강요로 되는 것이 아니다. 그것은 마케터들이 동료들과 협력해 고객 지향이 되도록 그들을 설득하고 영향을 미치며, 더 개인화되고 브랜드와 관련된 방식으로 가치를 전달하는 것이다. 이를 위해서는 업무와 계층 구조 중심의 조직 구조를 뛰어 넘는 보다 개방적이고 협력적인 방법이 필요하다.

일부 회사들은 특정 시장 또는 특정 브랜드에 대한 고객 경험을 대변하는 리더를 세움으로써 이를 장려한다. 고객 경험 관리자나 사업부문 관리자가 그런 직책을 맡는 회사도 있고, 브랜드 관리만을 중점적으로 하는 회사도 있다.

영감 2. 영국항공

영국항공은 1973년 국영 영국해외항공사과 영국유럽항공이 합병돼 설립되었다. 1981년에 민영화를 준비하는 임무를 띠고 존 레너드 킹이 회장에 임명되었고, 1983년에 콜린마샬을 CEO로 영입했다. 그리고 1987년에 완전 민영화되었다.

킹과 마샬은 관료적이며 엉망으로 운영되었던 회사를 고객 서비스의 선두주자로 만들었다. 초기 문화 변화는 고객 서비스가 수익을 내는 지름길이라고 간주하고 먼저 직원들을 중시하는 데 초점을 두었으며, '고객이 최우선(Putting People First)'라는 프로그램을 도입하는 것으로 시작됐다.

이후 영국항공은 마케팅과 고객 서비스가 회사의 화두가 되었다. 다양한 고객들에게 각기 다른 제안을 하고, 다양한 상품과 서비스 요소들을 한데 모아 끊임없는 항공여행 경험을 제공하는 이른바 브랜드 아이디어를 도입한 최초의 서비스 회사가 되었다.

회사의 광고는 영국항공을 이용하는 전 세계 사람들에게 기억에 남는 이미지를 심어줌으로써 '세계인이 가장 좋아하는 항공사'임을 홍보하며 기존 인식을 바꾸는 것에 중점을 두었다. 이그제큐티브 클럽은 고객 충성도를 보여주는 대표적 사례가 되었다. 물론 그들의 서비스에는 콩코드도 포함되어 있었는데, 이 초음속 여객기는 여행자들이 (시계상의 시간으로) 런던을 이륙하는 시간보다도 더 이른 시간에 뉴욕의 JFK공항에 도착하는, 이른바 '시간을 초월하는 여행'을 가능하게 해주었다. (런던과 뉴욕의 시간 차이 5시간, 런던 – 뉴욕 간 콩코드가 걸리는 시간은 4시간이었다. 그러나 콩코드는 지나친 소음과 연료 소모, 100명에 불과한 탑승 인원 등으로 경제성을 내지 못하다 대형사고까지 터지면서 2001년에 운항이 중단됨)

민영화를 위한 국가 보조금 지급은 끝났지만 몇 년 동안 세계 여행 시장이 성장세를 보이는 가운데 영국항공도 이러한 서비스 중심의 접근 방식으로 번창해 나갔다. 그러나 제1차 걸프전 발발, 유가 상승, 치열해 지는 경쟁, 아직도 남아 있는 과거의 운영 방식으로 인한 비효율성 등이 이 회사의 발목을 잡았다.

먼저, 영국항공의 가장 수익성이 좋은 몇몇 노선에 리처드 브랜슨의 버진 애틀랜틱이 진입하면서 두 항공사 간의 이른바 '비겁한 조작'(dirty tricks, 영국항공이 신생 항공사인 버진의 정보를 빼내 고객을 빼돌린 사건) 스캔들은 무엇이 허용 가능한 경쟁이냐?에 대한 논란을 불러 일으키기도 했다. 이 사건으로 경영진과 노동조합이 충돌하면서 이로 인한 혼란으로 회사는 수억 파운드의 손실을 입었다.

1997년, 영국항공은 전통적인 유니온(영국 국기) 꼬리핀 문양을 세계적 다양성을 반영하는 여러 문양으로 대체하는 과감한 브랜딩 변화를 시도했다.

영국항공은 자신이 더 이상 고객에 냉담하고 영국에 국한된 존재가 아니라 고객을 배려하는 세계적 항공사임을 온 세계에 보여주고 싶었다. 브랜드 아이디어를 여러 가지로 묘사한다는 개념은 장점도 있지만, 새 디자인은 회사 이사회에 여전히 확실한 영향력을 행사하고 있는 영국 장년층 여행자들의 강한 반발에 부딪혔고, 결국 새로운 꼬리핀 아이디어는 점차 시들해졌다.

항공사 시장은 빠르게 진화하고 있었다. 영국항공은 자신의 운명이 다른 사람들에 의해 좌우되기보다는 스스로 운명을 개척해야 한다는 것을 깨달았다. 이에 따라, 항공편 코드를 공유하고, 일정을 동기화하며, 단골고객 혜택 프로그램들을 결합하고, 시장이 자그마한 항공사가 단독으로 서비스를 제공하기에는 비경제적인 곳에 다수의 지역 항공사들에게 브랜드를 프랜차이징하는 이른바 다른 항공사와의 동맹이 매우 중요해졌다.

인수 합병 노력도 계속되었다. 미국을 따라잡는 데 실패한 영국항공은 이후 아메리칸 항공과의 합병을 위해 엄청난 시간을 할애했는데, 규제당국이 히드로 공항 사용권에 대한 까다로운 조건을 제시하면서 결국 성공하지 못했다.

영국항공의 마케팅팀은 마틴 조지 영업담당 이사의 지휘 하에 업계 표준을 구축하면서 '하나의 세계(One World)' 동맹 전략을 발전시켰다. 한편 자사 브랜드를 업그레이드하기 위한 새로운 방법을 지속적으로 모색하고 고객 경험을 향상시키며 ba.com에 대한 막대한 투자를 통해 영업, 마케팅 및 고객 서비스의 효율성을 개선해 나감으로써 자사의 명성과 리더십을 재구축하고 있다.

브랜드 관리는 회사 전체적으로 중요한 분야다. 특히 서비스 회사의 브랜드 관리는 물리적이고 유형적인 제품을 취급하는 브랜드를 마케팅하는 것보다 더 다양한 과제를 안고 있다. 서비스 브랜드는 고객과의 상호 작용 횟수가 거의 무한대에 가깝고 많은 운영 프로세스에 의존하고 있을 뿐 아니라, 많은 부분들이 제3자가 제공하는 서비스로 이루어지며, 무엇보다 중요한 것은 서비스가 사람에 의해 제공된다는 점이다.

지저분한 소매점에서 불친절한 판매원이 배달한다 해도 상품 자체가 질도 좋고 포장도

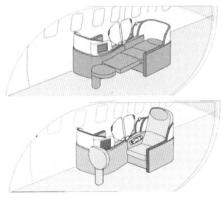

(출처: thetravelinsider.com)

일관성이 있는 하인즈 베이크 빈즈 통조림 같은 제품 브랜드와는 달리, 서비스 브랜드에서는 서비스 자체가 전부를 차지한다. 여행 경험에서도 한번의 불친절함이 브랜드에 대한 전체 인식과 고객의 경험에 영향을 미칠 수 있다. 영국항공은 브랜드 관리가 가장 중요하며, 서비스는 단지 지식에만 머물러서는 안 되며 사업의 모든 부분을 반영하는 것이라는 것을 인식했다.

영국항공은 '최고의 일정과 시간을 엄수하는 안전한 항공사'라는 고객과의 광범위한 약속을 나타내는 모든 서비스의 최상에 위치한 '마스터 브랜드'인 반면, 클럽 월드, 클럽 유럽, 월드 트래블러, 유로 트래블러 같은 하위 브랜드들은 고객들에게 보다 구체적이고 적절한 제안과 경험을 구성하는 제품과 서비스를 나타낸다.

영국항공의 브랜드 매니저는 유형의 제품이 아니라 고객을 먼저 생각한다. 이는 수직적 사고가 아니라 수평적 사고를 요구한다. 클럽 월드 브랜드 매니저는 주 고객인 기업의 출장 여행자들이 집에서 떠나면서부터 차를 주차하고 체크인하고 여행하고 목적지에 도착해서 그곳에서 해야 할 일을 하는 데까지 전체 경험을 생각한다. 이런 20여 개에 달하는 고객 경험의 모든 측면을 고려해 클럽 월드라는 서비스 경험을 구성하는 것이다.

브랜드 관리자의 임무는 끊임없는 브랜드 경험을 제공하기 위해, 티켓을 판매하는 것뿐 아니라 고객의 체크인, 공항 당국과의 협조, 라운지, 기내 인테리어, 기내식 공급업체, 객실 승무원, 주차장 및 호텔 제휴 업체와의 업무 등 믿을 수 없을 정도로 복잡한 일련의 상호작용을 조정하는 것이다. 그러나 브랜드 매니저는 직접적인 예산이 거의 없고 해당 부서들이 예산을 보유하고 있기 때문에, 개별 고객들에게 끊임없는 브랜드 경험을 제공하기 위해서는 회서 전체 부서들과 협업적이고 영향력 있는 접근방식이 필요하다.

이것이 바로 전사적인 브랜드 관리다.

적용 브랜드 관리

전통적인 제품 기반의 소비재 브랜드 관리 차원을 넘어 브랜드를 어떻게 관리하고 있는가? 마케팅 역할을 훨씬 뛰어넘는 기업 브랜드 관리를 하고 있는가? 회사의 모든 사람들과 파트너들이 참여하는 방식으로 브랜드 전달을 관리하고 있는가? 브랜드가 회사와 시장의 요구에 부합하고 지속적으로 생존할 수 있다는 것을 어떻게 확인할 수 있는가?

1. **브랜드를 명확하게 정의해야 한다.**

   기업 브랜드와 기업의 핵심 아이디어를 정의하고, 기업 브랜드가 갖는 의미를 회사 내부의 모든 사람에게 설명한다.

2. **브랜드를 이해 당사자의 요구에 맞춘다.**

   브랜드가 고객, 직원, 주주 및 관련 이해 당사자들의 요구에 부합하는지 확인한다.

3. **사업에 브랜드 가치를 투영한다.**

   CEO의 주도 하에 브랜드를 회사의 핵심 목적과 연결시키고 전략을 통해 전달한다.

4. **브랜드 가치를 느끼도록 한다.**

   일련의 고객 및 직원 가치 제안을 개발해 브랜드를 사람들에게 적절하고 의미 있는 것으로 만든다.

5. **브랜드 경험을 고객들에게 전달해준다.**

   브랜드 약속을 '조직적'으로 관리함으로써 각 고객에게 밀착된 브랜드 경험을 제공한다.

6. **무형의 브랜드 자산을 지속적으로 관리한다.**

   브랜드를 가치 있는 무형자산으로 정의하고 관리 육성함으로써 그 가치를 성장시킨다.

마케터는 급변하는 시장 상황에 대응하고, 최고의 기회를 발견해 혁신을 추구하며 이를 창조적이고 상업적으로 활용할 수 있는 '비즈니스 혁신자'여야 한다.

오늘날 모든 사람들이 혁신이 사업의 전제조건이라며 요란하게 외쳐대지만, 혁신을 전담하는 부서가 있는 회사는 거의 없다. 그것은 모든 사람들이 혁신을 해야 한다는 의미일 수 있지만, 누구도 그에 대한 구체적 책임을 지지 않는다는 뜻이기도 하다. 혁신 전담 부서의 역할은 시장 동향과 규제, 경쟁과 기술 변화에 더 빠르고 효율적으로 대응함으로써 최고의 기회를 찾아 차별화된 전략으로 성장을 주도하는 것이다.

마케터가 이러한 역할을 효과적으로 수행하려면 다음 사항이 요구된다.

- 변화하는 시장의 모습과 미래를 명확히 표현한다.
- 규제 변화를 적극적이며 긍정적으로 다룬다.
- 새로운 기술이 새로운 시장에 어떻게 적용되는지를 창의적으로 탐구한다.
- 제품 및 비즈니스 혁신 개발을 주도한다.
- 최고의 시장, 최고의 고객, 최고의 제품에 노력을 집중한다.
- 혁신이 더 빠르게 성공할 수 있도록 이끈다.

고객 대변자의 역할과 마찬가지로, 마케터들은 마법을 부리는 예언자가 아니라 그 역할과 도전과 기회를 받아들이고, 그 역할을 누구보다도 잘 수행하는 선견지명과 에너지를 가져야 한다.

비즈니스 혁신자들은 실행에 초점을 맞출 뿐만 아니라 보다 전략적인 관점으로 미래에 시장이 어떻게 발전할 것인가?와 거시 경제 및 사회적 흐름에 대해서도 잘 이해해야 한다. 그래야만 회사 전략의 핵심인 시장 전략을 개발할 수 있기 때문이다. 그런 전략은 행동 중심적이고 부분 기능적인 전통적인 마케팅 계획보다 더 전략적이고 총체적이어야 한다.

마케터는 또 규제 변화에 대한 이해와 대응에 앞장서야 하며, 새로운 기술과 적용에 대해 더 잘 이해해야 한다. 마케터는 네트워크 기술이나 사회 패턴의 변화가 어떻게 그들의 시장과 제안을 변화시킬 수 있는지 주도적으로 고려해야 한다.

혁신은 그 창의적이고 상업적인 접근 방식이 공급망에서부터 급여 체계, 불만사항 처리, 지식 관리에 이르기까지 기업의 모든 측면에 적용될 수 있다는 점에서 단순한 제품 개발보다 훨씬 더 중요하다. 따라서 마케터들은 기업의 모든 부서, 경험, 사업 모델까지 혁신하는 법을 배워야 한다.

마케터는 또 더 창의적인 방법으로 마케팅을 해야 한다. 유통, 가격 정책, 의사소통 사고의 많은 부분이 지난 40년 동안 거의 변하지 않았다. 신기술과 새로운 미디어가 등장했지만 대부분의 기업들은 비슷한 방식으로 계속 일해 왔다.

영감 3. 필립스

코닌클리예크 필립스 일렉트로닉스(Koninklijke Philips Electronics N.V., 로열 필립스 전자 – 원래 회사명은 Philips Electronics이었으나 1997년 네덜란드 왕실이 100년 이상의 역사를 지닌 대기업에게 사회적인 존경의 의미를 부여하는 '로열'의 칭호를 필립스에 수여했다. 이에 따라 필립스는 기존 사명에 네덜란드어로 '로열'을 뜻하는 '코닌클리예크'란 단어를 회사명 앞에 붙여 정식 이름으로 쓰고 있음)는 전 세계적으로 300억 유로의 매출을 올리는 세계 최대 가전회사 중 하나다. 이 회사의 제품들은 필립스 소비자 전자제품, 필립스 반도체, 필립스 조명, 필립스 메디컬 시스템, 필립스 가전 및 퍼스널 케어라는 브랜드로 소비자들에게 전달되고 있다. (필립스는 2013년에 회사명을 '로열 필립스 전자'에서 '로열 필립스'로 바꾸었다. 2006년에는 반도체 사업부를 매각했고, 2013년에 오디오/비디오 사업부를 일본 기업에 매각했다. 2016년에는 헬스케어 부문과 퍼스널 헬스[소비자] 부문을 중심으로 사업 구조를 개편하고 조명기기 사업부는 독립 회사로 분사시켰다. 2020년 7월에는 퍼스널 헬스에 속해 있는 소형가전 사업부도 매각한다고 발표했다. 분사와 매각 때문인지 2019년 매출은 194.8억 유로로 2007~2008년 수치로 추정되는 본서의 300억 유로보다 크게 줄었음)

필립스는 1891년 네덜란드 아인트호벤에서 제라드와 안톤 필립스 형제에 의해 설립되었다. 첫 제품은 전구였고, 제품이 다양화된 것은 50년 전이었다. 전기면도기 필리쉐이브를 시작으로 콤팩트 오디오 카세트 테이프를 출시하면서 크게 성장했다.

필립스는 유럽 최대 전자 회사로, 항상 느끼지는 못해도 거의 모든 곳에 영향을 미치고 있다. 예를 들어, 필립스는 매년 24억 개 이상의 백열 전구와 3,000만 개의 브라운관을 생산한다. 세계 텔레비전의 60%에 필립스 제품이 들어 있고, 세계 사무실의 30%는 필립스 조명으로 불을 밝히고 있으며, 매년 250만 건의 심장 시술이 필립스 기술로 수행된다.

필립스는 오랫동안 우수한 기술과 발명품들로 인정받아 왔지만, 종종 혁신의 마지막 장애물에 걸려 넘어지곤 했다. 필립스는 사람들을 끌어들이는 제품, 즉 공감 디자인과 좋은 제품들을 더 돋보이게 만드는 강력한 매력적 제품을 만들지 못했다. 그로 인해 새로운 접근 방식이나 표준, 발명들을 제품으로 통합하지 못했고, 결국 시장을 선도하지 못했다.

필립스에서 마케팅의 가장 중요한 추진 동력은 고객이 아니라 '기술 로드맵'이었던 것 같다. 이것이 모든 매니저들로 하여금 새로운 기술이 언제 나오며 그로 인한 파생 상품이 언제 출시될 것인지에 대한 과시적 일정에 매달리는 기업 문화를 낳는 결과를 초래했다.

그 결과, 시장과 고객은 뒤로 밀려났다. 이런 제품 위주의 전략은 최악의 상황으로 이어졌다. 마침내 소비자 기반 기업에서 성장한 비기술 전공자인 젊은 마케터들이 이러한 실패를 인식하고 기술 로드맵에 도전하기 시작했다. 그들은 시장 및 고객 동향, 치열한 경쟁, 새로운 기술의 출시 시기 등을 전체적으로 파악해 기술 로드맵에 맞설 '고객 로드맵'을 만들었다.

이들이 개발한 제품 및 고객 로드맵은 기존 방향과는 달랐지만, 회사가 무엇을 개발하고, 언제 출시해야 하며, 시장에 가장 효과적으로 포지셔닝시키고 마케팅할 수 있는 방법이 무엇인지에 대한 긍정적 효과를 강화시켰다.

적용 혁신 관리

전략과 절차, 제품 파생을 수반하는 전사적 계획 등, 혁신을 어떻게 관리하는가? 시장이 혁신에 대비할 수 있도록 어떻게 준비하는가? 당신의 혁신은 상업적인 결과를 가져왔는가?

1. 혁신 마인드 장착

   회사의 모든 영역과 측면에서 혁신적으로 생각하고 행동할 수 있는 열망, 태도, 역량을 구축한다.

2. 혁신 전략 개발

   제품과 절차의 혁신에 전략적으로 우선순위를 부여하는 구체적인 혁신 전략을 개발한다.

3. 혁신 포트폴리오 관리

   '큰 모험'과 혁신으로 인한 파생 효과라는 포트폴리오를 관리함으로써 리스크와 보상의 균형을 맞춘다.

4. 시장 전략과 연계

   시장의 요구와 구조를 혁신함으로써 시장이 혁신에 대비할 수 있도록 준비한다.

5. 혁신 프로세스 관리

   혁신 프로세스를 창의적이고 상업적으로 공식 관리함으로써 회사의 모든 측면에 적용시킨다.

6. 시장 혁신의 상용화

   혁신이 시장 기회와 기술적 가능성 사이에서 균형을 이룸으로써 효과적으로 상용화되도록 한다.

개념 성장 추진자

마케터는 매출 증대를 위한 최선의 기회를 활용함으로써 수익성 있는 성장과 주주 가치에 긍정적 영향을 미치는 '성장 추진자'가 되어야 한다.

기업의 조직 내 각계각층에는 비용을 관리하고 성과에 대해 끊임없이 논의하고 보고하는 사람들이 많다. 그러나 효율성을 끊임없이 추진한다는 것은, 그들이 어떻게 하면 비용을 더 줄일 수 있는지를 생각하느라 대부분의 시간을 쓴다는 것을 의미한다.

안타깝게도 그들 중 성장을 주장하는 사람은 거의 없다. 영업부 매니저는 자신의 개인 고객을 늘리는 일에, 브랜드 매니저는 브랜드를 관리하는 일에만 몰두하고 있고, 경영진 외에는 기업 전체적 관점에서의 성장을 강조하는 사람은 거의 없다.

혁신과 성장은 기업에 고객만큼 중요하다. 이에 대해서는 모두가 인정하지만 누구도 직접적으로 나서지 않는다. 이런 상황에서 마케터는 자신을 회사에 중요한 역할자로 만들어 자신의 리더십을 보여줌으로써 회사의 방향에 적극적으로 영향을 미칠 수 있다.

마케터들이 다른 사람들과 다르게 행동해야 할 이유는 분명하다.

- 수익성 있는 성장을 추진하기 위한 가장 좋은 시장 기회를 파악해야 한다.
- 통찰력 및 분석을 통해 전략 및 계획에 더욱 기여해야 한다.
- 전략 우선순위와 효과적인 마케팅에 집중함으로써 수요를 자극시켜야 한다.
- 브랜드와 관계를 활용해 장기적인 성장을 지속시켜야 한다.
- 명확한 측정 기준을 통해 성과에 대한 책임감을 가져야 한다.
- 이러한 계획의 가치를 회사 내부와 외부 투자자들에게 명확히 설명할 수 있어야 한다.

마케터들이 좀 더 상업적이 되어야 한다는 요구가 많지만, 사업을 이해하고 자신의 가치를 명확히 드러내기 위해서는 성장 추진자가 되는 것이 더 중요하다. 즉 상업적이 될 뿐만 아니라 전략적이고 혁신적이 되어야 한다는 것이다. 성장 추진자는 고객 통찰력과 혁신을 바탕으로, 마케팅 부서를 넘어 회사 전반에 걸쳐 리더십을 발휘해야 한다.

마케터가 성장 추진자가 되기 위해서는 비즈니스 프로세스와 중요 이슈에 대한 지식을 키우고, 수익성 있는 성장 기회를 찾기 위해 더 엄격한 분석을 적용하며, 시장의 전략적 분석에 더 많은 시간을 써야 한다. 마케터들은 이를 위해 전략부서나 경리부서와 긴밀히 협력해 회사의 전략과 계획 과정에 전적으로 참여하는 방법을 찾아야 한다.

마케터들은 성장을 위해 고객과 마케팅이 어떤 역할을 하는지에 대해 회사에 충분히 인식시키고, 성장 기반 계획의 수립과 실행에 앞장서야 하며, 회사 전체 부서들과 협력하고, 보다 역동적이고 실질적인 방법으로 브랜드를 활용하는 방법을 이해해야 한다.

회사로부터 이런 역할을 인정받기 위해, 마케터들은 활동의 장·단기적 가치를 명확히 설명하고, 고객 목표와 회사 목표를 모두 달성하는 성장 기반의 명확한 지표를 정의하고 이를 다른 부서와 소통해야 하며, 그 경제적 가치에 대해 이사회와 투자자들에게 명확히 표현해야 한다.

영감 4. 디즈니

월트디즈니사는 1923년부터 창작 콘텐츠와 스토리텔링이라는 풍부한 유산을 바탕으로 최고의 엔터테인먼트를 전달한다는 자신의 약속을 충실히 지켰다.

오늘날 디즈니는 4개의 주요 사업 영역으로 나뉘어져 있는데, 각 영역이 모두 잘 알려져 있는 통합된 브랜드와 활동을 하면서도 기업의 노출, 참여, 영향력을 극대화하기 위해서는 그룹 전체에 걸쳐 함께 연결된다.

실제로 브랜드로서의 디즈니는 오랜 세월 동안 일관되고 성공적인 마케팅을 구사해 왔기 때문에 어떤 슬로건보다도 자신의 브랜드를 더 잘 규정하는 몇 개의 정서적 단어들을 마치 '소유권'이 있는 것처럼 활용하고 있다. 바로 다음과 같은 단어들인데, 기업문화 컨설턴트 마틴 린스스톰의 브랜드센스의 조사에 따르면 사람들의 80%는 다음 단어를 보면 디즈니를 연상한다고 한다.

- 판타지
- 꿈
- 마법
- 창의성
- 미소

이런 말들에 생명을 불어 넣는 디즈니의 4개의 사업영역은 다음과 같다.

♠ 디즈니 스튜디오 엔터테인먼트

스튜디오는 회사의 근간이다. 미키마우스에서부터 백설공주와 일곱 난쟁이까지, 세계 최초의 장편 애니메이션 영화들은 온 가족이 즐겨 보는 콘텐츠들이다. 이 작품들은 터치스톤 픽처스, 미라맥스, 부에나 비스타 같은 유명 자회사를 통해 영화와 음악 형태로 배급된다.

♠ 디즈니 파크 & 리조트

이곳은 마법의 나라로, 디즈니가 사랑하는 캐릭터들의 고향이다. 1952년 캘리포니아주 애너하임에 디즈니랜드를 개장한 이후 11개의 공원, 35개의 호텔, 2개의 호화 유람선 운영 등 전 세계로 확장되었다. 매직 킹덤에서 엡콧 센터에 이르기까지 디즈니는 스튜디오 프로덕션의 작품을 바탕으로 일련의 판타지 환경을 만들었으며, 이를 통해 다양한 제품을 판매하고 있다.

♠ 디즈니 컨슈머 프로덕트

디즈니는 완구와 의류, 쌍방향 게임, 미술품, 실내장식품, 심지어 식음료까지 모든 것을 디즈니 브랜드로 상품화했다. 실제로 디즈니는 세계에서 가장 큰 라이선스 사업자 중 하나다. 출판 자회사는 세계 최대 어린이 도서 출판사이며, 베이비 아인슈타인은 개발 완구 분야의 선두주자이고, 디즈니 스토어도 성업 중이다.

♠ 디즈니 미디어 네트워크

디즈니는 텔레비전, 케이블, 라디오, 인터넷 브랜드 등 엄청난 미디어 네트워크를 구축했다. ABC는 광범위한 TV 방송 포트폴리오를 한데 모았고, 스포츠 전문 방송 ESPN, 디즈니 채널, 폭스 키즈 같은 케이블 자산도 보유하고 있다. 신디케이트 프로그래밍의 선두주자인 부에나 비스타 텔레비전과 모든 사업의 온라인 활동을 한데 모은 디즈니 인터넷 그룹도 이 사업부 소속이다.

(디즈니는 최근 많은 변화를 겪었다. 현재의 조직은 Walt Disney Studios, General Entertainment Content, Sports Networks, Media and Entertainment Distribution, 그리고 Parks, Experiences and Products 등 5개 사업부로 개편되었다. 가장 큰 변화는 2018년 우역곡절 끝에 폭스를 인수한 것과 2019년 11월 출시한 스트리밍 서비스 디즈니 플러스일 것이다. 2020년 초에 덮친 코로나로 테마파크와 리조트, 크루즈 등 여행 관광사업이 타격을 입으며 2020년[2019.10~2020.9]에 창사 이래 처음으로 28억 3,000만 달러의 적자를 기록했지만, 디즈니 플러스가 출시 1년도 안 돼 유료가입자 7,000만명을 넘기며 폭발적인 성장세를 보였다. 2020년 총매출은 653억 9,000만 달러, 기업 가치는 2,563억 달러에 달함)

디즈니 포트폴리오의 성장 연대표를 살펴보면, 여러 가지 다양한 콘텐츠를 하나씩 인수 합병하면서 시간이 지남에 따라 자회사 브랜드가 디즈니 마스터 브랜드와 나란히 조화를 이루는 진화 단계를 거치고 있음을 알 수 있다.

적용 성장 관리

성장을 기업의 전 분야에 걸쳐 어떻게 관리하고 있는가? 그런 성장을 달성하기 위한 최고의 기회와 접근 방식을 어떻게 찾는가? 성장이 수익성 있고 최대의 가치를 창출하도록 하기 위해 어떻게 관리하고 있는가?

1. 고성장 시장 개척

수익성 있는 성장을 장기적 가치 동력의 최우선순위로 삼아 고성장 시장의 궤도에 오른다.

2. 성장 옵션 평가

성장을 달성하기 위한 최고의 옵션(고객, 제품)과 방법(조직 통합, 제휴, 인수 합병)을 평가한다.

3. 수익성 있는 성장

단기적 매출 증가가 아닌, 장기적인 경제적 수익성을 제공하도록 성장을 관리한다.

4. 사업 전략의 핵심

'성장 전략'이 시장과 혁신을 기반으로 사업 전략의 핵심이 되어야 한다.

5. 최고의 기회를 꾸준히 찾는다 *중장기적 사업 분야 투자

최고의 성장 기회는 빠른 시일 내에 수익을 제공하지 못할 수 있으므로 끈기와 인내심이 필요하다.

6. 오늘과 내일의 균형

단기적으로 수익성 있는 약속을 계속 이행함으로써 이해관계자의 신뢰를 유지한다.

휴가 여행 크루즈

베이케이션 클럽

호텔 및 리조트

디즈니랜드 파리

도쿄 디즈니랜드

테마파크 월트디즈니 월드

디즈니랜드

ABC TV

TV K-CAL TV

디즈니 채널

미라맥스

할리우드 픽처스

더치스톤 필름

모션 픽처스

영화 TV 쇼

애니메이션 영화

소프트웨어

할리우드 레코드

디즈니 스토어

출판 음악 및 도서 출판

애니메이션

| 1920 | 1930 | 1940 | 1950 | 1960 | 1970 | 1980 | 1990 | 2000 |

(출처: Disney.com의 자료)

마케터들이 더 좋은
CEO가 될 수 있는 이유

"모든 사람들이 성공하기를 원하지만, 나는 매우 혁신적이고 신뢰받는 윤리적인 사람, 무엇보다 세상을 크게 변화시킨 사람으로 기억되고 싶다."

-세르게이 브린(Sergey Brin))

"경영 이론은 그다지 중요하지 않다. 우리의 노력은 주로 관련된 사람들 때문에 성공하거나 실패한다. 우리는 너무나 자주, 사람들을 장기판의 왕 주변에서 움직이는 말 정도로 여기는데, 아마도 이것이 최고 경영자들이 협상을 하고, 구조조정을 하고, 최신 경영유행을 공부하는 데 많은 시간을 쏟는 이유를 설명해줄지도 모른다. 그들은 가장 총명하고 가장 창의적인 최고의 인재들이 모여들 수 있는 환경을 만들기 위해 정말 많은 시간을 쓰고 있다."

-콜린 파월 장군(Colin Powell)

오늘날의 복잡한 시장 주도 환경에서 마케팅 리더들은 차기 CEO가 될 수 있는 이상적인 위치에 있다. 그들은 최고의 기회에 대한 보다 많은 통찰력을 회사에 제공하고, 회사의 가장 가치 있는 무형자산의 수호자이며, 기업 지도자들에게 요구되는 창의적이고 상업적이며 협력적이고 특정 방향을 지향하는 기술을 더 잘 구사한다.

경영 컨설팅 회사 PA컨설팅그룹의 조사에 따르면, 영국 FTSE 100 기업 CEO 중 21%가 마케팅 경력을 갖고 있으며, 이들 회사들의 주주 이익이 다른 기업들보다 5% 높은 것으로 나타났다.

그러나 마케팅 리더가 CEO에 도달하는 것은 단절된 기능단위 부서에서 벗어나 경영진의 주류로 들어가기는 매우 어려운 일이다. 실제로, 마케팅 리더들은 시장과 기업의 역동적 변화로 인한 여러 가지 기능적, 조직적 우선순위에 의해 도전받고 있으며, 마케팅 부서를 기능적인 팀으로서 뿐만 아니라 조직 전체를 보는 사고방식을 키우고, 고객을 대변하며 혁신과 성장을 이끄는 팀으로 만들어야 한다. 마케팅 리더는 또, 마케팅 부서의 '관리자'로서의 역할과 회사 전체의 혁신을 이끌어야 하는 역할을 구분할 수 있어야 하며, 언제 어느 역할에 치중해야 하는지 판단할 수 있어야 하고, 두 역할 모두에서 탁월한 능

더 지능적인 리더십	더 창의적인 리더십
관리: 관리는 올바른 결정을 내리고 자원을 할당하며 책임을 지는 것이다.	리더십: 리더십은 설득력 있는 비전을 제시하고 사람들이 그것을 따르도록 영감을 불어 넣고 격려하는 것이다.
기능적: 특정 프로젝트 및 활동을 완수하기 위해 마케팅팀이 제 기능을 다하도록 이끈다.	조직적: 마케팅이 주도해 회사를 전략적이고 혁신적이며 상업적으로 이끈다.
코칭: 리더는 부하 직원들을 지도하고 가르치며, 탁월한 성과를 달성할 수 있도록 지원한다.	연결: 리더는 사람들과 아이디어를 함께 연결해, 조직 전체의 성공을 위해 영향력을 미치며 협력한다.

력을 발휘해야 한다.

관리와 리더십은 매우 다르지만, 전적으로 같은 직장과 사람 안에서 이루어진다는 점에서 상호보완적인 관계이다.

- 관리자는 결정을 내린다. 이를 위해서는 합리적인 의사결정 능력이 필요하다. 좋은 관리자는 올바른 결정을 내린다.
- 리더는 행동을 격려한다. 이를 위해서는 리더와 따르는 사람들 간에 정서적 동의가 필요하다. 좋은 리더는 훌륭한 결과를 낳는다.

잘못된 행동을 장려하는 리더는 기업을 망칠 것이고, 실행되지 못하는 결정을 내리는 관리자는 시간만 낭비하고 있는 것이다. 다른 사람을 격려하는 것을 좋아하지만 사람들의 호감과 지지에만 연연해 무슨 일이든 하는 리더나, 어려운 결정을 피하고 쉽게 살기 위해 자신의 상사나 동료들에게 무조건 '예'라고 요구하는 리더는 성공할 가능성이 적다. 사람들이 자신을 따르도록 참여를 유도하거나 동기를 부여하지 않고 권위로 지배하려는 관리자나, 경영을 단순히 현상유지로 간주하는 관리자들도 실패할 것이다.

자신의 부서를 이끄는 동시에 조직 전체에 영향을 미치려면, 마케팅 리더는 사람들을 참여시키고 결과를 낼 수 있는 올바르고 효율적인 결정에 초점을 맞추어야 한다. 이것은 대개 올바른 균형을 유지하는 것에 관한 것이다.

- 리더십 vs. 관리: 결정을 내려야 할 때와 행동을 장려해야 할 때를 안다. 회의를 할 때마다 '어떤 결정을 누가 내려야 하는가?'로 시작한다.
- 책임 vs. 의무: 책임감을 잃지 않으면서 다른 사람에게 위임할 수 있는 활동이 무엇인지를 안다. 실제로 지도자가 직접 해야 할 의무가 있는 활동은 그렇게 많지 않다.

- 부서 vs. 전체 조직: 조직 전체 차원에서 어떤 활동을 지원할 것인지, 부서 목표를 추진하면서도 조직 전체 활동을 어떻게 달성할 것인지를 결정한다. 이는 조직 전체의 목표 달성에 필수적이다.
- 다방면에 걸쳐 많이 아는 사람 vs. 특정 분야 전문가: 리더가 모든 분야의 전문가가 될 필요는 없다. 심지어는 자신의 영역에서조차도, 리더가 기술적 전문지식을 가지고 있더라도 곡 필요하지 않는 한 간섭하지 않는 것이 더 좋을 수 있다.
- 긴급한 일 vs. 중요한 일: 리더를 포함해 모든 사람은 다른 사람의 의제와 상관없이 자신에게 정말 중요한 것을 구별할 수 있어야 한다. 중요한 결과를 달성하려면 자신의 우선순위를 통제해야 한다.

마케팅의 역할이 부서와 회사 전체 마인드 모두에서 더 중요해짐에 따라 마케팅 리더의 역할은 (전통적인 계층 구조에서) 부하 직원들에게 뿐만 아니라 상사나 조직 전체적으로 영향을 미치게 되었다. 이에 따라 그 어느 때보다도 더 많은 집중력과 협업 능력이 요구되고 있으며, 마케터들이 활용할 수 있는 '힘'의 긍정적인 원천, 즉 시장 지식, 고객 친밀감, 혁신 및 창의성, 그리고 이를 조직 전체에 전략적이고 상업적인 방식으로 적용할 수 있는 능력을 인식해야 할 필요성도 높아졌다.

마케팅 리더들은 대개 마케팅최고책임자(CMO)로 불리고 있지만, 실제로는 단기적으로 타이틀이 없는 역할을 포함해 더 많은 역할을 맡고 있어 조만간 이런 포괄적인 역할을 맡는 타이틀로 공식화될 것이다.

- **기능적 'CMO'** – 조직의 마케팅 부서 내에서 팀과 업무를 주도하고 관리한다.
- **협업 'CXO'** – '외부적' 관점에서 조직 전체의 인력과 프로세스를 주도하고 관리한다.

• **마케팅 CEO** – 회사 전반의 주요 사항, 통합 및 성과를 주도하고 관리한다.

    임원 채용 및 경영 자문 회사 스펜서 스튜어트의 연구에 따르면, 글로벌 100대 기업의 CMO 평균 재임 기간은 22.9개월에 불과하다. 평균 재임 기간이 53.8개월인 CEO와 비교해 보면 짧지만, 이는 마케터들이 많은 역할을 할 수 있다는 다재다능함을 반영하는 것이기도 하고, 그들이 같은 일에 오래 머물지 않는 성향을 보여주는 것이기도 하다. 또 CMO들이 그만큼 빠르게 승진한다는 의미이기도 하고, 그들의 위상이 조직 내에서 불안정하고 시장에 대한 기업의 일관성 있는 접근 방식이 부족하다는 의미이기도 하다.

    대부분의 마케팅 활동이 새로운 시장 진입, 브랜드 구축, 관계 개발 및 혁신을 통해 결과를 내는 데 몇 년이 걸린다는 점을 감안할 때, 대부분의 CMO는 그런 활동의 진정한 결과가 실현되기 전에 떠난다. 결국 그들은 자신의 성과에 대해 책임을 지지 않거나, 성과가 긍정적이라 해도 자신의 성공을 공유할 기회를 얻지 못한다는 것을 의미한다.

업종	CMO 재임기간(개월)	CEO 재임기간(개월)
의류	10.0	229.0
식품	12.0	47.5
통신	15.0	37.1
식음료	25.8	48.1
소매업	26.2	60.8
미디어	29.3	17.0
기술	29.9	74.7
금융 서비스	34.8	45.4

(출처: 스펜서 스튜어트(Spencer Stuart))

이런 상황에서 그들은 더 단기적이고, 더 전술적이고, 조직을 발전시키기보다는 현상 유지시키는 조치를 취하는 경향을 보인다. CMO가 장기적인 성공을 위해 노력한 경우 단기적으로 성과를 충분히 달성하지 못했다는 이유로 마케팅을 즉각적인 결과물이라고 생각하는 데 익숙해진 회사 경영진의 신뢰를 잃었을지 모른다. 회사 경영진들이 마케팅을 단지 분기별 판매를 촉진하는 것으로 생각하는 한 강한 브랜드와 혁신에 성공할 가능성은 적다.

그렇다면 무엇이 답일까? 마케터들은 자신의 역할을 단지 빠른 승리를 추구하기 보다는 장기적인 프로젝트로 보고, 현재의 자리를 다음 성공의 디딤돌로 보아야 한다. 마케터는 오늘의 역할과 내일의 역할 모두에 충실해야 한다. 그러나 빠른 성과를 성공으로 보는 직업 세계에서 그런 증거를 만들 시간이 거의 없는 것이 현실이다.

기업은 마케터의 단기 성과보다는 전략적인 기여를 더 중시해야 한다. 그러나 자신의 결정과 행동의 장기적인 가치를 명확히 설명하고 이를 회사에 인식시키는 것은 마케터들의 몫이다. 기업 또한 마케터들이 진정한 차이를 만들고, 시간이 지나면서 스스로 성장하고, 더 장기적인 기회를 내다보는 의미 있는 역할을 할 수 있도록 보장해 주어야 한다. 다행히 최근에는 임원들이 단기 이익보다는 미래의 주가 상승에 초점을 맞춘 보너스 제도에 따라 회사를 선택하는 경우가 늘어나고 있다. 결과가 나올 때까지 한 회사에 오래 머물러야만 보상을 받을 수 있게 된 것이다.

영감 1. 리처드 브랜슨

리처드 브랜슨은 자신이 창업한 버진 브랜드로 가장 잘 알려진 기업가다. 1950년생인 그는 모험과 혁신에 대한 애착, 사물에 대한 호기심, 새로운 일에 대한 열정을 결코 잃은 적이 없다.

다른 기업 리더들이 재무 실적과 지배구조에 가장 신경을 쓰는 동안, 브랜슨은 그가 거느린 여러 회사에서 고객에 초점을 맞추며 기업가 정신과 브랜드 가치를 창출하는 데 집중해 왔다.

그의 열정은 재무 실적보다는 고객에 대한 것이다.

"나는 회사를 시작할 때 절대 회계사들을 고용하지 않습니다. 특히 그들이 고객을 바보로 만드는 것을 보면 그렇게 해야 한다는 생각이 직감적으로 듭니다."

그는 버진 레코드를 설립해 마이크 올드필드의 실험적 음악 앨범 〈튜블러 벨(Tubular Bells)〉를 발매하고, 섹스 피스톨즈와 컬처 클럽 같은 밴드를 세상에 소개하면서 처음으로 악명을 떨쳤다. 자신의 사업을 홍보하는 데 괴팍한 시도를 하는 것으로 유명한 브랜슨은 장난기 어린 반항심을 자주 드러냈는데, 버진 애틀랜틱이 에어버스의 신기종인 A340 - 600을 도입했을 때 '내 것이 당신 것보다 더 크다(Mine is bigger than yours)'라는 성적 표현인 듯한 슬로건을 쓴 것은 유명한 일화로 전해진다.

그는 열기구를 타고 세계 일주를 하는 데 여러 번 실패하는 등, 영웅적인 실패담과 성공담으로도 유명하다. '버진 애틀랜틱 플라이어(Virgin Atlantic Flyer)'는 대서양을 횡단한 최초의 열기구로, 사상 최대의 열기구로 알려져 있다. 그는 그런 무모한 모험으로 여러 차례 목숨을 잃을 뻔했지만, 그로 인한 홍보 가치는 엄청났다.

그는 1999년 사업 역량과 영국 사회에 기여한 공로로 여왕으로부터 기사 작위를 받으며 리처드 브랜슨 경이 되었다. 그는 또 NBC의 시트콤 〈프렌즈(Friends)〉, 〈SOS 해상구조대(Baywatch)〉, BBC의 시트콤 〈오로지 바보와 말만이(Only fools and Horses)〉 등 몇몇 텔레비전 쇼에 게스트로 출연하기도 했고, 16명의 참가자들이 자신들의 기업가 정신과 모험심을 시험받는 폭스의 리얼리티 텔레비전 쇼 〈억만장자 반항아(The Rebel Billionaire)〉의 스타이기도 하다.

2004년에는 새로운 우주관광회사 버진 캘럭틱이 최초의 민간 우주선 스페이스십 원의 기술을 인가받아 유료 승객들을 우주로 보낼 것이라고 발표해 세계의 이목을 받았다. 회사는 2007년 말까지 19만 달러의 요금으로 일반 대중에게 우주여행을 제공할 계획이다. (버진 캘럭틱은 일론 머스크의 스페이스X, 제프 베조스의 블루오리진과 함께 3대 민간 우주탐사 기업으로 각광을 받고 있지만 아직 어느 회사도 실제 비행 단계까지 이르지는 못했다. 버진 캘럭틱은 2020년 8월에 우주선의 실내 디자인을 공개하고 가격도 25만 달러로 발표했지만 시행 시기는 발표하지 않았다. 한편 항공사 버진 아틀란틱은 2020년 8월 파산보호를 신청했음)

적용 리더십 마케팅

마케팅 리더, 마케팅 임원 또는 영업 임원, CMO 또는 고객담당 최고책임자(CSO)로서 당신의 역할은 무엇인가? 관리자와 비교해 리더의 역할은 무엇인가?

1. 역할의 본질 정의

CMO의 부가가치, 책임감, 어떻게 조직 전체의 성과에 가치를 부여할 것인지를 명확히 한다.

2. 명확한 목표와 측정 기준 수립

상사에게 뿐 아니라 자신과 팀의 이익을 위해, 투명한 목표와 측정 기준을 수립한다.

3. 사람들에게 영감이 있는 비전을 제공

리더는 영감을 주고, 관리자는 통제한다. 시장에 대한 비전으로 팀과 회사에 영감을 준다.

4. 최고의 아이디어들을 함께 연결한다

마케팅 부서뿐 아니라 회사 전체 부서의 아이디어를 모두 연결해 가치를 더한다.

5. 팀을 지도하고 지원한다

역할을 지시하기보다는 사람들을 참여시키고, 지도함으로써 역량과 자신감을 구축한다.

6. 최고의 마케팅 챔피언이 된다

팀, 회사, 시장에서 최고의 마케팅 챔피언이 되어 존경과 명성을 구축한다.

개념 기능적 CMO

마케팅 업무는 관리하기 복잡하고 중요한 일이다. 제품, 유통 채널, 가격, 광고를 의미하는 4P는 마케팅이 무엇을 해야 하는지에 대한 유용한 기준이지만 대개는 광고로 간주되기 쉽다.

물론 사람, 성능, 시스템, 정보, 서비스, 판매까지 다른 모든 것을 반영하는 더 많은 P가 있을 수 있지만, 필립 코틀러 교수의 지적대로 대부분의 마케터들은 그런 여러 P중 기껏 두 가지를 관리하는 데도 어려움을 겪고 있다.

광고가 여전히 마케팅을 대표하는 이유는 광고 캠페인의 요란함, 제품 브로슈어의 시각적 배치 웹사이트의 상호작용성, 인상적인 이벤트 등 그것이 실체적이고 가시적이기 때문이다. 그런 광고는 많은 사람들이 마케터들에게 기대하는 것이기도 하고, 마케터들이 좋아하는 일이기도 하다. 그러나 나이키의 'Just Do It'이나 인텔이 광고에 사용한 로고음악 같은 히트 광고를 갈망하는 마케팅 리더는 핵심을 놓치고 있는 것이다. 우습게 들릴지 모르지만 이런 히트 광고를 브랜드 전략의 가장 큰 영광이며 자신의 존재 이유라고 생각하는 마케팅 리더들이 의외로 많다.

입이 떡 벌어지게 스릴 넘치는 광고 캠페인이 반드시 마케팅 성과를 내는 것은 아니다. 아무리 좋은 광고라도 잘못된 시장이나 고객에 초점이 맞춰져 있거나, 수익성 있는 제품이나 효율적 채널의 지원을 받지 못하거나, 가격 프리미엄을 유지하지 못하거나, 궁극적으로 회사에 가치를 추가하지 못한다면 이는 완전한 돈 낭비에 불과하다.

마케팅 리더는 초점과 균형을 동시에 맞춰야 할 책임이 있다. 광고의 역할을 인식하되 그것만이 다가 아니다. 광고대행사가 할 수 있는 외적인 기여를 인정하지만 그들이 전부가 아니기 때문이다.

이를 위해서는 교육과 훈련이 필요하다. 미디어 중립성이 요구되는 세계에서, CEO들은 TV에서의 빛나는 광고를 강력한 브랜드의 전제조건으로 생각해서는 안 된다. 마케팅 리더들은 마케터들이 단지 광고회사에게 광고 요점을 작성해주는 것보다 생각, 계획, 창의성, 통합 등 스스로 더 많은 일을 할 수 있도록 자신감을 불어 넣어 주어야 한다.

기능적 CMO는 자신의 리더십과 관리 능력을 다음 사항에 적용해야 한다.

- 구성원과 팀: 창조적 마케터들은 온순하고 순응적인 공동체를 따르는 경우가 드물다. 그들의 에너지와 창조성, 카리스마와 에고는 강력한 집중력으로 모아지고 연결

되어야 한다.

- 내부 및 외부 파트너십: 마케팅은 수십 개의 광고회사들과 소통하고 내부적으로는 회사의 모든 부서들과 협력한다. 이를 위해서는 조정과 커뮤니케이션 능력이 필요하다.
- 계획 및 예산: 회사에서 가장 많은 예산을 지출하는 마케팅팀은 자원들을 현명하고 책임감 있게 배분하고, 단 한푼이라도 수익성 있는 ROI를 달성하도록 해야 한다.
- 우선순위 및 통합: 단지 더 많은 일을 하는 것은 쉽지만 프로젝트의 확산은 마케팅의 가장 큰 핸디캡이다. 마케팅은 가장 중요하고 영향을 미치는 소수의 큰 이니셔티브에 초점을 맞춰야 한다.
- 프로세스 및 효율성: 특히 다국적 기업이나 여러 개의 브랜드가 있는 기업에서는 명확하게 정의된 프로세스가 없고, 공통된 목표와 측정 기준도 없어 중복과 불일치가 발생할 가능성이 많다.
- 인재와 자원: 모든 사람들이 마케터가 될 수 있다고 생각하지만, 오늘날 기업들은 마케팅 분야의 최고 인재를 끌어들이는 데 어려움을 겪고 있다. 마케팅은 일하기에 가장 신나고 중요하며 보람 있는 장소여야 한다.
- 성과 및 보고: 마케팅은 무엇을 추진하고 그것이 주가에 실제로 어떤 기여를 하는지를 설명하는 등, 회사에 자신의 진정한 가치를 명확하게 표현할 수 있어야만 회사의 필수적인 성장 동력으로 인정받을 수 있다.

CMO는 매출과 시장 점유율에 만족하기보다는 회사 전체를 대신해 고객을 대변하고, 전략적으로 혁신하고, 파생 상품을 창출하고, 수익성 있는 성장을 추진해야 하는 이유와 방법을 충분히 알고 이해하는 팀을 구축해야 한다.

영감 2. 짐 스텐겔

짐 스텐겔은 프로턱&갬블의 CMO다. 그는 세계 전 세계 150개국에서 약 3,500명의 마케터들로 구성된 팀을 이끌고 있다.

그는 1983년 P&G에 입사해 2001년에 현재의 지위에 올랐다. 그가 집행하는 엄청난 광고 예산과 제품, 프로세스, 커뮤니케이션에서의 혁신을 이룬 공로로 최근 글로벌 광고 잡지 〈광고 시대(Advertising Age)〉가 선정한 '파워 플레이어' 1위에 이름을 올렸다.

브랜드를 세계적으로 홍보하는 것은 결코 쉬운 일이 아니지만 그는 사람들에게 집중함으로써 성공을 이루었다고 말한다. 그는 "오늘날 세계화를 피할 수는 없지만 문제는 세계화 때문에 가까운 것을 보지 못해서는 안 되며, 현지 사람들에 대해 꾸준히 관심을 가져야 한다."고 말했다. 그가 항상 최고의 브랜드를 만들어 적당한 사람들에게 적절한 브랜드를 가져다주기 위해 적절한 전략, 인프라, 광고회사, 문화, 사람들을 찾고 있는 것도 이 때문이다.

그는 '빨래를 하는 것 같이 평범한 일도 현지인의 습관에 따라 다르다.'고 설명한다. 필리핀에서는 마을 공동 우물이 있는 바위에서 빨래를 하지만, 유럽에서는 물을 거의 사용하지 않는 작은 기계를 사용해 빨래를 하고, 미국에서는 위쪽에서 세탁물을 넣는 큰 기계를 사용하는 등 지역마다 다르다는 것이다.

그는 P&G가 몇 년간 불확실한 혼돈의 기간을 보낸 후 회사의 마케팅 명성을 회복하는 임무를 맡았다. 그의 조치는 대담했다. 그의 첫 조치는 P&G의 마케팅 대학 교육 프로그램을 부활시키는 것이었다. 그런 다음 광고가 부적절하게 편중되었으며 마케팅 부서 내에 책임감이 부족하다고 판단하고 이 문제를 다루었다.

스텐겔은 당시 P&G의 광고와 그 광고를 만든 광고회사를 노골적으로 비판했다. 그는 2004년 한 연설에서, 30초짜리 TV 광고 시대는 곧 끝날 것이라고 예고했다. 그는 광고업계가 어떤 방식으로든 의미 있는 진화에 실패했다고 주장하면서, P&G가 앞장 서 주도해 왔던 이른바 물량 공세식 마케팅 접근방식은 이제 죽었거나 곧 죽을 것이라고 선포했다.

이후 그는 P&G 전체 광고 예산의 20%를 광고에서 다른 미디어로 옮기기 시작했다. 그는 기존 방식과는 다른 대안적 광고 방식을 실험했는데, 예를 들어 바이럴 마케팅을 전문으로 하는 회사인 트레머를 설립하고, 전통적인 마케팅 접근방식으로는 더 이상 통하지 않는다고 생각하는 28만 명의 십대들이 모인 네트워크를 통해 적절한 브랜드를 입소문으로 홍보하는 모험을 감행했다.

뿐만이 아니라 스텐겔은 광고와 마케팅 전반에서 책임감이 결여되어 있음을 과감하게 지적했다. 그는 '광고 산업은 4,500억 달러가 넘는 엄청난 규모지만, 회사의 다른 부서가 10만 달러의 투자를 하는 데 기울이는 노력보다도 느슨한 규율로 결정을 내리고 있다.'고 비판했다. 그는 광고회사와의 태만한 사업 모델을 즉시 중단시켰다. 관행으로 지급했던 수수료를 없애고, 철저하게 사업 결과에 대해서만 광고회사에게 보상했다.

적용 마케팅 관리

마케팅 본연의 기능과 더불어 마케팅의 광범위한 창의적, 분석적, 전략적, 운영적 활동을 실제로 어떻게 관리하는가? 남다른 일이나 새로운 일을 하려고 끊임없이 추구하는 마케팅 인재들을 어떻게 관리하는가? 마케팅이 그들의 잠재력을 충분히 발휘하도록 하기 위

해 어떻게 격려하는가?

1. **마케팅 목표를 정의한다**

   기능적 마케팅팀의 역할과 목표, 그리고 마케팅이 기여하는 다양한 측면을 정의한다.

2. **유능한 마케팅팀 구성**

   전략적, 혁신적, 상업적으로 생각하는 재능을 가진, 젊고 경험이 풍부한 마케팅 인재들을 모은다.

3. **계획 및 프로세스 개발**

   명확하고 구체적인 마케팅 계획을 수립하고, 이를 실행하고 관리하기 위한 핵심 프로세스를 문서화한다.

4. **효과적인 자원 사용**

   마케팅 자원(인재, 파트너, 자산, 예산)을 최적화해 장기적인 가치 창출을 극대화한다.

5. **가장 중요한 것에 집중**

   포트폴리오, 전술적 조치, 전략적 계획, 개선 프로젝트의 우선순위를 정한다.

6. **마케팅 성과 관리**

   적절한 기준과 보상을 통해 마케팅 성과를 팀 및 개인 차원에서 전략적, 체계적으로 관리한다.

개념 협업적 총괄 임원(CXO)

마케팅 리더의 역할은 더 넓은 조직적 맥락에서 리더십과 영향력을 제공하는 것이다. 그러나 그런 리더십은 계층 구조나 위임된 책임보다는 시장과 마케터로부터 나와야 한다.

'외부적 관점'의 조직은 지침, 우선순위 및 영감을 시장에서 찾는다. 그들은 진화하는 시장 특성, 구조의 복잡성, 경계의 모호함, 고객 세분화, 경쟁의 도전을 전략적 차원에서 이해한다. 세부적으로 들어가면, 그들은 고객에 대한 깊은 통찰력, 고객의 필요와 욕구, 그들의 동기부여와 열망에 의해 움직인다.

고객들은 마케터들에게 회사를 이끌고, 우선순위를 정하고, 이를 달성하기 위한 자원과 활동을 취합하는 도덕적 권한을 부여한다.

수익성 있는 성과에 초점을 맞추는 것도 옳은 일이지만 가장 중요한 것은 그 성공의 근원에 초점을 맞추는 것이다. 마케터들은 적절한 시장과 적절한 고객에 초점을 맞춤으로써 브랜드가 그들에게 깊숙이 파고들고, 브랜드의 정체성이 모든 상호작용을 통해 살아나고, 브랜드의 약속들이 회사의 모든 사람들에 의해 강력하고 일관된 경험으로 전달되도록 하여야 한다.

협업적 CXO는 본연의 기능을 넘어 자신들의 영향력을 최대한 활용해 집중과 통합을 추구한다.

- 시장 및 고객 지향: 기업의 전 부서가 고객에 집중하도록 한다. 이는 단지 고객이 중요하다는 것을 마지못해 인정하는 피상적 '고객 중심' 이상의 것으로, 오히려 외부적 관점을 그들이 하는 모든 일의 출발점으로 인식한다.
- 고객의 요구에 동조: 대부분의 기업들은 제품이나 기능보다는 전통적 유산에 의한 조직 구조를 갖추고 있다. 그러나 단편적인 접근 방식보다는 기업을 고객에 맞추는 것, 즉 고객의 총체적인 요구를 충족시키는 것이 더 중요하다.
- 브랜드 진실성 및 활성화: 고객 서비스부서에서 창고, IT 지원, 경리부에 이르기까지 회사 전 부서의 사람들과 협력해 브랜드의 목적, 브랜드가 사람들을 위해 추구하는 것, 브랜드가 고객뿐 아니라 직원들에게 어떻게 다른지에 대한 이해도를 더 잘 구축

한다.

- 고객 경험 및 관계: 기술의 발달이 고객의 조직에 대한 접점을 확산시킴에 따라, 보다 일관성 있는 고객 접근이 필요해졌고, 고객과의 정보 공유도 더욱 정교해졌다. 고객이 어느 브랜드와 관계를 맺고 있다고 믿는다면, 그들은 모든 접점에서 즉각적인 친밀감을 기대한다.

- 제품 및 프로세스 혁신: 외부와 단절된 상태에서는 회사의 모든 부서에서 아이디어나 역량을 결집해 제품을 개발하기 어렵다. 운영 및 가치 전달 절차의 변화 없이는 신제품이 출시되기 어렵다. 이는 비단 제품만의 문제가 아니라, 회사의 여러 부서에서 기술 혁신이 이루어지지 않는 한 혁신은 지속될 수 없다.

- 수익성 있는 성장: 수익성이란 단지 매출 성장만이 아니라 효율 개선도 포함된다. 비용 절감이 회사의 모든 부서에서 해결해야 할 문제인 건 분명하지만, 고객과의 모든 상호 작용에서 가격 프리미엄을 정당화할 수 있는 지속 가능한 이익을 확보하는 능력이 더 중요하다. 성장은 또 협력적인 문제이기도 하다. 마케팅과 영업이 일심동체가 인센티브와 보상이 공유되는 것이 중요하다.

조직이 수직적 단절 모델에서 수평적 협력모델로 변화함에 따라, 마케터는 이러한 재편의 최전선에서 팀 간 협력, 통합 프로세스, 목표와 보상의 공유를 장려해야 한다. 그러나 회사에서 그들에게 그렇게 하라고 하는 사람은 없다. 그러나 마케터들은 그것을 달성하기 위해 에너지 넘치면서도 부드럽게 영향력을 미치는 능력을 능동적으로 발휘해야 한다.

영감 3. 테리 리히

리히는 1979년 테스코에 마케팅 교육생으로 입사했다. 그는 불과 5년 만에 한 카테고리의 마케팅 이사가 되었고, 1992년에 마케팅 책임자로 이사회 위원이 되었고, 1997년 마흔이 되기 전에 테스코의 CEO가 되었다.

예지력이 있으면서도 실용적인 그의 접근 방식은 밑바닥에서부터 성장한 그의 이력에 뿌리를 두고 있다. 그는 리버풀 빈민가의 조립 주택에서 성장했지만, 그레이하운드를 키우던 목수 아버지는 항상 그에게 더 많은 일을 하도록 격려했다. 그는 맨체스터 과학 기술 대학교에서 공부했고, 테스코에서의 근무 공로로 기사 작위도 받았다.

그는 영국 시사주간지 이코노미스트와의 인터뷰에서 "나는 운 좋게 영국의 모든 계층을 경험할 수 있었다. 그래서 나는 모든 고객층의 사정을 잘 알 수 있었다."고 말했다.

테리 경의 지휘 하에 테스코는 아주 평범한 영국 슈퍼마켓 체인에서 세계에서 가장 크고 가장 존경 받는 소매상 중 하나로 변신했다. 그의 스타일은 무뚝뚝하고 분석적일 수 있지만, 그는 자신은 무엇보다도 직원들 및 고객들과 대화하면서 회사를 이끈다고 주장한다.

그는 테스코의 마케팅 책임자에 오르면서 고객 서비스를 늘 염두에 둔 마케팅 전략을 개발했다. 1992년에 그는 '계산대에는 오직 한 명만(one in front)'이라는 프로그램을 도입했는데, 이는 계산대에 한 명 이상의 고객이 기다리고 있으면 즉시 새로운 계산대를 연다는 프로그램이었다. 이로 인해 비용은 증가했지만 고객들은 이 조치를 높이 평가했다. 그는 또 가격에 민감한 고객들을 다루기 위해 테스코의 '가치 범위(value range)' 운동을 전개하고, 직원들에게 '나라면 그 물건을 살 것인가?'라고 자문하게 함으로써 직원들 스스로 판단하도록 유도했다.

리히는 1995년에 업계 최초로 클럽 카드 충성 프로그램을 설계해 상을 받기도 했다. 고객은 구매 실적으로 포인트를 쌓을 수 있는 반면, 회사는 고객을 더욱 깊이 참여시킴으로써 1,000만 명이 넘는 강력한 고객 데이터베이스를 구축해 맞춤형의 지능적 마케팅을 제공할 수 있게 되었다.

1997년 그가 제시한 이른바 '4대 축' 사업 전략은 지리적으로 새로운 시장, 새로운 비식품 카테고리, 새로운 매장 형식에 대한 보다 과감한 진보를 위한 청사진이었다. 테스코의 매장 수는 그가 CEO로 취임한 1997년 당시 550여 개에서 2005년에는 2,500여 개로 늘어났다. 가장 효율적인 공급망을 구축하기 위한 테스코 다이렉트가 도입된 것도 이때였는데, 테스코닷컴(Tesco.com)은 이제 세계에서 가장 크고 가장 많은 이익을 내는 온라인 식료품 회사로 성장했다.

고객들과의 접촉을 단 한 시도 멈춘 적이 없는 리히 CEO는 지금도 매주 하루는 매장에서 시간을 보낸다. 그는 2005년에 경제 호황과 불황을 겪으면서도 테스코를 초경쟁적 회사로 키운 공로를 인정받아 포춘지 선정 '올해의 유럽 사업가'로 선정되었다.

리히는 몇 안 되는 마케팅 출신 CEO다. 그러나 아일랜드계의 리버풀 출신으로서 고객에 대한 열정과 마케터의 본능을 제대로 보여주었다.

적용 회사 전체에 영향을 미치는 마케터

어떻게 하면 회사에 효과적으로 영향을 미칠 수 있는가? 고객을 대변하고 혁신과 수익성

있는 성장을 주도하기 위해 다른 부서와 협력하는가? 어떻게 사람들을 참여시키는가? 무엇이 마케팅으로 하여금 회사를 이끌 권리를 갖게 하는가?

1. 마케팅 마인드 개발

회사 간부들에서부터 지원부서 직원까지 회사 전체가 고객, 시장, 외부적 관점에 대해 생각하게 한다.

2. 전략적 사업 의제의 설정

시장, 고객 및 혁신 플랫폼이 사업 전략과 의사결정의 원동력이 되게 한다.

3. 고객을 대변한다

회사 전체가 고객 통찰력, 고객 욕구, 제안, 제안, 경험 및 관계 개선을 대변하게 한다.

4. 회사를 혁신으로 이끈다

회사의 모든 부서가 힘을 합해 전략적 변화를 추진하도록 혁신을 장려한다.

5. 수익성 있는 성장

전략 개발 및 영업부서 동료들과 협력해 최고의 성장 기회를 수익성 있게 추진한다.

6. 차기 CEO를 노린다

전략적, 혁신적, 상업적 의제를 추진함으로써 승진할 수 있는 좋은 위치에 이른다.

개념 마케팅 CEO

오늘날 마케터들은 점점 회사의 엔진과 허브가 되고 있다. 오늘날의 CEO는 이사회와 투자자도 관리해야 하지만, 보다 전략적이고 체계적으로 사업을 추진하기 위해서는 다른

어느 기능보다 마케터에게 의존한다.

마케팅 리더들은 오늘날 조직의 핵심 인물들이다.

그런데 많은 의사결정이 마케터들이 이사회에 참여하지 않는 가운데 이루어진다. 이것은 정말 잘못된 것이다. 상장회사의 이사회는 CEO와 재무이사의 필수 참석을 제외하고는 점점 비상임이사의 영역이 되고 있다. 2003년 영국 정부가 드렉 힉스에게 의뢰한 기업 지배구조에 대한 연구인 힉스 보고서는 비상임 이사들은 기업 경영에 직접 관여하지 않기 때문에 주로 외부적 관점을 가지고 견제와 균형을 통한 보다 공정한 견해를 제시한다고 주장한다. 따라서 이사회에 상근 이사회 위원들보다 가능한 비상임 이사들이 더 많이 참석할 것을 권장하고 있다.

가장 중요한 것은 이사회가 적절한 시장 지향성을 가지고 고객과 경쟁력, 시장 및 고객 역동성을 이해하는 것이다. 이를 위해서는 이사회에 회사의 계획과 성과를 보다 명확하게 설명하고, 이사회의 토론과 전략 계획 수립에 고객 통찰력과 창의적인 사고를 주입하고, 그들에게 신뢰를 주어야 한다. 마케팅 리더가 회사 전반에 대해 자신의 관점을 적극적으로 전달하는 것이 중요한 이유다.

기업들은 비상임 이사진들의 다양성, 기술, 지식수준을 높이기 위해서라도 마케터들을 포함시켜야 한다. 실제로 마케팅 리더가 다른 회사의 비상임이사가 되는 것은 기업 지배구조에 대해 배우고 자신의 미래의 역할을 위해 스스로를 발전시킬 수 있는 훌륭한 방법이 될 수 있다.

실제로 기업들은 차기 CEO로 마케터를 찾는 것이 좋을 것이다.

그동안 CEO들은 주로 안전 위주의 상업적 및 체계적 경영으로 안정을 중시하는 재무 및 운영 경력 출신들이 많았지만, 오늘날 리더들에게는 그 이상이 요구된다. 마케터들은 그런 출신 배경의 CEO들의 공통적인 약점을 인식하고 그런 약점을 잘 다룰 수 있어야한다. 마케터들은 방향과 초점을 명확히 하고, 브랜드와 혁신의 힘을 발휘하며, 사람들이 불확실한 미래를 성공적으로 헤쳐나갈 수 있도록 도움으로써, 자신이 정말로 전략적이고 상업적이며 협력적이고 총체적인 능력을 가지고 있으며, 복잡한 시장에서 조직을 이끌 수 있는 능력을 가지고 있다는 것을 보여주어야 한다.

우리는 이미 마케팅 출신 CEO가 이끄는 기업들이 주주들에게 더 나은 수익을 제공한다는 것을 발견했다.

물론 CEO는 높은 연봉과 강력한 권한을 가지며, CMO 역할만 하는 것은 아니다. CEO는 마케팅 활동뿐만 아니라, 전체 회사를 이끌고, 비용과 수익을 관리하고, 회장과 이사회에 자주 보고해야 하고, 투자 유치에서 자산 관리, 직원 관계, 직원들의 건강과 안전에 이르기까지 모든 것을 책임져야 하는 CEO만의 특별한 재능을 발휘해야 한다.

진정한 CEO가 되는 비결은 당신이 모든 것을 직접 할 필요가 없으며 모든 일을 가장 잘할 필요도 없다는 것을 인식하는 것이다. 그보다는 책임감이 핵심이지만, 해당 분야에서 당신보다 더 똑똑하고 경험이 많은 훌륭한 팀들을 당신 주변에 끌어들임으로써 사업 목표를 달성하기 위해 개별적으로 그리고 협력적으로 일하게 하는 것이 중요하다.

이런 점에서 마케팅 출신 CEO는 기존의 전통적 요구 조건 외에도 회사를 보다 효과적으로 이끄는 데 필요한 다음과 같은 특별한 속성과 능력을 겸비해야 한다.

- 미래에 대한 설득력 있는 비전 제시
- 기업 브랜드를 대변하는 롤 모델 제시
- 시장 변화에 따른 사업 우선순위 규정
- 시장 주도적 전략 수립

- 회사 내 최고의 아이디어와 이니셔티브를 연결
- 아이디어와 비전을 통한 영감 고취

　마케터들이 창출하는 가치는 그들이 조직에 다른 관점을 가져다준다는 것이다. 그에 따라 조직의 많은 요소들이 조정되고 연결될 수 있기 때문이다. 마케터들은 사업성과와 기업 지배구조를 추구하는 과정에서 종종 놓칠 수 있는 회사의 인격을 되살려야 한다. 마케터들은 회사의 브랜드가 사람의 얼굴과 같은 존재임을 잘 이해하고 반영한다. 그들은 대개 훌륭한 의사소통자로서 비전과 전략, 우선순위, 성과를 보다 인간적이고 매력적이며 영감을 주는 방식으로 표현한다.

　애플의 스티브 잡스에서부터 영국 최대 전화기 소매업체 카폰 웨어하우스의 찰스 던스톤, 버진의 리차드 브랜슨, 나이키의 필 나이트에 이르기까지 최고의 마케팅 지향 CEO들이 기업가로서 자신의 회사를 굴지의 기업으로 성장시킨 것은 놀라운 일이 아니다. 이들은 시장과 고객을 직관적으로 이해하고, 홀로 선두에 서서 회사를 이끌며 브랜드를 회사의 확실한 이미지로 키웠다.

　기업가들은 소위 '유한 책임'이라는 대기업 이론을 용납하지 않는 최고의 마케터들이지만, 동시에 재무 실적 문제도 중요하다는 것을 이해하는 스마트한 상업적 관리자들이다.

　그러므로 기업가야말로 오늘날 최고의 마케터다. 실제로 작은 스타트업에서부터 거대 다국적 기업에 이르기까지 조직을 운영하는 기업가들은 더 큰 도전과 기회를 엿볼 수 있는 마케터라고 할 수 있다.

　물론 훌륭한 마케터들이라고 해서 반드시 훌륭한 CEO가 되는 것은 아니며, 모든 마케터들이 이처럼 더 넓고 다른 책임을 맡기를 원하는 것도 아니다. 그러나 마케팅이 그들의 업무 특성상의 영향력 때문이든, 명실상부한 리더십에 의해서든, 기업을 이끌 수 있는 명성과 신뢰성을 얻는다면 마케터들이 훌륭한 CEO가 될 가능성은 여전히 높다.

영감 4. 맥 휘트먼

맥 휘트먼은 세계에서 가장 존경받는 CEO 중 한 명이 된 고전적 마케터다.

휘트먼은 1998년 3월부터 이베이의 사장겸 CEO를 맡고 있다. 1956년에 태어나 신경외과의사와 결혼해 두 명의 자녀를 둔 그녀는 당시 이베이의 회장이었던 피에르 오미다이어가 최고의 온라인 시장이라는 비전을 실현하기 위해 발탁한 인물이다. 오늘날 그녀는 당대 가장 영향력 있고 성공한 미국 여성 사업가 중 한 명으로 알려져 있다.

그녀는 롱아일랜드의 콜드 스프링 항구에서 자랐다. 그곳에서 고등학교를 졸업하고 프린스턴 대학교에 진학해 1977년에 경제학 학사학위를 취득했다. 이후 1979년에 하버드 경영대학원의 MBA과정을 수료했다.

그녀는 1979년부터 1981년까지 P&G에서 직장생활을 시작하며 브랜드 관리 경험을 쌓았다. 그 후 컨설팅 회사 베인&컴퍼니에서 8년 동안 일하면서 부사장의 지위에까지 올랐다.

1989년부터 1992년까지는 월트디즈니의 디즈니 소비자제품 사업부의 마케팅 담당 수석 부사장을 지냈다. 이후 디즈니에 아동용 신발을 공급하는 스트라이드 라이트로 옮겨 유아용 신발 브랜드 먼치킨의 출시와 스트라이드 라이트 브랜드 및 소매점의 리포지셔닝을 성공적으로 이끌었다.

이후 그녀는 세계 최대의 화훼 회사인 플로리스트 트랜스월드 딜리버리의 CEO로 취임해 플로리스트 협회를 영리 목적의 사기업으로 전환하는 것을 총괄 지휘했다. 이후 장난감 회사 해즈브로의 취학 전 아동 사업부에서 세계적으로 잘 알려진 어린이 장난감 브랜드 플레이스쿨과 미스터 포테이토 헤드의 글로벌 관리와 마케팅을 담당했다.

포춘지는 2004년 그녀를 가장 영향력 있는 기업인 25명 중 한 명으로 선정했으며, 비즈니스위크는 가장 영향력 있는 경영인 25명의 명단에 그녀의 이름을 올렸다. 그녀는 또 P&G와 의류회사 갭의 비상임 이사이기도 하다.

적용 회사를 이끄는 마케터

CEO가 실제로 하는 일은 무엇일까? 마케팅 마인드가 CEO 역할에 필수적인 이유는 무엇인가? 그들은 외부적 관점을 리더십에 어떻게 반영하는가? 마케팅 CEO가 효과적으로 일하는 CMO와 다른 점은 무엇인가?

1. CEO의 역할을 명확히 한다

CEO로서의 역할이 회장이나 이사회와 어떻게 다른지 이해한다.

2. 방향을 결정한다

기업의 전략과 방향을 정의하고, 최고의 기회를 목표로 하며, 기업 우선순위를 결정한다.

3. 자원 배분

인력과 예산 등 회사 전반에 걸쳐 자원을 배분해 직원들이 조직 내에서 성공할 수 있는 올바른 도구를 제공한다.

4. 직원들에게 영감을 준다

직원들이 가능성을 보고, 끊임없이 혁신하며, 경쟁력을 갖추고, 고객으로부터 힘을 얻고, 브랜드를 살리도록 영감을 준다.

5. 전문가 지원

관리자들이 자신의 판단력과 전문 지식을 믿고 마음 놓고 의사결정을 내리고 결과를 낼 수 있도록 힘을 실어준다.

6. 이해 당사자를 설득한다

기업 성과를 효과적으로 전달하고, 규범을 지키고, 목표를 달성함으로써 이사회와 투자자들을 설득한다.

다음에는
무슨 일이 일어날까?

"우리는 그동안 우리를 지배해 온 데이터 기반 사회의 황혼기에 처해 있다. 정보와 지능이 컴퓨터의 영역이 되면서, 사회는 자동화될 수 없는 인간의 능력, 즉 감정에 더 많은 가치를 둘 것이다. 인간의 감정이 앞으로 우리의 구매 결정에서부터 다른 사람들과 일하는 방법에 이르기까지 모든 것에 영향을 줄 것이다. 기업은 이야기와 신화를 바탕으로 번창할 것이다. 기업들은 자신들이 만드는 제품이 자신들의 이야기보다 덜 중요하다는 것을 이해해야 할 것이다."

-롤프 옌센(Rolf Jensen)

"모든 사람은, 어떤 면에서는 다음 셋 중 하나다."
a. 다른 모든 사람들과 같거나
b. 다른 일부 사람들과 같거나
c. 다른 누구와도 같지 않다.

-클럭혼(Kluckhohn)과 머레이(Murray)

천재 마케터들은 '두 가지 시간대'에서 일한다. 바로 오늘의 사업을 이행하면서 동시에 내일을 창조하는 것이다. 매일 매일의 결정을 내리면서 장단기 미래에 영향을 미치는 크고 작은 조치를 취한다.

그들은 진화하는 시장의 경쟁적 수요를 서비스 개선에 연결시키고, 내일을 위해 브랜드를 구축하면서 동시에 현재 더 많은 판매를 달성해야 한다는 극단적인 목표를 결합하고, 보다 지능적이고 창의적인 접근방식을 마케팅에 접목시킨다.

그들은 자신들이 현재 있는 곳과 앞으로 나아가고 있는 곳 모두에 대한 확신을 가질 때에 비로소 목표를 달성할 수 있다.

우리는 매 10년마다 음악, 패션, 정치, 경제, 과학, 기술 등의 어떤 시대라고 일컫는다. 1980년대는 공산주의의 몰락을, 1990년대는 연결된 세계의 도래를 의미했다. 2000년 이후는 아마도 우리가 무슨 시대라고 명명할 수 있는 것보다 훨씬 더 많은 변화가 있을 것이다. 이제 한 시대를 일컫는 말을 붙이는 것 자체가 그 시대를 이해하는 도전이 되었다.

마크 트웨인은 "역사는 반복되지는 않지만 리듬이 있다."고 말했다. 역사를 살펴보면 우리 세계가 어떻게 진화할지, 장·단기적으로 시장에 어떤 영향을 미칠 것인지 알 수 있다. 미래가 어떻게 진화할지 이해함으로써 오늘 우리가 어떻게 행동해야 할지를 결정할 수 있을 것이다.

더 지능적인 미래	더 창의적인 미래
통찰력: 우리는 고객들을 평균 수치로만 취급하고 있는데, 이는 그들을 한 사람의 개인으로서 진심으로 이해하는 것과는 거리가 멀다.	**아이디어:** 통찰력만으로는 충분하지 않다. 회사를 차별화하고 변화시키는 것은 독창적 사고의 힘이다.
브랜드: 고객의 열망을 반영하고 그들에게 영감과 활력을 주는 훌륭한 브랜드는 그리 많지 않다.	**사람:** 기업들은 직원들의 참된 정서적 힘을 내외에 펼치게 하는 방법을 아직 알아내지 못했다.
기업들: 대부분의 회사들은 여전히 진정으로 고객 중심적이지 않으며 오랫동안 외부적 관점을 갖지 못했다.	**공동체:** 사람들은 자신과 비슷한 사람들과 함께 있으면서 그들로부터 배우고 그들의 삶에서 최대한 얻기를 원한다.

우리는 이미 우리의 전통적 시장과 마케팅 방식에 점점 더 큰 영향을 미치는 여러 트렌드의 변화를 볼 수 있다. 시장 차원에서 다음과 같은 변화가 일어날 것이다.

- **경제의 경계가 사라진다** – 다른 분야에서의 기술이 발전함에 따라 경제는 더 세계화되고 더 연결될 것이다. 현재 중국에서 생산된 소비재 제품은 대개 미국에서 설계되고, 유럽 시장을 겨냥한다. 소니는 영감을 얻기 위해 서쪽으로, 포드는 생산성을 위해 동쪽으로 간다. 마케터들은 글로벌 가치 사슬에 어떻게, 어디서, 언제 최고의 가치를 더할 수 있는지 이해하기 위해 그들의 역할을 다시 재구성해야 한다.

- **힘의 기반이 바뀐다** – 이제 민족국가의 개념은 경제적으로나, 사회적으로나, 정치적으로나 그 의미가 적어지고, 대신 기업 국가나 가상 커뮤니티의 개념이 부상할 것이다. 글로벌 브랜드에서 패션디자인, 스포츠팀에서 미디어 그룹, 선거단체에서 테러리스트까지 모든 분야에서 가상 세계가 실제 물리적 세계보다 더 강력한 영향력을 미친다. 미래의 세계에서는 세계경제포럼(WEC)이 유엔보다, 마이크로소프트가 미국 정부보다, 스포츠가 선거보다 더 강력한 존재가 될 것이다. 마케팅은 이러한 새로운 권력 기반의 변화를 수용해야 한다.

- **디지털 영역의 확장** – 정보는 더욱 지역적으로 특성화되고, 어떤 물체에든 쉽게 내장될 수 있으며, 더 많은 접속과 추적이 가능해지고, 지식은 개인적 관련성이 더 높아진다. 무한대의 주소를 소화할 수 있는 차세대 인터넷 프로토콜 IPv6(기존의 IPv4는 43억 개의 주소가 한계임)에서부터 분자로 구성된 기계를 만드는 나노 기술들이 코 앞에 와 있다. 지역 기반 마케팅은 새로운 채널을, 시간 기반 마케팅은 이전에는 생각도 할 수 없었던 개인화와 적합성을 추구하게 해줄 것이다. 소비자들의 태도와 행동도 변화하고 있다.

- **퓨전 라이프스타일** – 더 많은 사람들이 개인적 취미를 위해 일하는 시간을 신축적으로 조정하고, 그런 관심사와 일을 혼합할 수 있는 직업을 선택하게 될 것이다. 베이비부머 세대는 장년층이 되었지만 여전히 창의적인 전성기를 누리며 락 음악과 클래식 콘서트, 스포츠웨어, 디자이너 패션을 등 자신들이 원하는 삶을 즐긴다. 기업들은 최고의 인재들을 확보하기 위해 그들의 조건을 유연하게 수용하는 고용 모델을 개발할 것이다. 마케팅은 기업과 소비자의 이러한 새로운 거시적 동기를 파악해야 한다.

- **세계가 이웃** – 이동성(교통, 통신)의 발달은 우리가 여가나 일을 위해 규칙적으로 여행하며 한곳에 머무는 기간이 짧아진다는 것을 의미한다. 기술은 사람들이 온라인 세계에서 다양한 주제들을 함께 공유할 수 있게 해줌으로써 새로운 형태의 친밀감을 가능하게 해주었다. 전세계 어디든 원격 진료를 제공하는 의사들, 보다 다양한 주제의 평생 교육들, 심지어 개인적인 우정까지 온라인에서 형성된다. 마케팅은 가상 커뮤니티에서 신뢰할 수 있는 브랜드를 통해 이런 사람들을 수용할 수 있어야 한다.

- **유전적 세분화** – 개인별 검사가 증가하면서 이제 특정 질병과 치료, 또는 지능과 사회적 선호도에 따라 사람들을 성향별로 분류할 수 있게 되었다. 당신이 무엇이고 무엇이 아닌지를 알아내는 유전자 변형기술은 자신의 이익을 위한 새로운 공동체, 로비 단체, 새로운 사회적 계층을 촉발할 것이다. 마케팅은 이같이 새롭게 등장하는 고객층 분류를, 고객의 개인적이고 심오한 동기를 유발하는 혁신과 제안에 최대한 활용해야 한다.

기업은 구조와 역할도 변화하고 있다.

- **지식 피난처** – 인도는 기술 강국으로 부상할 것이며, 싱가포르는 교육 허브, 홍콩은 동양의 관문이 될 것이다. 세제 혜택을 위한 기업들의 무형자산 해외 이전 움직임은

최고의 IT 기반팀을 운영하는 다국적 기업들로 하여금 브랜드 관리나 기술 연구를 스위스의 산골 마을이나 카리브해 제도에서 수행하는 상황을 초래할 수 있다. 마케터들은 해외 세금 탈세자가 되는 것을 피하면서 회사의 무형 자산을 구축하는 역할을 맡음으로써 더 가치 있는 존재가 될 것이다.

- **창의적인 핫스팟** – 기계가 연결성을 넘어 대화까지 가능해짐에 따라 일터는 개인의 표현과 생각이 더욱 중요하게 펼쳐지는 공간으로 진화할 것이다. 기술 허브가 출현했던 것처럼, 도시 전체가 창의적인 핫스팟으로 재탄생될 것이다. 광고회사의 전통적인 관념은 혁신과 디자인, 미디어와 예술, 기업과 사회, 이익 활동과 자선 활동을 융합하는 것으로 바뀔 것이다. 마케터들은 새로운 형태의 협업적 혁신과 커뮤니케이션을 통해 다른 누구보다 먼저 최고의 아이디어를 장착함으로써 이런 핫스팟의 핵심에 있어야 한다.

- **고객 기업** – 브랜드를 갖고 있는 회사가 브랜드가 '나(회사)'가 아니라 '너(고객)'에 관한 것이라고 인식함에 따라, 그들은 대부분의 운영 활동이 그들의 역할에 그다지 중요하지 않으며 오히려 다른 기업과의 감성적 파트너십 기반이 보다 민첩한 고객 관계를 개선한다는 점을 깨닫고, 가치 평가를 위한 최고의 기회에 초점을 맞춘다. 신제품의 공동 개발, 기존 제품의 맞춤화, 브랜드를 중심으로 한 커뮤니티 구축 등이 모두 고객 기업을 구축하는 요인들이다. 고객 열망이 높아짐에 따라 기업들은 대중에게 (특권층만이 누릴 수 있는) 고급스러움과 다양한 미디어를 통한 모든 형태의 콘텐츠를 제공함으로써, '가치'에 대한 새로운 해석을 내리고 비로소 고객이 근본적으로 통제권 하에 있다는 것을 알게 될 것이다.

영감 1. 나이키

나이키의 사명은 '세계의 모든 운동선수들에게 영감과 혁신을 가져다주는 것'이다.

오리건 대학교의 전설적인 육상 코치 빌 바워만은 한 걸음 더 나아가 '건강한 몸만 있다면 누구나 운동선수가 될 수 있다'고 말했다.

필 나이트와 바워만은 오리건 주의 한적한 도시 유진에서 나이키를 창업해 '인간 잠재력 돕기(the service of human potential)'라는 사명을 성취했는데, 이 말은 '모든 사람이 자신이 선택한 분야에서 자신의 잠재력을 성취하도록 돕는다'는 것을 의미하는 스포츠 용어다.

나이키는 현재 세계 최고의 스포츠 및 피트니스 회사로 운동선수들에게 영감과 혁신을 불어넣는 데 전념하고 있다. 전 세계에서 2만 5,000명의 직원을 직접 고용하고 있으며, 간접 고용까지 합치면 100만 명이 넘는 사람들이 나이키에서 일하고 있다.

물론 나이키의 성장은 순탄치만은 않았다. 아마도 나이키를 가장 어렵게 한 것은 아시아에서 생산 공장을 운영한 방식과 관련된 부정적 인식(아시아 저임금 노동자 착취)이었는데, 나이키는 이후 그런 우려를 불식시키고 현재 세계에서 가장 선도적인 지속 가능한 사업과 윤리적 고용주로 자리매김하고 있다.

'스우시(swoosh, 나이키 로고의 형상을 표현한 의성어)' 로고로 상징되는 나이키 브랜드는 최근 몇 년간 브랜드의 대명사로 불리며 스포츠 세계의 올바른 사고방식과 탁월함을 대표하는 브랜드로 성장했다. 나이키는 또 나이키 조던, 나이키 우먼, 나이키 골프, 나이키 러닝, 나이키 풋볼 등 특정 고객과 보다 밀접한 관련성을 표현하는 다양한 하위 브랜드를 배치하고 있다.

아마도 필 나이트가 보여준 성공적 마케팅의 상징은 농구 슈퍼스타 마이클 조던과 계약했을 때였을 것이다. 스포츠 업계에서 유명인들을 광고에 출연시키는 것은 당시로서는 확실히 새로운 개념이었지만, 탁월함과 열망을 상징하는 스포츠 스타의 힘은 가히 압도적이었다. 이것은 단지 유명 배우를 출연시키는 화장품 광고 계약과는 달랐다. 나이키는 계약을 체결한 운동선수들과 긴밀히 협력해 그들이 최고의 성과를 내도록 돕고, 운동선수들은 그 대가로 회사의 새로운 제품 혁신과 주요 이벤트 및 마케팅 이니셔티브를 지원하기 위해 나이키와 협력한다.

나이키는 브랜드의 본질, 즉 회사가 사람들을 위해 해야 할 일이라고 확신하는 것을 반영하는 광고 슬로건을 사용하는 등, 품격 있는 도발로도 유명하다. 나이키는 훗날 세계적 광고회사로 발돋움한 오리건의 지역 광고회사 위든&케네디 등 여러 광고회사들의 도움을 받아 영감을 주는 인쇄물과 텔레비전 광고, 제품 브랜드, 태그라인으로 좋은 평판을 받았다.

위든&케네디는 2018년 나이키의 드림 크레이지(Dream crazy)라는 광고로 전 세계의 관심을 받았다. 이 광고의 내레이션을 맡은 NFL의 콜린 캐퍼닉은 인종차별주의의 저항을 표현하기 위해 NFL 경기에서 애국가가 나오는 도중 경례 대신 무릎을 꿇은 사건으로 유명한 선수로, 이런 저항적 행위를 한 뒤 32개의 NFL 구단이 모두 그와의 계약을 거절했다. 이 사건 이후 2년 만에 나이키는 Just do it 슬로건의 30주년 기념으로 그를 광고 모델로 기용했고 '신념이란 그로 인해 모든 것을 희생한다고 해도 포기할 수 없는 것이다 (Beielve in something, even if it means sacrificing everything)'라는 광고 카피로 화제를 모았다.

그러나 나이키는 현재의 브랜드만으로는 모든 사람의 욕구를 충족할 수 없다는 점을 인식하고, 최근 몇 년간 다른 브랜드를 인수하며 자체 브랜드 포트폴리오를 성장시켰다. 예를 들어 아이들은 부모들이 멋지다고 생각하는 것을 멋지다고 생각하지 않는다. 이에

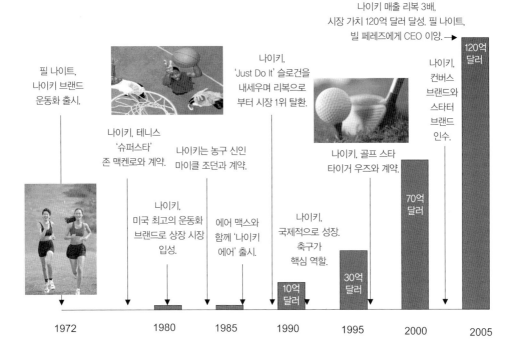

나이키 매출 리복 3배,
시장 가치 120억 달러 달성. 필 나이트,
빌 페레즈에게 CEO 이양.

필 나이트,
나이키 브랜드
운동화 출시.

나이키,
컨버스
브랜드와
스타터
브랜드
인수.

나이키,
'Just Do It' 슬로건을
내세우며 리복으로
부터 시장 1위 탈환.

나이키, 테니스
'슈퍼스타'
존 맥켄로와 계약.

나이키는 농구 신인
마이클 조던과 계약.

나이키, 골프 스타
타이거 우즈와 계약.

나이키,
미국 최고의 운동화
브랜드로 상장 시장
입성.

에어 맥스와
함께 '나이키
에어' 출시.

나이키,
국제적으로 성장.
축구가
핵심 역할.

120억
달러

70억
달러

30억
달러

10억
달러

1972   1980   1985   1990   1995   2000   2005

(출처: nikebiz.com의 데이터)

따라 나이키는 십대들의 라이프스타일에 접근하기 위해 서핑복에는 나이키 대신 헐리라
는 브랜드를 사용한다.

나이키는 또 사무실이나 고급 레저 시장에 진출하기 위해 격식을 갖춘 신발에는 콜 하
안이라는 브랜드를 사용한다. 2003년에 미국의 전설적 브랜드 중 하나인 컨버스가 나이
키 브랜드 그룹에 합류했고, 중저가 브랜드를 개발하기 위해 엑서터 브랜드 그룹을 만들

어 스타터, 샤크 같은 제품들을 대형 유통업체를 통해 판매하고 있다.

나이키의 본거지는 비버튼으로, 나이트가 처음 스포츠에 대한 열망을 키운 오리건 대학교 캠퍼스에서 멀지 않은 곳이다. 나이키의 월드캠퍼스로 가는 길에는 마이클 조던, 타이거 우즈, 전설적 장거리 선수 알베르토 살라자르, 1984년 LA 올림픽 마라톤 금메달리스트 조앤 베노잇, 칼 루이스, 영국의 육상선수 세바스찬 코 등 유명한 운동선수들의 조각상들이 줄지어 서 있다.

'주방'으로 널리 알려진 나이키 스포츠 연구소는 나이키 브랜드, 회사, 캠퍼스의 철학적, 물리적 핵심공간이다. 연구실은 1만 3,000평방피트 규모로 나이키 디자인 전문지식이 집대성되어 있는 곳으로, 원목으로 만든 농구 코트, 모조 축구장, 70m 길이의 육상 트랙이 있다.

나이키의 혁신 과정을 돕기 위해 몇 명의 스포츠 스타들도 이곳에서 일한다. 프랑스 축구선수 티에리 앙리가 공을 차는 장면을 초당 1,000프레임을 기록하는 고속 비디오카메라로 촬영하는 모습을 볼 수도 있고, 여자 마라톤 세계 기록 보유자 폴라 래드클리프가 러닝머신에서 뛰고 있는 모습을 볼 수도 있다. 나이키 과학자들은 그녀의 동역학(지면 반발력과 가속도)에서 운동학을 연구한다.

연구소에는 근육 스캐너에서 호흡 분석기, 그래픽 디자인 시스템, 열화상 기기 등 각종 첨단 기기들이 스포츠의 우수성을 추구하기 위해 배치되어 있다. 나이키는 이제 단순한 신발 판매 회사가 아니라 고객이 최고 수준의 성과를 낼 수 있는 제품 개발 리더십 회사다. 이를 위해서는 신발 구조에서부터 직물의 내구성, 편안함과 미적 외관까지 모든 것이 중요하다. 나이키는 장애를 만나면 그와 타협하지 않고 장벽을 깬다. 나이키는 언제나, 가능한 것과 지금은 불가능한 것 사이의 경계선에 있다.

나이키는 끊임없이 첨단 기술을 찾아 앞으로 나아가며 진화한다. 나이키는 모든 고객들을 위해 발간한《나이키 격언집(Nike Maxims)》에서 그런 정신을 '좋은 것을 확장하고 그렇지 않은 것을 바꾼다'고 설명하고 있다.

주주들에게 보고하는 나이키의 연례보고서에서도 나이키의 브랜드 천재성을 엿볼 수 있다. 나이키의 연례보고서는 숫자와 그래프 위주보다는 사진과 이야기로 표현된다. 훌륭한 스포츠 용품을 만들고 주주에게 최고의 수익을 전달하는 것이 비록 결과이기는 하지만 목표 자체는 아니다. 물론 나이키의 주가는 지난 10년간 S&P 지수보다 두 배 이상 상승했지만, 나이키는 더 크고, 더 영감을 주는 보다 지속적인 목표가 있다.

"좋은 투자에 대한 우리의 생각은 속도다 … 오늘날 100m 달리기에서 1위와 4위 사이의 차이는 불과 0.005초밖에 되지 않는다 … 우리의 계산에 따르면, 나이키 스위프트 운동복은 기록을 1.13% 향상시켜 준다."

나이키 스위프트 기술을 개발하는 데 3만 6,000시간이 걸렸다. 개발에 있어서는 빠른 것이 중요한 것은 아니다. 하지만 우리는 다른 영역에서는 빠르다. 그리고 그것은 운동선수들이 더 빨리 달릴 수 있도록 돕기 위해 우리가 하는 많은 것 중 하나일 뿐이다. 많은 운동선수들에게 1.13%의 기록 향상은 평생의 차이가 될 수 있다.

게다가 그것은 우리에게는 좋은 사업 영역이기도 하다.

나이키의 연례보고서는 고객과 주주에게 가장 중요한 외부적 관점에서 본 천재적 브랜드의 성과에 대해 절제된 초점을 맞추고 있지만, 창의적인 정신과 차별화된 방식으로 더 잘 설명하고 있다. 필 나이트는 다음의 일화로 주주들에게 보내는 보고서를 마무리했다.

…에서	~으로
엘리트 스포츠	활동적인 삶
큰	크고 강한
자원 축적	자원 공유
느린	빠른
힘든 상황을 다룬다	민첩함을 다룬다
혁신	혁신(세제곱)
상징적 운동 선수	영웅적 운동 선수
노동력 착취	근로자 지원
노(No) 또는 아마도	아마도 또는 예스(Yes)
광고	소통
독불장군	동맹
브랜드 인지도 추구	존경받는 브랜드
현실 안주	도전적
모두 동의하는 것	용기 있는 행동

(출처: 나이키 격언집)

"나이키는 마음속에 언제나 어린아이로 남아 있습니다. 불과 몇 주 전, 우리는 본사에 있는 마이클 존슨 트랙에서, 인간 한계로 여겨졌던 로저 배니스터의 1마일 4분 주파 50주년을 기념하는 대회를 열었습니다.

그날 하나님은 우리에게 그분의 섭리를 다시 한번 보여주었습니다. 마이클 스템버가 3분 59.4초로 우승한 것입니다. 이는 50년 전에 위대한 의사(로저 배니스터는 당시 의대생이었음)가 세운 기록과 정확히 일치하는 기록이었습니다. 트랙에 모인 2,000명이 넘는 나이키 직원들에게 이 날은 마법 같은 날이었습니다.

이것이 바로 나이키가 앞으로도 항상 간직해야 할 모습입니다."

적용 미래를 자각하는 마케팅

당신은 미래를 어떻게 활용하는가? 당신의 시장과 고객, 회사와 마케팅은 앞으로 어떻게 발전할 것으로 예상하는가? 그 미래에 대비하고, 살아남고, 번창하기 위해 오늘 우리는 무엇을 해야 하는가?

1. 미래의 방향 개발

뒤가 아니라 앞을 바라보며, 미래 시장에 대한 호기심과 이해를 문화적으로 증진한다.

2. 미래의 맥락 탐구

향후 10~50년 동안의 미래 시장 시나리오, 기술, 환경 및 사회를 탐구한다.

3. 미래의 고객 탐구

향후 3~10년간 고객의 욕구와 열망, 신념 및 행동이 어떻게 변화할 것인지 탐구한다.

4. 미래의 사업 탐구

미래의 사업 모델, 제품 및 채널, 파트너, 일하는 방식의 특성을 탐구한다.

5. 미래의 마케팅 탐구

입소문 마케팅에서부터 위성 주소탐색까지 새로운 마케팅 방법을 탐구한다.

6. 오늘 가장 중요한 것

지금 당장 시작해야 할 가장 확실한 것이 무엇인지 판단하고, 내일의 가능성을 염두에 두되 오늘 행동한다.

마케팅은 항상 기술로 연결된 시장뿐만 아니라 점점 스스로 생각하는 지능적 시장의 힘도 활용해야 한다. 지능적 시장은 시장 스스로 자신의 구조, 질서, 힘을 찾고 자체적으로 구조를 형성하며, 스스로를 공동의 대의명분을 가진 공동체로 동원할 수 있는 시장이다.

과거에는 시장이 회사 또는 회사 브랜드와 거래나 관계를 맺는 수많은 각각의 개인들로 구성되어 있었다. 그들은 같은 제품을 사용하지만 서로 알지 못하며, 같은 슈퍼마켓에서 쇼핑을 하지만 서로 말을 하지 않는 수백만 명의 사람들이었다. 그런 시장에서는 기업들만이 조직력을 발휘할 수 있었고, 고객들은 서로 격리되고 각각 따로 행동하는 네안데르탈인 같은 존재였다.

그러나 오늘날 시장은 점점 더 조직화되고 문명화되고 있다. 비록 규제 당국이 새로운 규칙을 만들고, 경쟁을 장려하고, 불법 사업 관행을 감시해 왔지만, 고객들은 기업에 이의를 제기하거나 압력을 행사하거나 변화해야 한다는 목소리를 직접 낼 수 없었다.

오늘날 우리는 더 많은 목소리와 힘을 가진 지능적인 시장을 본다. 지능적 시장은 단지 어디서나 물건을 살 수 있고, 온라인에서 최고의 가격을 확인할 수 있고, 시장에 어떤 브랜드들이 있는지를 알 수 있다는 의미일 뿐 아니라, 브랜드와 그것을 관리하는 회사의 근본적인 명성을 만들어주기도 하고 무너뜨릴 수 있는 힘도 가지고 있다.

- 소비자들은 이제 정교한 마케팅 기법에 대한 불신감이 커지며 그에 대한 반감을 갖게 되었다. 사생활 침해가 심해지는 텔레마케팅은 이제 donotcall.com 같은 웹사이트를 통해 소비자들이 이를 막을 수 있게 되었다.
- 마우스 클릭 한 번으로 모든 사람이 접근할 수 있는 온라인 소통 창구가 된 블로그는

브랜드에 대한 논평이 보다 활발하게 이루어지는 장소가 되었다. 브랜드에 불만족스러워하는 한 명의 고객이 블로그를 통해 백만 명의 다른 사람들에게 이를 전할 수 있게 된 것이다.

• 미디어 논평가들은 고객의 태도와 행동에 깊이 영향을 미치며 기업이나 제품, 그들의 윤리, 공정성, 신뢰성, 가치에 대한 문제들을 공평하게 때로는 편파적으로 제기할 수 있게 되었다.

• 로비 단체들의 목소리는 점점 더 커지고 전문화되어, 환경 문제부터 정치적 이슈에 이르기까지 다양한 문제를 다루고 있다. 때로는 회사의 마케터보다 더 독창적이고 영향력 있는 정교한 마케팅 캠페인을 자체적으로 운영하기도 한다.

• 기술의 발달로 고객들의 문제 제기나 불만은 엄청난 속도로 빠르게 확산될 수 있게 되었다. 컴퓨터 바이러스가 몇 분 안에 전 세계로 퍼질 수 있는 것처럼, 시장의 힘도 그럴 수 있다. 브랜드는 단 24시간 안에 영웅에서 악당으로 변할 수 있다.

마케팅은 변화하는 시장의 모습에 저항하기보다는 그에 순응해야 한다. 예를 들어, 오늘날 홍보활동(PR)은 과거 신문의 지면을 차지하던 시절보다 훨씬 더 정교하고 모든 것이 연결되는 시대가 되었다. PR은 이제 대중 여론, 고객 인식, 직원 사기를, 고객의 존중을 받고 고객과 관계를 맺는 긍정적인 힘으로 활용되고 있다. 시장조사는 이제 단순히 제품에 대한 고객의 욕구를 조사하는 차원을 넘어 더 깊은 가치와 인식에 대한 통찰력을 제공해야 한다. 고객관계 또한 사람들이 더 많이 사도록 유인하기 위한 일방적인 시도라기보다는 정말로 중요한 것을 개선하기 위해 고객에 귀 기울이고 함께 협력하는 것이다.

무선 주파수 식별 장치(RFID)는 마케팅이 어떻게 기술이 작동하는 시장에 더 지능적으

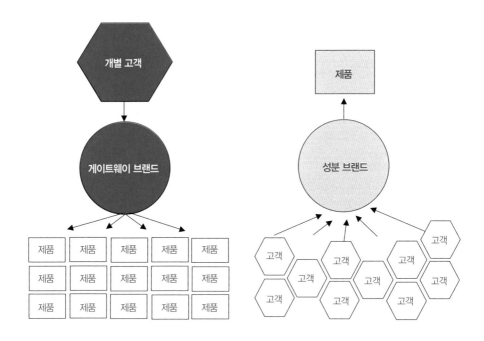

로 대응할 수 있는지에 대한 광범위한 가능성을 제공한다. 현재 생산되고 있는 수십억 개의 RFID는 전자 지갑이 계산을 대신 해주고, 매장 복도에서 물건을 찾느라 헤맬 때 당신의 전화기에 필요한 정보를 보내주고, 새 집에 필요한 물건들을 알려주고, 집을 팔 때에는 보충해야 할 물건을 표시해주는 등 우리의 쇼핑 경험에 혁명을 일으킬 것이다. 그러나 물론 이에 그치지 않고 공급업체가 고객을 추적해 혜택을 주는 방식이나, 식당의 개인화된 메뉴에서부터 공급망 효율성 및 정확하게 시간을 맞추는 물류에 이르기까지 모든 면에서 고객 경험을 변화시키는 방식이 가능해질 것이다.

그러나 가장 흥미로운 것은 지능적 고객의 부상이다. 똑똑한 고객들은 가격 비교, 맞춤화, 그리고 자신의 개별적 문제에 대한 근본적인 해결책을 자신의 조건대로 요구함으로써 자신들의 힘을 드러내기 시작했다. 우리는 이제 개별 제품의 성분을 내세우는 성분 브랜드보다는 여러 제품을 아우르는 '게이트웨이(gateway)' 브랜드, 고객을 대신해 행동하는 '대량 제품 생산' 기업보다는 '맞춤형' 브랜드의 급부상을 보게 될 것이다.

게이트웨이 브랜드는 어떤 제품도 직접 가지고 있지 않지만, 고객을 깊이 알고 고객의 욕구와 문제를 이해한 다음, 고객의 문제를 해결할 수 있는 적절한 성분을 찾아 그런 성분 브랜드와 최상의 거래를 공정하게 협상한다. 게이트웨이 브랜드는 전적으로 고객의 편에 선다. 그들은 고객과 무관한 무차별 프로모션보다는 그들을 찾는 고객에 초점을 맞춰 브랜드 구축 과정에서 그들의 가치를 반영한다.

그들은 중간 매개자로 보일지 모르지만, 게이트웨이 자체가 주체가 되며, 고객이 보고, 관심을 기울이고, 신뢰하는 유일한 브랜드가 된다. 또 고객 서비스를 중심에 두는 풍부한 정보원이 되기도 한다. 그들은 문제 해결과 관계 구축에 대한 전문 지식을 갖추고, 지능적 시장의 파워 허브로서 힘의 기반, 시장 구조 및 가치의 원천을 재정의할 것이다.

노키아는 빠르게 진화하는 글로벌 연결 사회의 선두에 있다. 노키아의 비전, 모바일 기술, 혁신적 적용은 우리가 생각하고 배우고, 소통하고, 거래하는 방식을 믿을 수 없는 속도로 바꾸고 있다.

그러나 이 핀란드 최대 기업이자 세계 최대 통신장비 제조업체의 기원은 자연에 훨씬 더 기반을 두고 있다. 실제로 노키아의 이야기는 비즈니스 진화와 적응에 대한 전설적 이야기다.

노키아는 1865년에 프레드리크 이데스탐이 세운 초라한 우드 펄프 공장으로 시작되었다. 회사는 핀란드의 소도시 노키아에서 고무 제품을 생산하기 시작했고 곧 그 도시의 이름을 따 회사 이름을 지었다. 제2차 세계대전이 끝날 무렵, 노키아는 전화케이블 생산업체인 핀란드 케이블웍스를 인수했다.

1970년대에 노키아는 전화 교환대용 디지털 스위치 노키아 DX 200을 개발하면서 통신 산업에 더 깊이 관여하게 되었다. 1980년대에는 마이크로 미코라는 개인용 컴퓨터 제품들을 선보였고(나중에 ICL과 합병), NMT 네트워크용 휴대전화 개발에 착수했다.

그러나 1990년대에 회사가 심각한 재정적인 문제에 부딪히면서 휴대전화기 및 인프라, 기타 통신 분야의 제조 부문을 간소화했고, 텔레비전과 개인용 컴퓨터 같은 사업을 정리했다. 노키아는 멀티미디어 플레이어로서의 회사의 정체성을 재정립하면서 휴대폰의 잠재력이 단순한 전화기 이상의 존재, 즉 정보 및 엔터테인먼트, 컴퓨터, 상업용 기기를 아우르는 장치가 될 것임을 깨달았다. 그러나 노키아는 최근 몇 년 사이, 삼성이나 모토로라 같은 회사들의 도전으로 위상이 크게 손상되었음을 인정하며, 다시 업계의 리더십을 회복하기 위해 노력하고 있다. (1998년부터 13년 동안 세계 휴대폰 시장을 지배했던 노키아는 스마트폰 시대에 대응하지 못한 대표적 사례로 자주 언급되는 회사로 전락했다. 2013년 휴대폰사업부를 MS에 매각하고 통신장비 회사로 남아있지만 이마저도 중국 화웨이 같은 회사들의 거센 도전을 받고 있다.)

노키아는 시장이 산업의 혁신 사이클에 따라 회색, 각진 모양, 이성적 기술 중심에서 컬러풀하고 부드러운 디자인 중심 스타일링, 인간적이고 감성적인 방향으로 움직이고 있다고 보고 있다. 그것은 노키아가 보다 친밀한 새로운 세대의 통신 기기를 준비하고 있다는 것을 의미한다.

아마도 노키아는 이제 다음과 같은 시장 성공의 역설을 깨달은 듯하다.

- 시장이 성숙함에 따라, 고객의 관심이 줄어든다. 그들은 새로운 것에 흥분하기보다는 당신 회사를 있는 그대로 받아들인다.
- 회사가 인기가 많아질수록 매력을 유지하기가 더 어려워진다. 유비쿼터스란 개념은 개성을 강조하는 것과 어울리지 않는다.
- 규모가 커질수록 개인적 관계가 약화된다. 그러나 동시에 소비자들은 브랜드와 더 깊은 관계를 모색한다.

노키아의 브랜드는 이제 분명하고 단순하게 '사람들을 연결하는 것', 그리고 더 나은 연결을 가능하게 하는 것에 집중하고 있다.

적용 브랜드 블로깅

개인들이 인터넷의 플랫폼들을 장악하고 자신들의 의견을 즉각적이고 직접적으로 표현하는 자유를 갖게 되면서 블로그는 어디에나 존재하게 되었다. 브랜드도 이러한 대화의 일부가 되어야 하며, 블로거들을 이끌고 그들을 건설적인 대화에 참여시켜야 한다. 어떻게 하면 블로그를 사용해 매일 사람들에게 당신의 브랜드를 더 의미 있고 더 중요하게 만들 수 있을까?

(그러나 최근에는 상업적 의도를 가진 블로거들에 대한 경계의 목소리도 나오고 있음)

1. 브랜드 블로그를 만든다

정보를 제공하는 전용 웹사이트에 브랜드를 위한 온라인 블로그를 만들고 매일 업데이트한다.

2. 브랜드 개성을 개발한다

개성이 있는 블로그를 개발하고, 간단한 언어로 아이디어를 표현하며, 문제점도 투명하게 다룬다.

3. 세상에 대한 의견 제시

고객의 세계에 대해 이야기하고, 그들의 문제에 대한 관점을 공유하고, 통찰력과 반대 의견 등을 올린다.

4. 안티 블로그도 언급한다

당신의 브랜드에 반대하는 블로그에 대해서도 기꺼이 격려하고 대응하며, 대화를 장려해 비판을 기회로 바꾼다.

5. 사람에게 더 많은 가치를 부여한다

거래를 넘어 가치를 창출하고 새로운 방식으로 고객과 연결함으로써 고객 세계의 일부가 된다.

6. 자신이 믿는 것을 지지한다

고객 세계의 목소리를 듣되 신념을 용감하게 지키는 사려 깊은 리더가 된다.

브랜드는 사람들을 위해 더 많은 것을 해야 한다. 브랜드는 여전히 하나의 유사한 제안을 다른 제안과 구별하는 정체성으로 많이 사용되고 있다. 이것은 상품적 사고방식이다. 브랜드는 단지 차이점을 말해주는 것 이상의 역할을 해야 한다. 고객들에게 더 다가가 단순한 거래보다 더 오래 머물러야 하며, 기능적 이익보다 더 많은 것을 제공해야 한다.

- 당신 회사를 정의하는 브랜드
- 사람들이 계속 의지할 수 있는 브랜드
- 가치를 더하는 브랜드
- 자극하고 영감을 주는 브랜드
- 독창적인 사고를 가진 브랜드
- 기능적 이익 외에 추가적인 역할을 하는 브랜드
- 인간성과 겸손함을 바탕으로 만들어진 브랜드
- 삶을 함께 살아갈 브랜드

브랜드는 제품이 아니라 사람에 관한 것이다. 브랜드는 기업들은 물론 지역사회까지 아우르고, 고객의 동기와 열망을 반영하며, 단지 전달되기보다는 고객을 계몽하고, 공통의 관심이나 열망을 가진 사람들을 연결하며, 단지 기대에 부응하는 것에 그치지 않고 예기치 않은 기쁨을 주며, 당신이 사랑하는 사람들에게 하는 것처럼 강력한 감정을 불러 일으켜야 한다.

하지만 대부분의 브랜드들은 그렇지 못하다. 따라서 효과도 없다.

브랜드에는 중요한 의미도 함축되어 있어야 한다. 시장의 소음과 복잡성을 차단하고 고객을 진정으로 사로잡을 힘, 더 높은 가격에도 고객이 더 많은 구매를 하도록 그들의 태도와 행동을 촉진하는 힘을 가진 통찰력 있는 브랜드는 결코 시장에 타협하지 않는다.

실제로 본연의 사명을 잃은 타협은 오늘날 브랜드의 가장 큰 약점이다. 오늘날의 브랜드들은 모든 사람들에게 좋은 인상을 주려고 노력한다. 젊은이와 노인, 부자와 가난한 자, 주류와 소외된 사람들 구분 없이 모든 사람들의 요구를 충족시키려고 노력한다. 그러나 브랜드가 타협할 때, 통찰력, 고객과의 관련성, 개성, 힘을 모두 잃게 된다.

훌륭한 브랜드는 사람들을 양극화시킨다. 그 브랜드를 좋아하는 사람이 있는가?하면 싫어하는 사람도 있다.

하지만 당신이 원하는 사람들이 브랜드를 좋아하는 한 그것은 문제되지 않는다. 물론, 브랜드가 인정과 신뢰를 얻기 위해서는 모든 면에서 언제나 약속을 이행해야 한다. 이를 위해서는 대내외적으로 명확성과 협력과 열정이 필요하다. 브랜드는 또 고객, 직원, 주주 등을 모두 참여시키고 그들에게 영감을 줘야 한다. 훌륭한 브랜드들은 사람들을 양극화시키기 때문에, 모든 사람들이 그 브랜드와 일하는 것을 즐기거나 투자하기를 원한다는 의미는 아니다.

미래의 성공을 위해 브랜드는 목적의 명확성, 자신들에 대한 신념과 믿음의 힘, 그리고 더 많은 겸손함이 요구된다. 리더들 또한 이것을 갖춤으로써 브랜드를 지키고 찬사와 질타를 함께 수용해야 한다. 실제로 조직과 리더와 브랜드는 불가분의 관계에 있다. 브랜드는 실제 사람들에 의해 전달되는 인간의 얼굴을 가진 살아 있는 존재이기 때문에, 매일의 태도와 행동에 따라 성공과 실패를 반복한다.

공급자가 아니라 고객에 집중하는 브랜드만이 비슷한 가치와 열망을 공유하는 사람들을 한데 모을 수 있다. 그런 사람들 역시 서로 함께 있고 싶어 하는 경향이 있는데, 사람들이 모두 똑같은 제품을 똑같이 구매하던 시절에는 그런 적이 없었다.

고객을 반영하는 브랜드는 공동체를 형성한다. 브랜드는 대개 브랜드가 적용되는 주변에서 같은 생각을 가진 사람들을 하나로 모으는 조직력의 역할을 한다. 테프론은 요리 매니아들을, 영국의 다국적 제약 및 비료회사 피손스는 열성적인 정원사를, 윤활유 회사 캐스트롤(Castrol)은 자동차광들을 한데 끌어모을 수 있었다.

고객들은 진정한 의미에서 기업과 관계를 맺고 싶어 하지 않는 경향이 있지만, 자기들끼리는 서로 관계를 맺고 싶어 한다. 그들의 커뮤니티는 역동적 구조여서, 공통의 가치와 신념, 구조와 관습을 중심으로 모이다가 시간이 지남에 따라 진화하면서 민주적으로 문명화된다.

브랜드는 커뮤니티의 기능적 및 정서적 허브 역할을 하면서, 관련 커뮤니티를 형성하고 자원을 공유하도록 돕는다. 그런 브랜드는 늘 눈에 잘 띄고 지역 사회와도 밀접한 관련성을 갖는다. 물론 이 과정에서 강요는 없다. 고객은 누구에게 감사해야 할지를 알고 있고, 필요한 것이 있을 때 편리하게 의지할 수 있다.

휴렛팩커드는 자신의 예술에 대한 열정을 가진 그래픽 디자이너들을 한데 모아 온라인 하이프(HyPe) 갤러리를 만들어, 그들의 아이디어와 이슈를 전시하고, 만나고, 공연하고, 공유할 수 있는 플랫폼을 제공했다. 그중 일부는 상업적 성공의 발판이 되기도 했다. 물론 디자이너들은 대문자 H와 P가 무엇을 의미하는지, 자신들이 무엇을 할 수 있는지를 잘 알고 있다. 그들은 HP에게서 더 많은 것을 찾기를 원한다. 그들은 자신의 디자인 활동에서 HP를 더 많이 선택하고 다른 디자이너들에게도 HP를 추천할 것이다.

브랜드 커뮤니티는 당신이 좋아하는 브랜드를 기반으로 구축된다. 광고, 채널, 다른 관계는 더 이상 의미가 없다. 어떤 생각과 행동으로 뭉친 커뮤니티가 사람들을 참여시키는 더 나은 방법이기 때문이다.

영감 3. 다이슨

'더 나은 디자인을 할 수 있었을 텐데'라고 말한 적이 있는가? 제임스 다이슨은 항상 그랬다. 그는 어떤 일이든 항상 더 낫게 하는 것을 좋아한다. 1970년부터 그와 그의 연구팀은 여러 제품을 개발하며 전 세계적으로 50억 달러 이상의 매출을 올렸다. 바퀴 대신 볼이 달린 손수레 '볼배로우(Ballbarrow)'로 일찌감치 성공을 거둔 다이슨은 진공청소기의 흡입 방식에 관심을 갖게 되었다.

무려 5,127개의 프로토타입 시험을 거친 후 1983년에 다이슨은 사이클론 타워가 중력보다 10만 배 이상의 원심력을 발생시켜 가장 작은 먼지 분말 입자까지 제거할 수 있다는 연구를 바탕으로, 먼지 봉투 없는 진공청소기를 출시했다.

최초의 다이슨은 G포스라는 브랜드로 일본에서 판매되었는데, 대당 가격이 2,000달러에 달해 한 때 신분의 상징이 되기도 했다. 일본 라이선스 매출을 바탕으로 다이슨은 10년 후에 영국 서부 윌트셔에 연구소와 공장을 세웠다.

과학자들은 사이클론 기술을 더 연구해 흡입력을 45%나 향상시켰다. 다이슨은 또 보다 지능적인 진공청소기를 만들기 위해 청소기에 3개의 컴퓨터를 탑재하고 50여 개의 센서를 장착했다. 6만 시간의 시험 끝에 마침내 오늘날 우리가 사용하는 다이슨 청소기 제품들이 시장에 출시되었다.

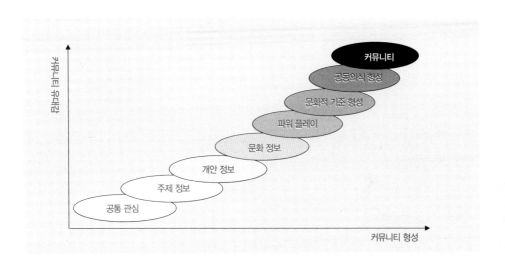

이 같은 오랜 개발 기간이 다이슨의 결심을 시험했고 거의 파산 직전까지 갔지만, 판매하기까지 오랜 시간 동안 끝까지 특허 소유권을 잃지 않았다. 1999년에는 미국의 진공청소기 업체 후버가 자신의 발명을 모방하고 특허를 침해했다는 이유로 소송을 걸어 승리하기도 했다.

다이슨 제품은 생산 14년 만에 전 세계 22개국에서 판매되고 있으며, 세계 대부분의 디자인 박물관에도 다이슨 제품이 전시되어 있다. 마침 미국의 인기 TV 프로그램 〈프렌즈〉에 다이슨 제품이 우연히 비쳐지면서, 다이슨 청소기는 미국 가정의 필수품으로 인식되었고, 이후 이 발명가는 성공 가도를 달리게 되었다.

어떻게 하면 브랜드가 지역 사회의 관심을 끌 수 있을까? 어떻게 하면 브랜드가 전혀 연결되어 있지 않은 사람들의 열정에서 커뮤니티를 형성할 수 있을까? 고객에게 가장 중요한 것을 바탕으로 브랜드를 재해석할 수 있는가? 이것이 어떻게 회사에 다시 활력을 불어넣어 주는가?

1. 고객의 열정을 발견한다

고객과 협력하고, 고객에 주목하고, 고객과 대화하고, 그들이 정말로 중요하게 생각하는 것을 이해하기 위해 그들 속으로 들어간다.

2. 실행 방법을 강구한다

당신의 브랜드에서 정말로 고객에게 중요한 제안과 솔루션은 무엇인가/, 그것은 고객의 열정과 연결되어 있는가?

3. 브랜드가 호소하는 바를 재구성한다

선택된 고객의 열정을 공유하기 위해 브랜드를 다시 구성한다. (모든 고객에게 특별해지는 것은 불가능하다.)

4. 직원들의 활력을 되살린다

이러한 목적 의식을 가진 직원들의 활력을 되살려 고객과 연결되는 새로운 문화를 구축한다.

5. 고객과의 관계를 재설정한다

당신의 제안, 솔루션, 경험을 재정의해 새로운 초점을 실질적이고 혁신적으로 고객에게 전달한다.

6. 새로운 방법으로 고객을 모은다

훌륭한 브랜드는 사람들을 한데 모으고, 관심사에 따라 새로운 커뮤니티를 형성하며, 브랜드를 사회적 구조로 재정의한다.

천재 마케팅은 마케터들이 그것을 실현시킬 수 있는 자신감, 능력, 야망, 영감을 가질 때에 비로소 성취될 수 있다. 마케터들은 자신의 생각과 행동 능력을 키워서 복잡한 시장에 그저 따르기보다는 시장을 지능적으로 이용하고, 기능화된 동일성에 안주하기보다는 통찰력 있는 브랜드를 개발해야 한다.

영감적인 마케터는 다른 사람과 어떻게 다를까?

- 모두가 본 것을 보되 아무도 생각하지 못한 것을 생각한다.
- 똑같은 기술과 도구를 가지고 있지만, 아무도 하지 않은 일을 한다.
- 똑같은 도전에 직면한다고 해도 아무도 이루지 못한 성공을 거둔다.

누구나 이렇게 할 수 있다. '천재 유전자 같은 것은 없다'는 러시아 과학자들의 말은 틀렸다. 토마스 에디슨이 옳았다. 천재는 정말로 99%의 노력이며 영감의 역할은 아주 작다. 그러나 영감은 비범한 것이 가능하다는 것을 보여주는 역할을 한다. 영감은 당신이 이전에는 하지 못했던 것을 할 수 있도록 당신을 자극하는 촉매제, 또는 완전히 새로운 생각의 흐름을 여는 통찰력의 섬광 같은 것이다.

영감의 원천이 무엇이든, 열심히 노력하는 것이 중요하다. 최고의 일을 하는 방식은 경쟁적으로 하는 것보다는 보완적으로 하는 것임을 알아야 한다. 오직 좌뇌만 또는 우뇌만 발달한 사람, 창조적이기만 하거나 분석적이기만 한 사람은 없다.

천재는 어느 한 극단에 치우치지 않고 긍정적인 상호 보완점을 찾는다.

우뇌와 좌뇌의 사고가 결합됨으로써 창의력이 분석력을 강화하고, 지능이 상상력을 확장시킨다. 외부에서 들어오는 기회와 내부에서 작동하는 기능이 연결되고, 오늘과 내일의 보다 성공적인 결과를 위한 솔루션을 찾는다.

천재 마케터들은 호기심과 자신감, 의지와 재능을 가지고, 다음과 같은 다양한 훈련을 통해 어느 한 극단에 치우치지 않는다.

- 현금 흐름 분석과 메시지 확산
- 시나리오 계획과 미디어 통합
- 사회 인류학과 투자 설명회
- 회귀 분석과 창조적 파괴
- 전략적 사고와 협업적 팀플레이

천재 마케터들은 오히려 모순, 문제, 역설, 미지의 것, 아직 이해하지 못한 것에서 영감을 받는다.

그들은 가능하다고 생각되는 것과 불가능하다고 생각되는 것 사이, 시장과 회사 사이, 고객과 제품 사이, 그리고 현재와 미래 사이에 살고 있는 '선구적 사람들'이다.

혁신적 기업가들은 대기업에서처럼 편안함이나 전통에 안주하지 않고, 남들이 하지 않은 일을 하기 위한 직관적인 열정과 비전을 지닌 마케터라는 점은 놀라운 일이 아니다. 리처드 브랜슨, 마이클 델, 스티브 잡스, 필 나이트 같은 사람들을 보라.

대기업들은 이런 기업가적 정신을 지닌 마케터와 리더들을 포용하고, 그들이 새로운 것을 시도하고, 어제의 관습에 도전하고, 새로운 운영 활동을 할 수 있는 공간을 만들어 주어야 한다. 물론 여기에는 보상과 동시에 피할 수 없는 위험을 수반한다. 회사를 창업하는 사람이 성숙기에 접어들면 회사를 이끌기 어렵다는 통설이 있다. 그러나 위 네 사람은 그런 통념을 완전히 무색케 만든 사람들이다.

영감적인 마케터가 극복해야 할 과제는 이론이 아니다. 마케팅에는 많은 모델과 기법이 있고, 대부분의 학문적 연구는 계속 나아가지 못하고 세부적인 문제에 봉착한 것으로 보인다. 영감적인 마케터의 과제는 운영적인 것도 아니다. 잘못된 일을 잘 하는 것은 아마도 그 일을 그저 보통으로 하는 것보다 더 나쁘다. 영감적인 마케터에게는 올바른 사고방식과 일하는 새로운 접근방식이 필요하다. 어느 한 극단에 치우치지 않고, 사람들을 자기편으로 끌어들이고, 비범한 결과를 창출하여야 한다.

빌 바워만의 와플 굽는 틀에서 타는 고무처럼, 천재는 불가능을 생각하는 영감이며, 그것을 수익성 있게 만드는 자신감이다.

영감 4. 이노센트

"우리는 때로 아주 간단한 일로 행복을 느낀다. 화창한 아침에 잠에서 깨어날 때, 처음으로 지도를 제대로 접었을 때, 엄마와 팔씨름해서 이겼을 때, 그리고 스무디 한 잔을 마실 때, 우리의 스무디에는 가장 순수하고 신선한 과일만 들어 있다. 어떤 농축액이나 방부제, 첨가물도 들어있지 않다. 우리는 그날 만든 스무디를 그날 배달한다. (보존 기간을 늘리기 위해 첨가물을 넣어) 좀 더 복잡하게 만들 수도 있지만, 그러면 우리가 소중히 여기는 또 다른 간단한 두 가지 행복인 당신의 잠자는 시간과 먹는 시간에 영향을 줄 수도 있다."

-이노센트의 푸어 후르츠 스무디(Pure Fruit Smoothies) 제품 라벨에서

이노센트는 신생회사지만, '작고 맛있는 음료'를 생산하는 빠르게 성장하는 영국 회사다. 광고업계와 컨설팅 회사에서 일하던 세 친구 리치, 존, 아담이 직장을 포기하고 더 건강한 라이프 스타일을 추구하기 위해 이 회사를 설립했다.

그러나 1998년 여름에 세 친구들은 그들의 생각을 실현하는 데 난관에 봉착했다. 그들은 몇 가지 멋진 음료 레시피를 개발했지만, 그때까지 부패하기 쉬운 순수 천연 과일만으로 음료를 만드는 음료 회사를 설립하겠다는 아이디어를 가지고 투자자들을 끌어들이지 못한 것이다.

그들은 고객의 손에 운명을 맡기기로 했다. 그들은 500파운드의 과일을 싣고 지역 음악 축제에서 노점을 만들어 스무디를 직접 만들어 팔아보기로 했다. 그들은 노점 앞에 통두 개를 설치하고 '이 스무디가 우리가 직업을 포기할 만한 것이라고 생각하십니까?'라는 팻말을 붙였다. '그렇다'라고 표시된 통이 '아니다'라고 표시된 통보다 훨씬 빨리 채워졌

고, 그들은 다음날 직장을 그만두었다.

천연 과일이 그 회사의 핵심이지만 '자연적' 또는 '순수하다'라는 개념은 그들이 쓰는 문구류, 후루츠 타워라 불리는 그들의 사무실, 바나나폰으로 전화하면 당신을 즐겁게 맞이하는 멋진 직원들까지 그들이 하는 일의 전부를 대변해 주었다.

이들의 회사는 3명에서 60명으로 성장해 매일 8만 개의 스무디를 만든다. 현재 매출액이 2,000만 파운드에 육박하고 50%가 넘는 시장 점유율을 자랑하며 여전히 디테일에 집중하고 있다. 병뚜껑에는 '유통 기간(Sell by)' 대신 '즐기는 기간(Enjoy by)'으로 표시되어 있고, 사용하는 플라스틱 병의 25%는 재활용이 가능하며, '나머지는 우리에게 맡기십시오'라고 말한다. 그들은 이제 오리지널 스무디 외에 요거트와 과일 혼합 음료 티키스와 쥬시 워터 같은 브랜드도 함께 운영하고 있다. (이노센트는 현재 매주 200만개 이상의 스무디를 판매하며 2019에 4억 3,200만 파운드의 매출을 기록했지만, 2009년, 2010년, 2013년 세 차례에 걸친 지분 매각으로 현재는 코카콜라가 이노센트의 지분 90%를 보유하고 있고, 세 명의 창업자는 소수의 지분만 보유하고 있다.)

이노센트는 소와 초원이 그려진 배달 승합차를 운영하고, 자선재단을 세우고, '후르츠 스톡(Fruitstock)'이라는 라이브 재즈 페스티벌을 개최하는 등, 버몬트의 아이스크림 선구자 벤&제리스와 꽤 유사하다. (1978년에 설립된 벤&제리스는 2000년에 유니레버에 3억 2,600만 달러에 매각되었다.)

그러나 이노센트에게는 훨씬 더 많은 것이 있다. 그들은 자신들이 하는 일에서 정말로 영감을 받았고, 그들의 회사 자체가 하나의 영감덩어리인 셈이다.

물론 그들은 영리를 추구하는 회사이기 때문에 상업적이고 경쟁적인 현실 세계를 잘 알고 있다. 그러나 그들의 열정은 오직 '진짜 좋은 음료'를 만드는 데 100% 집중된다. 만화로 되어 있는 포켓 사이즈의 '회사 규칙서'에는 브랜드의 정신을 8가지 '규칙'으로 설명한다.

1. **열심히 일하고, 열심히 논다.** '순수한 음료를 마시는 것을 하나의 건강한 습관으로 생각하라. 마치 체육관에 가서도 운동 후에 공동 샤워장을 쓰지 않아도 되는 것처럼' 당신은 항상 innocentgym.co.uk에 오면 언제나 그런 체육관을 만날 수 있다.

2. **항상 전문가에게 물어본다.** '우리가 이 회사를 시작할 때 우리는 음료에 대해 아무것도 몰랐다. 우리는 아직도 많은 것을 알지 못한다. 그래서 고객들에게 무엇을 원하는지 물어본다.'

3. **성경에 '간음하지 말지어다'라는 구절이 있다.** '우리는 어떤 식으로든 음료에 무엇을 섞는 것을 거부하기 때문에 우리 음료를 순수 음료라고 감히 주장한다… 100% 순수하게 으깬 과일로만 만들며, 어떤 농축 주스, 첨가물도 넣지 않는다.'

4. **세계적인 열망을 품는다.** '우리는 세계 최고의 음료를 만들기 원한다. 이것은 세계에서 가장 좋은 재료를 확보해야 한다는 것을 의미한다. 우리는 인도에서 알폰소 망고를, 베트남에 퀸 파인애플을, 인도네시아에서 바닐라 빈을 조달한다.

5. **'하루 사과 한 개면 의사도 필요없다'는 말이 있다.** 과일 340g이면 충분하다는 것이다. 영양식품안전센터의 소장은 '이노센트 음료가 우리 건강에 매우 좋다'고 말했다. 그 소장은 그 말에 전혀 망설임이 없었다.'

6. **과대광고를 믿지 마라.** '우리는 우리 제품으로 많은 상을 받았지만, 절대 뽐내지 않을 것이다. … 우리는 단지 사랑스러운 음료를 만들고 싶을 뿐이다. 아름다운 미래를 위해 지금 준비하는 것 뿐이다.'

7. **일과 정서적인 삶을 분리하라.** '좋은 규칙이지만, 아쉽게도 우리는 그럴 수 없다. 우리는 음료수 만드는 것을 좋아하고, 음료수 마시는 것을 좋아하며, 특히 우리 음료수를 사는 모든 사람들을 사랑하기 때문이다.'

8. **'시간을 낭비하지 마라.** '인생은 너무 짧다… 그래도 지루하다면, 바나나 전화로 우리에게 전화하거나, iamabitbored@innocentdrinks.co.uk로 이메일을 보내시라.'

적용 5개의 공

그동안 마케팅 천재의 사업적 속성에 주로 초점을 맞춰왔지만, 마케터는 한 사람의 개인이기 때문에 영감에 충만한 마케터는 회사뿐 아니라 그들의 삶과 행복의 모든 측면에서 에너지를 얻는다.

앞서 언급한 여자 마라톤 세계 기록 보유자 폴라 래드클리프는 첫 3번의 마라톤 대회의 좌절을 딛고 마침내 이전 기록을 4분이나 앞당긴 놀라운 성공을 회고하면서, 5개의 공의 비유를 들었다. 그녀는 일주일에 240km를 달리며 훈련했고, 자신의 몸무게를 훨씬 뛰어넘는 역기를 들어 올렸고, 혈류를 자극하기 위해 달리기 한 후에는 매번 얼음 냉탕에 뛰어드는 등 자신을 한계 상황까지 밀어붙였다. 그러나 아테네 올림픽 마라톤에서 완주하지 못하면서 이 모든 노력이 허사가 된 것 같았다.

그녀는 실력이 아니라 불운 때문이었다고 생각하려고 애썼다. 그녀는 우리 삶이 공중에 공 5개를 저글링하는 것이라고 생각했다. 5개의 공은 건강, 가족, 친구, 성실함, 그리고 경험이다. 그러나 이 공들은 모두 똑같지 않다. 중요한 것은 경험이라는 공은 고무로 만들어졌지만 다른 공들은 깨지기 쉽다는 것이다.

고무공은 더 많은 위험을 감수할 수 있다. 아주 높이 후프로 던져도 상관없다. 떨어져도 다시 튀어 오르기 때문이다. 이 공은 대개 상처를 입지 않는다. 그러나 나머지 네 개의 공은 좀 더 조심스럽게 살펴야 한다. 그것들은 떨어뜨리면, 상처를 입거나 심지어 산산조각이 날 수도 있다.

스포츠에서 운동선수들은 끊임없이 자신의 경험이라는 볼로 위험을 감수하고, 더 높이 던지며, 때로는 알 수 없는 힘으로 자신을 밀어 넣어 경쟁자들을 이기기도 하고, 더 나아지기 위해 노력하고, 마침내 자신의 잠재력을 실현한다.

회사에서 마케팅 천재가 되기 위한 노력도 이와 다르지 않다. 코카콜라의 브라이언 다이슨 CEO(1986~1991)도 회사의 마케터들이 더 큰 일을 하도록 영감을 주기 위해 5개 공의 비유를 들었다. (다이슨 CEO의 5개의 공은 래드클리프와의 그것과는 달리, 일, 가족, 건강, 친구, 정신이었음) 그는 직원들 스스로가 개인의 꿈과 탁월한 마케터가 되기 위한 균형을 이룰 것을 촉구하며 다음과 같이 격려했다.

- 자신을 남과 비교하며 자신의 가치를 훼손하지 마라. 우리 각자가 특별한 것은 우리가 서로 다르기 때문이다. 남들이 중요하다고 생각하는 것을 기준으로 당신의 목표를 삼지 마라. 당신에게 가장 좋은 것이 무엇인지는 오직 당신만이 안다.
- 마음이 가장 끌리는 것을 허투로 여기지 마라. 당신의 목숨처럼 그것에 매달려라. 그것이 없다면 삶은 무의미하다.

- 과거나 미래를 생각하며 오늘의 삶을 놓치지 마라. 우리는 한 번에 하루를 살아가면서 평생을 산다.

- 아직 줄 것이 남아 있다면 포기하지 마라. 노력을 멈추는 순간까지는 아무것도 끝난 게 아니다.

- 완벽하지 못하다는 것을 인정하길 두려워하지 마라. 우리를 서로 묶어주는 것은 연약한 실이다.

- 위험에 직면하는 것을 두려워하지 마라. 우리는 모험을 감수하면서 용감해지는 법을 배운다.

- 찾기 불가능하다는 핑계로 사랑을 삶에서 차단하지 마라. 사랑을 받는 가장 빠른 방법은 사랑을 주는 것이고, 사랑을 잃는 가장 빠른 방법은 사랑에 너무 집착하는 것이다. 그리고 사랑을 유지하는 가장 좋은 방법은 사랑에 날개를 다는 것이다.

- 어디를 다녀왔는지도, 어디로 가고 있는지도 모를 정도로 인생을 너무 빨리 달리지 마라. 명심하라, 사람의 가장 큰 감정적 욕구는 감사함을 느끼는 것이다.

- 배우는 것을 두려워하지 마라. 지식은 언제나 쉽게 가지고 다닐 수 있는 무게 없는 보물이다.

- 시간이나 말을 함부로 사용하지 마라. 둘 다 지나가면 되돌릴 수 없다.

- 인생이란 매 단계마다 음미해야 할 여정이다.

래드클리프는 세상이 자신의 세계 기록 돌파에만 열광하는 동안에도, 우리 삶의 좋은 때든 나쁜 때든 5개의 공이 있다는 이야기를 통해 균형 감각과 겸손함을 유지했다. 그녀는 또 그 이야기를 통해 실패는 하나의 관점에 불과하며 언제든 다시 성공할 수 있다는 점을 강조했고, 실제로 불과 몇 달 후 뉴욕 마라톤에서 우승함으로써 자신의 명성을 다시 입증했다.

5

지니:
진짜 마케팅 지니어스되기

*지니(Genie) : 아라비안나이트에 나오는 램프 요정을 말하는데, 여기서는 소비자들이 원하는 바를 반영하여 만든 제품을 어떻게 홍보하고, 판매할 것인가?에 대한 열쇠를 쥐고 있는 마케팅 천재를 의미한다.

"벼랑 끝으로 오렴. 떨어질까 두려워요.

벼랑 끝으로 오렴. 거긴 너무 높아요.

벼랑 끝으로 오렴.

마침내 그들이 왔고, 그가 (그들을) 밀었죠.

그러자 그들은 날았습니다."

-크리스토퍼 로그(Christopher Logue)

"스스로에게 다짐하는 순간, 신의 섭리도 움직인다. 모든 일은 그 결정이 없었더라면 일어나지 않았을 일
이 일어나도록 돕기 위해 일어난다. 모든 일련의 사건들이 그 결정으로부터 시작되어, 모든 종류의 예기
치 못한 사건들과 만남들, 그리고 아무도 자신에게 올 것이라고 생각지도 못했던 물질적 지원이 그 결정
에 따라 일어났다. 당신이 할 수 있는 일이나 꿈이 있다면 무엇이든, 그것을 시작하라. 대담한 속에는 천
재성, 힘, 마법이 담겨 있다. 지금 시작하라."

-괴테(Goethe)

P	R	E	V	I	E	W

- 마케팅 천재는 어떻게 만들어지는가? 천재적인 마케터는 시대 상황을 타고나기도 하지만 고객의 마음을 이해하는 능
  력이 탁월하다.
- 진짜 마케팅을 잘하는 사람은 홍보를 잘하는 요령과 소비자의 마음을 훔치는 데 능숙하다.
- 당신이 마케팅 책임자라면 시장에 직접 찾아가서 먼저 시장의 흐름부터 파악하라.

마케팅 천재
진단하는 요령과 접근법

당신과 당신의 팀이 어떻게 '마케팅 천재'가 될 수 있는지 이해하기 위한 간단한 진단 접근법이 있다. 당신이 현재 어디에 있는지, 강점과 약점은 무엇인지 알아보고, 시간이 지남에 따라 어떻게 발전해 나갈 것인지를 추적해 보는 것이다.

출발점은 당신이 천재가 되기 위해 보다 다음 4측면을 지능적이고 창의적으로 생각해보는 것이다.

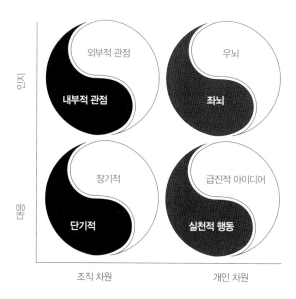

네 가지 측면 중 두 가지는 조직적 접근이 필요한 것이고, 다른 두 측면은 개인에 관한 것이다. 두 경우 모두, 이해하는 방법과 자극을 받는 방법을 결정한다는 점에서 감각적인 측면이 있고, 해결책을 구상하고 행동을 추진하는 방법을 결정한다는 점에서 반응적 측면이 있다.

♠ 마케팅 천재의 공간 = 외부적 관점 + 내부적 관점

천재의 공간은 회사가 기회를 감지하는 방향성을 말한다.

당신 회사는 외부적 관점으로 생각하는가?, 내부적 관점으로 생각하는가? 전략, 의사결정, 경영의 출발점은 무엇인가? 당신은 시장의 기회와 도전에서 추진력을 얻는가?, 아니면 효율성과 기능의 개선을 중시하는가?

'천재 마케팅'에는 두 가지 방향성이 모두 요구되지만, 외부적 관점이 더 새로운 접근 방식이며, 오늘날의 시장에서 더 필수적이다.

♠ 마케팅 천재의 시간 = 장기적 + 단기적

천재의 시간은 회사가 성공에 대응하고 그것을 측정하는 시간적 관점을 의미한다.

당신 회사는 장기적 목표를 중요시하는가?, 단기적 목표를 중요시하는가? 의사결정과 투자를 할 때, 그리고 성과를 측정하고 보고할 때, 어느 쪽을 상대적으로 중요시하는가? 장기적 가치를 극대화하는 데 더 치중하는가?, 아니면 단기적 이익 극대화에 더 치중하는가?

'천재 마케팅'에는 두 가지 시간적 관점이 모두 요구되지만, 장기적 가치가 가장 중요하고 그 맥락 속에서 단기적 이익도 다루어야 한다.

♠ 마케팅 천재의 사고 = 좌뇌 + 우뇌

천재의 사고는 마케터 개인이 중요한 문제를 인지하고 이해하는 사고방식을 의미한다.

당신은 특정 사실을 이성적으로 생각하고 철저하게 분석하는가?, 아니면 가능성과 더 큰 그림을 탐구하는가? 당신의 사고는 선형적이고 진보적이며 문제와 기회를 수량화하는 유형인가?, 아니면 가능성과 더 큰 그림을 보는 보다 전체적이고 무작위적인 유형인가?

'천재 마케팅'에는 두 가지 사고방식이 모두 요구되지만, 비약적 발전과 독특함을 만들어내는 것은 우뇌다.

♠ 마케팅 천재의 행동 = 급진적 아이디어 + 실천적 행동

천재의 행동은 마케터 개인이 중요한 문제에 대응하고 가치를 더하는 행동 편향을 의미한다.

당신은 아이디어나 행동에 어떤 편향성을 가진 사고력으로 회사에 더 많이 기여하는가?, 아니면 아이디어를 효과적인 기업 행동에 실제 적용함으로써 더 많은 기여를 하는가? 당신 생각의 최종 결과는 비전적, 혁신적, 전략적, 장기적인가?, 아니면 전술적이고 단기적인 현재에 더 기반을 두고 있는가?

'천재 마케팅'에는 두 가지 행동 유형이 모두 요구되지만, 근본적으로는 급진적인 새로운 아이디어가 있어야만 그것이 성공으로 이어질 수 있다.

마케팅 천재는 어느 한 극단에 치우치지 않고 이 4가지 측면 모두에서 새로운 균형을 이루어야 한다. 그러나 마케터들이 이를 달성하지 못하는 주된 이유 중 하나는, 그들이 어느 한 극단에서의 탁월함을 추구하기 위해 너무 많은 에너지를 집중하기 때문이며, 이로 인해 다른 극단에서 기량을 발휘할 에너지와 역량이 부족하게 된다.

동양의 음양 철학에서와 같이, 균형이란 중성화가 아니라 양쪽을 긍정적으로 보강하는 데 있다. 그것은 1 − 1 = 0이 아니라 1 + 1 = 3이 되도록 하는 것이다.

첫 단계는 이러한 측면이 존재한다는 것, 그리고 그 측면은 서로 극단이라는 것을 인식하는 것이다. 대부분의 마케터들은 이러한 대안과 필요를 완전히 의식하지 못한 채, 그저 기업의 전통적 관습에 따르는 모습을 일반적으로 보이고 있다.

'공간 − 시간' 개념은 아인슈타인이 우리 주변의 물리적 세계를 이해하는 근본적인 원리였다. 거리와 시간 같은 자연의 모든 측면들은 실제로 연결되어 있고 서로 균형을 유지하며 보완하는 관계에 있다.

천재 마케팅에서 마케터들은 그들의 회사가 사업을 하는 '공간 − 시간'의 맥락이 갖춰지도록 노력하고, 회사의 모든 동료들이 탁월한 사업 성과를 낼 수 있도록 그들의 '생각'과 '행동'을 이끌어낼 개인적 책임이 있다.

♠ 천재 마케팅

이제 개인 차원이 아니라 조직에서 작동하는 첫 두 개 측면을 합쳐보면 그 의미를 더 자세히 살펴볼 수 있다.

천재 마케팅은 4측면 모두를 다루는 것이지만, 마케터나 회사에게 일부는 매우 생소한 분야일 것이다.

가장 중요한 것은 천재 마케터는 회사의 장·단기적 사고에 외부적 관점을 더 많이 반영해야 한다는 것이다. 그 이유는 시장 자체가 빠른 속도로 변하고 오늘의 핫스팟이 내일의 블랙홀이 됨에 따라 고객 중심(외부적 관점 + 단기적)만으로는 충분하지 않기 때문이다.

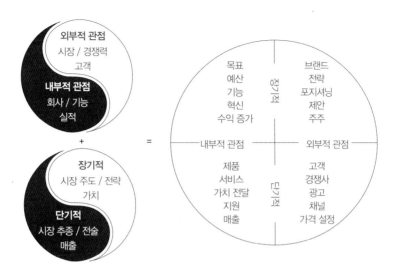

따라서 오늘날 기업에게는 시장 형성 전략(외부적 관점 + 장기적)이 훨씬 더 중요하다. 전략팀과 재무팀을 포함해 회사 전체적으로도 당연히 미래(내부적 관점 + 장기적)를 바라보겠지만, 가장 중요한 것은 시장 관점이며, 이 부분에서 마케팅이 중요한 가치를 더하고 회사의 방향과 집중을 주도해야 한다.

전략적 차이점은 미래의 시장이야말로 현재의 능력보다는 경제적 기회와 브랜드 효과가 얼마나 강력하느냐에 따라 더 많이 선택된다는 것이다. 마케팅 활동이 실천적이라는 점을 고려하면, 오늘날 시장에서 적절하고 가치 있는 마케팅이 되기 위해서는 브랜드에서 제안, 광고에서 가격 책정에 이르기까지 모든 것이 외부적 관점에서 출발되어야 한다.

브랜드(외부적 관점 + 장기적)는 장기적으로 회사나 제품보다는 해당 고객의 욕구와 열망을 반영하기 위해 구축된다. 실제로 고객들이 그들에게 제공되는 상품들보다 더 오래 지속되기 때문이다. 광고(외부적 관점 + 단기적)도 오늘날의 경쟁적 맥락에서는 고객의 특정 요구에 따라 기획된다.

회사의 성과는 고객을 위한 상호작용 사이클에서 가치를 창출하고 이익 개선과 지속 가능한 성장을 추구함으로써 달성되지만, 이해 당사자, 특히 주주들을 위해 창출된 장기적 가치(외부적 관점 + 장기적)의 관점에서 측정된다. 물론, 회사의 이익은 여전히 중요하지만(내부적 관점 + 장기적), 마케팅은 오늘의 가치를 전달하는 한편 내일을 창조하기 위해 배가의 노력을 기울여야 한다.

물론, 이 모든 것은 이 일을 추진하는 마케터들이 천재가 될 수 있어야만 달성될 수 있다는 사실을 명심해 두자.

천재 마케터

이제 마케터 개인이 회사의 도전과 기회를 인지하고 그에 대응하는 방식에 초점을 맞춰 다음 2가지 측면을 연결시켜 보자.

다시 말하지만 천재 마케터들은 그들의 개인적인 능력과 일에 대한 선호도가 어디에 있든 상관없이 4가지 측면에서 일해야 한다.

아마도 주의해야 할 것은 사람들은 모든 측면에서 습관적으로 생각하는 것을 중시한다는 것이다. 그런 관습은 창의적인 사람들이 그들의 아이디어를 실현하는 것을 어렵게 만들고, 분석에 치중하는 사람들은 사고하는 방식에서 혁신적이지 않았음을 보여주고 있기 때문이다. 이것은 어리석은 짓이다. 고정관념은 깨지기 어렵지만, 새롭게 인식된 변화들을 연결시킬 수 있는 사람들의 영향력을 생각해 보면 관습적 사고가 어리석다는 것은 자명하다.

물론 모든 마케터들이 이 모든 측면을 훌륭하게 해낼 수 있을 지, 이 모든 측면을 다루

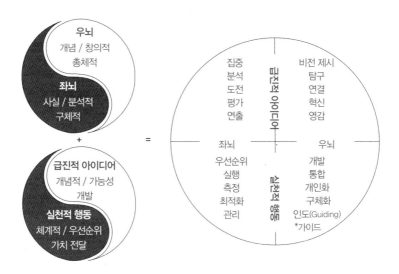

기 위한 다양한 기술과 경험을 가진 팀을 한 곳으로 모아야 하는지에 대해서는 의문의 여지가 있다.

그러나 가장 성공한 기업가들이 그렇듯이, 진정한 천재 마케터라면 이 모든 것을 잘 할 수 있다. 그것은 그들이 반드시 많은 기술적 경험을 가지고 있기 때문이 아니라, 모든 측면의 중요성을 인식하고 그 측면들을 연결할 수 있기 때문이다.

철저한 분석을 통한 시장 전략 개발(급진적 아이디어 + 좌뇌)은 그 맥락을 제한하는 곳에서는 언제나 제한되게 마련이다. 그러나 빠르게 변화하고 경계가 모호해진 시장에서 인접 시장이 빠르게 같은 시장이 되는 상황에서, 더 큰 그림을 보기 위해서는 탐색적 마인드(급진적 아이디어 + 우뇌)가 필요하다. 물론 시장의 복잡성은 많은 요소로 분석될 수 있지만, 서로 연결되지 않으면(급진적 아이디어 + 우뇌) 별 의미가 없을 것이다.

물론 급진적 아이디어는 현실화될 수 있어야만 성공으로 이어질 수 있다. 그러나 경쟁 시장에서의 실행만으로는 표준 프로세스(좌뇌 + 실천적 행동)가 될 수 없다. 그러기 위해서는 끊임없이 다시 생각하고 창의성을 발휘해야 한다. 마케터들은 그동안 광고회사의 생각에 너무 많이 의존해왔지만, 이제는 마케터들이 주도해야 한다. (우뇌 + 실천적 행동) 마케팅이 이와 같이 다면적이고, 개인화되고, 복잡해짐에 따라, 이제 통합화된 마케팅 전략이

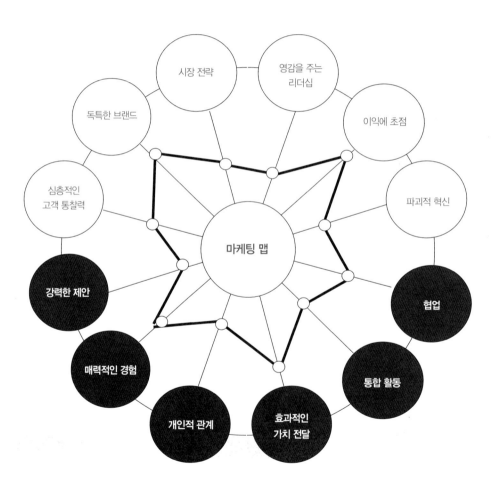

업무 수행만큼이나 중요해졌다.

리더십은 모든 4가지 측면에 존재하며, 각각의 다른 방식으로 가치를 더한다.

♠ 당신의 잠재력 파악하기

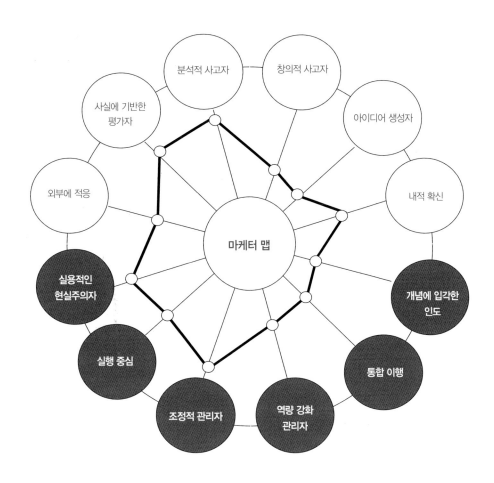

앞 페이지에서 살펴본 것처럼, 당신의 팀과 팀원들이 마케팅 천재가 될 수 있는지에 대한 진단에는 여러 가지 측면들이 작용한다. 사실, 최고의 천재 마케터라도, 어떤 이유로든 회사가 이것을 받아들이도록 설득하지 못한다면 성공할 수 없을 것이다. 당신의 회사, 팀, 개인들에게도 상세한 천재 진단이 가능하지만, 더 필요한 것은 현재보다 더 많은 설명과 지원이다.

팀의 마케팅 활동을 평가하는 12가지 속성이 있다. 즉, 현재의 상황과 되고 싶은 모습을 그린 다음, 개선을 위한 가장 중요한 차이가 무엇인지를 찾는 것이다.

개인적인 차원에서도, 자신의 마케팅 활동들을 평가하고, 어떻게 가장 많은 가치를 더할 수 있는지, 어느 부분을 개선하고 당신을 보완하기 위해 누구와 함께 일해야 하는지를 이해할 수 있다. 개인의 천재적 잠재력을 평가하는 속성도 12가지다.

마케팅 천재의
도전 과제

오늘날 시장의 복잡성과 경쟁은 모든 기업과 마케터들에게, 물론 마케팅 천재에게도 몇 가지 중요한 도전 과제를 제기한다.

당신의 전략과 브랜드, 마케팅과 혁신, 광고와 경험에 천재 마케팅을 어떻게 적용할 것인가?

♠ 전략의 문제

1. **미래를 창조한다:** 마케팅은 현재의 가치를 창출해야 할 뿐 아니라 미래를 형성해야 한다. 새롭게 떠오르는 기회를 포착해야만 시장과 제품 혁신으로 미래의 수익 흐름을 주도하고, 브랜드와 고객관계로 그 기회를 내 것으로 확실하게 만들 수 있다.

2. **시장 경계의 파괴를 이해한다:** 마케팅은 시장 경계가 모호해지고 규제와 변화에 대한 예측이 어려운 상황 속에서, 어디서 어떻게 경쟁해야 하는지 전체적인 맥락을 파악해야 한다. 그러기 위해서는 시장 전략이 출발점이다.

3. **선택과 집중을 중시한다:** 시장과 업종이 파괴되고, 기술이 발전하고, 각종 아이디어가 난무하는 기회의 혼란 속에서, 마케팅은 어디에 노력을 집중해야 할지 선택해야 한다.

4. **시장 우위를 점한다:** 마케팅은 그런 혼란과 모방, 융합, 수 없이 쏟아져 나오는 상품들 가운데에서도 돋보이는 아이디어, 즉 강력한 제안으로 확실한 차별화를 보여야 한다.

5. **올바른 결정을 내린다:** 마케팅은 더 나은 결정을 내려야 한다. 명확한 사업적 기준으로 전략적으로 또는 전술적으로 올바른 결정을 내리는 마케터들은 그리 많지 않다.

♠ 브랜드의 문제

6. **파워 브랜드를 구축한다:** 마케팅은 인지도와 고객 도달, 신뢰와 친밀감 등 모든 것을 브랜드에 표현해야 한다. 수많은 이름과 로고가 있지만 진짜 훌륭한 브랜드는 그리 많지 않다.

7. **고객의 열정을 사로잡는다:** 마케팅은 인간의 감정을 더 깊이 사로잡아야 한다. 특정 고객에게 중요하게 간주되는 열정을 공유하고, 그들이 그들의 행동을 결정하도록 돕지만, 모든 사람이 당신 회사를 좋아할 수는 없다는 것을 인식해야 한다.

8. **진실을 보여야 한다:** 마케팅은 진실하고 투명해야 한다. 무슨 말을 하던 그것이 진실성이 있어야 한다. 오늘날의 투명한 세상에서 고객은 당신의 말과 행동이 일관성 있게 전달되는지 세심하게 지켜보고 있다.

9. **일관된 브랜드 아키텍처를 형성한다:** 마케팅은 브랜드 아키텍처의 일관성을 유지해야 한다. 기업과 운영 브랜드, 제품과 성분 브랜드가 조화롭게 작동해야 한다.

10. **가치창출 요인에 초점을 맞춘다:** 마케팅은 시장, 브랜드 및 제품 포트폴리오를 적극적으로 관리함으로써, 가치 창출 요인을 발굴하고 육성해야 하며, 가치 파괴 요인을 제거해야 한다. 이는 연례행사가 아니라 매일 해야 하는 일이다.

♠ 고객의 문제

11. 힘의 중심추가 이동했다: 이제 마케팅은 회사의 조건이 아니라 고객의 조건에 따라 설계되어야 한다. 힘의 중심추가 기업에서 고객으로, 과잉 공급에서 과잉 수요로 이동했다. 고객의 기대치가 높아져 그들은 거의 완벽한 것을 원한다.

12. 사람은 모두 다르다: 마케팅은 목표 고객을 정확히 겨냥해야 한다. 오늘날 고객들은 그 어느 때보다 다양하고 개인적이다. 고객 세분화는 매우 복잡해졌고, 욕구와 행동이 변화하기 때문에 목표 고객을 설정하는 것이 어려워졌다.

13. 고객의 선택 범위가 넓어졌다: 마케팅은 마케팅을 통해 진정으로 원하는 종류의 관계를 구축해야 한다. 오늘날 고객 만족을 얻을 수 있지만 충성도까지 얻기는 어렵다. 고객의 선택 범위가 넓어졌기 때문이다. 당신 회사와의 관계를 원하는 고객은 그리 많지 않다.

14. 브랜드 커뮤니티 마케팅은 고객들의 열정 네트워크를 이용할 수 있다: 소비자들은 제품보다는 자신의 관심사, 즉 아기, 스포츠, 일 등을 중심으로 모인다. 그들의 열정을 다루는 공동체를 만드는 것을 돕는것이 중요하다.

15. 고객 개인정보는 기회다: 마케팅은 고객의 개인정보를 긍정적인 것으로 바꿀 수 있다. 개인정보를 이용한 지나친 광고는 사생활 침해라는 역풍을 맞았다. 그러나 사전 허가를 득하면 고객이 실제로 원하는 대화를 본격적으로 시작할 수 있다.

♠ 광고의 문제

16. 광고 캠페인은 더 이상 효과가 없다: 마케팅은 대량 판매보다는 배경 인식을 창출해야 한다. 광고란 고객들이 더 이상 사려고 하지 않을 때 기업이 원하는 것을 홍보하기

위해 행해지는 것이다.

17. **더 많은 미디어를 수용해야 한다:** 마케팅은 제각각 다른 고객 기반을 반영해야 한다. 방
송 미디어의 증가로 고객 세분화가 가능해졌다.

18. **강력한 제안을 제시하라:** 마케팅은 고객에게 이익을 제공한다는 것을 분명하게 밝혀
야 한다. 명확하고 설득력 있는 가치 제안만이 브랜드를 적절한 약속으로 바꿀 수
있다. 모든 사람에게 일반적인 내용을 전하는 것이 아니라 고객 타깃층에 대한 맞춤
형 제안이어야 한다.

19. **창조적 중립성을 견지하라:** 마케팅은 창의에 공정한 논리를 적용해야 한다. 마케터들
은 여전히 TV 광고에 크게 의존한다. TV 광고를 하지 않기로 한 마케터는 용감한
사람이다. 어떤 미디어를 선택하고 주력으로 삼을 것인지에 대해 좀 더 열린 마음을
가져야 한다.

20. **광고회사에서 더 많은 것을 얻어야 한다:** 마케팅은 창의적 광고회사들과 협력하기 위한
새로운 방법들을 찾아야 한다. 광고회사는 단순한 광고 집행뿐 아니라 좋은 아이디
어로 보답함으로써 광고주 회사와 협력하여야 한다.

♠ 유통 채널의 문제

21. **유통 채널에 대해 혁신적으로 생각해야 한다:** 마케팅은 시장으로 가는 길부터 혁신해야
한다. 그동안 유통 채널은 창고와 운송 부문에서 특히 세련되지 못했다. 그러나 기술
이 그것을 변화시키면서 유통 채널은 이제 혁신을 피할 수 없게 되었다.

22. **경험을 통해 설계하라:** 마케팅은 유통을 통해서도 차별화할 수 있는 좋은 기회가 있
다. 중간 유통업체들이 더 많은 가치를 부가하고 고객 경험을 제공하기 위해 노력함

에 따라 유통 채널 모델도 변하고 있다.

23. **여러 가지 채널을 융합하라:** 마케팅은 다른 부서에 의존하지 말고 스스로 채널을 설계해야 한다. 멀티채널은 고객에게 선택과 편의를 제공할 뿐 아니라, 각 채널의 가장 좋은 점들을 조합하면 더 좋은 효과를 낼 수 있다.

24. **새로운 사업모델을 수용한다:** 마케팅은 전략적으로 혁신해야 한다. 기업이 돈을 버는 방법은 역운전자금 상황을 창출한 델의 주문 제작 모델처럼, 시장과 회사의 재정에 중대한 혁신을 가져올 수 있다.

25. **디지털 포맷을 최대한 활용하라:** 마케팅은 아직 혁신적인 방법으로 채널에서 일어나는 기술을 수용하지 못하고 있다. 디지털 포맷은 효율성과 고객 경험을 향상시키기 위해 훨씬 더 많은 것을 할 수 있다.

♠ **가격의 문제**

26. **높은 가격을 두려워하지 마라:** 마케팅은 고객들에게 더 많은 가치를 부여하고, 그에 대해 기꺼이 더 많은 비용을 청구할 수 있어야 한다. 가치를 판단하는 고객의 맥락인 경쟁 그룹을 바꾸는 것도 한 가지 방법이다. 대부분의 마케터들은 높은 가격을 시도하지 못한다.

27. **준거의 틀을 바꾼다:** 마케팅은 고객의 머릿속까지 들어가야 한다. 고객의 마음은 언제나 경쟁사에 비해 얼마나 이익인지 그 가치를 인식한다. 당신이 제공하는 이익을 제고함으로써 경쟁의 맥락을 변화시켜야 한다.

28. **가격 투명성을 제고하라:** 마케팅은 더 이상 해당 업종이나 특정 국가 내에서 숨을 수 없다. 이제 고객들은 온라인으로 공급자와 시장 사이의 가격을 비교할 수 있다. 이

제 가격은 기본적인 정보이며, 할인은 이윤을 감소시킬 뿐이다.

29. **가격보다 더 효과적인 인센티브를 찾는다:** 마케팅은 가격을 할인해주는 것보다 훨씬 더 다양한 일을 할 수 있다. 고객의 참여를 장려하고 행동을 변화시키도록 하라. 할인 쿠폰은 할인 신청자들에게만 어필하고 향후의 가격 할인 기대를 부추길 뿐이다.

30. **충성고객 카드는 실제로는 충성스럽지 못하다:** 마케팅은 고객 충성심이 무엇인지를 제대로 파악하지 못하고 있다. 충성 포인트는 재미있긴 하지만, 사실 무의미하다. 하나의 가격에 두 개를 제공하는 것과 전형적인 포인트 방식의 1.2% 할인이 어떻게 같은지 비교해 보라.

♠ 혁신의 문제

31. **혁신가가 되라:** 마케팅은 제품뿐 아니라 더 많은 것에서 회사에 혁신을 가져다주어야 한다. 단순한 창의성을 넘어 상업적 성과로 문제를 해결해야 한다. 중요한 것에 대해 창의적으로 분석이 이루어져야 한다.

32. **시장 자체를 혁신해야 한다:** 마케팅은 제품 출시에도 혁신을 멈추지 말아야 한다. 그러나 혁신이 제품이나 서비스에 지나치게 초점이 맞추어져 있으며, 시장이나 고객에 대한 혁신과 제품 출시 후 각 단계에서 일어나는 일을 너무 소홀히 여기고 있다.

33. **인류학을 수용하라:** 마케팅은 연구 자료를 잘 활용하여야 한다. 좋은 연구는 편견보다는 아이디어를 자극한다. 인류학은 가장 단순하고도 통찰력 있는 기술 중 하나다.

34. **감정을 관통하는 디자인을 추구하라:** 마케팅은 제품 디자인의 힘이나 비즈니스의 모든 측면을 중요한 도구로 사용할 수 있어야 한다. 디자인은 사람의 감정에 가장 큰 호소력을 갖고 있지만, 대개 후순위로 여겨지거나 마케팅 활동으로 간주되지 않는다.

35. **폭넓게 차별화한다:** 마케팅은 고객 경험 전체를 대변해야 한다. 제품은 빠르게 모방할 수 있지만 경험은 모방하기 어렵다. 경험을 모방하려면 훨씬 더 많은 노력이 필요하다.

♠ 성과의 문제

36. **투자자처럼 생각한다:** 마케팅은 분석가들에게 말할 수 있는 훌륭한 이야깃거리를 가지고 있다. 투자자들은 향후 3년 이후에 수익이 생길 것이라는 장기적 전망을 한다. 답은 대체로 마케팅의 손에 달려 있지만, 투자자와 마케팅은 좀처럼 연결되지 않는다.

37. **투자자와 끊임없이 소통한다:** 마케팅은 미래의 현금 흐름을 촉진한다. 기업은 자본 성장과 배당을 통해 주주들의 장기적 가치를 창출한다. 그러나 자본 성장은 투자자의 인식에 따라 달라지며, 따라서 마케팅과 투자자와의 소통 필요성이 대두된다.

38. **매출 기대치를 올린다:** 마케팅은 진정으로 돈을 벌어들이는 것이 무엇인지를 이해해야 한다. 수익은 특히 투자자의 예상을 초과할 때 더 돋보인다. 그러나 초점이 없는 마케팅은 창출한 가치를 다시 파괴할 수 있다.

39. **만족의 한계를 고려하라:** 마케팅은 고객을 즐겁게 해야 한다는 충동에 속아서는 안 된다. 여전히 높게 평가되는 것은 고객에 초점을 맞춘 양심이다. 그러나 예를 들어 보건 위생 문제는 중요하지만, 충성심이나 수익성을 보장하지는 않는다.

40. **어떤 평가기준이 중요한지 이해한다:** 마케팅은 성공의 중요한 척도가 무엇인지 알아야 한다. 많은 데이터가 있지만, 그중에서 올바른 것을 측정 척도로 삼는 마케터는 많지 않다. 대부분의 마케터들이 입력과 출력을 연결시키지 않고 있으며, 가치를 만드는 가장 중요한 요인을 이해하지 못하고 있다.

♠ 사람의 문제

41. 이사회 의제를 추진하라: 마케팅은 대면 방식이든 아니든, 이사회에 강력한 의견을 피력해야 한다. 그러나 대부분의 이사회는 마케팅에 대한 인식이 낮다. 이사회의 전략과 의사결정에는 '외부적 관점'의 마케팅 사고가 필요하다.

42. 대중 소비자에게 마케팅을 맡긴다: 마케팅은 이제 기능에서 과정으로 옮겨가야 한다. 마케터들은 4P나 그중 어느 하나에 집착한다. 그러나 마케팅 훈련은 모든 것을 주도하고 연결해야 한다. 마케터들은 기존의 익숙함에서 벗어나야 한다.

43. 회사의 성장 동력원이 되어야 한다: 마케팅은 전략적이고 상업적이어야 한다. 마케터는 그 가치를 증명하고, 전략적이고 혁신적인 리더십을 발휘하며, 사업의 우선순위 결정에 직접 참여함으로써 회사를 이끄는 존재가 되어야 한다.

44. 실무 능력을 갖춰야 한다: 마케팅은 새로운 타입의 마케터를 요구한다. 마케터들은 전략을 추진하기 위한 리더십 능력, 미래를 앞당기기 위한 혁신 기술, 마케팅이 효과가 있다는 것을 증명하기 위한 상업적 능력을 갖추어야 한다.

45. 리더십은 단순한 관리가 아니다: 마케팅은 지적이고 창의적인 리더십을 필요로 한다. 관리는 올바른 결정을 내리는 것이지만, 리더십은 사람들에게 영감을 주는 것이다. 둘 다 중요하지만 두 가지 능력을 다 갖추기는 쉽지 않다.

♠ 실행의 문제

46. 끊임없이 도약하라: 마케팅은 종종 시장으로 가는 길에 편승하는 경향이 있다. 당신의 브랜드를 대상 고객이 이미 좋아하고 있는 다른 브랜드와 연결하고, 친밀 마케팅을 통해 두 브랜드의 가치와 제안을 융합해야 한다.

47. **사생활을 침입하지 않고 고객에게 접근한다:** 마케팅은 고객의 사생활을 침입하지 않고 고객에게 영향을 미치는 법을 배워야 한다. 브랜드의 존재감을 형성해 인지도와 선호도를 구축한다. 이를 위해서는 평판 관리가 중요하다.

48. **소비자의 가이드가 되어야 한다:** 마케팅은 고객들이 마케팅을 이해하도록 도와야 한다. 소비자들은 제한된 시간에 전문가가 되기를 원하지 않으며, 자신들에게 무엇이 최선인지에 대한 조언과 지원을 원할 뿐이다.

49. **게릴라 마케팅을 활용하라:** 마케팅은 관습을 깨드리는 것을 두려워해서는 안 된다. 광고 지면의 선매입 등, 경쟁사의 광고에 대응하는 기습 전술은 적은 비용으로 큰 영향을 미칠 수 있다.

50. **네트워크 효과를 이용한다:** 입소문이든, 친구들에게 이메일을 보내든, 소문을 내는 것은 여전히 가장 좋은 마케팅 방식이다. 네트워크는 무한한 가치가 있으며, 사람들이 사용할수록 기하급수적으로 증가한다. 소비자들은 어떤 마케터보다도 친구들을 더 잘 믿는다!

세계적인 천재 마케터 50인

애플의 디자인 구루 조나단 아이브에서부터 무(無)에서 나이키를 발전시킨 필 나이트 CEO까지, 스타벅스의 프라푸
치노를 개발한 스콧 베드베리부터 괴짜 광고맨 트레버 비티까지, 현존하는 최고의 마케터들은 누구일까?

1 스콧 베드베리(Scott Bedbury): 나이키에 'Just Do It'을, 스타벅스에 프라푸치노를 도입

2 트레버 비티(Travor Beattie): 괴팍하고 불손하며 혁신적인 광고 크리에이터브

3 제프 베이조스(Jeff Bezos): 월가에서 아마존까지, 온라인 비즈니스의 선지자

4 조니 보덴(Johnny Boden): 온라인 의류 회사 보덴의 카리스마 있는 리더

5 리처드 브랜슨(Richard Branson): 용감한 글로벌 탐험가이자 브랜드 포트폴리오 리더

6 존 브라운(John Browne): 브랜드가 BP의 핵심임을 인식.

7 클레이 크리스텐슨(Clay Christensen): 혁신자의 파괴 딜레마(파괴적 혁신 이론) 개발

8 마이클 델(Michael Dell): IT 시장 모델에 도전하고 직접 운영

9 장 마리 드루(Jean-Marie Dru): 글로벌 광고회사 TBWA의 CEO이자 회사 이름을 '파괴'로 명명한 장본인

10 찰스 던스톤(Charles Dunstone): 휴대전화기 판매 소매업체를 처음 세운 기업가

11 제임스 다이슨(James Dyson): 진공청소기에 먼지 봉투가 없어도 된다는 것을 인식한 디자이너

12 마이클 아이즈너(Michael Eisner): 디즈니에서 일하는 사람들과 브랜드에 마법을 불어넣다

13 니알 피츠제럴드(Niall Fitzgerald): 유니레버의 성장과 집중을 주도

14 사이먼 풀러(Simon Fuller): 엔터테인먼트 브랜드 XIX의 대성공을 이끌다

15 빌 게이츠(Bill Gates): 모든 가정, 모든 책상 위에 PC를 보급한다는 비전

16 마틴 조지(Martin George): 격동의 시대에 영국항공의 마케팅을 주도

17 세스 고딘(Seth Godin): 야후에서 《보랏빛 소가 온다》까지, 블로그로 아이디어를 전파

18 스테리오스 하지 이오아누(Stelios Haji-Ioannou): 무엇이든 쉽고 오렌지색으로 만드는 것을 좋아한 이지젯의 설립자

19 게리 하멜(Gary Hamel): 혁신성장의 길을 주장한 학자이자 작가

20 조나단 아이브(Jonathan Ive): 애플의 멋진 디자인 뒤에 있는 디자인 천재

21 케빈 켈리(Kevin Kelly): 연결된 세계의 네트워크 잠재력을 보다

22 김위찬(W. Chan Kim): 블루오션 전략을 통해 시장을 이해

이 책을 어떻게 활용할 것인가?

이 책은 피터 피스크가 지금까지 추구해 왔던 마케팅 활동과 그 여정을 담고 있다. 여기에는 저자가 그동안 팀원들과 함께 일하면서 얻은 수많은 아이디어와 경험들이 모두 고스란히 담겨 있다.

초기에 저자는 영국항공에서 마이크 배트, 마틴 조지, 테리 댈리, 조나단 더튼, 로이 랭메이드 등과 함께 일했다. PA 컨설팅 그룹에서는 데이비드 쿡, 마크 토마스, 조나단 호그, 팀 아이작, 피터 배럿, 니콜 드마르티노, 아담 포브스 등 훌륭한 팀과 함께 일했다.

왕립마케팅연구소(CIM)에서는 마이크 존스턴, 다이애너 톰슨, 테스 해리스, 로리 영, 존 콕, 아나벨 프리처드 등 많은 인재들과 함께 일했다. 가장 최근인 브랜드 파이낸스에서는 데이비드 헤이와 여러 인재들, 그리고 더 파운데이션에서는 찰리 도슨, 존 빈센트 등의 팀들과 함께 했다.

독자 여러분들은 새로 만든 마케팅 천재 웹사이트(www.MarketingGeniusLive.com)를 방문하시면, 마케팅 천재가 되는 법, 천재 브랜드와 그것을 만든 사람들, 새로운 이벤트와 서비스 등 더 많은 것을 배우고, 천재 마케팅과 마케터에 대한 내용을 계속 업데이트할 수 있다.

　본서에서는 그동안 성공한 마케팅 사례와 천재적인 사고방식을 통하여 글로벌 기업으로 거듭난 그들의 영감에 주목하였다. 그러나 그보다 더 중요한 것은 사물을 남과 다르게 바라볼 수 있는 창의성과 다가올 미래에 대응할 수 있는 통찰력에 초점을 두었다.

　독자 여러분이 리더로서 혁신을 이끌어내려고 한다면 영리함과 대담함을 갖추어야 한다. 지나치게 당장의 이익이나 성과에 매몰되지 말고, 기업가 고객이 어떻게 하면 서로 상호작용을 통하여 관계성을 유지할 것인가?에 주목해야 할 것이다.

　아무쪼록 이 책을 통하여 성공적인 비즈니스의 승자가 되길 기원해 본다.

2022년 3월

감수를 끝내며

이면희 올림

남과 다른 생각을 인큐베이팅하는
마케팅 지니어스

2022년 5월 10일 초판 1쇄 인쇄
2022년 5월 25일 초판 1쇄 발행

지은이	피터 피스크
옮긴이	홍석윤
감수	이면희
편집기획	이원도
영업	이장호, 공유석
디자인	이창욱
교정	이혜림, 이준표, 김대원
발행처	빅북
발행인	윤국진
주소	서울시 동작구 신대방로 113, 301호
등록번호	제 2021-000055호
이메일	bigbook123@hanmail.net
전화	02) 2644-0454
전자팩스	0502) 644-3937
ISBN	979-11-90520-06-5 03320